国家社会科学基金项目（19BKS074）成

Guojia Zhili de Jiazhiguan

Xiandao Yuanli

国家治理的价值观
先导原理

吴宏政　著

科学出版社

北　京

内 容 简 介

中国特色社会主义进入新时代后，思想政治教育被赋予更多新使命，需要承担更多新功能。作为国家治理体系的重要组成部分，思想政治教育要为国家治理提供"价值观先导"。为此，需要在思想政治教育学的层面建构"价值观先导原理"，以便实现价值观先导的理论自觉。在这一原理的支撑下，各级党政机关用社会主义核心价值观引领国家各领域治理的正确方向，提升国家治理能力的现代化水平，进而推进现代化强国建设和中华民族伟大复兴的历史进程。本书主要从政治、经济、文化、社会、生态五大领域，从人民、政党、国家（民族）、世界四层主体，分别探讨价值观先导问题，由此形成国家治理的价值观先导原理。

本书深入浅出，适合广大党员干部，以及对思想政治教育和国家治理感兴趣的读者阅读。

图书在版编目（CIP）数据

国家治理的价值观先导原理 / 吴宏政著. —北京：科学出版社，2023.11
ISBN 978-7-03-076252-8

Ⅰ. ①国… Ⅱ. ①吴… Ⅲ. ①国家–行政管理–研究–中国
Ⅳ. ①D630.1

中国国家版本馆 CIP 数据核字（2023）第 162602 号

责任编辑：刘英红　夏水云／责任校对：贾娜娜
责任印制：赵　博／封面设计：润一文化

科学出版社 出版
北京东黄城根北街 16 号
邮政编码：100717
http://www.sciencep.com

北京市金木堂数码科技有限公司印刷
科学出版社发行　各地新华书店经销
*
2023 年 11 月第 一 版　开本：720×1000　B5
2025 年 2 月第三次印刷　印张：20 1/4
字数：353 000
定价：168.00 元

（如有印装质量问题，我社负责调换）

序 言

笔者撰写本书的直接目的是从思想政治教育的视角，尝试建构国家治理的"价值观先导原理"。所以，首先需要简单交代一下本书的写作目的。

本书写作的第一个目的是回应"国家治理体系和治理能力现代化"这一重大命题。

2013 年党的十八届三中全会以来，党中央提出了"国家治理体系和治理能力现代化"这一重大命题。这为思想政治教育的研究提出了时代性问题：思想政治教育在国家治理体系中处于怎样的位置？在国家治理中思想政治教育能够承担哪些工作？顺着这一思路，国家一直非常重视思想政治教育工作，如在各个行业中都十分注重党的领导，在大中小学的教育体系中还专门开设思想政治教育理论课。党中央多次召开关于思想政治教育工作的会议和思想政治理论课教师座谈会。这些都表明，党中央和国家高度重视思想政治教育工作。那么，既然如此重视，就说明思想政治教育在国家治理体系中具有重要功能。但是，以往的思想政治教育研究，都没有从"国家治理"的角度系统地研究其功能，更多的是从意识形态建设、维护意识形态安全的角度，培育和践行社会主义核心价值观，培养爱国主义的民族精神和改革开放的时代精神，拥护中国共产党的领导，拥护中国特色社会主义制度，增强"四个意识"、坚定"四个自信"、做到"两个维护"，等等。这大概是以往研究所关注的思想政治教育所具有的功能。然而，在提高国家治理体系和治理能力现代化这一背景下，对思想政治教育所具有的新功能的认识才刚刚开始。

提高国家治理体系和治理能力现代化是一个国家发展的重大宏观战略。最根本的是，党中央和国家自觉地提出了"怎样治理国家？"这一根本问题。这个问题是国家治理的理论自觉，其重大意义在于：我们要在思想理论上自觉地反思"我们应该怎样治理"、"如何加强国家治理"及"怎样提高治理效能"。这就是把"国家治理"作为一个重大的理论问题首次明确地提了出来。从哲学上看，这一问题的提出是一种"反思"。

我们以哲学的发展为例，来说明为什么"反思"的出现是一场思想理论的根本飞跃。

最初，哲学家们直接地追问"世界的本源是什么"。因此，他们从各自的角度探索世界的本源，形成了各种哲学派别。但无论是何种派别，这些哲学在哲学史上都被称为"独断论的本体论"。但是，到了近代，一个问题的突然提出，使哲学发生了一次重大的跃迁。这就是，哲学家们提出：我们人类是否有认识本体的能力？正是这一问题的提出，标志着哲学史上的一次飞跃，即从"独断论的本体论"跃迁到了"反思论的认识论"。认识论哲学的研究，为"本体论"这一哲学初衷提供了认识论意义上的"自觉"，这以康德哲学的出现为标志，推动哲学完成了一次重大的飞跃，黑格尔哲学也因此成了西方本体论哲学的集大成者。

该问题的提出意味着我们不再是直接地从事国家治理，而是在理论上自觉地提出了"怎样治理""怎样提高治理""怎样实现治理体系和治理能力现代化"等一系列前提性问题。这是国家治理理论上的一次重大飞跃。正如亚里士多德所言，仿佛是从"知其然"向"知其所以然"的一次飞跃。我们不仅要治理国家，还要在理论上自觉地认识到：我们为什么要治理国家、怎样治理国家、治理成什么样的国家等重大问题。正是考虑到提出"国家治理体系和治理能力现代化"这一重大命题的意义，才有必要从这一背景出发，去探索思想政治教育在国家治理意义上所承担的新功能。这便是本书的写作目的。

本书写作的第二个目的是把社会主义核心价值观融入国家治理体系中，从而寻找一种思想政治教育方案。

培育和践行社会主义核心价值观不是一句空洞的口号，而是要和国家建设的实际行动及国家的治理结合起来。马克思最反对近代以来西方哲学中形而上学的做法，就是抽象地讨论和人的现实生活无关的真理问题。所以马克思主张，真理的问题不是一个"理论的问题"而是一个"实践的问题"。我们也可以这样表述，社会主义核心价值观的问题，不是一个理论的问题，而是一个实践的问题。这就要求，对于社会主义核心价值观的12个范畴，一方面怎样理解其理论内涵很重要，我们要在学理上对这些范畴加以研究和阐释，以便让广大人民清楚地认识和理解究竟什么是社会主义核心价值观；另一方面更加重要的是怎样把这些价值观融入以社会主义建设为目的的国家治理体系中。这样，就不存在理论和实践"两张皮"的现象。我们看看马克思当年是怎样批判理论和实践脱节的问题的。他在《关于费尔巴哈的提纲》中的第一条指出，"从前的一切唯物主义（包括费尔巴哈的唯物主义）的主要缺点是：对对象、现实、感性，只是从客体的或者直观的形式去理解，而不是把它们当做感性的人的活动，当做实践去理解"①。对价值观理论上的理解不能代替实践上的践行，因此在"践行"时要把核心价值观对象化到现实中。或者说，应该带着核心价值观投入社会实践中，具体表现为投入社会主义建设中和国家治理中。

本书写作的第三个目的是通过思想政治教育学研究，为国家治理提供"价值观先导原理"。

在国家治理中，"首位价值"引领我们提出这样的问题：我们要把国家治理成一个什么样的国家？是治理成社会主义国家，还是其他什么主义的国家？这在本质上是一个价值观问题。所以，价值观决定了国家治理的根本方向。正是在这个意义上，笔者提出了国家治理中的"价值观先导"问题。首先需要明确价值观，然后才有明确的治理方向，而且，还需要把这一价值观贯穿于国家治理的全部行动中。但"价值观先导"是和具体的国家治理体系紧密结合在一起的。这就需要进一步探索价值观先导的基本原理，而这恰好是思想政治教育所承担的理论任务。所以，笔者把本书的第三个写作目的锁定在尝试探索国家治理的"价值观先导原理"上。当然，既然是尝试，就不是完美的，而且国家治理的"价值观先导原理"应该是一个不断丰富的理论体系。

出于这一目的，社会主义核心价值观应如何具体地融入社会实践中呢？本书尝试探讨的结论是：社会主义核心价值观要为社会实践提供"价值观先导"。因此，"价值观先导"就是针对实践行为而言的。对于国家治理的行为来说，应该首先把价值观的自我认知放在行动之前，并作为行动的"先导"。因此，"价值观先导"是社会主义核心价值观融入国家治理体系中的一种即便不是唯一的方式，也是最为重要的方式。这样一来，本书探讨了社会主义核心价值观指导国家治理的一种方式，即"价值观先导"。理论的工作不只是在国家治理的行动完成之后从这些"历史性成就"中总结和认识其中蕴含的价值观，这不是理论工作最重要的方面。对于理论来说，最重要的是如何引导人们的行为，这样才能使其发挥马克思所说的"改变世界"的作用。正是在这个意义上，本书尝试建构"价值观先导原理"，实际上是提出了一种把社会主义核心价值观融入国家治理体系的

---

① 《马克思恩格斯文集》（第1卷），北京：人民出版社，2012年，第499页。

总的实践方式。

　　社会主义核心价值观在融入国家治理体系的时候，在"价值观先导"的意义上，还需要与具体的国家治理行为、治理领域结合起来。对社会主义核心价值观的 12 个范畴而言，其本身是"抽象的观念"，因而和具体的现实存在"距离"。比如，平等、公正这两个范畴，怎样与社会治理相结合？在结合的时候，必须把平等和公正与社会生活中的"生产方式""分工方式""分配方式""保障方式""治理程序"等社会实践的具体行为联系起来。这样，就会出现一系列具体的价值观，如分工观、分配观、财富观、制度观等。因为公平和正义总是要和就业机会、财产分配、社会保障等各种实际的社会生活和社会治理行为结合在一起，这样一来，社会主义核心价值观就从最初的"抽象的观念"落实到具体的国家治理实践上。

　　虽然从宏观上说，"价值观先导"的意义可以划分为若干层次，但必须把宏观的价值观落实到微观的价值观或具体的价值观中，这样价值观才能"落地"。比如，对于中国特色社会主义建设来说，最宏观的价值观先导应该是共产主义价值观。笔者在本书中把共产主义价值观称为价值观先导中的"总价值观"。但在中国特色社会主义建设进入新时代后，应该将其具体化为"社会主义核心价值观"。因此，当代中国特色社会主义建设的价值观先导，总体上应该是"社会主义核心价值观"。它是对"共产主义"价值观的具体化，但是还没有和具体的现实联结起来。因此，本书提出的"价值观先导"，就是要在国家治理实践行动的意义上，探讨将核心价值观融入社会实践中的基本方式。这就是国家各个治理领域里的价值观先导问题，它总是要通过具体的治理行为来确定其中的价值观先导问题。这样，在国家治理体系中，价值观先导经历了从共产主义的"总价值观"到"社会主义核心价值观"，最后到具体国家治理领域里的"价值观先导"三个层次。

　　在本书的写作过程中，有一些观点和论断直接使用了前期研究成果的结论，因此，有必要把本书的前提性研究成果做一个简要说明。在这里，先对本书正文中使用的一些基础性概念，包括正文中隐含的一些重要的逻辑前提做一些交代，算是对正文做的引论。

1. 思想政治教育在国家治理体系中处于什么位置？

　　笔者在所承担的相关国家社会科学基金项目研究中得出一个结论：任

何一个国家生活领域的工作都可以看作是国家治理行为，因此国家治理是一个庞大的体系。国家治理体系应该按照马克思的历史唯物主义原理来加以划分，以便弄清楚国家治理体系的具体内容。历史唯物主义原理中提出了人类社会的基本结构。这一结构也可以被看作是一个国家的构成结构。这就是生产力和生产关系的矛盾运动、经济基础和上层建筑的矛盾运动。根据这两个矛盾运动，可以把国家治理体系直接划分为生产力治理体系和生产关系治理体系，或者经济基础治理体系和上层建筑治理体系。这是按照马克思主义基本原理对国家治理体系做出的最基本的划分。如果这样是可行的，那么我们自然能够找到思想政治教育在这个体系中所处的位置。思想政治教育作为思想、观念的意识形态教育，显然应该归属于"上层建筑治理体系"这一范畴。但是，上层建筑也包括很多方面。考虑到思想政治教育属于意识形态范畴，因此，着眼于"国家治理"，我们便可以进一步把思想政治教育看作是国家上层建筑治理中的"意识形态治理"或"价值观治理"工作。因此，我们初步确定了思想政治教育在国家治理体系中的基本功能——意识形态治理或价值观治理。

2. 什么是"价值观治理"？

意识形态治理或价值观治理，有两个方面的含义。其一是指，当国家公民的思想观念领域出现问题的时候，就会形成各种不良价值观，导致价值观混乱、冲突、矛盾，甚至出现反动的政治价值观。此时，思想政治教育应该对人们的思想观念进行"修正"、"治疗"和"重建"，从而维护健康的价值观和意识形态。其二是指，国家的治理要落实在国家发展战略的实施中。当国家制定了发展战略和目标的时候，应该调动广大公民参与国家的建设实践。公民能否积极地投身于国家的发展战略，能否正确地认识国家发展战略的重大意义，并带着家国情怀对具体的战略实践行动形成正确的价值观，需要思想政治教育提供"价值观导向"。本书把思想政治教育的这一为国家战略实践行动提供"价值观导向"的功能，概括为思想政治教育的"价值观先导"功能。正是围绕着"价值观先导"这一功能，本书集中探讨了国家治理几个主要领域中的价值观先导问题。

3. 什么是"价值观先导"？

笔者在本书中把思想政治教育的功能理解为"价值观先导"。所谓"价值观先导"，是指在国家治理的实践行动发生之前，首先反思该领域的治理应该坚持的价值方向是什么，明确该领域中国家治理的价值导向，并以此来引导和规范该领域中的国家治理行为。这种用事先的价值观反思来引领国家治理行动的思想政治教育活动，本书称为"价值观先导"。

国家治理的任何一项工程，首要的问题都应该是"价值观先导"的问题。国家治理直接考量的应该是这种治理行为或工程能为国家在该领域的发展取得哪些"成效"。任何一个领域的治理都有该领域的成效。比如，经济治理，其成效就是保证经济健康稳定发展。生态治理，其成效体现在保证生态环境远离污染，保护"绿水青山"。但是，这些"成效"或"治理效能"（十九大以来，学术界把治理的成效也称为"治理效能"）一般是从"工具理性"的角度来评价的，即治理能够带来哪些收益或者好处。但对于国家治理来说，除了"工具理性"的标准，还应该保证"价值理性"的合理性。因此，"成效"并不能直接等同于"价值"。比如，我们的经济治理可能成效显著，即提高了经济增长的速度和质量。但是，如果这种经济治理导致了分配不公，尽管治理成效显著使经济获得了发展，但是违背了社会主义公平正义，那么也不能说这一经济治理是好的，因为它违背了价值理性的尺度。再比如，国有企业改革问题，甚至有观点提出"私有化"主张。或许私有化能够使国有企业的生产力有所提高，但是，如果偏离了社会主义公有制的根本方向，这种使企业生产效率再提高的方式都是不可取的。因此，在国家治理的任何一个领域，首要的问题不是它所带来的直接的成效问题，而是一个方向性的"价值观"问题。正是在这个意义上，本书强调在国家治理的任何领域中，都应该坚持"价值观先导"这一治理原则。本书认为，在全部国家治理体系中，"价值观先导"是国家治理的首要原则。如果国家治理偏离了国家的核心价值观和意识形态方向，那么这种治理将是无效的。说到底，这就是"举什么旗、走什么路"的方向问题。

4. 本书对价值观先导领域的划分依据是什么？

价值观是无处不在的，任何一种行为中都包含着价值观。所以，试图建立一个价值观整体的逻辑谱系对于价值论哲学研究来说是十分困难的。国家治理体系包括诸多领域，在本书的研究中，笔者无法对每一个国家治理领域中的价值观先导问题逐一加以研究。因此，笔者选择了几个重要的国家治理领域，对其中的"价值观先导原理"展开研究。这些领域的选择大体上遵循了党的十九大报告和十九届四中全会以及二十大报告中形成的国家治理体系的宏观脉络，主要参考了《习近平谈治国理政》中所涉及的治理领域。虽说逻辑上无法做到完备，但由于价值观体系是依附于国家治理体系的，因此，本书采用的办法是，先确立国家治理领域的体系，而后为各个国家治理领域提供价值观先导原理。这虽然不是最好的办法，但却是最为便捷的做法。

国家治理体系的划分是价值观先导体系划分的依据。也就是说，在国家治理体系中，每一个领域的治理都需要有价值观作为先导。这样一来，国家治理体系的构成便决定了价值观先导体系的构成。但国家治理体系纷繁复杂，试图对国家治理体系进行一个完备的体系划分是很难做到的。为此，本书仅确定两个划分依据，并使这两个划分依据尽可能涵盖国家治理的全部领域。本书采取的办法是，从"主体"和"客体"两个宏观视角出发，对国家治理体系加以划分。一方面，把国家作为一个"客体"来看待，国家包括政治、经济、文化、社会、生态五个大领域，这就是党的十九大报告提出的"五位一体"总布局中的五大领域。另一方面，以国家生活中的"主体"为坐标，包括人民、政党、国家（民族）、世界四个层次。这样，本书就确立了"主客统一"的国家治理体系。就客体而言，把国家治理划分为"经济—政治—文化—社会—生态"的"五位一体"的治理领域。就主体而言，把国家治理划分为"人民—政党—国家（民族）—世界"的四层主体结构。这样，本书的结构就形成了，即针对国家治理体系中的每一个组成部分，分别用一章来探讨其价值观先导问题，从而形成了国家治理的价值观先导原理。

5. "思政人"在国家治理中是如何完成他的"价值观先导"使命的？

我们还要讨论的是，这样的国家治理的价值观先导活动，应该如何转变为国家治理的行动。因此，问题就是，"思政人"（我们把从事思想政治教育和思想政治工作的人统称为"思政人"）在国家治理中扮演怎样的角色？国家意志是通过理论的形式得到确定的，这便是国家意识形态。对于中国特色社会主义新时代来说，习近平新时代中国特色社会主义思想是国家意志的集中体现。那么，"思政人"的使命也就在于，如何把国家意志转变为人民的精神力量，从而实现国家治理的价值目标。"思政人"是通过明确价值观先导的方式，来完成上述国家治理的历史使命的。在这个意义上，思想政治教育的全部工作，是以明确价值观先导的方式，来参与到国家治理体系中的。

　　在思想政治教育研究、思想政治教育教学、思想政治教育管理等各项工作中，都不可避免地首先要追问：什么是思想政治教育？思想政治教育有什么功能？这是伴随思想政治教育各项工作始终的问题。在传统的对思想政治教育的理解中，提出了关于思想政治教育功能的各种观点，如认为思想政治教育是立德树人的工作，是捍卫国家意识形态的工作，是实现人的自由全面发展的工作，是促进个体思想道德水平和国家社会对思想道德水平的要求相一致的工作，是培养社会主义建设者和接班人的工作，等等。但是，除此之外，从国家治理的角度审视，思想政治教育承担着国家治理功能，这就是价值观治理功能，具体包括两种情况：对价值观进行治理，或者用价值观进行治理。这两者有区别。

　　一方面，就"对价值观进行治理"来说，"价值观"是被治理的"对象"。"思政人"是对"价值观"进行治理的"主体"。国民的价值观受各种社会思潮的影响，呈现出多元化趋势，如资本主义价值观、西方宗教价值观、保守主义价值观、自由主义价值观、民粹主义价值观、历史虚无主义价值观等的出现。这些价值观使中国人的精神世界呈现出复杂的状况。如果人们的精神世界出现了混乱，就无法形成国家共同体和民族共同体。因此，需要对国民的价值观进行"治理"，使国民价值观形成"最大公约数"，凝聚共识，创建以社会主义核心价值观为基础的精神家园。在这一过程中，思想政治教育承担着对国民的价值观的"治理"功能。另一方面，就"用价值观进行治理"来说，"价值观"作为治理工具或手段，其治理的主体是国家公职人员。"思政人"则是国家治理主体的"助手"。现在，在国家治理行动中，治理主体首先应该明确一种价值观，并以这种价值观作为"先导"来为治理行为定向领航。国家治理朝着怎样的方向进行，这是一个价值观的问题。有怎样的价值观，就会有怎样的治理行为。因此，价值观在治理行为开始之前应该首先被明确。否则，治理行为就会出现偏差。在国家治理的过程中，如果没有价值观先导，治理行为就没有明确的方向，只能凭借"经验"而停留在具体的效益中。然而，治理行为显然应该成为一种具有"预见性"或"预判性"的活动，也就是说，要有更加长远的治理规划，而不仅仅是停留在当下"就事论事"的状况中。越是涉及长久规划的国家治理行为，就越需要有明确的价值观作为先导，否则就容易沉浸在具体的"经验"中而无法实现治理效能的最大化。在这之中，"思政人"的重要责任就在于，以理论的方式实现对国家治理某一领域中的价值观的"先行明确"，这是"思政人"参与国家治理承担的重要角色。"思政人"是以对价值观的真理性思考和建构为己任的，因此有责任和义务为国家治理的各个领域先行明确价值观先导，因为价值观问题首先是一个理论问题。这就需要"思政人"从国家治理的现实需要出发，从国家的根本性质出发，从国家发展的战略出发，从国家发展所处的国内外环境出发，来思考和探索先行提出"应当如此"的价值观导向。正是在这个意义上，"思政人"是国家治理的重要参与者，是为国家治理提供价值观先导的理论工作者。

此外，中国特色社会主义国家治理体系和治理能力的现代化，不仅仅是一种实践上的现实向往，更应该伴随着理论的自觉。因此，以"思想政治教育在解决新时代社会主要矛盾中的'价值引领'功能研究"（项目编号：19BKS074）这一课题为基础，"价值观先导"问题的理论研究应该成为构建中国特色社会主义"政治哲学"的重要组成部分。因为，在任何一部政治哲学著作中，都应该首先确立一种"政治价值观"，而且政治价值观构成了全部政治哲学体系的"解释原则"，全部政治哲学原理都应该从这一"政治价值观"中逻辑地演绎出来。思想政治教育的重要功能之一，就是为国家治理提供"价值观先导"。囿于学识所限，就算仅能做到抛砖引玉，笔者也已经心满意足了。

本书撰写时，正处于举国上下乃至全世界共同抗击新冠疫情的悲壮时刻。在这段时间里，笔者深刻反思思想政治教育能够为抗击疫情提供怎样的支持，或许是抗击疫情带来的一种精神鼓舞，促使我系统地研究了国家治理体系中的价值观先导原理。在笔者看来，这些价值观先导问题的研究，对于国家治理来说确实是至关重要的。因为，国家治理行为总是要在一定的价值观指导下进行，价值观是国家治理行为中的"灵魂"和"方向"。一个国家的治理总归不能是没有明确的政治方向和价值指向的盲目行为。因此，笔者认为，国家治理中的首要问题就应该是"价值观先导"问题。一切国家治理行为，以及国家治理的制度、政策、法规都应该包含某种价值导向，而这无疑是思想政治教育所应承担的重大课题。

目　　录

序言

第一章　"共产主义"的政治价值观先导 ……………………………… 1

一、"共产主义"的政治价值观先导总论 …………………………… 1

二、"共产主义"是人类自由和解放的终极价值观 ……………… 10

三、社会主义是共产主义的"过渡阶段" ………………………… 18

四、"共产主义过时论"批判中的价值观先导 ………………… 23

五、共产主义价值观在当代落实为社会主义核心价值观 ……… 31

第二章　"共享发展"的经济价值观先导 ……………………………… 42

一、"共享发展"的经济价值观先导总论 ………………………… 43

二、马克思政治经济学的价值观基础 …………………………… 51

三、中国特色社会主义经济观 …………………………………… 58

四、价值观先导在经济领域中的具体表现 ……………………… 65

五、"新全球化"中的世界经济价值观 …………………………… 71

第三章　"双创互鉴"的文化价值观先导 ……………………………… 76

一、"双创互鉴"的文化价值观先导总论 ………………………… 77

二、文化建设中的政治价值观先导 ……………………………… 86

三、对待传统文化的"双创"价值观先导 ……………………… 92

四、对待西方文化的"互鉴"价值观先导 ……………………… 97

五、"文化自信"中的价值观先导 ……………………………… 105

第四章　"公平正义"的社会价值观先导 ……………………………… 111

一、"公平正义"的社会价值观先导总论 ……………………… 111

二、马克思的公平正义社会价值观 ……………………………… 119

三、中国特色社会主义的公平正义价值观 …………………… 128

四、公平正义价值观的三个层次 ……………………………… 134

五、解决发展不平衡问题的公平正义价值观先导 …………… 139

第五章　"敬畏自然"的生态价值观先导 ……………………………… 144
　　一、"敬畏自然"的生态价值观先导总论 ……………………… 144
　　二、人与自然生命共同体的生态价值观 ……………………… 156
　　三、生态价值观先导的基本内涵 ……………………………… 163
　　四、生态治理中的社会矛盾 …………………………………… 169
　　五、解决生态治理矛盾的价值观先导 ………………………… 175

第六章　"美好生活"的幸福价值观先导 …………………………… 182
　　一、"美好生活"的幸福价值观先导总论 …………………… 182
　　二、美好生活包括物质生活美好和精神生活美好 …………… 190
　　三、美好生活是靠人民自己奋斗出来的 ……………………… 195
　　四、美好生活中"幸福"的主观性与客观性 ………………… 201
　　五、美好生活是"具体的历史的" …………………………… 207

第七章　"执政为民"的政党价值观先导 …………………………… 212
　　一、"执政为民"的政党价值观先导总论 …………………… 212
　　二、党的群众路线中的"人民史观" ………………………… 222
　　三、"执政为民"政党价值观的科学内涵 …………………… 229
　　四、新时代"执政为民"政党价值观面临的挑战 …………… 233
　　五、新时代"执政为民"的政党价值观先导战略 …………… 240

第八章　"爱国主义"的民族价值观先导 …………………………… 248
　　一、"爱国主义"的民族价值观先导总论 …………………… 248
　　二、爱国主义民族价值观的基本内涵 ………………………… 255
　　三、爱国主义具有历史性和时代性特征 ……………………… 260
　　四、爱国主义教育是个体上升为"普遍性"的德治工程 …… 265
　　五、爱国主义对中华民族伟大复兴的价值观先导 …………… 272

第九章　"合作共赢"的和平价值观先导 …………………………… 277
　　一、"合作共赢"的和平价值观先导总论 …………………… 277
　　二、"世界永久和平"是人类的共同价值 …………………… 287
　　三、马克思为人类和平提供的共产主义方案 ………………… 294
　　四、当代世界和平面临的挑战 ………………………………… 300
　　五、人类命运共同体视域下的"合作共赢"价值观先导 …… 305

第一章 "共产主义"的政治价值观先导

共产主义作为人类解放运动，其中蕴含着人类理想的政治价值观。共产主义作为实践运动，是共产主义政治价值观在现实中的表现。这种价值观构成了人类最高的政治价值观，因而是新时代中国特色社会主义建设最根本的价值观先导。

一、"共产主义"的政治价值观先导总论

国家治理的首要问题是价值选择问题，或者论证"价值观先导"之于国家治理来说具有怎样的无条件的开端意义。无论是从人类的天性还是从纵深的人类社会历史开始，这一结论都是清楚的，并且无论人们是否在理论上已经意识到上述价值观先导之于国家治理的决定性意义，都已经在现实中按照这一重大关系完成着人类的历史性生存活动。这样一个重大的理论行为，实际上在思想史中特别是在政治哲学中从来没有被中断过。概言之，东西方的政治哲学，无不是在为一个共同体（可能是国家也可能是民族）寻求"向善而生"的治理之路。正如《礼记·礼运》中所讲，"大道之行也，天下为公"。休谟认为人类社会治理的基础是某种"善、博爱与同情"而形成的"共同利益感觉"①。如同康德所说的，一个摆脱"自然状态"的"公民—社会状态"是绝不会自然而然地产生的，一个社会性的共同体一定是"被建立起来的"②。席勒指出，"人在他的自然状态中只能承受自然的力量，在审美状态中他摆脱了这种力量，而在道德的状态中他支配着这种力量"③。也正是如此，对于人类来说，国家共同体的治理行为，绝不是自然而然就能完成的，仿佛在自然机械因果链条中"水到渠成"般

---

① [英]休谟：《人性论》，关文运译，北京：商务印书馆，2009年，第526页。
② [德]康德：《历史理性批判文集》，何兆武译，北京：商务印书馆，1990年，第104页。
③ [德]席勒：《美育书简》，徐恒醇译，北京：中国文联出版公司，1984年，第121页。

就能实现，相反，总是要在人类理性的价值选择中才能不断地在接近通往理想的共同体的向善之路上接近终极价值。

1. "善"作为政治共同体的价值承诺

国家治理是一个价值选择的活动。对于国家共同体各个领域的治理，都面临的问题是"朝着怎样的目标治理"。这一治理目标从根本上说不是在经验中要达到的某种具体的目标，而是说，国家共同体的治理应该在总体上使每一个治理行为都对那最为根本的目标有所助益，而这个根本的目标不能是某种具体的经验对象，而只能是某种"价值"。国家治理的"价值"看起来是抽象的，凡是价值就存在好坏善恶的问题，这个问题构成了全部人类生活的终极目的。因此，对于国家治理来说，最为根本的任务或首要的任务不能是别的，而只能是明确"什么样的治理才是好的治理"。这就表明，国家治理行为总是和某种"价值"相伴随，这个"价值"构成了国家治理的灵魂和统摄。离开某种"价值"的指向，国家治理将会失去方向。因此，事先明确价值导向，是一切国家治理行为的开端，如果我们不想使自己的国家和共同体迷失方向的话。

人是理想性存在，就是说，人总是天然地追求"善"的存在。向善而生是人的自然本性，但这个善总是在共同体的意义上变得更加复杂。迄今为止，东西方政治哲学的最高问题就是何谓"至善"的问题，西方也称之为"自由""正义"等。从柏拉图的《理想国》到16—17世纪的《乌托邦》《太阳城》《基督城》等开启的"空想社会主义"，无不是对美好的共同体之"善"的向往，这些向往表达了人类向善而生的本性。正是凭借思想家们提供的种种美好的价值理想，人类在现实世界中不断趋向于这些理想，才去寻求构建完美的共同体之路。这些在本质上都表明了人类最为基本的生存结构：基于价值观先导的生命实践活动。因为对于个体来说，什么是善的问题，完全取决于个体的主观性。但是，作为共同体来说的善，就变得非常复杂，因为每个个体都持有不同的价值立场和理解能力，导致在共同体追寻善的问题上众说纷纭。这也正是国家治理所遇到的最为根本的难题。国家治理如果不是盲目的，就必须要对治理的方向给予预判，即在现实性和理想性的张力关系中实施治理行为。这在本质上始终包含着要把国家共同体"带向何方"的问题。正是在这个意义上，针对国家治理这一重大的生命行动来讨论"价值观先导"就成为一项关乎共同体命运的重大的理论事件了。从马克思主义的立场来看，作为共产主义的人类的自由和解放是迄今人类为自己提出的最为科学的理想，因而共产主义也成为最根本的"价值观先导"。

2. "过渡时期"的国家及其政治价值先导的特殊含义

讨论国家治理，还需要分析马克思主义的政治哲学所给出的"国家"在世界历史进程中的位置，具体说就是"国家"在通往共产主义途中的位置。这就需要回到马克思对"国家"的本质的理解中。恩格斯指出，"国家是承认：这个社会陷入了不可解决的自我矛盾，分裂为不可调和的对立面而又无力摆脱这些对立面。而为了使这些对立面，这些经济利益互相冲突的阶级，不致在无谓的斗争中把自己和社会消灭，就需要有一种表面上凌驾于社会之上的力量，这种力量应当缓和冲突，把冲突保持在'秩序'的范围以内；这种从社会中产生但又自居于社会之上并且日益同社会相异化的力量，就是国家。"[①]这一点是马克思和恩格斯经过对人类历史的科学考察而发现的，并作为批判黑格尔国家观的重大成果而提出来的。其后，列宁更加明确地指出"国家是阶级矛盾不可调和的产物"[②]。黑格尔认为，国家是"地上的精神"[③]，这与马克思的观点是不同的。黑格尔把国家视为绝对精神在人世间实现返回它自身的一个"定在"性的条件，即作为人类的有限生命不得不在地上的共同体中生存，那么"国家"就被赋予绝对精神的现实环节这一神圣地位。但是，在马克思看来，事情恰好相反，国家并非那么神圣，因为国家恰好是人类不够神圣，为了保护自己阶级（这一阶级只是因为利益不同而形成的）而不得不建立起来的强制性的"工具"。因此，国家并不像黑格尔所说的那么神圣，相反国家意味着人类的有限性，是"必然王国"。德语中的"存在"一词写作 Sein，而"本质"一词 Wesen 是 Sein 的过去式。[④]也就是说，辩证思维中本质乃是因对存在的否定与抽象而成的理念，即消逝了的存在。国家的本质亦是如此。国家作为消亡的存在，其最终本质应当是共产主义理念。因此，马克思认为真正的"自由王国"是由"国家的消亡"而形成的共产主义。

---

① 《马克思恩格斯选集》（第 4 卷），北京：人民出版社，2012 年，第 186—187 页。

② 《列宁专题文集·论马克思主义》，北京：人民出版社，2009 年，第 178 页。

③ [德]黑格尔：《法哲学原理》，范扬、张企泰译，北京：商务印书馆，2009 年，第 308 页。

④ 参见[德]黑格尔：《小逻辑》，贺麟译，北京：商务印书馆，1980 年，第 242 页。

　　然而，国家的消亡不是一蹴而就的，因为历史唯物主义最主张在具体的特定的历史条件下来看待每一个历史事物的性质。这也是马克思的历史唯物主义的认识论的基本内容。这样说的目的在于明确："国家"在通往自我向往的路途中，要经历怎样的过渡环节；在这样的过渡环节中的国家，应该如何完成它的有限性使命而扬弃在更高的世界历史进程之中。这或许是当代讨论国家治理问题时必须面对的重大理论问题。这个问题马克思早就给我们提出来了。至于如何回答这一问题则完全是一种探索性的实践，对于中国来说当然就是在中国特色社会主义建设的实践中，以及在马克思主义中国化的理论探索中做出回答。那么，现在的问题是：中国作为社会主义国家，社会主义建设该朝着怎样的方向完成它的治理？这样的治理要依托怎样的价值观先导？因为如果离开这一价值观先导，国家治理将无法在世界历史特别是在马克思、恩格斯所开创的科学社会主义整体图谱中确定它的位置。在这个意义上，"价值观先导"之于国家治理的重大意义便凸显出来，也由此把问题直接引向了国家治理与世界历史进程的关系问题，而这其中始终无法回避的就是"价值观先导"。

　　政治哲学核心是要探讨国家共同体的可能，而马克思的共产主义是其中的一种方案。但这一方案之所以比较彻底，一方面是因为马克思与恩格斯确立了"科学社会主义"，另一方面更重要的是因为马克思是着眼于世界历史，即全人类的自由和解放以形成人类共同体这一目标而提出的共产主义方案。这就使马克思的人类共同体方案具有了终极意义，而且作为终极意义则必然为作为"必然环节"的"国家共同体"提供最彻底的价值定向。如果不考虑人类共同体，则单个国家共同体将无法获得最终保障。最明显的例子是，在《理想国》中，柏拉图把"护卫者"视为"理想国"中必不可少的一部分。"如果说护卫者的工作是最重大的，他就需要有比别种人更多的空闲，需要有最多的知识和最多的训练。"①意义在于，如果一个国家要是遭到另外一个国家的侵略，则无论该国家自身内部如何保证正义，都无法使该国家最终成为真正的共同体，甚至该国家将无法持续存在下去。正是因为想到了这一点，柏拉图才提出必须要有"护卫者"才能确保"理想国"成为可能。然而，在近代的政治哲学中，康德和黑格尔等则明确把探讨国家共同体的问题引申到了人类共同体，即世界历史的高度上，这无疑对探讨国家共同体提出了更高层次的价值导向问题。也就是说，仅

①［古希腊］柏拉图：《理想国》，郭斌和、张竹明译，北京：商务印书馆，2009年，第66页。

仅着眼于一个国家内部的共同体而确立其价值导向,并不能在根本上绝对地保证一个国家的持续存在。相反,只有首先把人类全体的共同体视为目的,并以此确立人类共同体的价值导向,才能为某一个具体的国家通向全体自由提供终极价值的保障。可见,柏拉图在《理想国》中并没有考虑到要充分解决民族国家之间的共同体的问题,但一定假定了民族国家之间只要通过"护卫者"保证均衡,那么理想国蓝图的实现就只剩下国家内部问题需要解决了。

实际上,直到近代,英国和欧陆政治哲学也没有把人类整体的共同体问题视为最终问题,似乎对于人类来说建立这样的共同体是十分渺茫的事情,所以更关注的仍然是主权国家范围内的自由、民主、公平、正义等问题。直到康德和黑格尔的哲学中比较系统地考察了世界历史的问题,但康德似乎是比较乐观地把人类永久和平作为一个重大的问题来加以论述,而黑格尔则只是为了他构建的绝对精神而不得不将研究范围"延伸"到世界历史中,这便是思辨的《历史哲学》的主题。值得特别说明的是,与马克思相比,对于人类总体性命运问题的思考,黑格尔采取的是"密纳发的猫头鹰"[①]的做法,即只是在世界历史经历过后,反思世界历史的"本质"之于绝对精神的各个环节而已,而马克思则带有强烈的实践精神和意志,试图把人类从现实中带向一个理想的"自由王国"。尽管马克思被西方一些哲学家贬斥为有些许"理性的狂妄",但我们看到的往往是马克思对人类所持有的一种积极进取的姿态及浪漫主义的追求,只是情怀的理想化。事实上,从历史性生存论境域上看,马克思不仅没有理性的狂妄,而且是最基于人的现实生存,要求突破理性中心主义、反对理性对人感性的褫夺和僭越。他强调,"科学只有从感性意识和感性需要这两种形式的感性出发"才是现实的科学[②]。人的感性与理性相统一从而"占有自己的全面的本质"[③],才是马克思理想化情怀的根源。就这一点来说,马克思比以往任何"解释世界"的哲学家都更加清醒地认识到,自己的哲学才是"改变世界"的哲学。[④]较之黑格尔"密纳发的猫头鹰"的比喻,马克思则将哲学比作"高卢雄鸡"[⑤]。

---

① [德]黑格尔:《法哲学原理》,范扬、张企泰译,北京:商务印书馆,2009年,第16页。
②《马克思恩格斯文集》(第1卷),北京:人民出版社,2009年,第194页。
③《马克思恩格斯文集》(第1卷),北京:人民出版社,2009年,第189页。
④ 参见《马克思恩格斯文集》(第1卷),北京:人民出版社,2009年,第502页。
⑤《马克思恩格斯选集》(第1卷),北京:人民出版社,2012年,第16页。

把未来理想引入当下的"改变世界"中，这就为人类的世界历史注入了由理想性关照现实性的"动力"，这绝不同于黑格尔放任世界历史在"战争"中自我通向绝对精神实现其自身的那种态度，也不同于康德诉诸"大自然的一项隐蔽计划"①而把人类命运完全托付给了"天意"的做法。从这样的观点来看，"国家"作为共同体就注定是有限的，而"国家的消亡"才是世界历史的终极目的，也是共产主义的自由王国的内在规定。但是，这只是在马克思所说的"共产主义高级阶段"才是可能的，而在此之前，必然经历一个从资本主义向共产主义过渡的中间阶段，也就是列宁所说的"过渡时期"。根据列宁的看法，从资本主义向共产主义转变的过程，不是一下子就能完成的，不是一劳永逸就能实现的。相反，必然要经历一个漫长的过渡时期。这个过渡时期就是无产阶级专政的社会主义国家。因为资本主义的残余势力不可能一下子就消除，所以无产阶级专政的国家的存在就是必然。国家是阶级的产物，因而只要阶级对立还没有完全消失，国家的存在就是有必要的。但是，在这种情况下，"国家"就发生了相应的变化。

一方面，社会主义国家绝不同于资本主义国家。资本主义国家是资产阶级统治无产阶级的"工具"，但是社会主义国家则在国内消除了资产阶级，尽管还存在一定程度的残余，但已经不足以把国家限定为阶级对立意义上的"统治工具"了。比如，在中国特色社会主义阶段，国家的主要任务已经不是要解决阶级对立的矛盾问题了，而是要解决如何建设社会主义的问题。但是，另一方面，从世界社会主义运动来看，世界范围内仍然受西方资本逻辑的统治，资本主义制度仍然在世界范围内占据主导地位，并从事资本剩余价值的剥削。在这种情况下，社会主义国家就不可能不面对来自资本主义国家政治、经济、文化上霸权主义的侵袭。在这个意义上，社会主义国家就仍然担负着反抗资本主义制度的重大使命。上述社会主义国家作为"过渡时期"特殊类型的国家，决定了在国家治理的过程中，其价值观一定仍然是共产主义的政治价值观而不能是别的。但因为社会主义处在初级阶段，更因为资本主义仍然有重大的影响力，世界社会主义运动还面临一系列挑战，社会主义国家治理的价值观就会受特定的历史时代和历史条件的限制，而不可能单纯以抽象的共产主义价值观作为先导，它必须在与具体的国情相结合的条件下，形成新的历史特点的价值观，而这也

① [德]康德：《历史理性批判文集》，何兆武译，北京：商务印书馆，1990年，第15页。

正是当代中国提出弘扬和践行社会主义核心价值观的重大意义所在。总而言之,在过渡时期的社会主义国家,其国家治理的价值观先导必然诉诸共产主义的政治价值观,但因为处于社会主义初级阶段及受到资本主义的干扰,共产主义政治价值观必然以具有历史特点的形态而存在,并完成其价值观先导。

3. 世界历史进程中国家政治价值观先导的普遍意义

在世界历史进程中,国家共同体作为主体性和实体性存在,它的价值观先导的普遍性意义如何得到确立?在对待当今国际外交方面,中国有一个鲜明的主张,这就是"永远不称霸",或者说,批判西方"国强必霸"的逻辑。"国强必霸"的逻辑的本质是什么?我们可以在学理上对其进行一系列追问。首先,"国强必霸"是西方资本主义奉行的"丛林法则"。"丛林法则"的本质是生物学法则。动物之间通过这种"丛林法则"完成优胜劣汰,最终保持一个物种得以存在,并保证生态平衡。但是,这一逻辑显然隐含着"反人类"或"反人性"的观点。霸权就意味着独断的"主观性",这和西方所提出的"平等""公正"的理性价值观是背道而驰的。因此,西方历来在其思想文化界里所主张的理论,与其在资本逻辑的实际经验中所奉行的原则是"两张皮"。这一理论与实践上的分离在基督教文化中有其根据,这就是"上帝的归上帝,凯撒的归凯撒"[1]。正如马克思在《论犹太人问题》中所指出的那样,甚至在宗教解放已经完成了的国家中,政教分离虽然使人从宗教中解放了出来,但这不仅没有消灭宗教,反而使宗教在非宗教的私人领域蓬勃发展。[2]也就是说,他们在抽象的理论上是承认,人"是有理性的存在者"[3];但在资本逻辑的现实中,却主张"适者生存"的生物学法则。"国强必霸"的逻辑本质上就是生物学法则在资本逻辑中的体现。

以上对资本主义国家的分析表明,资本主义国家仅仅从自己的国家利益出发来考虑对待其他国家的关系问题。这正如黑格尔在《法哲学原理》中所说的,"福利是国家在对别国关系中的最高法律"[4]。也就是说,在对

---

① 转引自中央国家机关团工委编:《名家谈哲学》,北京:人民出版社,2008年,第226页。
② 参见《马克思恩格斯文集》(第1卷),北京:人民出版社,2009年,第27页。
③ 转引自吴宏政、吴星儒:《"人的自然性与实体性相统一"的思想政治教育观》,《思想政治教育研究》2016年第6期,第18页。
④ [德]黑格尔:《法哲学原理》,范扬、张企泰译,北京:商务印书馆,2009年,第396页。

待自己国家和对待其他国家的关系问题上，资本主义国家仅仅从自身利益出发，而不考虑其他国家的利益，甚至是以牺牲其他国家的利益来保证自己国家的利益。这种做法，就如同霍布斯所说的"每一个人对每个人的战争"①。这种状态，本质上是契约论思想家所说的"自然状态"。在一个国家内部，契约论思想家的目的是要超越"自然状态"而进入"社会状态"，这是从卢梭到康德一贯主张的做法。然而，资本主义国家在对待自己国家和对待自己国家与其他国家的关系问题上，即在对待世界历史的问题上，却坚持不同的标准，即不是在"契约论"的观念中对待世界历史。针对这一点，康德实际上明确提出了在世界历史问题上的契约论观念，即主张建立"各民族联盟"的方式，实现人类的永久和平。然而，资本主义国家在现实的运行过程中，没有坚持康德的做法，而是坚持"霸权主义""适者生存"的丛林法则，用"丛林法则"取代了"契约法则"。但在自己国家的内部则主张一种"契约法则"，但也仅仅是虚假的契约。因为，资本主义制度之下，是无法按照契约论的思路建立国家的，原因是，资产阶级不可能与工人阶级以契约的方式达成剥削与被剥削的关系。因此，国家不是契约的产物，相反，甚至可以说其是资产阶级统治无产阶级的"工具"。

　　资本主义国家只想把自己的国家治理好，但却以破坏人类整体的秩序为代价，或者说，在实施国家治理的过程中，没有把人类命运的整体和平纳入自己国家的治理体系中。因此会出现，以破坏世界秩序和其他国家的利益为代价来保证自己国家的和谐。然而，这显然是充满悖论的，如果世界上其他国家都无法生存，那么单纯想在不可摆脱的世界体系中寻求自己国家的和平生存是不可能的。正如资本家想要通过剥削工人而使自己达到发财致富的目的，却又不希望工人阶级进行无产阶级革命，这本身就是悖论。因此，马克思才明确提出"两个必然"。因为马克思看到，资本主义制度所固有的内在矛盾，必然导致两大阶级的对立，因此是资产阶级自己创造和培养了自己的"掘墓人"，资本主义制度的毁灭是"自我毁灭"，而绝非外力导致的毁灭。这一点从世界历史的体系中来看，同样成立。因为资本主义国家以牺牲其他国家的利益为代价而保全自己国家的发展，这本身就是悖论。原因是，它坚持的是"双重标准"，即对待自己国家的治理观念和人类整体命运的和平观念之间的冲突。正是因为与此完全不同，社会主义国家治理才具有了真理性。在社会主义国家的治理体系中，包含

---

① ［英］霍布斯：《利维坦》，黎思复、黎廷弼译，北京：商务印书馆，1985 年，第 94 页。

着对人类整体命运的观照，即便是在"过渡时期"的国家治理中，也同样包含着对世界历史的人类整体命运的考虑。

根据以上分析可知，社会主义国家必须把对人类命运的总体性关怀纳入对国家治理的考虑中。这就为国家治理提供了普遍意义的客观真理性基础。前文指出，社会主义国家明确提出，"永远不称霸"。这是和西方资本主义国家"国强必霸"的逻辑完全不同的。后者是丛林法则，而前者则是普遍理性的法则。西方哲学家试图在各个民族国家之间建立永久和平的契约论思路，这一思路显然没有在西方资本主义现实逻辑中被建立起来，相反，在社会主义国家中则在马克思历史辩证法的意义上获得了实现的可能。这就是，社会主义国家在进行自己国家治理的同时，加入了对人类命运的整体安全的考虑。因此，外交关系是社会主义国家治理体系中的组成部分，而且这一部分把社会主义国家和世界历史、人类整体命运紧密联系起来，即坚持"国家个体"和"人类全体"之间的辩证统一关系。正是在这个意义上，中国特色社会主义不仅仅是"中国"的社会主义，而且也是"人类"的社会主义，这一点集中体现在中国共产党提出的"推动构建人类命运共同体"这一主张中。这明确地表达了社会主义国家治理体系中所蕴含的对于人类整体命运的关怀。因此，中国特色社会主义建设，绝不仅仅是为了中国自己的民族复兴，也肩负着"为世界谋大同"的使命。[1]

这样一来，在社会主义国家治理中，有几个大的背景必须纳入。第一，一个国家自己的发展和建设的治理。对于中国来说，就是如何解决中国人民的国计民生、使人民过上美好生活的问题，如何全面建设社会主义现代化国家的问题，如何实现中华民族伟大复兴的问题。第二，中国特色社会主义国家建设，还同时承担着世界社会主义发展的使命。因此，要把自己国家的治理问题和世界社会主义的发展问题紧密联系起来。第三，当今世界仍然是由资本逻辑所主导的世界，资本主义制度仍然存在。因此，必须在两种制度并存的条件下，探索自己国家治理的道路问题。第四，当代世界面临百年未有之大变局，因此，如何推进世界历史进程，推动构建人类命运共同体，也必将纳入中国特色社会主义国家治理的考量中。有必要在世界历史的意义上讨论国家治理的"价值观先导"问题，或者反过来，把价值观先导问题置于世界历史的背景下来理解，则它对于国家治理来说就同时获得了更加具有人类解放性质的重大意义。上述四个方面紧密交织在

---

[1] 参见《习近平谈治国理政》（第4卷），北京：外文出版社，2022年，第546页。

一起，给中国社会主义国家治理带来了空前的挑战。因此，要想综合上述各方面因素来建立自己的国家治理体系，就必须首先在价值观方面有清醒的认识和理论自觉，在这个意义上，国家治理的"价值观导向"问题就显得至关重要。

二、"共产主义"是人类自由和解放的终极价值观

共产主义作为一种价值观，是马克思为人类确立的终极价值观，指明了人类发展和进步的终极方向。它构成了自19世纪起国际共产主义运动的总的价值观，这种价值观首先作为社会主义国家的总价值观，并指向全人类。自20世纪初中国共产党成立，共产主义就成为近代以来中国革命的总价值观。之后，共产主义始终是中国共产党的总价值观，也是中华民族近代以来的总价值观、中国特色社会主义建设的总价值观。因此，共产主义是贯穿全部国际共产主义运动的总价值观。中国特色社会主义建设归根结底是为了实现共产主义。

1. 共产主义是马克思主义的"总价值观"

19世纪中叶，西方资本主义开始在全世界范围内得到迅速发展和扩张。资本主义生产方式的建立，深刻地改变了人类的命运。这种生产方式一方面在历史上发挥了重要的进步作用，代替了封建主义的生产方式，极大地提高了人类社会的生产力。"资产阶级在历史上曾经起过非常革命的作用"，"它第一个证明了，人的活动能够取得什么样的成就。它创造了完全不同于埃及金字塔、罗马水道和哥特式教堂的奇迹；它完成了完全不同于民族大迁徙和十字军征讨的远征"，"它按照自己的面貌为自己创造出一个世界"，"在它的不到一百年的阶级统治中所创造的生产力，比过去一切世代创造的全部生产力还要多，还要大"[1]。但是，另一方面，马克思发现，这种生产方式并非人类理想的生产方式，因为这种生产方式仍然没有终结人类社会的矛盾和冲突。马克思认识到，人类社会从奴隶社会开始，一直到资本主义社会，始终处在"阶级斗争"的矛盾冲突中。而且，在这种生产方式中，

---

[1]《马克思恩格斯文集》（第2卷），北京：人民出版社，2009年，第33—34、36页。

存在着人类之间的剥削与被剥削的关系。当生产社会化和生产资料私人占有的基本矛盾加剧时，资本对社会和自然的生产条件的无偿占有就变本加厉了。这一点被生态马克思主义者福斯特在《生态危机与资本主义》论著中加以证实，"由于 20 世纪 80 年代初出现的经济萧条，需要对经济结构进行调整，这需要加快对原生林的清除，并加大对林场工人利益的剥夺"，"20 世纪 80 年代，这些原生林以大约一年 7 万英亩的速度逐渐消失。如果这一砍伐速度继续下去，俄勒冈和华盛顿这片未经保护的原生林将在不到 30 年内消失殆尽"[①]。自然是人类社会的基础，阶级斗争是人为生存和发展而与自然界展开的斗争，马尔库塞曾指出，"人对自然的斗争日益成为对社会的斗争"[②]。莱斯也指出，"在每一个历史时期人都与自然进行斗争以维持自己的生存"[③]。通过对资本主义生产方式的研究，马克思在哲学、政治经济学和科学社会主义三个领域，为人类构建了共产主义的理想，提出了消灭私有制、建立公有制的人类愿景。马克思深刻揭示了人类社会历史发展的客观规律，形成了两个发现：唯物史观和剩余价值学说。通过这两个发现，马克思得出了"资本主义必然灭亡"和"共产主义必然胜利"的"两个必然"结论。马克思用其毕生经历，阐释了共产主义价值观的基本内涵，即人类的自由和解放。

西方近代以来确立了自由、平等、博爱的价值观，一直到今天这一价值观仍被视为资本主义世界的基本价值观。然而，在马克思看来，这一价值观不过是资产阶级维护自己统治的价值观，在现实中并不能真正实现。资产阶级从"天赋人权"的角度，提出了人类自由、平等、博爱的价值观，主张"人生而自由、生而平等"。卢梭在《社会契约论》中开篇就提出"人是生而自由的，但却无往不在枷锁之中"[④]这一天赋人权的观点。近代以英国经验论哲学为代表，哲学家们几乎都以"契约论"为核心，建构起人类社会的政治价值观。这种价值观坚持人生而平等，并且认为这一价值观是"天赋人权"，因此从人性论的角度抽象地演绎出了资产阶级的价值体系。

从空间上看，共产主义价值观是一切价值观的统摄，因而是"总价值

① [美]约翰·贝拉米·福斯特：《生态危机与资本主义》，耿建新、宋兴无译，上海：上海译文出版社，2006年，第100页。
② [美]赫伯特·马尔库塞：《单向度的人：发达工业社会意识形态研究》，刘继译，上海：上海译文出版社，2006年，第219页。
③ [加]威廉·莱斯：《自然的控制》，岳长龄、李建华译，重庆：重庆出版社，2007年，第95页。
④ [法]卢梭：《社会契约论》，何兆武译，北京：商务印书馆，2003年，第4页。

观"。这充分体现在马克思的世界历史理论中。马克思所关注的是全人类的自由和解放，而不是某个国家和民族的自由和解放。因此，马克思认为共产主义是人类的解放事业。正因为如此，马克思开创了独特的世界历史理论，并以共产主义价值观来统摄全部世界历史的发展。

首先，马克思认为世界历史的发展是进步的。马克思、恩格斯在《德意志意识形态》中明确指出，资本主义大工业"首次开创了世界历史，因为它使每个文明国家以及这些国家中的每一个人的需要的满足都依赖于整个世界，因为它消灭了各国以往自然形成的闭关自守的状态"①。"历史向世界历史的转变，不是'自我意识'、世界精神或者某个形而上学幽灵的某种纯粹的抽象行动，而是完全物质的、可以通过经验证明的行动，每一个过着实际生活的、需要吃、喝、穿的个人都可以证明这种行动。"②历史进步观构成了马克思世界历史理论的价值观基础。世界历史的进步主要表现为社会形态从低级到高级的更替，这是历史唯物主义的一条基本规律。马克思把人类社会历史的发展概括为"五形态"，人类社会历史的发展处于部落所有制社会、古典古代的公社所有制和国家所有制社会、封建的或等级的所有制社会、资本主义社会、共产主义社会五种社会形态依次演进的序列中，这五种社会形态是不断进步的。马克思在《政治经济学批判（1857—1858 年手稿）》中明确提出："人的依赖关系（起初完全是自然发生的），是最初的社会形式，在这种形式下，人的生产能力只是在狭小的范围内和孤立的地点上发展着。以物的依赖性为基础的人的独立性，是第二大形式，在这种形式下，才形成普遍的社会物质变换、全面的关系、多方面的需要以及全面的能力的体系。建立在个人全面发展和他们共同的、社会的生产能力成为从属于他们的社会财富这一基础上的自由个性，是第三个阶段。第二个阶段为第三个阶段创造条件。"③马克思和恩格斯在《德意志意识形态》中把资本主义社会以前的历史划分为三种所有制形式，即"部落所有制""古典古代的公社所有制和国家所有制""封建的或等级的所有制"④。一种社会形态代表一种新的生产方式，而生产方式是不断发展和进步的。这样一来，每一个社会形态都是相对于以往社会形态的进步。这种进步主要体现在推动生产力不断向前发展。生产关系之所以要发生变

---

① 《马克思恩格斯文集》（第 1 卷），北京：人民出版社，2009 年，第 566 页。

② 《马克思恩格斯文集》（第 1 卷），北京：人民出版社，2009 年，第 541 页。

③ 《马克思恩格斯文集》（第 8 卷），北京：人民出版社，2009 年，第 52 页。

④ 《马克思恩格斯文集》（第 1 卷），北京：人民出版社，2009 年，第 521—522 页。

革，乃是因为原有的生产关系破坏了生产力或阻碍了生产力的发展。因此，为了保持生产力的进一步发展，才发生生产关系的变革。每次生产关系的变革，都极大地推动了生产力的发展。在这个意义上，马克思的社会历史进步观构成了他理解全部世界历史的基本价值观。

其次，马克思认为世界历史的进步是有终极目的的，世界历史不是杂乱无章的。康德曾提出世界历史的目的问题，认为世界历史的目的是"永久和平"，就是终结国际的自然状态，即终结国际无序的战争状态，而进入法治的国际联盟。世界历史的发展过程就是人类不断趋向永久和平的过程。但是，康德把这一世界历史的目的看作是"大自然的一项隐蔽计划的实现，为的是要奠定一种对内的、并且为此目的同时也就是对外的完美的国家宪法，作为大自然得以在人类的身上充分发展其全部秉赋的唯一状态"①。因此，康德的世界历史目的理论具有自然法权派的特征，而没有把世界历史的目的理解为人类的目的。同样，在康德的影响下，黑格尔也提出了世界历史的目的问题。黑格尔认为，世界历史的目的是"绝对精神"返回其自身的过程。因此，绝对精神构成了世界历史的目的。这就是说，人类世界历史的发展过程，不过是绝对精神通过人类历史得以最终实现的过程。可见，黑格尔的世界历史目的具有"神正论"的本质特征，也不是人类社会历史的目的。

与德国古典哲学不同，马克思虽然继承了世界历史的目的论，但却在根本上改变了这种唯心主义的世界历史目的论，建立了历史唯物主义的世界历史目的。这一目的就是人类自己实现自己的自由和解放。只有在世界历史中，单个人才能摆脱民族与地域限制，同世界生产相联系，才能获得利用这种全面生产的能力，因此"每一个单个人的解放的程度是与历史完全转变为世界历史的程度一致的"②。世界历史的最终目的是实现人类根本自由和全面解放的共产主义，共产主义就是要通过无产阶级的革命实践推翻现存制度，彻底消灭私有制，扬弃资本主义，实现共产主义。这便是马克思为人类世界历史所提供的目的。因此，全部人类的历史不过是人类通向自我解放的过程。这是马克思、恩格斯创立的共产主义价值观之所以是统摄所有价值观的"总价值观"的原因所在。人类的自由和解放这一价值是世界历史的发展目的，因而是最高形态的价值观。

---

① [德]康德：《历史理性批判文集》，何兆武译，北京：商务印书馆，1990年，第15页。
②《马克思恩格斯文集》（第1卷），北京：人民出版社，2009年，第541页。

2. 共产主义价值观的实质是人类在生产方式中的自由和解放

马克思深刻地认识到，抽象人性论的天赋人权理论，不过是"资产阶级权利的狭隘眼界"①。资产阶级为了维护自己的统治，在意识形态上把自己说成是"普遍利益"的代表。德国古典哲学也继承了这一抽象人性论的做法。康德继承了契约论的传统，并把契约论推向了"世界公民"。黑格尔则在唯心论的世界观基础上，把国家看作"绝对精神"在现实中的实现环节，从而建构了维护资产阶级统治的保守的普鲁士"官方哲学"。所有这些都表明，资产阶级的价值观是为资产阶级的利益服务的，这些意识形态在马克思看来都是虚假的意识形态。因此，马克思和恩格斯专门撰写了《德意志意识形态》，批判西方唯心论的意识形态及其价值观，并在此基础上提出了人类自由和解放的价值观。

在马克思看来，只要处在资本主义私有制下，资本仍是人类生产方式的主导者，人类就没有自由可言。资产阶级所宣扬的自由、平等、博爱，无法在资产阶级这一私有制的生产方式下得以实现。马克思提出，人类社会历史的发展过程，必然要扬弃资本主义私有制，最终达到消灭阶级、消灭国家、消灭民族、消灭资本、消灭商品、消灭分工的状态，这就是共产主义社会。资本主义社会是人类历史上最后一个阶级社会。无产阶级是代表全人类利益的，因此无产阶级和以往的其他阶级有本质区别，这一区别就是无产阶级没有"私利"，而是为人类的自由和解放而斗争，直到最终消灭资产阶级，同时消灭自身。这就是马克思所说的人类的自由和解放。因此，人类的自由和解放是马克思所确立的共产主义价值观的基本内涵。

马克思多次提出，他对人类自由和解放问题的理解，是从"现实的人"出发的。这一般被称为马克思哲学的"实践论转向"。因此，马克思从来不是抽象地理解自由和解放，而是在生产关系中理解自由和解放。以往哲学家更多的是在道德学、伦理学的意义上讨论自由，而马克思认为，自由问题不是一个理论问题，而是一个实践问题。而且，道德自由仅仅是主观的自由，只有生产关系中的自由才是现实的自由。共产主义社会只有通过生态革命才能到来，"人类的未来取决于我们的社会运动和环境运动的性质，最终取决于我们重塑人类历史、彻底改造我们的社会生产关系及与生

---

① ［德］马克思：《哥达纲领批判》，中共中央马克思恩格斯列宁斯大林著作编译局编译，北京：人民出版社，2018年，第16页。

态环境关系的意愿"①。

首先，马克思认为自由意味着人类从"物"中解放出来，因此他提出，资本主义是人处在"以物的依赖性为基础的人的独立性"②阶段。在这一阶段根本没有自由可言，因为人类受制于资本。对于工人来说，他所创造的产品不但没能给自己带来自由，反而对自己是一种支配。他所创造的产品越多，他就被剥削得越多，因而也就被他自己创造的产品所奴役。马克思把这种状况称为"异化"，即人一度丧失了自己的"类本质"。马克思用"新陈代谢断裂"③来解释资本主义所有制和生产方式带来的异化现象。因此，只有在公有制的基础上，废除这种人对物的依赖性，才能够实现人类自身的自由和解放。

其次，马克思认为自由是人类对自己的劳动和生产关系的支配，而不是反过来被这种生产关系所支配。这是马克思关于自由的基本观点。他认为，只要存在分工，这分工不是出于自愿而是出于被迫，那么人类的社会生产就不是自由的。正是在这个意义上，马克思的自由的第二个含义是，人类从奴役自己的"生产关系"中解放出来。马克思认为，资本主义生产的不仅是商品，而且是"生产关系"。正是这种生产关系使工人和资本家之间变成了"物与物"的关系。马克思指出，工人是资本家的"活资本"，而资本是工人的"死劳动"。因此，资本家和工人之间是"物"与"物"的关系，而不是"人"与"人"的关系。真正的自由，应该是人与人的关系。正如马克思在《1844年经济学哲学手稿》中所指出的："这种关系表明人的自然的行为在何种程度上是合乎人性的，或者，人的本质在何种程度上对人来说成为自然的本质，他的人的本性在何种程度上对他来说成为自然。"④

3. 共产主义价值观是人类自由和解放的"精神境界"

马克思把人类的精神境界看作是共产主义不可缺少的组成部分，而且是最终自由解放的必要条件。也就是说，自由和解放的问题，不仅仅是生

---

① Foster J B. *The Vulnerable Planet: A Short Economic History of the Environment*, New York: Monthly Review Press, 1999: 148-149.

②《马克思恩格斯文集》（第8卷），北京：人民出版社，2009年，第52页。

③ [美]约翰·贝拉米·福斯特：《马克思的生态学：唯物主义与自然》，刘仁胜、肖峰译，北京：高等教育出版社，2006年，第181页。

④《马克思恩格斯文集》（第1卷），北京：人民出版社，2009年，第185页。

产关系的问题，人和人之间的物质利益分配关系问题，或者物质生产的关系问题，还包含着人的精神境界问题。马克思没有专门讨论人的精神境界问题，但是从马克思对共产主义高级阶段的分析中，可以推论出他对于精神境界问题的基本观点。

什么是自由和解放？在马克思看来，就是人类通过公有制的生产方式，实现超越"资产阶级权利的狭隘眼界"①的所谓的"正义"价值观，"在迫使个人奴隶般地服从分工的情形已经消失，从而脑力劳动和体力劳动的对立也随之消失之后；在劳动已经不仅仅是谋生的手段，而且本身成了生活的第一需要之后；在随着个人的全面发展，他们的生产力也增长起来，而集体财富的一切源泉都充分涌流之后"②，实行"各尽所能，按需分配"③的分配方式。可见，马克思所谓的自由和解放，不是在抽象的人性论意义上的自由和解放，而是在具体的社会生产方式中的自由和解放。这是全部共产主义价值观的基本内涵。从总体上看，人类的自由和解放表现为人类超越了"物质利益"的诉求，并且不再把"物质利益的交换"看作是人类生存的基本方式。当人类超越这种物质利益关系的时候，人类自然就确立了精神境界。但这种精神境界反过来也体现在人类对物质利益关系的态度中。

马克思反对用宗教的方式来解决人类的自由和解放问题。因此，他批判宗教对人类的精神统治。马克思认为，"宗教是被压迫生灵的叹息，是无情世界的情感"④，是"死亡的'形上'避难所"⑤。但是他并不否认人类有精神需求。在马克思看来，精神自由不是通过宗教确立起来的，因为宗教不过是现实世界被歪曲的产物。因此，马克思认为，解决宗教问题恰恰不在宗教本身，而应该回到宗教的"世俗基础"上。这就是马克思批判费尔巴哈的唯物主义不彻底的原因。因为费尔巴哈试图用一种新的宗教来解决人类的精神自由和现实自由的问题。这在马克思看来是行不通的。因此，马克思认为，人类在资本主义阶段存在着"双重异化"。一个是世俗

---

① [德]马克思：《哥达纲领批判》，中共中央马克思恩格斯列宁斯大林著作编译局编译，北京：人民出版社，2018年，第16页。

② [德]马克思：《哥达纲领批判》，中共中央马克思恩格斯列宁斯大林著作编译局编译，北京：人民出版社，2018年，第16页。

③ [德]马克思：《哥达纲领批判》，中共中央马克思恩格斯列宁斯大林著作编译局编译，北京：人民出版社，2018年，第16页。

④ 《马克思恩格斯文集》（第1卷），北京：人民出版社，2009年，第4页。

⑤ 孙正聿：《超越人在宗教中的"自我异化"》，《哲学研究》2017年第9期，第4页。

世界的异化，一个是精神世界的异化。但是，后者以前者为基础。正是因为人在世俗世界的异化才导致了人在精神世界的异化，精神世界的异化深深扎根于人类的物质生活领域，即社会存在决定社会意识。所以，马克思才明确提出了"对天国的批判变成对尘世的批判，对宗教的批判变成对法的批判，对神学的批判变成对政治的批判"①这一振聋发聩的历史唯物主义革命。因此，马克思认为宗教的异化是因为世俗世界的异化而产生的。在这种情况下，费尔巴哈试图通过建立一种新的宗教来解决人类的自由问题在马克思看来不是彻底的唯物主义，"当费尔巴哈是一个唯物主义者的时候，历史在他的视野之外；当他去探讨历史的时候，他不是一个唯物主义者"②。恩格斯同意马克思的论断，将费尔巴哈定位为一个半截子的唯物主义者，"他下半截是唯物主义者，上半截是唯心主义者"③。

人类的精神境界体现在能否在生产关系中放弃分工、放弃谋生、放弃贪欲。历来哲学家们都认为，理性应该成为人类生存的基本法则，以区别于动物的自然法则。这种理性法则在实践中就体现在对自然性的"超越"上。比如，康德认为道德就是理性法则战胜了"幸福原则"。康德说过，"有两样东西，人们越是经常持久地对之凝神思索，它们就越是使内心充满常新而日增的惊奇和敬畏：我头上的星空和我心中的道德律"④。因此，他认为人类的物质欲望如果升高，精神就会萎靡下去。人类的精神境界作为人类自由的内在条件，是通过对外部的物质利益关系的消解来实现的。因此，马克思提出，在共产主义社会的高级阶段上，分工消失，劳动不是谋生手段，物质财富的极大丰富等，这些都是建立在自由的精神境界基础之上的。试想：如果对没有精神境界的人进行理性的自我节制，那么怎么会有"物质财富的极大丰富"呢？显然，马克思一定知道人类的欲望本身是无止境的，而如果欲望是无止境的，那么谈何"极大丰富"呢？永远只有相对丰富，而不会有极大丰富。这说明马克思已经把精神境界视为共产主义的必要条件了。离开人类的精神境界，自由将是不存在的。但这一精神境界不是宗教的"观念"，而是对物质利益关系的扬弃。

①《马克思恩格斯文集》（第1卷），北京：人民出版社，2009年，第4页。
②《马克思恩格斯文集》（第1卷），北京：人民出版社，2009年，第530页。
③《马克思恩格斯文集》（第4卷），北京：人民出版社，2009年，第296页。
④ [德]康德：《实践理性批判》，邓晓芒译，北京：人民出版社，2003年，第220页。

三、社会主义是共产主义的"过渡阶段"

对于共产主义价值观容易产生疑惑的地方，其中一个是来自对社会主义社会的理解。因为，在社会主义社会阶段，还有一些资本主义社会的残余，迫使社会主义社会还不是"纯粹的共产主义"。这就容易导致人们对共产主义丧失信心并走向对共产主义的否定。在这种情况下，正确认识社会主义社会的共产主义本质，是坚守共产主义价值观的一个重要难题，必须在理论上解决这一难题，形成对社会主义本质的正确认识，才能捍卫共产主义的价值观。但反过来，必须在共产主义的价值观先导下，才能看到社会主义社会的共产主义性质，并且能够正确看待社会主义社会存在的不完善之处。

1. 共产主义"低级阶段"和"高级阶段"的划分

马克思曾经在《哥达纲领批判》中把代替资本主义社会的未来共产主义社会分为两大阶段，即"共产主义社会第一阶段"和"共产主义社会高级阶段"，并且论述了这两个阶段各自的根本特征。后来列宁也在《国家与革命》中明确提出了社会主义社会是共产主义社会的"过渡阶段"。列宁在《国家与革命》第五章中叙述和发挥马克思在《哥达纲领批判》中关于共产主义社会两个阶段的划分及各个阶段的基本规定性时，明确讲到"马克思称之为共产主义的第一阶段"，通常被叫作社会主义[①]。总体上说，从资本主义社会到共产主义社会的转变，不是立即就能完全实现的，而是需要有一个"过渡阶段"。这一"过渡阶段"当然就和共产主义社会的高级阶段有着明显的区别。因此，怎样理解"过渡阶段"就是一个十分重要的理论问题和实践问题。

在社会主义社会这一"过渡阶段"，涉及该阶段的价值观问题。因此，首要的问题是需要对"过渡阶段"加以定性，从而排除人们对社会主义社会的一些质疑。无论是马克思还是列宁，他们首先都认为社会主义社会实际上已经是通向共产主义的一个"过渡"环节，并且这一环节的根本性质

①《列宁全集》（第31卷），北京：人民出版社，1985年，第88页。

是合乎共产主义性质的社会。也就是说,"过渡阶段"不是资本主义社会和共产主义社会中间的一个"独立的社会"。在性质上,社会主义社会是共产主义社会的"低级阶段",这就是对"过渡阶段"社会性质的本质性定位。因此,社会主义社会虽然是"过渡",但它实际上已经处在"共产主义"社会中了,是共产主义社会的"低级阶段"。因此,从价值观先导的角度看,就不能把这一"过渡阶段"理解为是介于资本主义和共产主义之间的一个"独立社会形态"。这一根本性质的定位就包含了社会主义价值观的定位。

"低级阶段"之所以是"低级阶段",主要有两个方面的划分依据。

第一,生产力相对较低,还不能支撑高级阶段的社会形态。尤其在共产主义运动史上,率先建立社会主义的国家,都没有经历过西欧典型的资本主义社会。比如,苏联和中国,以及第三世界国家。其中,苏联和中国被马克思称为"东方社会"。因此,在《德意志意识形态》中,马克思把"亚细亚生产方式"作为一种和欧洲不同的生产方式来看待。马克思在《政治经济学批判(1857—1858年手稿)》中明确提出,"亚细亚的历史是城市和乡村的一种无差别的统一(真正的大城市在这里只能看做王公的营垒,看做真正的经济结构上的赘疣)"①。并且,马克思晚年还专门关注了"东方社会"的问题。马克思认为,在"东方社会"中,如俄国,其没有经历过西欧典型的资本主义社会形态,是否能够进行社会主义革命?能否跨越资本主义阶段而直接从具有封建生产方式的社会转变为社会主义社会?这一问题被马克思称为"跨越卡夫丁峡谷"问题。马克思在给维·伊·查苏利奇的复信中提出,俄国的农村公社是"有可能不通过资本主义制度的卡夫丁峡谷,而占有资本主义制度所创造的一切积极的成果"②。实际上,中国也同样是在封建社会的基础上(尽管中国的封建社会与西方的封建社会有所不同,但按通行的观点也把中国秦朝到清朝这一阶段称为封建社会)直接通过新民主主义革命进入社会主义社会的。正因为这些社会主义国家没有经历过资本主义阶段,因此生产力相对较低,无法直接进入共产主义的"高级阶段"。

第二,在低级阶段,虽然无产阶级实现了专政,但是社会中仍然存在资产阶级的残余。这在经济上表现为还存在着一些资产阶级和小资产阶级

①《马克思恩格斯文集》(第8卷),北京:人民出版社,2009年,第131页。
②《马克思恩格斯文集》(第3卷),北京:人民出版社,2009年,第578页。

的经济成分，因此无法直接进入共产主义的高级阶段，而是必须经过社会主义改造阶段。无论是苏联还是中国，在无产阶级取得政权后，都经历了社会主义改造，把原有的资本主义经济成分，逐渐转变为国家所有。这样一来，对社会主义的改造也是一个逐渐完成的过程。因此，也决定了这些社会主义国家不可能直接进入共产主义的高级阶段。否则，就可能出现"大跃进"的问题。

2. 社会主义"过渡阶段"的所有制和分配方式基础

"过渡阶段"首先在主体的所有制上被确定为公有制。生产资料归谁占有是生产方式的核心问题。马克思对社会历史规律的考察，都是建立在经济基础和上层建筑这一对矛盾关系的基础之上的。因此，所有制是一种社会生产方式及社会形态的决定性因素。马克思在划分社会历史形态的时候，就是以生产方式作为标准和尺度的。因此，一种新的社会形态只能通过生产方式加以确认，而生产方式的根本性质取决于生产关系，生产关系的核心问题就是生产资料归谁占有的问题。因此，社会主义作为"过渡阶段"，在其生产关系上已经把生产资料公有制确定为国家经济的主体，并建立了国家的基本经济制度。"在一个集体的、以生产资料公有为基础的社会中，生产者不交换自己的产品；用在产品上的劳动，在这里也不表现为这些产品的价值，不表现为这些产品所具有的某种物的属性，因为这时，同资本主义社会相反，个人的劳动不再经过迂回曲折的道路，而是直接作为总劳动的组成部分存在着。"[1]此外，一个社会形态的第二因素就是分配方式。生产资料的所有制也在根本上决定了分配方式。所以，在经济基础领域，所有制是第一问题，而分配方式是第二问题。这样一来，还应该对"过渡阶段"的分配方式加以分析。

为什么叫"过渡阶段"呢？马克思认为，在社会主义社会中，还不可能达到完全意义上的共产主义"高级阶段"的特征。原因是，社会主义社会"还带着它脱胎出来的那个旧社会的痕迹"[2]，还存在着资产阶级的残余，在生产方式上还可能存在着非公有制的经济成分。马克思和列宁都认为，

---

① ［德］马克思：《哥达纲领批判》，中共中央马克思恩格斯列宁斯大林著作编译局编译，北京：人民出版社，2018 年，第 14 页。

② ［德］马克思：《哥达纲领批判》，中共中央马克思恩格斯列宁斯大林著作编译局编译，北京：人民出版社，2018 年，第 14 页。

在社会主义社会还不可能实现完全意义上的"平等"。社会主义"按劳分配"原则只是实现了分配方式的形式公正。"每一个生产者,在作了各项扣除以后,从社会领回的,正好是他给予社会的。他给予社会的,就是他个人的劳动量……他从社会领得一张凭证,证明他提供了多少劳动(扣除他为公共基金而进行的劳动),他根据这张凭证从社会储存中领得一份耗费同等劳动量的消费资料。他以一种形式给予社会的劳动量,又以另一种形式领回来。"[1]"生产者的权利是同他们提供的劳动成比例的;平等就在于以同一尺度——劳动——来计量。"[2]马克思认为,只要存在着"按劳分配",这就不能是共产主义社会的高级阶段。因为,所谓"按劳分配"还只是"资产阶级的法权"观念,还没有超越"社会的经济结构以及由经济结构制约的社会的文化发展"[3],还存在着把个人的分工与个人从社会上所获得的收入关联起来,从而出现这样的情况:为社会付出的劳动越多,个人得到的报酬也就越多。这种按劳分配看起来是平等的,但实际上并不是真正的平等,仍然是资产阶级法权观念的体现。因为,资产阶级法权的观念认为,收入和报酬是在"等价交换"的意义上进行的。多劳多得、少劳少得就是"等价交换"的分配观念,因而是资产阶级法权遗留下来的分配方式。这在马克思看来不是真正的平等。"这种平等的权利,对不同等的劳动来说是不平等的权利。它不承认任何阶级差别,因为每个人都像其他人一样只是劳动者;但是它默认,劳动者的不同等的个人天赋,从而不同等的工作能力,是天然特权。所以就它的内容来讲,它像一切权利一样是一种不平等的权利。"[4]因为,马克思指出,由于人们天赋的差异,包括个人的社会地位、分工、能力等存在着天赋的差异,人们后天的劳动能力就自然会有差异,因此也会导致收入分配上的差异。人们实际上在"天赋"上就是不平等的。马克思因此批判和否定了资产阶级所谓的"生而平等"的价值观,相反,他认为恰恰是"生而不平等"的。要想真正实现实质性的平等,就应该超越天赋观念意义上的"生而平等",而在后天的社会生

① [德]马克思:《哥达纲领批判》,中共中央马克思恩格斯列宁斯大林著作编译局编译,北京:人民出版社,2018年,第14页。

② [德]马克思:《哥达纲领批判》,中共中央马克思恩格斯列宁斯大林著作编译局编译,北京:人民出版社,2018年,第15页。

③ [德]马克思:《哥达纲领批判》,中共中央马克思恩格斯列宁斯大林著作编译局编译,北京:人民出版社,2018年,第16页。

④ [德]马克思:《哥达纲领批判》,中共中央马克思恩格斯列宁斯大林著作编译局编译,北京:人民出版社,2018年,第15页。

产分配方式中实现平等。但这种平等已经不再是按照"按劳分配"的观念进行的，而是按照马克思所说的"按需分配"进行的。"在共产主义社会高级阶段，在迫使个人奴隶般地服从分工的情形已经消失，从而脑力劳动和体力劳动的对立也随之消失之后；在劳动已经不仅仅是谋生的手段，而且本身成了生活的第一需要之后；在随着个人的全面发展，他们的生产力也增长起来，而集体财富的一切源泉都充分涌流之后，——只有在那个时候，才能完全超出资产阶级权利的狭隘眼界，社会才能在自己的旗帜上写上：各尽所能，按需分配！"①因此，在马克思看来，"按需分配"才是真正的平等。但是，即便如此，也不能因为社会主义仍然还存在着"资产阶级法权"的观念，就否定社会主义的共产主义性质，这就需要用共产主义的价值观作为社会主义建设的价值观先导。

3. 中国特色社会主义处于"社会主义初级阶段"

中国特色社会主义经济制度，也是以公有制为主体，多种经济成分共同发展的。这就意味着，在"过渡时期"还不可能完全实现彻底的公有制经济，还允许部分非公有制经济成分的存在。但是，从价值观的角度看，这就容易导致人们对社会主义这一"过渡阶段"的质疑。当社会主义社会也允许部分非公有制经济成分存在时，人们就容易怀疑社会主义社会的根本性质，这就是在价值观上所造成的负面影响。因此，正是为了澄清社会主义社会所具有的共产主义性质及其价值观，才有必要通过共产主义的价值观先导，让人们认清社会主义社会的本质。

社会主义社会虽然还没有完全实现共产主义社会的真正平等，还存在着资产阶级法权的狭隘眼界，但是社会主义社会已经作为共产主义社会的低级阶段而存在了。因此，必须在价值观上承认：社会主义社会是共产主义社会的低级阶段，而不能否定社会主义社会的共产主义性质。否则，在社会主义社会仍然存在资产阶级法权的情况下，人们就容易产生错误的认识，认为社会主义社会是"补"资本主义社会的"课"，这就在价值观上陷入了错误的观念。我们提出共产主义社会的价值观先导问题，对于理解社会主义这一"过渡阶段"的重大意义就在于此。

社会主义市场经济就曾经遭到国内外众多学者的质疑。因为按照经典

①［德］马克思：《哥达纲领批判》，中共中央马克思恩格斯列宁斯大林著作编译局编译，北京：人民出版社，2018年，第16页。

马克思主义的共产主义原理，市场显然仅仅是资本主义的产物。共产主义最终一定要消灭市场。因为，消灭资本、消灭分工、消灭商品、消灭贸易等，这些意味着市场的最终消亡。如果从共产主义的高级阶段的理想来看，市场经济一定是资本主义的产物，而社会主义如果实行市场经济，就容易让人产生怀疑：是否意味着社会主义已经放弃了马克思主义的共产主义？是否资本主义是人类不可跨越的社会生产方式？等等。这些疑问都和市场经济有关。因此，如果离开共产主义的价值观先导，就无法看到市场经济的"社会主义"性质，从而导致对社会主义的质疑，进而对马克思主义的共产主义产生质疑。

正是在这个意义上，邓小平理论的一个重大贡献在于，对中国特色社会主义做了一个定位，这就是"社会主义初级阶段论"。社会主义社会是共产主义社会的低级阶段，而中国特色社会主义是社会主义社会的"初级阶段"，这实质就是"低级阶段"中的"初级阶段"。这样一来，邓小平理论就对共产主义所经历的历史阶段做了进一步的划分，也使我们对共产主义社会的认识和理解有了新的进步。我们对这些通向共产主义社会所经历的不同阶段的认识，从价值观先导的意义上看，就为坚定共产主义价值观奠定了理论基础。如果不能在理论上澄清通向共产主义的这些阶段，那么就会对高级阶段之前的各阶段存在的不完善的地方产生错误的认识，进而否定社会主义社会的根本性质。因此，对这些社会发展阶段的认识，是需要共产主义价值观先导的。

四、"共产主义过时论"批判中的价值观先导

对共产主义的质疑早已有之。20世纪末，东欧剧变。社会主义和共产主义在世界范围内遭受严重的挫折。西方以新自由主义为基本价值支撑，世界范围内一时出现了对共产主义的质疑，也出现了"共产主义过时论"的思潮。西方自由主义在世界范围内广泛扩张，福山甚至在《历史的终结及最后之人》中提出，资本主义是人类社会历史发展的终极形态，因此，资本主义终结了人类社会历史的发展。这实质上意味着资本主义是人类社会的最高形态，无疑是对马克思主义所开创的共产主义及其事业的否定。福山认为，自由民主制度也许是"人类意识形态发展的终点"和"人类最

后一种统治形式"，并因此构成了"历史的终结"。在与历史上的政体对比时，我们就会看到，自由民主社会为灵魂的理智、愿望和精神三个部分提供了最广阔的领域。"自由民主社会即使理论上称不上为最正义的社会制度，也可以算作实际上的最正义的社会制度。"①20世纪80年代以来，中国也曾受西方自由主义思潮的影响，产生了共产主义过时论的观念。有人认为，马克思生活的时代与当今时代相去甚远，当今时代背景下社会的变动性和复杂性是马克思始料未及的，人们生活的多样性早已超出马克思的"上午打猎，下午捕鱼，傍晚从事畜牧，晚饭后从事批判"②的关于共产主义的畅想。甚至在当今社会主义市场经济建设中，也有西方学者把中国说成是"国家资本主义""民族资本主义"等。与西方自由主义唱衰马克思主义的主流论调不同，伊格尔顿则坚信马克思主义并没有过时，社会主义才是实现生态和谐、解决全球危机的根本之道。伊格尔顿指出，尽管马克思、恩格斯所经历的"一八六〇年没什么人关注塑料袋和碳排放问题。况且有些时候自然是需要被征服的"③，但是他们思想中已经隐含着一种环保主义关怀，"没有哪个思想家能够像马克思这样意识到自然与身体之间社会调节的程度。居间调节的就是劳动，只有它能够让自然符合人类的意义"④。伊格尔顿认为，资本主义的降临，导致自我与自然界互惠关系的"异化"，"自然不再是人类的身体，人与自然决裂"⑤。资本主义是生态危机的根源，社会主义是生态文明的出路。"资本主义认为生产潜力无限，而社会主义却将其放在了道德和美学价值的语境之中。"⑥"资本主义是巫师的学徒：他召唤出了强大的力量，但却对其失去了控制，现在我们已经感到毁灭的威胁了。社会主义不能放任这些力量，却能够使它们掌控

---

① [美]弗朗西斯·福山：《历史的终结及最后之人》，黄胜强、许铭原译，北京：中国社会科学出版社，2003年，第380页。

②《马克思恩格斯选集》（第1卷），北京：人民出版社，2012年，第165页。

③ [英]特里·伊格尔顿：《马克思为什么是对的》，李杨、任文科、郑义译，北京：新星出版社，2011年，第288页。

④ [英]特里·伊格尔顿：《马克思为什么是对的》，李杨、任文科、郑义译，北京：新星出版社，2011年，第295页。

⑤ [英]特里·伊格尔顿：《马克思为什么是对的》，李杨、任文科、郑义译，北京：新星出版社，2011年，第293页。

⑥ [英]特里·伊格尔顿：《马克思为什么是对的》，李杨、任文科、郑义译，北京：新星出版社，2011年，第299页。

在人类的理性控制之中。"① 正是因为面对的是这种来自世界范围内的"共产主义过时论"的错误思潮，所以对这些错误思潮进行批判的时候，必须坚持共产主义价值观。发挥共产主义价值观的先导功能，是批判"共产主义过时论"的首要价值立场。

1. "修正主义"对共产主义的质疑

国际共产主义运动从未一帆风顺，历史上也遇到过各种挫折，甚至是严重的挫折。比如，巴黎公社的失败，第二国际的纷争和修正主义的出现，苏联和东欧的解体等。但实践证明，马克思所开创的共产主义社会作为人类自由和解放的真理，不断得到检验。马克思主义本身的发展，也是一直在同各种非马克思主义的理论的斗争和批判中成长起来的。人类的自由和解放注定是一项艰难的伟大事业。因此，不能因这一事业的艰难而否定这一人类解放运动的科学性和真理性。这一点在国际共产主义运动的历史中也得到了充分的体现。

马克思主义的发展史上，一直伴随着对各种非马克思主义理论的批判，如马克思对蒲鲁东小资产阶级思想的批判，恩格斯对杜林唯心主义观点的批判，列宁对经验批判主义的批判等。最为典型的是第二国际时期列宁对以伯恩斯坦为代表的"修正主义"的批判。这些批判中最关键的一点是，马克思主义经典作家秉持着共产主义的价值观毫不动摇。共产主义价值观始终是经典作家批判非马克思主义和反马克思主义的价值观先导。因此，这种共产主义价值观先导对于批判"共产主义过时论"也发挥着重要的作用。

"修正主义"对共产主义的质疑，主要体现在对马克思提出的"无产阶级革命"的反对上。马克思认为，资产阶级不可能自己主动放弃资产阶级专政，因此，无产阶级要想实现人类的解放，就必须通过暴力革命的方式，建立无产阶级政权。然而，在第二国际时期出现了"修正主义"思潮，这一思潮传到俄国形成了俄国的修正主义。列宁把这一思潮概括为"经验批判主义"，实际上是受德国哲学家马赫的"马赫主义"的影响，并吸收了英国贝克莱、休谟等的主观唯心主义思想。修正主义的目的是要把自己打扮成"正统的马克思主义"，而实际上其是以马克思主义的名义破坏马克

---

① ［英］特里·伊格尔顿：《马克思为什么是对的》，李杨、任文科、郑义译，北京：新星出版社，2011年，第300页。

思主义。"受马赫和阿芬那留斯的影响,俄国出现了一批经验批判主义者,包括巴扎罗夫、波格丹诺夫、切尔诺夫、卢那察尔斯基、尤什凯维奇等。在这些经验批判主义者中,又分为两部分:一部分是列宁所说的'反对马克思主义'的经验批判主义者;另一部分是想成为马克思主义者的经验批判主义者。"①这种修正主义的最大问题在于,否定哲学的"党性原则",认为应该用马赫主义来"修正"马克思主义,实际上是抹杀了哲学上的唯物主义和唯心主义派别。列宁认为,这看起来是一个哲学问题,但实际上背后是一个党性问题。唯心主义当然主张放弃革命,因为人类的自由和解放问题不是革命的问题,而是一个观念的问题。这从根本上否定了马克思所说的"改变世界"的哲学主张。从价值观先导的角度看,对于历史上出现的这些反对马克思主义的思潮,首先应该站在共产主义的立场来审视这些思潮,否则,就容易被这些修正主义的反马克思主义的价值观所欺骗。也正是在这个意义上,恩格斯和列宁都坚决地对这些反对共产主义的社会思潮提出了严肃批判,如《唯物主义和经验批判主义》就是列宁反对俄国经验批判主义的经典著作。通过该著作,列宁捍卫了马克思的唯物主义,并为社会革命提供了共产主义的价值观先导。列宁首先在"代绪论"中对马赫主义哲学的核心观点进行了"揭老底"式的批判。他抓住马赫的"物是感觉的复合"的观点,与贝克莱的"存在就是被感知"的观点进行比较,从哲学史的角度揭示了马赫主义哲学是 17 世纪英国主观唯心主义哲学家贝克莱的思想在 20 世纪的翻版,从而展示出贝克莱哲学—马赫主义—俄国马赫主义这祖孙三代间的血缘关系,它们的共同特点都是否认唯物主义的物质概念。这一比较客观地揭露出马赫主义者唯心主义的本来面目。列宁在《唯物主义和经验批判主义》的第一章以物质观为思想武器,重点批判马赫主义"感觉第一"的唯心主义思想,阐释和强调"客观实在"是感觉的来源,阐发了"物质第一"的思想。列宁在第二章中以物质观为基础讨论了客观真理问题,重点批判了马赫主义者的"主观真理论",并从哲学基本问题的两个方面出发,阐发了认识对象的客观性及认识的可能性问题。这一章的重点是批判马赫主义不可知论的哲学本质,阐释和论证"客观真理"的存在性及认识客观真理过程的辩证法,强调实践在"自在之物"向"为我之物"转化过程中的基础作用。列宁在第三章中重点批判了马赫主义

---

① 吴宏政:《〈唯物主义和经验批判主义〉傅子东译本考》,沈阳:辽宁人民出版社,2021 年,第 10 页。

的"纯粹经验论"和对"物质"范畴的错误理解，深刻论证了马克思主义哲学的物质观思想，并对物质概念作了新的阐发，深化了物质范畴的内涵；批判了马赫主义的"思维经济原则"的实质是放弃唯物主义物质观；深刻揭示了物质观对于认识论的重要意义，还结合"因果性与必然性""时间和空间""自由与必然"等重大理论问题阐发了世界的物质统一性思想。列宁在第四章中集中考察了经验批判主义的历史发展及同其他唯心主义学派的联系，着重分析了经验批判主义如何从康德出发走向贝克莱和休谟，还批判了马赫主义和经验批判主义在俄国思想界和理论界的表现。列宁在第五章中重点揭露了"物理学唯心主义"的实质是要否定哲学唯物主义物质范畴所表达的客观实在性的思想。为了揭穿唯心主义者的阴谋，列宁深入批判了"物理学唯心主义"的两个错误命题："物质消失了"和"没有物质的运动"，并进一步揭露了这些错误观点的认识论根源，同时科学地阐发了辩证唯物主义关于物质运动的观点。列宁在第六章中以"经验批判主义和历史唯物主义"为标题，集中考察和批判了经验批判主义者及其衣钵在俄国的继承者，即俄国马赫主义者和经验批判主义者的唯心主义社会历史观。列宁把物质观思想贯彻到社会历史领域，批判了俄国马赫主义者对马克思主义历史唯物主义的修正，阐明了历史唯物主义和辩证唯物主义的内在有机性，强调了哲学的党性原则，也说明了马克思主义的理论发展特点。

2. 当代"后马克思主义"批判的价值观先导

20 世纪，西方马克思主义家族中出现了"后马克思主义"的思潮。实际上，早在 20 世纪 50 年代末，波兰尼就曾经提出过"后马克思主义"这一概念。此后，麦克弗森、贝尔、科拉柯夫斯基、阿兰·图雷纳、琼·柯亨等也分别从不同的角度使用了"后马克思主义"的概念，分别构建了不同的"后马克思主义"学说体系。20 世纪 80 年代，拉克劳和墨菲明确了"后马克思主义"的理论内涵。"后马克思主义"成为西方马克思主义的一个具有重要影响的学派。所谓的"后马克思主义"实际上是将马克思主义与"后现代哲学"相嫁接的产物，本质上仍属于反马克思主义的思潮。西方学界非常注重对马克思主义的研究，形成了众多的学派。自马克思主义诞生以来，西方学界对马克思主义的研究就没有停止过，形成了"法兰克福学派""人道主义的马克思主义学派""科学主义的马克思主义学派""分析的马克思主义学派""生态学的马克思主义学派""女权主义的马克思主义学派"等。不能否定这些学派对马克思的研究做出了很多有学术价值的探讨,但是,总体来说,它们大多数在基本立场上并非真正的马克思主义。"后马克思主义"是西方马克思主义研究中比较明显的反马克思的派别。以拉克劳和墨菲为代表的后马克思主义,运用"话语建构""霸权"等逻辑消弭马克思主义阶级主体的正当性,以此回应现实社会政治变化的趋势,从而提出了激进、多元的民主解放的蓝图,其实质是主张在后现代的语境下实现现代性政治批判向后现代政治逻辑的转换,即从"经济决定论"转向政治自主论,从宏观政治转向微观政治,从二元对立转向多元对抗,从阶级主体转向身份主体,从断言非阶级的意识形态要素的存在到宣称意识形态的非阶级特性。

"后现代哲学"的基本立场是反对哲学上的形而上学,反对本质主义。在他们看来,马克思的哲学是一种"形而上学",原因是马克思还追求所谓的"同一性",即共产主义这一价值观。因此,只要追求人类的共同价值观,在后现代哲学看来都是错的。后现代哲学的最大特征就是"重批判"而"轻建设"。后现代以"解构"著称,宣称对一切真理体系的摧毁,认为没有真理。显然,这种思想直接否定的就是共产主义。因为,共产主义是人类自由和解放的终极价值,这在后现代哲学看来是"同一性"的霸权。应该说,"后现代"的精神是和西方个体主义精神相一致的,即主张个体本位,因而放弃人类共同体价值的追求。按照这一逻辑,"后马克思主义"首先放弃马克思的共产主义,并得出结论:资本主义的自由主义是完美的价值观,因而否定无产阶级的阶级斗争学说,也否定无产阶级革命。相反,主张社会发展应该在更加微观的领域进行改良。或者认为,当代资本主义已经解决了马克思所提出的阶级矛盾问题。

马克思所提出的共产主义学说是科学真理,因此构成了批判当代"后马克思主义"的价值观先导。看待一种社会思潮及其承载的价值观,必须用另外一种价值观对其加以评判。因为,在价值观问题上永远不存在"价值中立"的问题。这是由价值判断和事实判断的本质所决定的。在这个意义上,对"后现代马克思主义"的批判,就需要站在共产主义的价值观立场上。而且,马克思主义是批判"后现代马克思主义"最有力的武器。

3. 当代中国特色社会主义建设的共产主义价值观先导

当代中国特色社会主义建设,也同样不是一帆风顺的。正如习近平总书记所指出的，"中华民族伟大复兴，绝不是轻轻松松、敲锣打鼓就能实现的"[①]。始终面临着"共产主义过时论"的反动思潮的侵袭。尤其在"百年未有之大变局"的情况下，中国特色社会主义面临西方资本主义国家的诋毁和污蔑。资本主义仍然在破坏着社会主义社会的建设。针对中国的社会主义建设，存在各种质疑，甚至形成了所谓的"中国威胁论"等错误价值观。因此，批判"共产主义过时论"仍然是当代一项最根本的理论任务。坚持共产主义价值观先导，对于批判各种错误的社会思潮和价值观，具有重大的理论意义和现实意义。正是在这个意义上，习近平总书记号召"读原著、学原文、悟原理"[②]。这是坚持社会主义价值观先导的重大工程。只有对马克思主义真学、真信、真懂、真用，才能批判以"共产主义过时论"为代表的错误思潮，才能为中国特色社会主义建设指明方向。

从价值观先导的角度看，中国特色社会主义建设中最高的价值观是共产主义。但在社会主义初级阶段，还应该将这一价值观具体落实到实现中华民族伟大复兴中国梦的共同理想中。价值观是分层级的。共产主义是最高层级的价值观，而社会主义核心价值观是共产主义价值观在当代中国特色社会主义阶段的具体表象形态。因此，价值观在落实到具体的社会历史中的时候，会被进一步具体化。实际上，人类自由和解放是最高层级的价值观。这一价值观在马克思的理论体系中被落实为共产主义。因此，中国特色社会主义阶段的价值观，是共产主义这一最高层级的价值观及其具体化的社会主义核心价值观的辩证统一。社会主义核心价值观是共产主义价值观在当代中国特色社会主义阶段的具体形态体现，从哲学的意义上也可以将其表述为个别与一般、特殊与普遍之间的关系。

当代中国特色社会主义建设的价值观先导，仍然是把共产主义作为最高层级的价值观先导。这一点表明，在中国特色社会主义建设的阶段，国家建设及其意识形态建设是不能忽略共产主义这一价值观的。社会主义市场经济引入了利益竞争机制，因此，容易导致人们陷入一种功利主义的价值观，从而淡忘或者否定共产主义价值观的当代价值。这是最容易出现的问题。在社会主义市场经济中，难免会出现一些功利主义、享乐主义的价值观思潮，导致人们对理想信念的淡漠。理想信念作为价值观是一

---

① 习近平：《决胜全面建成小康社会 夺取新时代中国特色社会主义伟大胜利——在中国共产党第十九次全国代表大会上的报告》，北京：人民出版社，2017年，第15页。

② 中共中央宣传部编：《习近平新时代中国特色社会主义思想学习纲要》，北京：学习出版社、人民出版社，2019年，第256页。

种精神力量，是超越功利主义的价值观。我们一方面要发展生产力，提高广大人民的物质生活水平；另一方面又不能因为对物质利益的追求而丧失理想信念。这是当代最为重大的价值观问题。所以，能否在和平时期，在发展市场经济和追求生产力发展的条件下，仍然能够保持精神的理想信念，这是当代中国特色社会主义时期坚持共产主义价值观先导的关键问题。

怎样才能超越功利主义价值观呢？显然需要有一种力量能够把人们从功利主义的限制中解放出来。实际上，共产主义的根本目标就是人类的自由和解放，这一自由和解放就是使人类全体摆脱对物的依赖，即实现人的理想信念。因此，从本质上看，马克思主义的理论不是"生产力唯一论"，毋宁说是"生产关系目的论"。在共产主义的高级阶段，作为人类的生存理想不是为了单纯追求生产力的提高，而是为了追求生产关系意义上的"自由和解放"。由此可见，"生产力决定生产关系"仅仅是前资本主义社会形态演进的客观规律，而马克思所要超越的恰恰是以这一客观规律为基础的前此以往的一切社会形态。所以，马克思没有把生产力的发展看作"目的"，充其量只是把生产力看作是建立共产主义生产方式的"手段"。建构以公有制为基础的生产关系才是共产主义的"目的"。在这个意义上，共产主义是建立在"生产关系承认论"①基础之上的。马克思虽然确实强调要发展生产力，但是他强调发展生产力的目的并不只是使人类最后摆脱生产力水平低下的限制。另一个目的是通过生产力的提高，提供一定的物质基础，进而建构一种符合理想信念的"生产关系"，这就是共产主义。因此，能够把人们从功利主义的限制中解放出来的力量，就是共产主义信仰。离开这种信仰的精神动力，中国特色社会主义建设就变成了仅仅追求生产力发展的过程，而遗忘了马克思主义的"初心"，即人类的自由和解放。也就是说，只有生产力的发展，是不会实现人类的自由和解放的。发展生产力仅仅是实现人类自由和解放的必要条件，但绝不是充分条件。因此，这就需要我们在中国特色社会主义建设时期，必须坚持不忘初心，仍然把共产主义作为价值观先导，进而避免遗忘中国特色社会主义建设的最终目的是实现共产主义。

---

① 本书提出的"生产关系承认论"，主要是吸收了黑格尔的"承认"思想，即把作为"目的"的先行存在视为一种无条件的开端的做法。马克思把共产主义生产关系作为全部理论的最终归宿，因而是马克思为世界历史提供了"归宿"，因而是无条件的"承认"。

五、共产主义价值观在当代落实为社会主义核心价值观

共产主义价值观是"上位"价值观或"首位价值"。但是，共产主义一般被我们称为"远大理想"。在特定的历史时代，还需要把首位价值落实在每个时代特有的价值观中。比如，在中国革命时期，国家和民族的独立是共产主义价值观的具体形态；在当代中国特色社会主义建设时期，共产主义价值观就落实为社会主义核心价值观这一具体形态。这样，就避免了把共产主义价值观和社会主义核心价值观割裂开来，坚持了两者的有机统一。

1. 培育和践行社会主义核心价值观是克服价值观多元化的必然要求

社会主义核心价值观是在对当代中国特色社会主义实践的反思基础上形成的当代中国的核心价值观。任何一个社会形态中都会包含很多种形态的价值观，尤其是在当代世界全球化的情况下，各种价值观、各种社会思潮纷繁交错，人类交往和文化交流也进入全球化时代。正是在这一背景下，一个国家和民族作为一个"共同体"，就必须要有一个统一的价值观。否则，就无法构成真正的共同体。因此，核心价值观首先是针对价值观多元化这一背景提出来的。

价值观多元化和多样性的区别及其界定。核心价值观的提出一方面是国家意识形态建设的需要，另一方面是针对价值观的"多元化"，为了消除价值观多元化带来的价值观混乱，有必要建立国家核心价值观，以保证国家意识形态的统一性。提出社会主义核心价值观，并不反对价值观的"多样性"。但是，"多样性"是在"统一性"基础上的"差别性"，是"统一"和"差别"的统一。也就是说，价值观的"多样性"是同一种价值观的不同表现形式，其本质是同一种价值观，即"同质性"基础上的"多样性"。但"多元化"则是指根本性质完全不同的两种价值观。比如，自由主义价值观和马克思主义价值观就是两种"异质性"的价值观。也就是说，"多元化"是指不同性质的价值观之间的关系，是"异质性"的价值观之间的关系。这样，在对多元化和多样性进行区别之后，我们再进一步讨论它们和社会主义核心价值观之间的关系。

　　价值观多元化是当代价值观先导所面临的重大问题之一。价值观先导意味着有某一价值观是我们所应该倡导的价值观，否则，如果没有哪一种价值观值得倡导，就无须价值观先导了。因此，我们首先要承认的是，价值观是有真理性的。如果价值观没有真理性可言，就意味着没有对错之分，也没有好坏之分。如果是这样，就不需要价值观先导，也没有哪一种价值观有权利被作为先导。价值观是一种历史文化的选择，因此它本身的形成过程就有一个客观的历史过程，而且价值观的选择是和人们的社会历史发展紧密结合在一起的。这就需要反对那种价值观意义上的多元化。"多元化"来自西方的自由主义思潮。自由主义思潮所主张的价值多元论包括以下三个方面：第一，存在着多元的善。对于善的多元化，可有两个层次的不同理解。首先，可以理解为善事物的多元论，实现一种良善的生活自然需要各种有价值的事物，如健康、安全、尊严、自由、荣誉、财富等价值往往是被个人同时追求的。其次，可以理解为善观念的多元论，存在不同的伦理道德体系，如基督教的道德理想崇尚博爱、宽恕，古希腊罗马的道德理想则崇尚友爱、公正，这些道德体系都各有其价值，并为不同的人们所信奉；善观念的多元论也可以理解为善好生活和善好文化的多元论，人们对于何为善好生活、何为善好文化这种总体性的理想，抱有不同的看法。第二，存在着异质性的或不可公度的善，不存在至善。多元的善可能具有不同的内在价值，但不存在一个可以衡量所有善事物的统一标准——如古典功利主义者主张的"快乐"；各种善事物不能被完全地划分出等级秩序来，在各种善事物之间不存在一种完备的字典式序列；没有什么善事物是内在地比其他的善事物更为重要、更为权威或更有分量的，也没有一种善事物包含或概括了所有其他的善事物，以致可以为了这种善事物而无所顾忌地牺牲其他的善事物。第三，多元的、异质性的善在特定的情形中也许会彼此冲突。各种善也许是不相容的或相互排斥的，在某些极端情形中，以致选择一种善要以牺牲另一种善为代价，而后者的丧失是不能由前者的赢得来完全地加以补偿。在不同的善之间进行选择可能相较于在善与恶之间进行选择更为艰难。在自由主义看来，每个人都有选择自己的价值观的权利，并且其他人要尊重他的选择。这才是自由主义的基本精神。然而，这种自由主义恰好是以"价值观多元化"为前提的。因此，价值观先导的第一个目的就是如何克服价值观的"多元化"。

　　然而，价值观的"多元化"并不同于价值观的"多样性"。价值观多元化是指，坚持认为没有哪一种价值观是真理，任何一种价值观都有其存在的理由，因而不能用外在的强迫力量使一个人接受某种价值观。但这显然是一种主观主义的观点，即不承认有客观真理。价值观的"多样性"是指，对同一种价值观来说，它的具体表现形态可以是不同的。比如，人们都会把诚信看作道德行为，但诚信的方式则可以不同。这样，价值观在其表现形态上的不同，构成了价值观的"多样性"。比如，诚信在商业关系中表现为"童叟无欺"，而在师生关系中则表现为对真理的敬畏，即"知之为知之，不知为不知"。这两种价值观只是在表现形态上不同，是同一种价值观所表现的形式上的差别，不存在价值观上的本质区别。这应该被归结为"价值观的多样性"，而不是价值观的"多元化"。

正是为了克服价值观的"多元化"，才有必要提出"核心价值观"。当代世界有各种与社会主义核心价值观不同的"异质性"价值观，如民粹主义、历史虚无主义、自由主义、"普世价值"等，这些多元化的价值观是与社会主义核心价值观不同性质的价值观，甚至是对社会主义核心价值观的破坏。因此，在国家意识形态建设和价值观治理中，就必须以社会主义核心价值观作为价值观先导，引领广大人民辨别价值观的性质，消除不良价值观的干扰，建立统一的社会主义核心价值观。

2. 核心价值观是一个国家和民族共同体的内在要求

就共同体的形态来说，有"自然共同体""利益共同体""精神共同体"等。如果从性质上分，还可以分为"真正的共同体"（或自由人的联合体）和"虚假的共同体"（或资产阶级国家利益的共同体）。一个国家和民族应该作为一个"共同体"而存在，这个共同体不仅仅是"自然共同体"，而且是"精神共同体"。以下具体介绍一下共同体的三种主要形态。

第一种形态是"自然共同体"。自然共同体是指，一个国家和民族总是在种族、血缘的基础上形成。但这乃是由人们的自然出身所决定，因而是一个自然形成的共同体。然而，一个共同体的形成仅仅出自血缘和种族的共同性，就还不是人类所独有的共同体形式。因为，动物在自然的意义上也是一个"共同体"。因此，对于人类来说，共同体不是一个单纯的自然共同体，而是超越种族、超越民族、超越血缘的共同体。

第二种形态是"利益共同体"。顾名思义，利益共同体乃是因每个人在"利益"上相互关联而形成的共同体。利益共同体也应该包括两种类型。一种是每个个体的利益都是相同的，因而个人的利益和共同体的利益是一致的。另一种是每个个体的利益之间是有冲突的，即承认私有财产的存在。但是，彼此在获得自己的利益的同时，不得不维护他人的利益，个体之间因成了"利益相关者"而形成利益共同体。显然，第一种利益共同体是积极的共同体，因为每个人的利益和共同体的利益是一致的。第二种则是一种消极的利益共同体，在这一共同体中，每个人不得不通过维护他人的利益来达到获取自己利益的目的，因此这种利益共同体实际上是不得已而为之。前者是建立在公有制基础上的利益共同体，后者则是建立在私有制基础上的利益共同体。

第三种形态是"精神共同体"。从广义上说，人类作为有理性的存在者，都是追求理想信念的精神生命体。但是，这种精神生命体组成的精神共同体也包括不同类型：一种是纯粹精神的共同体，如宗教共同体、艺术共同体、伦理共同体；另一种是和现实社会生产方式结合在一起的，在共同的利益基础上形成的精神共同体，这就是马克思所说的"自由人的联合体"。在纯粹的共同体中，人们只有精神上的一致性，但是并不一定有共同的利益。因此，这种精神共同体在马克思看来是不稳定的。马克思从历史唯物主义的角度认为，真正的共同体必须建立在公有制的生产方式的基础上才是可能的，因为"社会存在决定社会意识"。公有制作为经济基础的社会存在，为每一个个体提供了共同利益的基础，进而个体成员之间形成"价值观共同体"才是可能的。

此外，一个共同体如果不能在社会生产方式上建立利益共同体，那么就不可能建立"真正的共同体"，只能是建立"虚假的共同体"。基于这一点，马克思认为，在资本主义社会之前的社会，都是"虚假的共同体"。因为，一种意识形态如果只是为了保护一小部分人的利益，而不是保护每个人的利益，那么这种共同体就是"虚假的共同体"，马克思也称其为"冒充的共同体""虚幻的共同体"。在这种共同体中，彼此在利益上是冲突的，因而由此决定的意识形态也是虚假的意识形态。只有在公有制的基础上才能建立真正的共同体，此时的价值观或意识形态才是真正的意识形态。

从以上对共同体的类型划分及其区别的分析中可以看出，一个真正的共同体必须具备两个条件，其一是真正的"利益共同体"，其二是"价值共同体"。共同体的成员之间，不仅在利益上是一致的，同时在价值观上也应该是一致的。而且，价值观的一致对于共同体来说同样至关重要。真正的共同体是成员对所属共同体的价值认同。一个国家和民族共同体总是要有其价值指向的，这一价值指向构成了共同体全部成员的精神家园，或者说是共同体的价值理想，从而使每个个体在共同体中都获得他自己的生命价值。因此，个体的理想信念和共同体的理想信念的一致性，是国家和民族共同体成为真正共同体的精神条件。正是在这个意义上，价值观先导对于建构一个真正的共同体具有决定性作用。如果共同体的成员不能在价值观上达成共识，这一共同体同样是名存实亡的，充其量是"貌合神离"的"虚假共同体"。所以，国家和民族共同的价值理想是一个真正共同体形成的必要条件，不可或缺。一个国家和一个民族乃是因为其个体成员在价值观上与共同体达成一致，因而才是同一个国家和民族的成员。

3. 社会主义核心价值观先导的内涵

党的十八大提出，要倡导富强、民主、文明、和谐，倡导自由、平等、公正、法治，倡导爱国、敬业、诚信、友善，积极培育和践行社会主义核心价值观。富强、民主、文明、和谐是国家层面的价值目标，自由、平等、公正、法治是社会层面的价值取向，爱国、敬业、诚信、友善是公民个人层面的价值准则，这 12 个范畴构成了社会主义核心价值观的基本内容。当代中国特色社会主义建设的一切事业，都要以社会主义核心价值观作为先导。人们在具体的社会行为中，总是要从某种价值观出发。如果没有对共同体核心价值观的自觉并且以之为先导，就容易偏离方向。社会主义核心价值观不只是头脑中的"观念"，更应该是指导人们行为的"先导"。社会主义核心价值观首先是社会主义的价值观。按照一般政治哲学所关注的主体进行划分，社会主义核心价值观主要包括国家、社会和个人三个层面（如黑格尔在《法哲学原理》中基于国家、社会、个体三个层面讨论了国家的法理基础）。这一划分也遵循了马克思主义哲学的划分方式。在马克思关于国家的理论中，也包含国家、社会和个人三个层面。我们可以从这几个层面对 12 个社会主义核心价值观范畴的价值观先导内涵逐一进行分析。

从国家层面看，社会主义核心价值观首先彰显的是一个国家的根本性质。"富强、民主、文明、和谐"这四个范畴构成了国家层面的社会主义核心价值观。

（1）"富强"是社会主义国家的富强。正如邓小平理论中指出的，"社会主义要消灭贫穷。贫穷不是社会主义，更不是共产主义"[①]。中国近代历史深刻地表明，国家的安全首先是经济实力的安全。如果贫穷，就会遭受

---

①《邓小平文选》（第 3 卷），北京：人民出版社，1993 年，第 63—64 页。

西方资本主义国家的侵略。这是由资本主义的本质所决定的。资本逻辑是一种扩张逻辑，资本主义国家必然要向其他国家扩张，剥削其他国家以维持资本的增值。正是在这个意义上，"富强"就成为社会主义国家必须坚持的价值理念。这种富强不同于资本主义国家的富强。因为，在社会主义国家中，国家的富强是和广大人民的富裕生活紧密联系在一起的。国家的富强也是人民的富强，因为国家是人民的国家。因此，虽然同样是"富强"，但社会主义国家的富强和资本主义国家的富强并不是同一个含义。

（2）"民主"也是国家政治生活的价值观。资本主义国家是资本家和资产阶级的民主，而社会主义国家的民主则是"人民当家作主"，人民是国家的主人。因此，社会主义国家的民主是真正的民主，这也是由公有制的经济基础所决定的。当然，社会主义的"民主"并不否定"集中"，民主和集中是辩证统一的。没有"民主"的"集中"是"专制"，而没有"集中"的民主是"无政府主义"。

（3）中国的"文明"也是社会主义的文明，不同于资本主义的文明。资本主义的文明充满了战争的野蛮，一部资本主义扩张史就是资本主义的侵略史。20世纪殖民地的民族独立战争和两次世界大战，都是资本主义侵略扩张的产物，因此资本主义的文明背后充满了血腥和战争。马克思就是要终结这种"阶级斗争的历史"。相反，社会主义文明则是"自由人的联合体"，是"每个人的自由发展"。一个文明国家不会把侵略扩张作为国家生存的手段，而且会容纳其他文明的存在。

（4）"和谐"是国家的重要价值观。国家的稳定和谐是国家的价值目标。和谐就是指在经济利益上没有冲突，在价值观上也没有冲突。因为，无论是在经济基础层面上，还是在上层建筑层面上，社会主义国家都是人民利益的代表，为国家的和谐奠定了坚实的基础。资本主义国家的和谐是虚假的和谐，因为在私有制条件下，剥削和被剥削始终是社会矛盾的根本原因。资本主义国家也试图实现国家的和谐，但由于根本的经济制度和政治制度是违背民主和公平正义的，因此这种和谐只能是表面的和谐，而不是真正的和谐。只有在共产主义社会状态下，才"不再有任何阶级差别，不再有任何对个人生活资料的忧虑，并且第一次能够谈到真正的人的自由，谈到那种同已被认识的自然规律和谐一致的生活"①。

---

① 《马克思恩格斯文集》（第9卷），北京：人民出版社，2009年，第121页。

"自由""平等""公正""法治"是社会层面的社会主义核心价值观。这些价值观是不同于资本主义的价值观的。诚然,资本主义制度也把自由、平等、公正、法治作为社会价值观。但是,这些范畴的内涵和社会主义国家的价值观内涵截然不同。上述这些范畴最初只是西方"资产阶级法权"概念,实际上并非真正的自由平等。但在中国特色社会主义条件下,这些范畴被赋予了新的内涵,超越了"资产阶级权利的狭隘眼界"①。当然,由于中国特色社会主义仍然处在"初级阶段",因而还不可能完全实现这些范畴的社会主义内涵,但与西方资产阶级法权范畴已经有了根本的区别。

(1)西方的"自由"是个体本位的自由,倡导每个人的自由是不可侵犯的。但是,正如马克思所指出的,资本主义的自由只是资本家的自由,工人没有自由。比如,工人必须而且只能出卖自己的劳动力,否则就无法生存下去。因此,工人表面上是"自愿出卖劳动力",实际上却是为了生存的需要而不得不出卖劳动力,根本没有自由可言。卢梭虽然提出"人生而自由"的命题,但是这种自由只能停留在"天赋人权"的范围内,在现实生活中无法实现。因而,卢梭才说"人是生而自由的,但却无往不在枷锁之中"②。社会主义的自由是广大人民的真正的自由。个人的自由是和国家的自由相一致的,因此,自由并不只是个体的自由,也是国家和集体的自由。自由不是"为所欲为",而是"自觉服从",因此社会主义的自由是和"必然"辩证统一的。这不同于资本主义的自由,资本主义的自由是个人至上的,因为国家和市民社会本来就是分离的。正如马克思所批判的,资本主义国家和市民社会是分裂的,国家并不能代表社会成员的利益。

(2)中国特色社会主义的"平等"是社会主义的平等。这不仅仅是一种抽象人格上的平等,还体现在社会关系上的平等。在资本主义的生产关系中,资本家和工人并非平等的。按照西方传统的思想,资本家和工人是平等的,资本家应该占有财富,工人应该创造财富,这些都是理所当然的。这实际上等于说,资本家剥削工人也是一种平等。正如马克思所批判的,资本家因为出身的原因而享受财富,工人因为出身低下而遭受剥削,这就是资本主义条件下的平等。然而,社会主义国家的平等,首先是生产关系

---

① [德]马克思:《哥达纲领批判》,中共中央马克思恩格斯列宁斯大林著作编译局编译,北京:人民出版社,2018年,第16页。

② [法]卢梭:《社会契约论》,何兆武译,北京:商务印书馆,2003年,第4页。

上的平等，即公有制基础上的平等。因为社会主义把"实质平等"作为其追求的目标。也就是马克思所说的，超越个体天赋上的能力、智力、出身等先天的不平等，而实现事实上的实质平等。这是和资本主义的平等完全不同的平等。

（3）"公正"是社会层面的"稳定器"。严格来说，"公正"这一概念也是起源于西方抽象法权的。这一概念在西方政治哲学中一般被称为"正义"。"公正""正义"两个词在英文中都为"just"。公正意味着人与人在占有财产方面合乎理性法则，或者在人格尊严上符合理性法则。总而言之，无论是就人格来说，还是就人对物的占有关系来说，都存在着"理性法则"的问题。因此，西方一般把理性看作是公正或正义的"基础"。也就是说，公正和正义乃是因为人类是有理性的而存在着。理性是人类区别于其他存在者的根据。这样一来，公正就意味着符合理性法则。与理性法则相对应的，则是情感。"情感"具有主观性，因此往往带有"偏向"。正因为如此，一般都不会把"情感"作为评价一个人行为的"客观尺度"。比如，在法律面前，理性法则是评判的依据，而不是"情感"。这就有了"向理不向情"的说法。法律上的"大义灭亲"等也都表明，理性才是评判的尺度，而不能把感性作为评判的尺度。当然，这还仅仅是在抽象法理学意义上理解公正。具体来说，中国特色社会主义公正也是落实在社会生产关系中的。一般把是否符合国家共同体的利益看作公正的尺度。比如，在个体利益和共同体利益发生冲突的时候，一般不会把将个体利益放在首要位置的做法视为公正。只有那些为了国家共同体而放弃或牺牲自己个体利益的行为，才被视为公正。因此，中国特色社会主义的公正，不是个体之间以私有财产为媒介的公正，而是把国家利益作为最高理性法则的公正。个体的理性法则只是道德上的公正，不是社会主义所特有的公正。因为，西方人也同样把道德视为公正。作为一种社会意义上的公正，社会主义制度的公正和资本主义制度的公正因此有了本质上的区别。

（4）"法治"是社会主义核心价值观在社会层面上实现公正的客观依据。中、西方国家都有法治，"法"的存在也同样是以理性为基础的。因此，只有符合理性（真理）的原则才能被确定为普遍性的规范，并进而上升为"法"。在西方哲学中，"法"一般包括两类，一类是"主观的法"，即道德；另一类是"客观的法"，即法律。因此，西方人虽然对"德治"和"法治"一般不予以严格区分，但是在他们的政治哲学中却涉及"道德"和"法律"的关系问题。古希腊的城邦治理相对来说可以被归结为"德治"

的范畴，如柏拉图和亚里士多德都提倡"德性政治"的理念。但是，近代以来，西方政治哲学已经不再把道德作为治理国家的基础。比如，黑格尔就主张用"法"来治理国家，因为他认为"法"是"客观的"，而道德是"主观的"，在国家治理中显然应该将"法"作为基础。然而，在中国则仍然提倡"德法共治"。依法治国但并不否定道德在国家治理中的重大作用。"德治"仍然是必要的，一般来说是通过思想政治教育来完成国家的道德治理和意识形态治理。中国一般把"德"区分为"大德、公德和私德"。其中，"私德"对应的是狭义上的道德，而"大德"和"公德"对应的是国家意识形态。因此，道德教育和意识形态教育构成了国家治理的重要组成部分。但是，"法治"依然是主导性的，因而国家提倡"全面依法治国"，这也是为了避免古代"德治"存在的主观性弊端。但是，中国的"法治"和西方的"法治"也有本质区别。后者建立在"私有财产神圣不可侵犯"原则的基础之上，因而是"资产阶级抽象法权"，而中国的"法治"则是"人民当家作主"的法治。国家经济基础的不同，使"法治"的性质也有所不同。

"爱国""敬业""诚信""友善"是在个人层面确立的社会主义核心价值观。这些范畴构成了个人人生观的组成部分，因而对于规范个体的生活发挥着价值观先导的作用。

（1）"爱国"是对自己国家的热爱。"爱"是一种情感。在伦理学中，情感分为两种，一种是和欲望结合在一起，另一种是和理性结合在一起。前者一般不具有普遍意义的爱，因为是和欲望结合在一起的，这种爱难免带有主观的"偏见"。后者一般具有普遍意义，因为和"理性"结合在一起，这种爱是对"真理""正义""美德""尊严"的敬重之情。同样，对国家的"爱"也包括两种，一种是出于"欲望"对国家的爱；另一种是出于"理性"对国家的"爱"。显然，对国家的爱不应该从个体的欲望出发，如果存在这样的爱，那是因为国家为个体提供了某种"好处"，满足了个体的某种"欲望"，所以他才会产生对国家的爱。因此，建立在欲望基础上的爱是"有条件的爱"。如果国家不能满足个体的欲望，个体就不爱国家，那么这种对国家的爱显然是不彻底、不纯粹的。因为，正如黑格尔所说的，个体容易把"国家"作为满足个体欲望的"手段"，这样就会导致对国家共同体的破坏。比如，利用"公权力"来满足个体的欲望。爱国显然不能建立在这种个体欲望的基础之上。按照康德的说法，一个行为如果是"有条件的"，该行为就不能被看作"道德行为"。从欲望（康德称其为"质料")出发来采取行为,这只能被看作是"幸福原则"而不能是"道德法则"。因此,对国家的爱如果是高尚的情感,就绝不是出自个体的欲望,相反,是出自对国家的敬重之情,是理性的爱。中国特色社会主义核心价值观的爱国,不仅包含着对社会主义道路、制度和理论的爱,也包含着对中国共产党的爱。因为对国家的爱是和国家的本质有关的,即只有国家是真正的共同体,能够代表人民的利益,这种对国家的爱才是无条件的真正的爱。相反,如果一个国家是"虚假的共同体",那么就无法代表真理和正义,也就无法令人产生对这种虚假共同体的爱。比如,对于资本主义国家来说,国家不代表雇佣工人的普遍意志,国家是和工人相分离的,或者说,这种国家不属于工人,当然工人也就无法产生对国家的爱。

(2)"敬业"是社会主义核心价值观和个体事业相结合的产物。每个个体在共同体中都承担着社会责任。个体所承担的责任从根本上说,都可以被归结为"中国特色社会主义建设事业",再往上追溯,都是通向共产主义的"伟大事业"。但是,通常来说,个体总是从自己的角度出发来理解自己所从事的事业。比如,把事业看作自己"谋生的手段",因此"事业"就是谋生的不得已的活动,这就类似于马克思对异化劳动的分析。如果劳动仅仅是"谋生",那么没有人会愿意劳动。每个个体的事业对于个体来说只是一份事业,但是对于国家共同体来说,则是社会分工中不可缺少的组成部分。即便是今天的私有经济成分,也是中国特色社会主义事业或社会主义分工体系中的组成部分,因此,同样应该出于中国特色社会主义的建设目的来看待这一事业。在这种情况下,每个人如果都能自觉地意识到自己所从事的事业是中国特色社会主义建设事业的组成部分,那么就应该产生"敬业"的价值观念。这样,对于个体来说,就需要对其加以"敬业"的价值观先导,以便使个体从"谋生"的观念中解放出来,认识到自己所从事的事业是社会主义建设事业。

(3)"诚信"是个体道德层面的价值观。但是,这种价值观并不仅仅是个体道德生活领域的价值观,也是与中国特色社会主义建设结合在一起的价值观。在市场经济条件下,人们为了获取自己的利益,往往采用不诚信的手段。但这种通过不诚信获得利益的方式是违背道德法则的。当然,不诚信在社会意义上应该具体加以理解。比如,企业为保证自己的竞争优势,对自己的商业计划实行保密,这不属于不诚信。诚信价值观的意义在于,不能把"欺骗"作为一种社会交往的规则,因而需要倡导诚信的价值观。如果从诚信所具有的"效用性价值"来看,个体遵守"诚信"的社会效用在于维护社会的团结和稳定，同时这种团结和稳定也有助于国家的建设和发展。因此，个体遵守"诚信"价值观，就不仅是个体的道德问题，而是塑造良好的社会秩序，实现社会的和谐与稳定，实现国家的和谐与稳定的需要。在这个意义上，"诚信"价值观就具有了社会主义性质。它完全不同于资本主义私有制条件下"尔虞我诈"的交往规则。因此，对于个体的社会交往行为来说，有必要把"诚信"作为一种社会主义核心价值观对其加以引导，建立"诚信"价值观先导原则，从而维护社会和国家共同体的和谐与稳定。

（4）"友善"是个体伦理层面的价值观。当然，中国传统文化中也倡导"友善"的价值观。但在功利关系中，这种"友善"价值观就显得十分重要。即便是对待自己的竞争对手，我们也应该怀有"友善"的价值观。比如，在体育比赛中，我们倡导的价值观是"友谊第一，比赛第二"。这就意味着，比赛的成绩固然重要，但不能因比赛失利而破坏友谊。"友善"可以归结为人和人相处的伦理法则，这也是社会主义条件下才能真正实现的。西方伦理是个体本位的，每个人都是独立的个体，因此这种"友善"与生产关系相冲突的时候是无法维系下去的。比如，如何才能让雇佣工人和资本家之间"友善"起来呢？资本家剥削工人创造的剩余价值，工人还要"友善"地对待资本家，这如何可能做到呢？因此，马克思指出，工人和资本家只能是天然的"敌人"，并且指出无产阶级是资产阶级的"掘墓人"，号召无产阶级革命。可见，"友善"也不只是个体内心的伦理法则。只有建立在社会主义的公有制基础上，"友善"才是可能的，否则"友善"就很可能沦为"伪善"。因此，"友善"的价值观先导的意义在于，它使社会主义国家的公民之间超越利益冲突，而把"自由人联合体"作为一切个体之间关系的理想。

第二章 "共享发展"的经济价值观先导

引导全部经济发展的价值观应该是什么？这里涉及的问题是经济发展为了什么。在这里，价值观先导的作用是最为突出和显著的，因为所有被视为积极的正能量的价值观，都倡导超越功利主义，或者在个体物质利益和公平正义的道义之间做出取舍的时候，都会主张把公平正义作为首位价值，这一点古今中外的主流哲学概莫能外。从中国儒家的"君子喻于义，小人喻于利"①的义利之辨到古希腊的理性支配激情和欲望，"公正是一切德性的总括"②的德性公正论，从反对任何形式的拜金主义和享乐主义到当前自由主义的"正当和善之间的关系翻转过来，把正当看作是优先的"③思想，无一不体现出为追求公平正义而超越物质利益的价值旨归。然而，对价值观造成最大冲击的，也恰恰来自物质利益的干扰。人们的思想活动总是与利益息息相关，正如马克思所说，"'思想'一旦离开'利益'，就一定会使自己出丑"④。经济活动本身是和物质利益相关的行为，因此，在经济行为中确立一种超越功利主义的价值观就显得格外困难。人们的价值观不同，相互持有的观点不同，导致人们在思想观念领域里发生冲突。但是，更多的时候，人们经常在物质利益关系中发生冲突。在这些物质利益冲突的背后，实际上隐含着人们对待物质利益和对待公平正义的"态度"。而且，往往正是这种"态度"（价值观）决定了人们之间的冲突。因此，值得深思的是：表面是利益冲突的情况，背后可能是价值观的冲突所导致的，只不过价值观的冲突通过物质利益的关系表现出来了而已。正是在这个意义上，经济价值观先导的作用显得更加重要了，它是化解人们之间物质利益冲突的价值观调节者。本章专门从各个方面探讨中国特色社会主义经济活动中的价值观及其先导问题。

---

① 刘定一：《论语读本》，天津：天津人民出版社，2018年，第58页。
② [古希腊]亚里士多德：《尼各马可伦理学》，廖申白译注，北京：商务印书馆，2003年，第130页。
③ [美]约翰·罗尔斯：《正义论》，何怀宏、何包钢、廖申白译，北京：中国社会科学出版社，1988年，第547页。
④ 《马克思恩格斯文集》（第1卷），北京：人民出版社，2009年，第286页。

一、"共享发展"的经济价值观先导总论

在经济价值观先导这一部分中,核心问题是解决市场经济天然所具有的制造贫富分化的负面效应。因此,要时刻通过价值观先导来确保市场经济发展的社会主义方向,把"共同富裕"作为全面建成小康社会之后市场经济发展的目标。"社会主义原则,第一是发展生产,第二是共同致富。"[1]为此,根据社会主义的本质要求,我们提出了"共享发展"的价值观先导原理。对于经济价值观先导问题,马克思曾经在批判英国古典经济学的过程中做过经典示范,简称为"马克思典范"。从这一典范出发,能够获得关于"共享发展"经济价值观先导的全部重大意义及其基本原理。我们可以从"抽象人性论"及"社会关系"两个层面来分析"共享发展"经济价值观的存在方式,以此明确经济价值观先导的理论主旨和实践诉求。

1. 经济价值观先导的马克思典范

"公有制是我国社会主义经济制度的基础"[2],坚持中国特色社会主义基本经济制度中以公有制为主体的这一规定,是全部经济价值观的总体性制度化表达。价值观要落实在具体的经济活动中,并且是通过经济制度来实现的。可以说,"制度"是价值观和实际行动之间的"纽带"。因此,在共同体中,制度一端关联价值观,一端关联实际行动。这就意味着,价值观是通过"制度"来实现它对行为的先导的。

英国古典经济学中,"自私的理性经济人"被作为全部经济行为的无条件的前提。或者说,天生是为自己的利益打算的。[3]理性经济人是经济学的"前提",也是经济学规律分析及经济活动的价值指向。用马克思的话来说,古典经济学是"发财致富的科学"[4],其价值导向是"教人发财致富"。

---

① 《邓小平文选》(第3卷),北京:人民出版社,1993年,第172页。

② 中共中央文献研究室编:《改革开放三十年重要文献选编》(下卷),北京:中央文献出版社,2008年,第1005页。

③ 参见[英]亚当·斯密:《国富论》,郭大力、王亚南译,北京:商务印书馆,1974年,第24页。

④ 《马克思恩格斯文集》(第1卷),北京:人民出版社,2009年,第56页。

因此，这里的价值观是把人的生命活动的意义理解为"发财致富"，以此为前提，经济学规律就变成了指导人类如何追求财富的规律。在这一规律的作用下，资本家获取了剩余价值。可见，古典经济学是以发财致富为价值导向的经济学，"在额角上带有最令人厌恶的自私自利的烙印"①。然而，在马克思看来，古典经济学及其指导下的经济行为是否是"必然的"和"应当的"？显然这里必然涉及对人的生命意义的本质上的理解。"政治经济学所研究的材料的特殊性质，把人们心中最激烈、最卑鄙、最恶劣的感情，把代表私人利益的复仇女神召唤到战场上来反对自由的科学研究"②，如果不重新理解人的本质和生命意义，就无法建构新的经济学及其经济行为。这也意味着，马克思为我们提供了建构人类理想经济行为的全新的价值观基础，确立了不同于资本主义经济学的共产主义的经济价值观。通过对古典经济学的批判，马克思也为我们提供了经济价值观先导的典范。

经济活动在人类生命活动中应该具有怎样的意义？这涉及价值观的问题。在本质上，也涉及财富观及与此相适应的经济制度、个人的道德观。一方面，从抽象的人性论意义上，可以讨论经济对于人的生命意义所具有的价值，但这至多是马克思研究经济活动的前提，而不是他需要抽象地加以讨论的问题。另一方面，则是从"现实的人"的角度出发，来讨论处在特定生产关系中的经济行为应该具有怎样的价值观问题。这也是马克思最关心的问题，即在生产关系中人的生命意义及其价值观。我们先从抽象人性论的角度来理解经济活动之于人来说的意义和价值，以便获得那"应当"如此对待经济行为或财富的价值观。

2. "抽象人性论"中经济价值观的存在方式

人是肉身和精神两种东西集于一身的存在者。前者成就的是人的自然属性，后者成就的是人的精神属性。"'精神'从一开始就很倒霉，受到物质的'纠缠'。"③人类的一切值得研究和讨论的人本学问题都集中在上述两者之间的关系问题上，这也是哲学家都试图回答和解决的问题。因为有了精神属性，问题才变得十分复杂，我们讨论的价值观及其先导问题，也正是因为人是有精神的存在才是可能的。价值观，顾名思义是关于"价

①《马克思恩格斯文集》（第 1 卷），北京：人民出版社，2009 年，第 56 页。
②《马克思恩格斯文集》（第 5 卷），北京：人民出版社，2009 年，第 10 页。
③《马克思恩格斯文集》（第 1 卷），北京：人民出版社，2009 年，第 533 页。

值"的观念。这显然是一种精神活动的产物。说人是有精神属性的存在者，这精神属性主要是指理性的思想能力，而不是指一般意义上的意识能力。因为，从意识能力的角度来说，动物也有这种能力，不能单纯凭借"意识"而把人和动物区别开来。所以，讨论人的精神属性的时候，主要是指人的理性的能力。这种理性的能力是什么呢？就是指精神能够借助于概念、判断、推理进行逻辑思维，从而透过事物的"现象"认识事物的"本质"的能力。因此，理性的能力把事物区分为"现象"和"本质"，也把人区分为"自我"和自我以外的"非我"。动物所具有的自我感还不能达到理性的高度，"动物就不能说出一个'我'字。只有人才能说'我'，因为只有人才有思维"[①]。正如马克思所说，"人则使自己的生命活动本身变成自己意志的和自己意识的对象"[②]。其他的哲学家，从古希腊开始，一直到近代西方哲学，都是在人的双重属性的关系中来理解人类一切行为的本质。"在柏拉图的神话里，首先出现了理性和非理性之间的分裂，这种分裂长期以来一直是压在西方人身上的沉重负担"[③]，古希腊柏拉图区分的"经验世界"和"理念世界"，康德区分的"现象界"和"物自体"，黑格尔区分的"存在"与"定在""有限与无限"，等等，诸多对立性的范畴构成了哲学体系中的基本格局，而辩证法的问题恰好是在这一对立范畴之间的逻辑关系中被建立起来的。所有这些都表明，因为有了理性，人的世界便被区分为自然主宰的生物世界和理性主宰的精神世界。人便有了双重的生活，"既有内在生活，又有外在生活"[④]。

　　正因为人是有精神属性即理性的存在者，人类的存在方式和生命形式相较于动物来说就发生了巨大的变化。这一理性的出现，就使人类不仅仅在自然世界中生存，还要在"精神世界"中生存和生活。精神世界的生命活动表明，人类已经不仅仅是"活在当下"的生物，而且是可以"活在过去"，也可以"活在未来"的存在者；是可以"这样选择生活"，也可以"那样选择生活"的存在者。这样就把人类应该如何生活的问题推向了仿佛是一个不确定的世界中。动物在自然界中的生命活动是有确定性的，是随

①[德]黑格尔：《小逻辑》，贺麟译，北京：商务印书馆，1980年，第82页。

②《马克思恩格斯文集》（第1卷），北京：人民出版社，2009年，第162页。

③[美]威廉·巴雷特：《非理性的人——存在主义哲学研究》，段德智译，上海：上海译文出版社，1992年，第86页。

④[德]路德维希·费尔巴哈：《费尔巴哈哲学著作选集》（下卷），荣震华、王太庆、刘磊译，北京：生活·读书·新知三联书店，第26—27页。

着自然界的变化而变化的，是纯粹依赖于并服从于自然界法则的生存活动。但是，对于人类来说则充满了不确定性，哲学家们把这种充满不确定性的生活状态，称为人类的"自由意志"的生命活动。"人是一种能够反思自身的存在而且能够创造自身的存在方式的存在"①，正因为人类可以过一种"有选择的生活"，他的生命活动就变得复杂起来。因此，一切诸如道德、法律、政治等问题便出现了。这些问题统称起来便构成了"价值观"问题。试想如果人和其他动物一样，没有精神属性，仅仅剩下了自然生命的活动，那么就不会有其他生命意义的问题出现了。对于动物来说，不存在"生命意义"的问题，因而也就没有所谓的"价值观"问题。在价值观中生存，是人类与动物生命形式的本质区别。

人对于"物"的态度，这本身就是一个价值观的问题。由于人有了理性，"人"和"物"之间的关系问题，特别是"人"与"人"之间的关系问题，也就被纳入理性之下加以审视了。因此，形成了"以物为中介的人和人之间的社会关系"②。在这个人与物构成的存在结构中，便出现了价值观的问题。我们先单纯讨论个体的人和物之间的关系问题，而后再讨论不同个体相对于物之间的关系问题。然后，从"物"的问题再上升到"物质生活资料"，即"财富"的问题。

人作为自然生物需要依赖于物而活着，这物即"物质生活资料"，而相对于它们的有用性而言也被称为"财富"。这样，物质生活资料对于人来说的意义就在于满足生命需要，所以没有物质生活资料人就无法生存下去，它们是"他的需要的对象；是表现和确证他的本质力量所不可缺少的、重要的对象"③，这是由自然法则所决定的。但是，人对于物质生活资料的需求则因为有了理性的考量而变得不确定，即人们可以在满足需要的程度上有不同要求。这样，对于人的需要来说，人就完全不同于动物了。动物的需要显然是有界限的，除个别动物有囤积食物的本能外，多数动物是没有囤积食物的本能。这就意味着，它们的需要是和自然界的供给能力直接相关的，因而动物是"受动的、受制约的和受限制的存在物"④。但是，对于人来说，他们的需要是可以多也可以少的，因此便出现了"贪欲"，以满足更多的需要，或者把未来的需要也囤积起来。这样，对于人来说，

① 赵汀阳：《论可能生活》（第2版），北京：中国人民大学出版社，2009年，第18页。
②《马克思恩格斯文集》（第5卷），北京：人民出版社，2009年，第878页。
③《马克思恩格斯文集》（第1卷），北京：人民出版社，2009年，第209页。
④《马克思恩格斯文集》（第1卷），北京：人民出版社，2009年，第209页。

对物的需要就成为可供选择的问题，因此也就涉及了人与物之间的关系问题，也涉及了物对人来说的意义问题。

抛开人可以把"物"作为审美对象来谈，物首先是人的物质生活资料。在这一点上，人们是否应该无限地扩大自己的需要，从而无限地追求对物质生活资料的占有呢？如果物有足够多的数量，那么人对物的需要的选择也就成为"无限"的了，所以这本身就无所谓价值问题，因为可以多占有也可以少占有。但是，现在考虑人如果是有理性的存在者，并且把理性视为人的本质性规定，那么人对物的占有及其以此为基础的满足需要的问题，就必定要受到理性的检查和审视，因而便出现人"应当"在多大程度上满足自己的需要，以及由此决定对物占有的多少的问题。作为"自在自为的普遍性"①，理性的天然倾向是它必然要把自然需要与理性的关系纳入反思关系中，因而便出现了理性与自然需求之间的关系。这一关系可以是有意"放纵"的，也可以是"节制"的。如果一个人把感性的自然需要作为绝对意义，而可以违背理性的节制，这便构成了一种以欲望为基础的价值观，由此也决定了财富观。相反，如果一个人把理性的永恒作为绝对意义，就必定要以此节制感性的欲望，从而为他对物的需要确立一条理性的法则，这便是以理性为基础的价值观。上述两种价值观体现了人对物的关系中的两种情况，以对物的欲望为主导的价值观，显然是建立在自然生命基础之上的，而以对物的理性的节制为主导的价值观，则是建立在理性法则之上的。按照中、西道德哲学的主流观点，显然有理性的节制欲望，从而摆脱人对物的完全无限的依赖，便成为"应当如此"的价值观。那么，由此可以推论，在对待财富问题上，财富并不是人的生命意义的绝对条件，理性才是构成人生命意义的绝对条件。由此，也就进一步推演出经济活动对于人类的生命活动的意义，即它相对于理性来说是有限的。这便在抽象人性论的意义上，赋予经济活动以应当如此的价值观，它显然应该成为经济活动的价值观先导。由此可知，并不是"自私的理性经济人"，而是"超越自私的有理性的经济人"才应该成为经济行为的价值观先导，这是从抽象人性论的层面我们所能够证明的适合作为一切经济行为"先导"的经济价值观。

"物本身是对自身和对人的一种对象性的、人的关系，反过来也是这

①［德］黑格尔：《小逻辑》，贺麟译，北京：商务印书馆，1980年，第71页。

样。"①关于人与物之间的关系，绝对地说，人是不应该以对物的无限占有并满足欲望作为其生命意义的最高形态，相反，能够过一种有理性的节制的生活才是人摆脱对物的依赖的自由生命形式。在这个意义上，抛开人与人的关系，单纯就人和物之间的关系来说，理性主导下的有节制的对物的占有关系，应该成为人类经济行为的限度。如果人们对财富的追求容易破坏这一限度，那么也就意味着对人类追求经济利益和财富的行为来说，有必要把这一限度作为一种经济价值观对人类加以先行引导了。

3. "社会关系"中经济价值观的存在方式

以上是我们单纯就人与物的关系而言，抛开了人的一切社会性规定，因而是在抽象人性论的意义上讨论人和物之间的关系问题。我们得出的结论是，人对物的占有关系应该以理性的自我节制为限度，这被称为是一种"美德"。但是，更为重要的是，现在，我们需要从人与人之间的关系角度来审视人与物的关系问题。以"物"为媒介而形成的人与人的关系，可以统称为"社会关系"。因此，在前文提到人有自然属性和精神属性的基础上，现在我们又可以说人具有"社会属性"。那么，人同时具有自然属性、精神属性和社会属性这三种属性吗？这必须要引入辩证法才能把问题说清楚。这里讨论的人和物的关系，不再是单个人和物之间的关系，而是说，在人对待物的关系问题上，叠加上了人与人之间的关系。这样，人对待物的关系就转变为人与人的关系所映射出来的人与物的关系，或者说，人对人的关系是以人对物的关系所表现出来的，或者反过来说，人对物的关系是以人对人的关系表现出来的。

在上述双重关系即人与人、人与物的关系中，两者同样是交叉在一起的。但是，这种交叉中，人与人的关系无疑应该占据主导地位，而人与物的关系应该从属于人与人的关系。正是在这个意义上，马克思在批判拜物教的时候指出，在商品中隐藏的是"人与人的关系"。这种"人与人的关系"，"不是表现为人们在自己劳动中的直接的社会关系，而是表现为人们之间的物的关系和物之间的社会关系"②。也就是说，如果人对物的关系，即通过生产关系和分配关系所表现出来的人与物的关系，破坏了人与人之间的应然关系，那么这种人对物的关系就不应该成为被人所接受的，而是

---

①《马克思恩格斯文集》（第 1 卷），北京：人民出版社，2009 年，第 190 页。
②《马克思恩格斯文集》（第 5 卷），北京：人民出版社，2009 年，第 90 页。

应该被否定的关系。因此，人对物的关系，只有当这种关系所表达出来的背后的人与人的关系是应当的关系，它才成为应该被接受的关系。正如马克思所说："当物按人的方式同人发生关系时，我才能在实践上按人的方式同物发生关系。"[①]这无疑表明，人对物的关系，应该以它所承载的人与人的关系为限度，超出这一限度，这种人与物的关系即是"非人"的关系，应该被抛弃。现在，我们按照这一原理来分析，在社会关系中何种人对物的关系是应该被接受的，何种是应该被否定的，而这其中所包含的标准和尺度，也就是通常所说的经济价值观。

马克思指出："人的本质不是单个人所固有的抽象物，在其现实性上，它是一切社会关系的总和。"[②]这已经把人的社会属性表达清楚了。前文提到了这一属性与其他两种属性的关系，这里简单做一说明：人的三种属性是在逻辑上被区分开来的，而在实际中这三者经常是纠缠在一起的，并且在三者相互之间的关系中共在。人的自然属性是作为生物所必然具有的。人的精神属性也是超自然的、直接具有的。但是，两者并非毫不相干，而是相互作用的。自然属性要被纳入精神属性中加以审视，从而才使人的自然属性区别于动物的自然属性。反过来，精神属性需要落实到与自然属性的关系中才是有效的。这样一来，自然属性和精神属性就是直接相关联的。但是，两者的关联不等于两者之间是和谐的，有时候关联是相互否定的。比如，自然属性的贪欲和精神属性的节制恰好相反，两者相互抗争。但这种相互抗争的否定关系，也表明两者是不可分割地联系在一起的。有时候两者之间是相互肯定的。比如，对于一个拥有美德的人来说，他的自然属性与精神属性两者是统一的，因而是处于达成"和解"的状态。进一步说，当两种属性结合起来的时候，会形成两种层面的关系，其一是道德属性，其二是社会属性。前者留给道德哲学的基本原理去加以讨论，后者则是马克思历史唯物主义的重要内容。因此，在马克思看来，人的自然属性和精神属性，如果在生产关系这一平台上发生关系，它们就最终把人的本质锁定在了"社会性"这一点上。简言之，自然属性和精神属性两者的和解就是"社会性"。所以，马克思强调指出，人的本质在其现实性上是一切社会关系的总和。他在对共产主义进行论证的时候，也主要是把人类的整体性生命行动带入人的"社会性"这一人所应该具有的本性中，马克思的原

[①]《马克思恩格斯文集》（第1卷），北京：人民出版社，2009年，第190页。

[②]《马克思恩格斯文集》（第1卷），北京：人民出版社，2009年，第501页。

话为"人向自身、也就是向社会的即合乎人性的人的复归"①。对于马克思来说，这种自然属性和精神属性的和解，在《1844 年经济学哲学手稿》中被寄希望于"共产主义"了。马克思是这样表述的，"共产主义，作为完成了的自然主义，等于人道主义，而作为完成了的人道主义，等于自然主义，它是人和自然界之间、人和人之间的矛盾的真正解决"②。

人与物发生关系现在不是以"单个人"的身份与物之间发生关系，而是在生产关系中发生人与物之间的关系。而且，生产关系本身就直接是人与物之间的关系，这就是马克思所说的"生产资料归谁所有"是生产关系的首要规定。因此，在生产关系中，人对物所发生的关系，不是单个人对物所发生的关系，而是诸多人共同对物所发生的关系。这就表明，人与人之间的关系被投射到了人与物之间的关系中。因此，建立一种什么样的人与物之间的关系，以便使这种人与物之间的关系有利于使人与人的关系符合人的"社会性"，进而使人成为"自己的社会结合的主人"③，这便成了马克思最为关心的问题。因为，只有每个人都成为符合"社会性"的人的时候，才是人与人、人与自然、人与社会关系的矛盾达到真正和解的时候，亦即才是共产主义。所以，建立怎样的人与物之间的关系，就成为马克思所思考的核心问题。马克思的结论是：所有的个体对物的共同占有，应该成为最好的人与物之间的关系，因为在这种关系中，人才能成为符合"社会性"的人，这种人与物之间的关系在经济学意义上就被称为"公有制"。

每个人在追求自己的财富的时候，不破坏他人对财富的占有。因而这种在最大可能上实现人们对财富的共同占有，就应该成为社会主义制度下的经济价值观。这种价值观在今天的表述就是"共享发展—共同富裕"的经济价值观的基本定向。这明显不同于完全按照市场规则主导的私有制经济。私有制经济制度是以"零和博弈"的方式或者"制造贫富差距"的方式存在的，因此这一制度的价值观基础从开端处就是违背共同体原则的。这也就是今天我们把"共享发展"作为经济价值观先导的社会主义本质属性的必然结果。

从表面上看，中国的市场经济和西方的市场经济都是"市场经济"，但就两种市场经济的性质而言却是完全不同的，之所以不同，乃是因为在

---

①《马克思恩格斯文集》（第 1 卷），北京：人民出版社，2009 年，第 185 页。
②《马克思恩格斯文集》（第 1 卷），北京：人民出版社，2009 年，第 185 页。
③《马克思恩格斯文集》（第 3 卷），北京：人民出版社，2009 年，第 566 页。

这两种市场经济中所隐含的价值观先导原则是不同的。社会主义市场经济是以"共享发展"作为其价值观先导的,而资本主义市场经济则是以"零和博弈"作为其价值观先导的。前者是在人的"社会性"得以充分实现的基础上完成市场经济行为的,而后者则是在"自然性"的基础上亦即"丛林法则"的意义上完成市场经济行为的,是"从自然界加倍疯狂地搬到社会中来的达尔文的个体生存斗争"[①]。正是因为这一经济价值观先导原则上的差别,才决定了两种市场经济在本质上的区别。当然,这一价值观上的差别最终体现在"公有制"和"私有制"两者的本质差别中。如果不能够认识到这一点,就无法从本质上区别社会主义市场经济和资本主义市场经济,甚至会错误地认为中国的社会主义市场经济是一种"以社会主义之名行资本主义之实"的经济。实际上,"社会主义与资本主义不同的特点就是共同富裕,不搞两极分化"[②]。因此,认清一种经济行为中的价值观是十分重要的,它将先行引导着一个国家经济发展的根本方向。这对于国家的经济治理来说显得至关重要。在全部经济治理的实践行动中,必须明确是以怎样的价值观作为先导这一关键问题,这样才能使经济治理始终保持社会主义的正确方向。

二、马克思政治经济学的价值观基础

公元 4 世纪初,我们就已正式使用"经济"一词。《晋书·纪瞻传》中有"瞻忠亮雅正,识局经济",《晋书·殷浩传》中又有"足下沉识淹长,思综通练,起而明之,足以经济"。"经济"一词的意思是"经邦""经国"和"济世""济民"。至于现代"经济"一词实为我国引进日本人翻译术语的结果。清朝末期,日本人掀起工业革命浪潮,接受、吸收、宣传西方文化,大量翻译西方书籍,将"economics"一词译为"经济"。在新文化运动中,这些西方文化传播到中国,故而"经济"一词亦被中国人引用。在马克思主义政治经济学中,"经济"是指社会物质资料的生产和再生产过程,包括物质资料的直接生产过程及由它决定的交换、分配和消费过程。

---

① 《马克思恩格斯文集》(第 9 卷),北京:人民出版社,2009 年,第 290 页。
② 《邓小平文选》(第 3 卷),北京:人民出版社,1993 年,第 123 页。

1. 马克思主义经济活动的四个环节

　　按照马克思的观点，人们为了生活，就必须"生产"，即"生存于一定关系中的一定的个人独力生产自己的物质生活以及与这种物质生活有关的东西"[①]。当人们不能自己满足自己的物质生活资料时，就必须与他人共同生产。每个人的需求是多方面的，因此，不同的人就要生产不同的物质生活资料，而且这些物质生活资料之间相互不可替代，这就出现了"分工"。生产出来的产品，不仅要满足自己的需要，还要满足他人的需要，这就出现了"交换"。为了摆脱由分工和交换带来的矛盾，还必须有一个"第三者"来加以调节，把产品恰当、合理地分配给每个人，这就出现了"分配"。产品一旦被分配，就进入了"消费"，这也是生产的目的所在，生产就是为了消费。而且，消费后立即开始了新的生产。这样，就形成了从生产到消费的一个循环，如此往复，构成了全部的经济活动。由于分工是生产中必然形成的，是不同生产行业的现实表现，所以分工可以被归属到生产范畴。正因为有了分工，才有了交换，如果没有分工，每个人都生产自己的全部生活资料，就不会有交换发生。因此，分工又是形成交换的前提。交换本身也是一种分配方式，即以交换的形式进行分配。所以，交换和分配又是直接联系在一起的。这样，按照马克思的政治经济学体系，经济就包括生产、交换、分配和消费四个环节。

　　马克思把经济看作是一个政治问题，也把政治问题看作是一个经济问题。因此，政治和经济在马克思那里是统一的。这就有了"政治经济学"，以区别于西方古典经济学。但马克思的经济学之所以区别于西方的古典经济学，乃是因为马克思为他心目中理想的经济生活提供了一种全新的价值观基础。价值观的不同，导致了"经济观"的不同。人们对待经济活动的总体态度和看法，就是"经济观"。因而，经济观是价值观在经济领域里的表现形态（价值观无处不在，乃是因为人们对待一切事物都会形成某种看法和评判，这样，价值观经常是与对具体事物的看法结合起来的）。

2. 国民经济学是"教人发财致富的学问"

　　经济活动是为了满足人们正常的生活需要而采取的行为。这一行为也是人类所独有的，人以外的其他动物都直接在自然所提供的生活资料中生

---

①《马克思恩格斯文集》（第 1 卷），北京：人民出版社，2009 年，第 575 页。

活，只有人为了获取生活资料而主动从事生产劳动和交换分配等经济行为。但是，人类却发展出这样一种情况：在满足基本生活需要的基础上，人总是想追求更多的物质财富，因为物质资料的匮乏会产生恐慌，这是"囤积"产生的原因。正如休谟所指出的，"无论哪里只要大自然无限丰足地赐予我们任何一种恩惠，我们总是让它为整个人类所共有，而不作任何权利和所有权的划分"①。也就是说，如果大自然提供的生活资料足够丰富，像阳光、空气一样，那么就不需要囤积。因此，一方面，经济活动就发展成为不仅仅是为了目前获取生活资料，还要为将来获取更多的生活资料，于是，就有了"囤积"的概念；另一方面，因为大自然不能直接提供更多的物质生活资料，物质生活资料是"匮乏的"，这也就促使人们产生了"囤积"的观念。此外，还有一个因素导致人类产生囤积的观念，这就是"贪欲"。"贪欲"是无节制的欲望，因而是无法被满足的，这也决定了人类随着贪欲的增长会产生"囤积"的观念。总而言之，"囤积"观念的产生，会使人们不断去尝试尽可能多地获取自己的物质生活资料。那么，如何才能满足"囤积"的需要呢？这就出现了一种对剩余产品的更多占有的观念。这一观念之所以能够变成"现实"，得益于"符号"的出现。这就是"货币"。休谟也指出：因为出现了"货币"，才使人们的"囤积"成为可能。因为货币的出现意味着"一般等价物"的出现，所谓"一般等价物"是指可以在交换中转变为"任何等价物"的特殊商品。在"物—物交换"中，物品是不容易被"囤积"的，因为物质会发生化学变化而导致腐烂等。但是货币出现以后，人们就可以把物质资料转换为货币加以囤积，以便在需要的时候，再把货币转化为所需要的物质资料。这就使囤积变成了现实。

由此开始，经济学就逐渐形成这样的主题：人们分析和研究经济运行的规律，其目的是按照经济运行规律实现人类对剩余产品更加自觉的占有；或者反过来说，使人类更加自觉地去追求物质资料的囤积。这种情况在西方发展到近代，就出现了资本主义。要使囤积成为可能，首先必须要有"货币"。但是货币只是使囤积成为可能的必要条件而不是充分条件。要想实现囤积，还必须有生产过剩，即有剩余产品的出现。大机器的出现，对于生产更多的剩余产品具有决定性的作用。因为大机器的采用使生产力迅速提高，创造了更多的剩余产品。这就是"大工业"的出现。但是，实现囤积还有一个必要条件，"谁来生产？"，这是实现囤积的关键。因此，必

---

① [英]休谟：《道德原则研究》，曾晓平译，北京：商务印书馆，2009年，第36页。

须要有人提供更多的剩余产品。这就是雇佣工人出现的原因。这样，在"货币"、"大工业"和"雇佣工人"这三个条件下，资本主义制度建立起来。随之以囤积为目的的经济活动在资本的运行下开启了一个新的时代，这就是资本主义时代。经济学就是研究如何使囤积成为可能，或者如何才能囤积更多的物质资料。这构成了近代西方经济学的主导价值观。马克思在《1844 年经济学哲学手稿》中把这样的经济学（英国的国民经济学）称为"关于财富的科学"①。这句话也集中表达了资产阶级经济学的价值观定位，即经济学是帮助人们追求个人物质财富的学问。

3. "消灭私有制"的人性论前提批判

马克思批判资本主义的经济制度，这种经济制度是建立在资本主义价值观基础之上的。进一步说，这种经济制度的价值观，是和资本主义对人的本质，即"人本身的价值"的理解直接联系在一起的。因为经济不过是人的活动，所以经济的目的应该服从人本身的目的。这样一来，怎样理解人的本质，也就有怎样的经济活动；而有怎样的经济活动，就会有怎样的经济学。马克思批判英国国民经济学，即资产阶级经济学，旨在批判资本主义的经济制度。在批判这种经济制度的时候，马克思首先批判的是资产阶级关于人的本质（人本身的价值）的理解。因此，我们发现了这样的逻辑线索：批判资产阶级经济制度—批判资产阶级经济学—批判资产阶级对人的本质的理解。马克思看到，"国民经济学虽然从劳动是生产的真正灵魂这一点出发，但是它没有给劳动提供任何东西，而是给私有财产提供了一切"②。要想彻底批判资本主义经济制度，就必须要批判它的经济学；而要批判它的经济学，就必须要回到这一经济学的前提。所以，马克思认为，要想彻底批判资产阶级经济学，就不能单纯从这一经济学原理体系内部来批判，必须跳出来，对它的"前提"加以批判。

前文提到，马克思已经指出资产阶级经济学的目的是教人发财致富。这就意味着，经济学的产生是为了能够给人带来更多的财富。这就是说，追求财富是经济学存在的基础。如果人不追求财富，那就不需要经济学。显然，马克思认为资产阶级经济学的前提是，把人理解为"发财致富"的存在者，也就是说，承认了人应该把追求财富作为根本目的。通常的说法

①《马克思恩格斯文集》（第 1 卷），北京：人民出版社，2009 年，第 226 页。
②《马克思恩格斯文集》（第 1 卷），北京：人民出版社，2009 年，第 166 页。

是，资产阶级经济学是为资本主义制度辩护的，而这一辩护也就是要保证发财致富的绝对合法性。这当然是保证一部分人，即资产阶级发财致富的合法性。任何一种制度都有其价值观作为前提。因此，资本主义私有制的经济制度，也当然有其价值观前提。这一前提就是，人是追求"发财致富"的动物。西方哲学中一般把人的本质定义为"有理性的存在者"。然而，在资本主义制度背后所隐藏的价值逻辑，却不是"理性"，相反，是人的"欲望"。发财致富的目的就是满足欲望。这样一来，如果把"发财致富"看作是绝对合法的，那就等于把"欲望"作为人的最高本质，而不是传统西方哲学所宣扬的"理性"。马克思看到，在资本主义制度后面隐藏的，是资本家赤裸裸的欲望。正是这一对人性的理解，奠定了资本主义制度，并且在这一制度的基础上又衍生出来国民经济学。因此，马克思认为，要批判这种制度和为它辩护的经济学，就必须要颠覆它的人性论前提。

费尔巴哈在论及人的问题时，尽管也谈到了人具有类本质，但他认为"如果人的本质就是人所认为的至高本质，那么，在实践上，最高的和首要的基则，也必须是人对人的爱"①。马克思与费尔巴哈的观点有根本的不同，他指出人的本质是"类本质"，但绝不是费尔巴哈所说的类本质，更不是资产阶级哲学家所说的抽象人性论意义上的类本质，而是"一切社会关系的总和"。所以，马克思重新确立了"社会关系的总和"这一本质。但是，"社会关系的总和"没有提及人的本质的具体规定究竟是什么。实际上，马克思认为，人的本质应该是"类本质"和"自然性"的和解。这种和解应该被放在"社会关系"中来理解，而不能抽象地理解。西方历来宣扬人性的"自由"。马克思也同样主张"自由和解放"，但是他所说的自由和解放，是指人类摆脱单纯受制于"欲望"，而使自然性被纳入理性的统摄下，从而实现自然性（欲望）和类本质（理性）的和解。也就是说，在生产关系中，人类既需要满足物质欲望（没有物质欲望就没有人类的生存，因此欲望是不能被否定的，关键问题在于，应该以怎样的方式满足欲望，这就需要"理性"），又需要使自己的行为符合理性。在黑格尔看来，人可以用理性和精神来控制自己的言行和肉体，从而达到自由。一个自由的人是"能够使其自然的情绪、非理性的欲望、纯粹的物质利益服从于其理性的、

---

① [德]路德维希·费尔巴哈：《费尔巴哈哲学著作选集》（下卷），荣震华、王太庆、刘磊译，北京：生活·读书·新知三联书店，1962年，第315页。

精神的自我所提出的更高要求的人"①。这样，在一种社会关系中，人们能
够既满足欲望，又使行为符合理性。那么这种社会关系应该是怎样的？马
克思给出的答案是：公有制。这样一来，人的本质就不再是以资产阶级的
"欲望"为主导，而是以"欲望"和"理性"的和解为主导。这是马克思所
确立的人的本质。正是基于这一本质，马克思开辟了一种全新的经济学。

　　由此可见，经济学所隐含的价值观，对于引导一种经济活动及其制度
建设是至关重要的。资本主义要发展经济，社会主义也要发展经济。那么，
这两种经济活动的本质区别在哪里？在于两种经济背后所隐含的"价值
观"，或具体说，是与人性的价值观直接相关的。这样，我们在确立一种
经济制度的时候，就需要马克思所提供的人性论基础作为其价值观先导，
否则，社会主义经济及其制度就无法和资本主义经济及其制度区别开来。
说到底，这是由两种经济制度背后价值观的本质性区别所决定的。

4.　"人类的自由和解放"的经济基础

　　马克思通过对资产阶级经济学价值观的批判，探讨了共产主义之所以
可能的经济基础。共产主义本身首先是一种价值观。但人们在理解共产主
义的时候，首先想到的是一种社会形态，而后是一种公有制的经济制度。
实际上，这种社会形态和经济制度，在更高的层面上是一种"价值观"的
实现。马克思为共产主义所奠定的价值观就是"人类的自由和解放"。可
以说，"自由"是共产主义的最高价值观基础。反过来，这种自由和解放
的价值观，不是停留在人们头脑中的"观念"，而是要落实在"现实的人"
的生产实践活动中，即落实在人们的生产关系中。马克思认为，实现人类
的自由和解放，这看上去是一个"政治问题"，但进一步看，其实质是一
个"经济问题"。马克思在很早的时候就发现了这一秘密。因此，他对资
本主义的批判，很快就从"政治的批判"转向了"经济的批判"，从而把
"人类的自由和解放"这一价值观落实在经济基础之上。

　　人类的自由和解放，简单地说，就是超越物质财富对人类的束缚。资
本主义制度的缺陷就在于，它把人变成了"非人"。也就是说，资本主义
制度是"教人发财致富"的，但仅仅是让一部分人发财致富了。而且，这
一部分人的发财致富是建立在对另一部分人的剥削、使另一部分人贫穷的

---

　　① ［美］E. 博登海默：《法理学：法律哲学与法律方法》，邓正来译，北京：中国政法大学出版社，
2017年，第90页。

制度基础上。因此，仅仅满足资本家的欲望，就违背了"理性"的法则。但恰恰是"理性"决定了人类的自由本性。人之所以区别于动物，是因为人是有理性的，马克思称人为"有意识的存在物"[①]。动物则没有理性，仅仅是"欲望"的存在。这样一来，人类的自由和解放，就必须在人类的经济关系中去寻找。建立一种经济关系或生产关系，从而使人类不再受制于这种制度之下的"物"的支配和奴役，才有自由和解放。这就是共产主义的终极价值。

再进一步说，自由和解放就是消灭异化劳动，消灭分工，消灭资本，消灭阶级，消灭国家，消灭商品，等等。人类的自由和解放是通过上述一系列经济制度的规定来实现的。这些规定在马克思看来都是应该被废除的东西。正是因为这些规定，人类进入了"以物的依赖性为基础的人的独立性"[②]阶段。也就是说，在资本主义制度之下，人和人之间看起来具有"独立性"，因为每个人都有自己的私有财产，即每个人都有自己的利益，每个人都是独立的。但是，马克思看到，这种独立并没有在根本上使人成为自由的。我们可以把这种独立性称为"虚假独立性"。"个人自由只是对那些在统治阶级范围内发展的个人来说是存在的"[③]，而这种冒充的共同体"总是相对于各个人而独立的；由于这种共同体是一个阶级反对另一个阶级的联合，因此对于被统治的阶级来说，它不仅是完全虚幻的共同体，而且是新的桎梏"[④]。因为，此一"独立性"是建立在"物的依赖性"这一基础之上的。这也就意味着，在资本主义制度之下人的独立性是以"物的依赖性"为前提的，因而不是真正的独立性。那么，真正的独立性应该是怎样的？应该是摆脱"物的依赖性"。摆脱"物的依赖性"的状态，马克思称之为"自由人的联合"。

经济基础是指生产方式，这是自由和解放这一价值观的现实基础。经济基础和自由解放是两个相对项。一方面，经济基础必然是以某种价值观作为先导的。经济基础总是包含着某种价值观，不存在没有价值观的经济基础。比如，封建自然农业经济的价值观是建立在宗法观念基础上的"伦理"价值观。资本主义经济的价值观是建立在资产阶级法权基础上的欲望。因此，一种经济基础的本质是在它所包含的价值观中确立起来的。另一方

---

① 《马克思恩格斯文集》（第 1 卷），北京：人民出版社，2009 年，第 162 页。
② 《马克思恩格斯文集》（第 8 卷），北京：人民出版社，2009 年，第 52 页。
③ 《马克思恩格斯文集》（第 1 卷），北京：人民出版社，2009 年，第 571 页。
④ 《马克思恩格斯文集》（第 1 卷），北京：人民出版社，2009 年，第 571 页。

面，自由和解放必然要落实在经济基础之上。离开经济基础，就谈不上自由和解放，这是历史唯物主义最为重要的原理，是马克思的重大发现。马克思批判前此以往的哲学的重要贡献在于，他把人类的自由和解放放在了经济基础之上来理解，而不是放在宗教中来理解，更不是放在"哲学"中来理解。因此，马克思很早就在《〈黑格尔法哲学批判〉导言》中宣称，"不使哲学成为现实，就不能够消灭哲学"①。人们现实生活世界的自由和解放单纯依靠哲学是不够的，必须把哲学所确立的价值理想，落实在现实的生产关系即经济基础之上。这是历史唯物主义的一条基本原则，也是马克思区别于以往哲学家的根本所在。

因此，马克思的政治经济学是建立在人类自由和解放这一价值观基础之上的。所以，对于社会主义国家来说，其经济活动的性质是由社会主义制度所决定的。但社会主义制度又是由它的价值观所决定的。因此，社会主义国家的经济活动及其制度规范，就必须以马克思的人类的自由和解放作为其价值观先导，否则，就无法区分资本主义经济和社会主义经济。在今天发展中国特色社会主义经济的时候，以及对经济体制进行改革的时候，或者对经济进行治理的时候，我们都需要首先确立马克思主义的共产主义价值观先导，这样才能引导经济治理符合社会主义方向。

三、中国特色社会主义经济观

中国特色社会主义经济首先是社会主义经济制度，是以公有制为主体、多种所有制经济共同发展的社会主义经济制度。这是中国特色社会主义经济制度的根本性质。在此基础上，在社会主义初级阶段，实行社会主义市场经济体制。由于这种经济制度是处在社会主义"初级阶段"的制度，因此，它和马克思所提出的共产主义社会高级阶段的经济制度显然有所不同。这就决定了中国特色社会主义经济观的复杂性。怎样看待中国特色社会主义初级阶段的经济性质及其制度，是一个十分复杂的问题。以下分别从"共建共享"的新发展观、"多种经济成分"的中国特色社会主义经济观和"社会主义市场经济"的特有规定几个方面来加以分析。

---

① 《马克思恩格斯文集》（第1卷），北京：人民出版社，2009年，第10页。

1. "共建共享"的新发展观

经济观是和发展观联系在一起的。马克思认为: "物质生活的生产方式制约着整个社会生活、政治生活和精神生活的过程。"[①]经济活动是为了发展, 而发展是为了推进中国社会主义建设, 中国社会主义建设是为了最终实现共产主义, 共产主义说到底是为了实现人的自由和解放, "任何解放都是使人的世界即各种关系回归于人自身"[②]。所以, 最终要回到人性观。由此我们看到, 经济观是由发展观所决定的, 而发展观又是由人性观所决定的。前文已经对马克思主义的人性观做了说明, 这里不再赘述, 只从发展观入手来讨论经济观。

经济观就是人们对经济活动及其制度的根本态度和根本看法。因此, 经济观是价值观在经济活动中的表现形态。也就是说, 经济观也是一种价值观。价值观可以说是最为抽象的范畴, 它总是要落实在具体的行为中, 进而形成以该行为命名的"观"。比如, 价值观落实在经济领域, 就形成了"经济观"; 落实在政治领域, 就形成了"政治观"; 落实在艺术领域, 就形成了"艺术观"; 等等。同样, "发展"本身也是一种价值观。什么是发展? 发展显然是一个"向量"概念, 也就是说, 发展是有方向的。当我们确定一个方向之后, 就会把趋向于该方向的活动, 看作是"发展"; 相反, 把"背离"这一方向的活动看作是"倒退"。因此, 在评价历史的时候, 就有历史发展和历史倒退两种观点。所以, "发展"是一个具有方向性的"向量"概念。于是, 什么是发展? 就取决于"方向"。中国社会主义建设的目标, 是实现共产主义, 也就是人类的自由和解放。因此, 从根本上说, 一切有利于社会主义建设, 有利于实现共产主义和人类自由解放的行为, 就是"发展"。经济活动作为发展的一个特殊活动, 一般也是发展中最基础的活动, 因为经济是"基础"。所以, 讨论经济观的时候, 我们就要确定"发展观", 以便用这一"发展观"来衡量和确定"经济观"。

我们以往的观点是, 直接把生产力的提高看作是"发展", 并且生产力的提高是经济增长的核心。在我们日常的思维方式中, 讨论社会的发展进步问题, 一般就是指讨论经济发展的指标和增长。所以, 长期以来, 人们形成了一个思维定式, 即把国内生产总值(gross domestic product, GDP)

---

①《马克思恩格斯文集》(第 2 卷), 北京: 人民出版社, 2009 年, 第 591 页。

②《马克思恩格斯文集》(第 1 卷), 北京: 人民出版社, 2009 年, 第 46 页。

这一经济指标作为发展最核心的指标。提到某一地区的发展情况，总要以GDP 作为依据来评价。GDP 水平较高的地区，就是发展较快的地区。相反，GDP 水平较低的就是发展较慢的地区。然而，这一指标是否是"发展"的全部评价指标？显然不是。因为 GDP 是指国内生产总值，这是一个经济总量的问题。同时还伴有另外一个问题，就是这些经济总量在进行社会分配的时候，是否是越来越"公平正义"？罗尔斯在《正义论》中指出，"对我们来说，正义的主要问题是社会的基本结构，或更准确地说，是社会主要制度分配基本权利和义务，决定由社会合作产生的利益之划分的方式"①。在评价社会发展进步的时候，一般容易忽略把"公平正义"的水平作为评价社会发展的指标。因此，在中国特色社会主义的发展观中，我们必须打破以往单纯以 GDP 作为发展指标的观念，而是要把社会产品的分配是否符合"公平正义"同样作为评价社会发展的指标。这是社会主义题中应有之义。因为，资本主义会把 GDP 作为社会发展的指标，如果社会主义也把GDP 作为发展指标，且是唯一指标，那么就无法区分资本主义和社会主义。相反，只有在"如何分配"的问题上，即分配形式上，才能把资本主义和社会主义区别开来。因此，把资本主义和社会主义区别开来的指标，一个是产品归谁占有，即生产资料所有制问题；另一个则是产品如何分配的问题。这样，在中国特色社会主义发展观中，就应该把公平正义引入社会发展的评价指标体系中。这是社会主义区别于资本主义的根本指标。

如何才能实现经济活动中的公平正义，这是发展观和经济观的核心指标。从经济观看，一种经济活动要有利于发展，才是合理的经济活动。发展包含公平正义的价值尺度，因此，经济活动就需要实现公平正义这一价值观。所以，经济观自然也就包含着公平正义这一价值尺度。这就决定，我们不再如资本主义那样，仅仅把经济活动看作是"发财致富"的手段，也把经济活动看作是有利于实现公平正义的活动。因为，公平正义才是社会主义区别于资本主义的根本价值尺度。那么，怎样才能实现公平正义呢？这就是"共建共享"的新发展观。中国特色社会主义是社会主义，每一个成员都是"社会主义建设者和接班人"，都是经济建设的"主体"。也就是说，中国特色社会主义是由广大人民群众共同建设的，而不是由一部分人建设的。实际上，这在经济活动中就表现为谁是经济主体，谁是生产资

① [美]约翰·罗尔斯：《正义论》，何怀宏、何包钢、廖申白译，北京：中国社会科学出版社，1988年，第 5 页。

料占有者，谁是产品的占有者的问题。在社会主义国家中，人民是建设主体，因而也是经济建设的主人。这就是"共建"。"共享"是指分配领域的问题。如果说"共建"是生产领域的价值观，那么"共享"就是分配领域的价值观。社会主义社会的产品分配，应该坚持公平正义的原则，也就是每个个体都应该平等地享受社会产品。当然，这里需要说明的是，由于我国社会主义处在初级阶段，还存在着多种经济成分，因此分配方式不可能完全一致，还存在着多种分配方式。这就决定了"共享"还不可能完全按照同一个分配方式来实现，而只能在不同的分配方式中来实现。而且，社会主义初级阶段还不能完全实现计划经济，也就不能实现"按需分配"，只能"按劳分配"。所以，"共享"仍然是包含着一定程度"差别"的共享，而不是绝对平均的共享。

正因为如此，"共建共享"作为社会主义初级阶段的发展观，在经济领域里就体现为社会主义建设主体和社会产品分配两个方面。一方面要把公平正义作为价值观先导，引入社会建设主体中，实现"共建"；另一方面要把公平正义引入"共享"的发展理念中。"共享"是一种社会产品分配中所应该坚持的价值观，以此为价值观先导来确立经济观和发展观，才符合社会主义建设的根本目标。

2. "多种经济成分"的中国特色社会主义经济观

中国特色社会主义经济观的最大现实基础是社会主义市场经济。社会主义市场经济体制是在原有的计划经济体制的基础上，在尊重中国特色社会主义初级阶段基本国情的基础上，探索出来的一项具有中国特色的经济体制。因此，在社会主义市场经济体制之下，经济成分就包括多种，如国有经济、民营经济、外资经济、中外混合经济等多种经济成分，这些经济成分共同构成了市场主体。这种"多种经济成分"共同构成的经济体，它们所具有的共同经济观就是中国特色社会主义经济观，而怎样看待这种经济体就成为中国特色社会主义经济观的核心问题。

实际上，中国特色社会主义市场经济条件下的多种经济成分并存也有一定的理论基础。列宁曾经就在社会主义国家政权建立后，把部分资本主义经济成分纳入社会主义经济体系中，"领导广大民众即农民、小资产阶级和半无产者来'调整'社会主义经济"[①]，来支撑社会主义经济建设。这

---

① 《列宁全集》（第31卷），北京：人民出版社，1985年，第24页。

样做的理论基础在于，社会主义经济制度刚刚建立，还不可能达到完全的计划经济，因此，对于原有的资本主义性质的或小资产阶级性质的经济成分，就需要加以"社会主义改造"，继续发挥这一经济成分的积极作用，来补充社会主义经济体系。这一经验是由列宁率先开创的。中国现在仍处于社会主义初级阶段，同样存在这一问题。因此，在生产力相对落后的情况下，如何整合各种经济成分共同为社会主义经济建设服务，就成为一项重要的创新举措。它所面临的问题是：社会主义按照马克思的设想，应该分为"低级阶段"和"高级阶段"，并且只有在"高级阶段"才能完全采用计划经济。但在此之前，还没有一个成熟的经济体制可供参考。正是在这个意义上，马克思和列宁都提出了"过渡时期"的理论。马克思在《哥达纲领批判》中明确指出，"在资本主义社会和共产主义社会之间，有一个从前者变为后者的革命转变时期。同这个时期相适应的也有一个政治上的过渡时期，这个时期的国家只能是无产阶级的革命专政"[1]。列宁在《无产阶级专政时代的经济和政治》中也指出，"在资本主义和共产主义之间有一个过渡时期，这在理论上是毫无疑义的"[2]。该理论的核心要义在于，在达到共产主义高级阶段之前，社会主义社会是处在一个"过渡时期"，在这一"过渡时期"不可能完全采取计划经济体制，因此必须充分利用其他的经济体制来实现建设社会主义的目的，最终为实现共产主义"高级阶段"做准备。

3. "社会主义市场经济"的特有规定

按照上述思路，1979 年，邓小平提出："说市场经济只存在于资本主义社会，只有资本主义市场经济，肯定是不正确的，社会主义为什么不可以搞市场经济？这个不能说是资本主义，我们是计划经济为主，也结合市场经济，但这是社会主义的市场经济。"[3]这是在"过渡时期"怎样建设社会主义、怎样发展社会主义经济的一次重大创举。该创举是马克思主义中国化的一次理论创新并开启了实践创新。怎样建设初级阶段的社会主义，是一项前无古人的事业，是有待进一步探索的事业。正是在这一背景下，邓小平理论提出了社会主义初级阶段这一定位，在此基础上，还进一步提

---

① 《马克思恩格斯文集》（第 3 卷），北京：人民出版社，2009 年，第 445 页。

② 《列宁专题文集·论社会主义》，北京：人民出版社，2009 年，第 154 页。

③ 中共中央文献研究室科研管理部：《改革开放三十年研究文集》，北京：中央文献出版社，2009 年，第 465 页。

出了建设社会主义市场经济的重大举措。但此时面临的理论问题是：社会主义是否应该采用市场经济？市场经济是不是改变了中国的社会主义性质？究竟什么是社会主义？中国实行社会主义市场经济，是不是"补资本主义的课"？与此相关的更为严重的问题是：马克思主义是否已经过时？马克思当年所说的"跨越卡夫丁峡谷"是否不成立？没有经历过资本主义社会形态，是否无法进入社会主义社会？是否可以"不经受资本主义生产的可怕的波折而占有它的一切积极的成果"？①等等。这其中还涉及"经济观"的问题。如果我们采用社会主义市场经济，这是否是恢复了资本主义的"经济观"？市场经济和多种经济成分的出现，是否说明中国持有资本主义的"经济观"？显然，如果不能对社会主义市场经济体制的根本性质论证清楚，不能对"多种经济成分并存"的社会主义经济性质论证清楚，那么就无法建立社会主义"经济观"。

面对上述理论困惑，邓小平理论做出了重大回应："贫穷不是社会主义，更不是共产主义。""计划经济不等于社会主义，资本主义也有计划；市场经济不等于资本主义，社会主义也有市场。计划和市场都是经济手段。""社会主义的目的就是要全国人民共同富裕，不是两极分化。"正是这一系列的重大政治判断，回答了上述一系列理论困惑，从而建构了中国特色社会主义经济观。以上三个重大论断，需要分别加以阐明。

"贫穷不是社会主义，更不是共产主义。"②这一论断首先明确了，社会主义应该发展经济，提高生产力。以往认为，资本主义是追求物质财富的，社会主义似乎不应该追求物质财富。这一观点是错误的。虽然资本主义是以追求财富为最终目的，社会主义不以追求物质财富为最终目的，但是社会主义也不应该"贫穷"。因此，这一论断奠定了中国特色社会主义"以经济建设为中心"的基础。这样，从经济观上看，社会主义的经济活动不是为了无限追求财富，而是为了解决贫穷问题。进一步说，经济活动应该以提高广大人民群众的物质生活水平为目标，而不是以追求财富为目标。正是在这个意义上，同样是追求物质财富的经济活动，社会主义和资本主义却存在根本差别：资本主义是以剥削的方式占有无产阶级创造的剩余价值，追求物质财富；而社会主义的经济则是为了提高广大人民的物质生活水平。这是经济观上的第一个差别。

①《马克思恩格斯文集》（第3卷），北京：人民出版社，2009年，第571页。
②《邓小平文选》（第3卷），北京：人民出版社，1993年，第64页。

　　"计划经济不等于社会主义,资本主义也有计划;市场经济不等于资本主义,社会主义也有市场。计划和市场都是经济手段。"①这一论断明确提出了"社会主义市场经济体制,并不改变社会主义的根本性质"。这就为社会主义市场经济体制的确立,奠定了理论基础。以往的观点认为,市场经济是资本主义所特有的,因而把市场经济直接等同于资本主义制度。邓小平理论则进行了明确区分:市场经济是发展经济的"手段",不同于社会制度的"目的"。社会主义制度和资本主义制度本质上是人类社会发展的两个不同"目的"或"性质",而计划经济体制和市场经济体制只是这两种社会根本制度之下的"手段"。这一对市场经济的"手段"定位,就明确把市场经济和资本主义分割开来,两者不具有必然的联系。同时,也为把市场经济和社会主义联系起来创造了可能。这表明,市场经济本身并不存在社会性质的问题,作为"手段",它本身是"价值中立"的。比如,自然科学就是"手段",就像我们不能区分"资本主义物理学"和"社会主义物理学"一样。因此,市场经济和计划经济都是发展经济的"手段",而不是发展经济的"目的"。这就为建设社会主义市场经济提供了理论依据。因此,从经济观上看,市场经济如果是为了提高广大人民的物质生活水平,增加广大人民的物质生活资料,是为了"人民"而不是为了少数"资本家",那么市场经济就成了社会主义的手段。因此,关键取决于市场经济的"目的"是什么,而"目的"则是由社会根本性质所规定,并不是由市场经济本身所规定。邓小平指出:"要害是姓'资'还是姓'社'的问题。判断的标准,应该主要看是否有利于发展社会主义社会的生产力,是否有利于增强社会主义国家的综合国力,是否有利于提高人民的生活水平。"②由此我们可以得出结论:只要为了广大人民的利益,市场经济就具有社会主义性质。因此,市场经济就构成了中国特色社会主义经济观的重要组成部分,不能把市场经济视为资本主义的经济观。

　　"社会主义的目的就是要全国人民共同富裕,不是两极分化。"③这一论断也是中国特色社会主义经济观的重要内容。资本主义发展经济是为了少数人即资本家的富裕,因此资本主义制度不能保证"共同富裕"。相反,资本主义制度必然导致贫富两极分化。因为,资本逻辑的一个根本特征就

---

①《邓小平文选》(第3卷),北京:人民出版社,1993年,第373页。
②《邓小平文选》(第3卷),北京:人民出版社,1993年,第372页。
③《邓小平文选》(第3卷),北京:人民出版社,1993年,第110—111页。

是，"资本增长得越迅速，工人阶级的就业手段即生活资料就相对地缩减得越厉害"[①]，资本越来越增值，而无产阶级越来越贫穷，以至于产生经济危机，无产阶级无法生存下去。这一点马克思分析得十分清楚，不再赘述。资本主义经济制度是制造两极分化的，而社会主义经济制度的目的则完全相反，是实现全体人民共同富裕。因此，邓小平理论指出，如果社会主义搞市场经济的结果是导致两极分化，那就不是社会主义。因此，"共同富裕"就构成了社会主义经济观的题中应有之义。

以上三个例子充分说明了中国特色社会主义经济观的价值导向。这些观点都是围绕着社会主义经济建设提出来的，因此，在中国特色社会主义经济建设中，就必须在各个领域的经济活动中，以及关于经济体制的改革中贯彻上述经济观作为价值观引导，从而保证中国特色社会主义经济的根本性质。以下进一步从价值观先导角度来理解中国特色社会主义经济观。

四、价值观先导在经济领域中的具体表现

价值观先导在经济领域有诸多表现，甚至全部经济领域都应该自觉地贯彻社会主义的经济观。因此，为了避免偏离中国特色社会主义经济发展的社会主义方向，就需要在一些重要领域和重要问题上特别注重价值观先导作用的发挥，从而保证社会主义经济建设的正确方向。

1. 贫富的相对差距与共同富裕的理想

贫富问题是经济活动的结果，经济活动的直接目的则是增加财富。一方面，是否应该增加财富的问题包含价值观的问题。人类社会应该追求财富的增加，但是马克思的终极目的却不是增加财富。在马克思看来，增加财富只是为实现人类的自由和解放奠定物质基础。或者说，经济活动只是人类实现自由和解放的重要领域。因此，在绝对的意义上，马克思的共产主义的价值观虽然是实现人类的自由和解放，但绝不是说，只有增加财富才是自由和解放。也就是说，不能把增加财富和人类的自由和解放直接等同起来。充其量，增加财富仅仅是实现自由和解放的外在条件，而且是必

---

①《马克思恩格斯文集》（第1卷），北京：人民出版社，2009年，第742—743页。

要条件而不是充分条件。相反，对于资本主义来说，增加财富构成了资本主义制度的"终极目的"。因为，资本主义制度并不是以人类的自由和解放为目的，而是以资本家的发财致富为目的。另一方面，财富的分配问题中涉及了价值观。财富如何分配，才有利于实现人类的自由和解放？这涉及经济领域的价值观问题。英国学者威廉·汤普逊明确提出，"分配财富的目的和用劳动来生产财富的目的一样，就是借此尽可能地给那个生产财富的社会以最大量幸福，也就是给以最大量的感官的或者道德的或者知识上的快乐"[①]。马克思认为，资本主义的财富分配是以"资本家无偿占有工人创造的剩余价值"的方式分配的。这种分配从结果上看，是贫富分化；从程序上看，是违背公平正义价值观的。因此，社会主义的分配问题，其价值观指向的目的是"共同富裕"。前文已经指出，社会主义增加财富的目的是让广大人民提高生活质量。因此，"共同富裕"是广大人民的共同富裕，这是经济价值观的核心要素，也就是"为了谁"的问题。经济发展为了谁？是为了资本家，还是为了人民？显然，社会主义增加财富是为了人民，这就保证了社会主义增加财富的价值观方向是人民的利益。此外，"共同富裕"体现的是分配中的公平正义。党的十九大报告指出，"我国社会主要矛盾已经转化为人民日益增长的美好生活需要和不平衡不充分的发展之间的矛盾"[②]，其中，"美好生活"要求我们解决"共同富裕"的问题。美好生活应该包含"生活富裕"，也应该包含分配的公平正义，或者说是共享发展。《共产党宣言》中提出，"代替那存在着阶级和阶级对立的资产阶级旧社会的，将是这样一个联合体，在那里，每个人的自由发展是一切人的自由发展的条件"[③]。"共同富裕"就是减少个体之间财富收入的差距，从而达到共同富裕。然而，在社会主义初级阶段，还不能完全彻底地达到共同富裕。"共同富裕"作为一种价值观的指向，在现实中取得的效果与这一理念所要求的目标还存在着一定的差距，这就要求我们建立另外一种经济价值观。

　　社会主义反对贫富差距，但是社会主义也不能在短时间内立即完全消除贫富差距，在一定程度上还必然存在着贫富差距的问题。这就需要我们

　　① ［英］威廉·汤普逊：《最能促进人类幸福的财富分配原理的研究》，何慕李译，北京：商务印书馆，2009 年，第 27 页。

　　② 习近平：《决胜全面建成小康社会 夺取新时代中国特色社会主义伟大胜利——在中国共产党第十九次全国代表大会上的报告》，北京：人民出版社，2017 年，第 11 页。

　　③《马克思恩格斯文集》（第 2 卷），北京：人民出版社，2009 年，第 53 页。

在价值观上形成正确的导向。因为很多人可能把实现"共同富裕"看作是理所当然的事情,而不明白"共同富裕"是一个历史的发展过程,就会导致这样的结果:当人们看到社会中存在一定程度的贫富差距的时候,就会产生对社会主义制度的否定和质疑,就会批判社会主义制度的不公平、不正义。因此,用完全的"共同富裕"要求来评价社会主义经济制度,会导致人们对社会主义制度的不满。正是因为这一点,对广大人民进行"共同富裕"价值观的先导就十分重要。这就要求人民树立一种"历史的、时代的"观点来看待贫富差距和共同富裕。社会主义初级阶段还不可能完全实现共同富裕,在一定程度上存在贫富差距是应该被接受的事实,我们不应该因此否定和质疑社会主义。因此,树立一种"有限共同富裕"的经济观,以此作为价值观先导就显得十分重要。这一"有限共同富裕"的价值观先导,是社会主义经济观题中应有之义。从国家的角度看,实现完全的"共同富裕"是终极目标,即马克思所说的共产主义社会的高级阶段的目标,这是国家带领广大人民共同努力的目标。我们既要在理想中确立"共同富裕"的价值导向,还要在现实中接受"有限共同富裕"的价值观先导。这才是中国特色社会主义经济观的根本特征所在。

2. 从"GDP优先"向"共享优先"的转化

GDP是衡量经济增长的最为基本的指标。改革开放以来,中国经济的发展也基本上以增加GDP为目标。经过40多年的发展,中国已经跃升为世界第二大经济体。把GDP作为经济增长的评价指标,发挥了重要作用。但是,这里不仅涉及怎样看待GDP的问题,也涉及价值观的问题。改革开放初期,从解决温饱问题出发,提高生产力和综合国力,以GDP作为评价经济增长的核心指标是没有问题的。经济价值观的存在是随着社会历史的变化而变化的,这也体现了价值观的历史性。比如,马克思讲,奴隶制在奴隶社会时期是那个时代的选择,因而是符合那个时代的最好的社会制度。同样,资本主义制度在提高人类生产力方面也做出了贡献。"资产阶级在它的不到一百年的阶级统治中所创造的生产力,比过去一切世代创造的全部生产力还要多,还要大。"[①]对于GDP的价值观考察也是如此。在改革开放初期,把GDP作为核心指标是符合特定历史条件下社会发展的客观规律的。

---

① 《马克思恩格斯文集》(第2卷),北京:人民出版社,2009年,第36页。

　　就 GDP 本身的经济学内涵来说，它所表明的不过就是人类创造财富的能力，而这种能力是依靠"量化"的方法得到确定的。GDP 是指某一个时期内，社会产品最终在市场上通过交换而体现出来的总价值。因而，是一种可以被量化的经济指标。这样，在 GDP 的计算中，就是以交换价值的"量"来计算的，而不是以经济增长的"质"来计算的。如果把以"量"来计算的 GDP 作为经济发展的评价指标，就价值观来说这显然是把经济增长的"数量"作为核心目标，相对就把"质"排在了第二位，甚至是忽略了"质"。这表明这一时期经济发展的结果是最为重要的，至于采取怎样的经济发展模式，或者关于经济发展的质量问题，并没有给予更多的考虑。这样，我们就单纯地把生产力及其创造的财富的数量当作社会发展的根本目标了。在这种情况下，对于经济增长的"内涵"没有给予更多的考虑，也没有对人的其他需要给予更多的考虑。比如，可能是采取粗放型的发展模式，通过消耗大量的能源和破坏生态环境的方式，以及使用廉价劳动力的方式，提高了 GDP 的数量。这种单纯以 GDP 的量化的方式来衡量经济增长的方式，在价值观上存在诸多问题。比如，人们对美好生态环境的需要，因为对 GDP 的追求可能伴随着自然生态被破坏而无法得到满足。也可能是采取了不择手段的方式，采取了其他各种不道义的方式，甚至是破坏市场公平正义的方式实现 GDP 的增长，但却带来了一系列的负面效应，如对社会道德诚信的破坏，对市场良性竞争机制的破坏，等等。只要能够有利于 GDP 的增长，其他方面就不予考虑。阿马蒂亚·森认为："发展可以看做是扩展人们享有的真实自由的一个过程。聚焦于人类自由的发展观与更狭隘的发展观形成了鲜明的对照。狭隘的发展观包括发展就是国民生产总值（GNP）增长、个人收入提高、工业化、技术进步或社会现代化等等的观点……但是自由同时还依赖于其他决定因素，诸如社会的和经济的安排（例如教育和保健设施），以及政治的和公民的权利（例如参与公共讨论和检视的自由）。"[①]因此，这种单纯以 GDP 来评价经济增长的做法，至少在价值观上是单一的，因为它只把财富的数量作为目标，而忽略了其他领域的价值。

　　正是因为上述单纯以 GDP 作为经济增长评价指标存在一系列问题，十八大以来，国家提出了"不以 GDP 论英雄""创新驱动发展""产业转型

---

　　① [印]阿马蒂亚·森：《以自由看待发展》，任赜、于真译，北京：中国人民大学出版社，2012年，第1页。

升级"等一系列新的经济增长范畴。尤其是,提出了不能单纯以 GDP 的数量来衡量经济增长,而且越来越关注经济增长的"质",同时更关注如何分配社会产品的问题。这些表明,评价经济的指标,已经逐渐走出单一的 GDP 模式,还包括经济增长的质量和"共享发展"的理念。从经济价值观看,这实现了从"GDP 优先"向"共享优先"的转变。对于中国特色社会主义经济的问题来说,当其经济数量发展到一定程度的时候,就不能再仅仅关注经济增长的数量,还应该关注经济增长的质量。因为,经济增长的质量是和人们的生活水平紧密相关的。单纯的经济数量的增长并不能直接等同于生活水平的提高。恩格斯在《反杜林论》中认为,"旧的生产方式必须彻底变革,特别是旧的分工必须消灭"[①],"造就全面发展的一代生产者"[②]。正如马克思的观点,经济活动的最终目的是要实现人类的自由和解放,因此,GDP 的增长并非人类自由和解放的充分条件。正是在这个意义上,当代经济观应该超越"以 GDP 论英雄"的价值观,把"共享发展"作为价值观先导,以此确立评价经济增长的指标体系。

3. 共享发展理念对理性经济人的超越

从亚当·斯密开始,西方把经济学的前提假定为"理性经济人"。斯密认为,"我们每天所需的食物和饮料,不是出自屠户、酿酒家或烙面师的恩惠,而是出于他们自利的打算"[③]。人是有理性的动物,在此基础上又追加了一个"经济"。这样,在经济学中就把"理性经济人"作为全部经济学演绎的前提。这一假定表明,人是自私的,因而会追求自己的私利。为了摆脱人们在追求私利中发生冲突,又不得不采用"理性"来对人们的经济行为加以规范。但是,无论怎样使用理性加以规范,经济最终的目的都是追求私利,正如马克思所说,"人们为之奋斗的一切,都同他们的利益有关"[④],"每个人生来首先和主要关心自己"[⑤]。这样一来,经济学就变成了人们在追求私利的时候,又不得不服从理性的秩序而形成的"经济规律"。所以,古典经济学就是马克思所说的关于"教人发财致富"的"经

---

① 《马克思恩格斯文集》(第 9 卷),北京:人民出版社,2009 年,第 310 页。

② 《马克思恩格斯文集》(第 9 卷),北京:人民出版社,2009 年,第 313 页。

③ [英]亚当·斯密:《国民财富的性质和原因的研究》(上卷),郭大力、王亚南译,北京:商务印书馆,2014 年,第 16 页。

④ 《马克思恩格斯全集》(第 1 卷),北京:人民出版社,1995 年,第 187 页。

⑤ [英]亚当·斯密:《道德情操论》,蒋自强等译,北京:商务印书馆,2009 年,第 102 页。

济规律"的学问。在这之中，理性是用于"计算"的，即把各种经济关系通过量化的方式加以计算。为了方便计算，必须把经济运行中的规律分析出来，以便按照经济规律来加以计算。这样，在经济活动中，人就成为追求利益并为之计算的理性人。在这之中，道德和情感等因素被排除在外，人和人之间形成了"功利关系"，即人和人之间变成了物质利益的交换关系。这就是马克思在《共产党宣言》中所说的，人与人之间的关系"变成了纯粹的金钱关系"①。这是理性经济人假定之于西方经济学的含义。

然而，对于社会主义国家来说，经济活动显然应该超越这种"理性经济人"的假定，把人看作"人"。因此，在经济活动中，应该把经济关系从功利关系中超拔出来，转化为人与人之间的"人"的关系。要做到这一点，马克思认为只有通过公有制经济制度的建立。在中国特色社会主义阶段，需要通过"共享发展"理念实现。

"共享发展"是中国特色社会主义经济观的一个根本特征。这一发展理念表明，社会主义国家的经济发展成果属于全体人民，经济发展的效益归全体人民所有。这是由社会主义制度所决定的。诚然，改革开放以来，在市场经济条件下产生了贫富差距，这是客观存在的，不需否认。但是，消灭贫富差距才真正体现了社会主义经济制度的根本性质。所以，"共享发展"是中国特色社会主义经济制度固有的内在规定。"不患寡而患不均"②，因此，在中国特色社会主义经济制度中，一方面采取"各尽所能，按劳分配"的分配原则；另一方面国家通过税收、社会保障等各种宏观调控的办法，尽可能地缩小收入分配的差距。公平正义也自然地被纳入对经济秩序和经济生活的评价中。罗尔斯在《正义论》中认为，"正义是社会制度的首要价值，正象真理是思想体系的首要价值一样"③。一种经济制度如果导致贫富差距的出现且不可避免地无限扩大，这种经济制度就不是好的经济制度。这一点西方经济学一般用"基尼系数"来说明。

社会主义国家当然把公平正义及以此为基础的"共享发展"作为经济观的根本特征，这就超越了西方"理性经济人"的假定。因为，在"共享发展"的经济观之下，经济活动不是使人在贫富差距中失去尊严，相反，是因为实现"共享发展"而使每一个社会成员都获得了尊严。社会主义国

---

① 《马克思恩格斯文集》（第 2 卷），北京：人民出版社，2009 年，第 34 页。

② 刘定一：《论语读本》，天津：天津人民出版社，2018 年，第 239 页。

③ ［美］约翰·罗尔斯：《正义论》，何怀宏、何包钢、廖申白译，北京：中国社会科学出版社，1988 年，第 1 页。

家的公民之间，不是彼此互为经济手段的"工具"关系，而是共同在"共享发展"的经济关系中形成的自由关系。虽然中国特色社会主义还存在多种经济成分并存的现象，但是这些经济成分都是社会主义经济的组成部分，每种经济成分都参与了社会主义经济建设。在这个意义上，每种经济成分都具有社会主义属性。

这里需要强调的观点是：私营经济直接体现为个体所有，但是如果坚持"共享发展"理念，那么这种私营经济就在这一社会主义经济观的基础上，上升为社会主义的性质。也就是说，私营经济的自然属性虽然是个体的经济，但就其社会属性而言，则是社会主义经济体系中的组成部分。因此，这就打破了以往对经济成分与经济制度的关系的传统看法。传统的经济观认为，只要是私人所有的经济，就是资本主义制度的经济体，只有公有制经济才是社会主义制度的经济体。但现在我们提出了经济体"双重属性"的观点，即经济体拥有"自然属性"和"社会属性"。通过这一划分，我们就超越了传统把经济体的自然属性和社会属性混淆导致的种种误解。在这一经济观下，私人经济虽然所有权归私人所有，但是如果这种经济是为社会主义经济建设发挥作用，并参与了社会主义经济建设，那么这种经济的"社会属性"就是社会主义的。因而，在对待经济发展的问题上，我们要超越功利主义的价值观，把"共享发展"作为经济价值观的先导，从而使国家的经济生活既实现了公平正义，也尽可能地消除了贫富差距。

五、"新全球化"中的世界经济价值观

2008年世界金融危机以来，世界经济形势开始发生深刻变化。资本逻辑主导的世界经济体系出现了一系列不确定性因素。20世纪开启的经济全球化遇到了前所未有的挑战，出现了"贸易保护主义"、"单边主义"和"逆全球化"思潮。西方世界对资本主义经济发展道路也提出了质疑，皮凯蒂在《21世纪资本论》中指出，"如今已经是21世纪的第二个10年，那些曾经认为将会消失的贫富差距竟然卷土重来，当前贫富分化程度已经逼近甚至超越了历史高点"[1]。马克思的《资本论》在西方和中国都受到了高度的重视。在这种情况下，马克思主义的经济观如何应对当今世界经济秩

---

[1] [法]托马斯·皮凯蒂：《21世纪资本论》，巴曙松等译，北京：中信出版社，2014年，第485页。

序的新趋势？我们需要怎样的世界经济秩序，怎样对待资本主义经济的新变化？这些都是 21 世纪马克思主义所面临的重大问题。因此，中国特色社会主义经济建设，应该以怎样的世界经济价值观来引导，成为至关重要的问题。

1. "逆全球化"的本质

随着金融资本向纵深发展，资本主义主导的世界经济结构内部固有的矛盾日益凸显。马克思对资本主义进行分析时所指出的资本自身的内在矛盾，在今天以新的形态暴露出来。发展中国家的经济也逐渐得到了自主性发展，资本体系内部的矛盾以金融危机的形式不断在积累。所有这些都导致世界经济结构不断发生新的变化。近年来，出现了"逆全球化"的趋向和态势。

20 世纪末，以世界贸易组织（World Trade Organization，WTO）为平台的资本全球化一度搭建起了基本的世界经济格局。发达资本主义国家和第三世界发展中国家在这一世界贸易体系中形成了一个基本的产业分工。但以布雷顿森林体系为基础，资本逻辑主导着世界经济格局。然而，随着世界各国经济的发展，资本扩张这种全球化趋势逐渐发生变化。尤其是金融资本作为一种虚拟资本，掌控着全世界的产业资本，形成了高度垄断的世界性"帝国经济"。这种高度垄断的帝国经济格局，必然导致世界范围内经济格局内部的矛盾不断显现。金融资本达到它所能够达到的虚拟经济的高度以后，就再也不能进一步维持金融资本所带来的垄断利润。于是，出现了金融危机。金融危机是资本逻辑在世界经济体系发展到高度垄断的情况下所爆发的资本主义内在矛盾。按照马克思的说法，这是资本发展的必然趋势。因此，金融危机的出现，首先对 WTO 运行秩序造成破坏。它使世界贸易无法进一步维持发达资本主义国家资本逻辑所带来的剩余价值，因此，这在根本上必然违背资本的性质。资本的性质就是扩大增值，实现利益最大化。然而，在金融危机的背景下，资本增值的目的无法进一步实现，必然导致对 WTO 的反叛，这即是当今世界以美国为代表的"逆全球化"的实质。

"逆全球化"是以"贸易保护主义"的形式展现出来的。当原有的世界贸易不能满足资本扩张和榨取剩余价值的目的时，资本就不会继续维持原有的世界贸易秩序。原来资本扩张所开辟的全球化格局，就必然会受到挑战。因此，"逆全球化"是资本逻辑自身发展所导致的必然结果。马克思认为，资本是自我毁灭的，"资本主义私有制的丧钟就要响了"[①]，因为资本自身包含着内在固有的矛盾，所以资本的毁灭不是外部的某种力量所导致的，毁灭资本的力量，恰恰来自资本主义制度本身。马克思当年这一对资本主义发展趋势的判断，至今仍然彰显着伟大的真理性。"逆全球化"在这个意义上，不过是资本逻辑发展到自我否定的新形态而已。

然而，资本逻辑是不能轻易自我毁灭的，资本总是要在它无法扩张的时候，寻找新的形式，从而完成其进一步扩张，就如最初采取的是"殖民地"扩张的形式，后来发展到了"资本输出"的形式，再到后来采取"金融资本"的形式。这一系列资本形态的变化，目的只有一个，即维持资本增值。今天的"逆全球化"表面看来是对全球化的反叛，但实际上是资本正在寻找新的方式，以便进一步维持其剥削地位。但是，目前资本体系并没有发展出新的形态，因而暂时以"逆全球化"的方式在退缩中前进。这是"逆全球化"的实质。

2. "新全球化"的世界历史使命

尽管资本主义世界出现了"逆全球化"趋势，但全球化趋势是不可阻挡的。因为世界各国已经进入全球化，并在经济上交织在一起，所以无法摆脱世界经济全球化的大趋势。然而，面对资本主义新变化给世界经济全球化带来的挑战，全球化的经济体系就不得不做出新的回应。也就是说，一方面，全球化不可避免；另一方面，资本主义主导的原有的全球化格局又发生了深刻的变化，以至于出现"逆全球化"的趋势。在这种全球化的矛盾运动中，就必然需要一种新的全球化理念，需要探索建立一种世界经济的新秩序。正是在这个意义上，我们需要探索的是"新全球化"的道路。

中国特色社会主义发展道路，为世界探索世界经济新秩序提供了重大的"世界意义"。正如党的十九大报告中所提出的，"给世界上那些既希望加快发展又希望保持自身独立性的国家和民族提供了全新选择，为解决人类问题贡献了中国智慧和中国方案"[②]。中国特色社会主义经济是世界经

---

① 《马克思恩格斯文集》（第 5 卷），北京：人民出版社，2009 年，第 5 页。

② 习近平：《决胜全面建成小康社会 夺取新时代中国特色社会主义伟大胜利——在中国共产党第十九次全国代表大会上的报告》，北京：人民出版社，2017 年，第 10 页。

济的重要组成部分，而且作为世界第二大经济体，中国在世界经济体系中占有重要的位置，对全球经济的稳定和发展发挥着重要的作用。因此，中国反对"逆全球化"。世界各国的经济已经深度交融在一起，全球化是不可避免的事实。因此，问题不在于如何在"逆全球化"中奉行"单边主义"和"贸易保护主义"，这种方式是违背全球化的历史趋势的。相反，问题在于如何为全球化注入一种"新"的活力，重新塑造一种"新全球化"。这是全世界各国所应该面对的客观现实。因此，世界各个国家之间，应该坚守公平公正的原则，打破原有资本逻辑的固有矛盾，超越资本的狭隘，建立"合作共赢"的新的全球化秩序。这或许是马克思主义世界经济观在当代的重大课题。

3. 马克思主义世界经济观的先导意义

经济一体化是世界经济发展的总趋势，每个国家的经济都与世界整体经济环境紧密联系在一起。经济秩序内部发生了矛盾，每个国家都将受到这一矛盾的冲击和影响。金融危机的爆发使各个国家的经济都不同程度地遭受损失。因此，树立一种人类命运共同体的观念，去建构新的世界经济秩序，是十分重要的价值观先导工程。

世界经济是以世界各国为单位构成的经济整体。因此，世界经济的运行机制应该超越原有的资本剥削逻辑，建立一种国家与国家之间、地区与地区之间的经济平衡。在经济共同体中，尽管各个国家有自己的经济优势，但是各个国家之间应该坚持平等合作的经济关系，不应该存在国家与国家之间的"对抗"。比如，在"贸易战"中，没有哪一个国家是"赢家"。国家与国家之间不是一种"非此即彼"的"零和博弈"关系，而是利益共同体。利益共同体不意味着每个国家的利益都是相同的，而是说，每个国家实现自己的发展诉求和利益诉求都离不开其他国家的合作与支持。因此，国家与国家之间应该建立一种"求同存异"的关系，彼此尊重对方的利益，而不是"倚强凌弱"，更不是"经济霸权"。为了克服原有的资本逻辑的一系列弊端，就必须建立一种全新的世界经济价值观，并以此作为价值观先导来探索新的世界经济秩序。"在真正的共同体的条件下，各个人在自己的联合中并通过这种联合获得自己的自由。"[1]在这方面，马克思主义世界经济观对当代克服资本逻辑经济观具有重要的指导意义。

---

[1]《马克思恩格斯文集》（第1卷），北京：人民出版社，2009年，第571页。

　　马克思指出，"每个人的自由发展是一切人的自由发展的条件"[①]。马克思的这一原理，可以作为当今世界经济秩序的价值观先导原则。可以说，每一个国家的自由发展，是一切国家自由发展的条件。良好的世界经济秩序，就是为每一个国家的经济发展创造条件。因此，国际经济秩序不应该是一部分资本主义国家有发展的自由，而另一部分相对落后的国家发展得不自由。世界要成为和谐的经济共同体，就必须坚持"每一个国家的经济发展是一切国家经济发展的条件"这一马克思主义的世界性视野。这是当代世界经济价值观先导的根本原则。

---

①《马克思恩格斯文集》（第2卷），北京：人民出版社，2009年，第53页。

第三章 "双创互鉴"的文化价值观先导

　　文化建设是中国特色社会主义建设的重要组成部分。近年来，国家提出了"四个自信"命题，即"道路自信、理论自信、制度自信、文化自信"。其中，文化自信不仅是"四个自信"中的重要组成部分，而且在"四个自信"中发挥着最持久的基础性作用。习近平总书记指出："文化自信是一个国家、一个民族发展中更基本、更深沉、更持久的力量"①，这足以表明"文化自信"所具有的国家意识形态建设的根本性质。文化建设中对价值观先导的要求最为明显。我们也经常把文化看作是价值观。抽象的价值观一般是以思想的、观念的、理论的、逻辑的方式加以表达的，但是价值观往往以更加具体的方式表达自身，这些具体的价值观可以被统称为"文化"。

　　关于对"文化"这一概念内涵的梳理，有诸多学者做过研究并提出不同观点，在此不一一列举。文化这一概念的内涵，总体上是指人类的存在和其他物种的区别在于，人是以"文化"的方式存在的，从而摆脱了"自然"的存在。这大概可以表述为"人是文化的动物"。这实际上是把"文化"看作是人区别于其他动物的本质所在，"一个种的整体特性、种的类特性就在于生命活动的性质，而自由的有意识的活动恰恰就是人的类特性"②。因而，文化对于人类来说就构成了本质性的存在方式。这里，"文化"一般是和"自然"相对应的。但"文化"更多的是被学者们解释为"以文化人"，表明人类的存在是需要通过"文"来教化的。文化表明的是人类具有"思维""意识"这样的能力，否则就没有文化科研。但"文化"也表明人类不能天然地成为"人"的存在，而是需要在后天的"文化教化"中才能成为"人"的存在。这说明了人类本性在后天的形成方式，即"文化教化"的形成方式。既然文化如此重要，其本身就是价值观的存在方式，那么对

---

　　① 习近平：《决胜全面建成小康社会 夺取新时代中国特色社会主义伟大胜利——在中国共产党第十九次全国代表大会上的报告》，北京：人民出版社，2017 年，第 23 页。
　　②《马克思恩格斯文集》（第 1 卷），北京：人民出版社，2009 年，第 162 页。

于文化建设来说，就更加需要"价值观先导"。发展什么样的文化？怎样发展文化？为谁发展文化？等等，这些都是文化建设中不可回避的价值观问题。加强价值观先导对文化建设的引领是意识形态建设的重要工作。

一、"双创互鉴"的文化价值观先导总论

在国内和国外多元文化交汇的背景下，为了提升民族文化自信，确保对待中华优秀传统文化的正确态度，确保在和西方文化交流过程中避免"西方中心论""普世价值论""文明冲突论"等错误文化观念的影响，深刻理解中华优秀传统文化与马克思主义基本原理的结合，更重要的是，为了在世界范围内弘扬"和平、发展、公平、正义、民主、自由"的全人类共同价值，本书提出了"双创互鉴"的文化价值观作为文化建设的先导。这一文化价值观旨在强调，坚持对待中华优秀传统文化的"创造性转化和创新性发展"，坚持对待西方文化的"交流互鉴"的辩证文化观，从而实现增强中国特色社会主义文化自信，进而为发展人类文明新形态和构建人类命运共同体提供文化价值观基础。

1. 中华传统文化与西方传统文化的区别

人是文化的存在。中华传统文化是在亚洲大陆农牧业文明的基础上形成的，同时在社会生产关系上是以封建制度为基础的。因此，自然环境和人文环境两个方面的特征共同决定了中华传统文化的特质。这一特质也和西方以海洋环境和人文环境为基础的文化形成了鲜明的差别。黑格尔曾在《历史哲学》中对"历史的地理环境"问题做过深入分析，分析了欧洲和亚洲在各自的地理环境之下形成的不同文明类型之间的差别。比如，他在对古希腊文明的地理环境进行分析时，论证了海洋类型的文明与内陆类型的文明的差别。中华文明总体上看是"敬天道""修人性"的文化，从先秦开始创立的人类文明史上独特的文明类型，是世界始源性文明类型之一，该文明类型所处的时期被雅思贝尔斯称为"轴心时代"。中华传统文化的主导精神是确立"人伦"，因此，西方把中国传统哲学视为"伦理学"或"道德学"，甚至因此贬低中国哲学没有"形而上学"或者根本没有哲学。

　　把"人伦"作为整个民族哲学思考的终极问题,这恰好构成了中华传统文化的核心,也是中华文明的优势特色所在,更是这一文化的真理性所在。在这一伦理观照中,民族文化的重心就在于如何构建和谐的人与人之间的伦理关系。当然,这里也包含着各类不同人群之间的伦理关系,如君臣、父子等。这其中贯穿的根本价值观就是胸怀天下的"天下大同"和建构伦理共同体的"家国情怀"。因此,一种基于共同体的伦理价值观构成了中华文化的主导性精神支撑。在这种文化的基础上,是无法生发出资本主义文明的。因此,这种文明的稳定性和特质,是和以农业为主的生产关系直接相适应的。中国传统文化中,把人与人之间的"伦理关系"作为生命意义的最高寄托,如长幼尊卑及社会分工之间的伦理关系。这些伦理关系不仅没有遭遇西方资本主义那样的物质利益关系的冲突,而且反过来,还阻碍了人与人之间功利性关系的形成。这样,在文化的特质和生产关系之间就形成了相互作用的关系。这是一条基本的更为深层次的生命原理。凭借这一原理,可以解释中国从古代到近代为什么没有发展出资本主义的文化。采取何种生产关系及建立何种生产方式,这在本质上是和一个民族的文化特质相关联的。

　　中华传统文化的特质是伦理性的,因此这一文化特质本身是"超越性"的,但却是"内在的超越",与西方哲学精神不同。根据哲学界的通识性观点,一般认为西方哲学的超越性是"外在的超越",即总是在人类之外寻求一个凌驾于人类之上的"神"作为人类生命价值的最高主宰。与此相反,中国哲学则主张人类在自己的"伦理世界"中实现自身的超越,这就是"内在超越"。也就是说,人类自己是自己的命运主宰者,因此人类也同时具有责任和义务使自己成为"人",而无须借助其他。正因为这样的内在超越性,决定了中国文化从开端处就是把人和他的超越性结合在一起的。这一超越性可以看作是和人的实践行动直接融为一体的,而非西方哲学中外在超越的观念下,人的观念和实际行动的分离。在这个意义上,中国哲学的目的或者落脚点就是伦理实践而不是单纯的"认知",而西方则把"认知"和"实践"分离开来,从而导致了人的文化的观念世界和现实的物质生产世界的分离:在观念上倡导理性,在实际行动上却是追求物质财富的。这两者无论如何都无法实现真正的和解。这也正是马克思为什么批判资本主义的根本原因。

　　中华传统文化作为内在的超越文化是和实践行为直接相关联的,因此注重"修行"。按照中华传统文化,主导性价值观是超越功利主义的。"君子爱财取之有道""舍生取义""廉者不受嗟来之食""宁为玉碎，不为瓦全""不为五斗米折腰"等，这些都充分体现了中华传统文化注重精神品德而超越物质利益的文化价值观。正是因为有这样的文化价值观，在社会生产关系中，我们不可能把追求个体的物质利益作为根本的价值观，而是相反，把超功利的道德原则和伦理原则作为生命意义的最高境界。中华传统文化历来以"圣人""君子"等作为人格典范，教化民众尊重礼法制度，成就理想的人格。这些文化价值观天然具有超功利的价值取向，从而使中华民族形成了以德为先的义利观和财富观。这些价值观和资本主义的以个体利益为基础的功利主义价值观是不相容的，因此中华传统文化就与西方功利主义价值观有着本质的区别。西方尽管也有宗教的超越性价值观，但这一价值观仅仅停留在精神观念中，而没有和现实的社会生活结合起来。尽管西方试图从基督教文化中为资本主义文化寻找合理性，但这些合理性并不能摆脱西方文化价值观隐含的功利主义倾向。

2. 中华传统文化与马克思主义基本原理的内在契合性

中华传统文化为什么和马克思主义文化能够结合，并且能为马克思主义中国化提供传统文化基础的土壤？从本质上看，中华传统文化是倡导共同体的文化，以集体主义、家国情怀等方式表现出来。这实际上表明，中华传统文化是把人类整体命运纳入自己民族的文化判断、思维方式、情怀境界之中的。马克思主义的基本精神是消灭私有制，建立以公有制为基础的生产关系，从而使人类实现自由和解放，进入共产主义的自由王国，人类也因此消除了阶级斗争而进入永久和平的共同体。马克思批判西方的唯心主义哲学，认为不应从"神"的角度来思考人类的未来问题，而应坚持人类自身是自己命运的主宰者。正如《国际歌》中所唱的："从来就没有什么救世主，也不靠神仙皇帝。"因此，马克思的哲学基本立场是，人是自己命运的拯救者，人类可以通过自己的能力实现自身的解放。这与西方的宗教文化不同，马克思甚至认为宗教"是人民的鸦片""是无情世界的情感"[1]。因此，马克思反对那种试图通过宗教来改变世界的做法，也反对费尔巴哈通过建立"爱的宗教"而改变人类的做法。他认为，必须从"对天国的批判变成对尘世的批判"[2]。在马克思看来，西方资本主义世界的人

---

①《马克思恩格斯文集》（第1卷），北京：人民出版社，2009年，第4页。
②《马克思恩格斯文集》（第1卷），北京：人民出版社，2009年，第4页。

的异化包括两个方面，一个是人在"神"那里的异化，另一个是人在"物"那里的异化。马克思认为，对人在"神"那里的异化的批判，已经通过德国路德的宗教改革完成，但对人在"物"那里的异化的批判还没有完成，即批判世俗世界里的人在生产劳动和经济活动中的异化还没有开始，而这一任务也正是马克思所要完成的历史任务。因此，马克思主张，从现实的物质生产活动中来批判旧世界，发现新世界。这种态度显然是唯物主义的态度。

中华文化中的哲学基本精神是和马克思的唯物主义精神相一致的。虽然说中国哲学中也把"天道""性命"等范畴作为基本的哲学范畴，也存在着唯心论的因素。但是，从中国哲学坚持从人本身的实践行为中来建构属人的伦理世界这一点来看，其和马克思的思想具有高度一致性。也就是说，在"人是自己命运的主宰者"这一基本哲学立场上，中国哲学和马克思主义哲学是高度一致的，都明确指出"人是人的最高本质"①。这些重大的命题都表明了马克思所持有的一种人本学的观念，与西方的神本学观念存在区别。在这个意义上，马克思具有鲜明的人学立场。同样，中国哲学中，人并非为了"天道"而修炼自身性命，相反，是通过体悟天道而达到修炼自身性命的目的，因此，建立属人的"伦理世界"才是中国哲学的目的。关于这一点，我们可以借用亚里士多德的一句名言来加以证明。亚里士多德提出，"我爱我师，但我更爱真理"，甚至认为哲学的使命就是"为真理而真理"，并且把哲学定义为"爱智慧"。这就意味着，在人之上有一个超越的"真理"。但在中国哲学体系中，明显"道不远人"，真理是在"伦理"中得到彰显的。因此，人对真理的追求，不是为了真理而真理，相反，是为了"伦理"而真理。也就是说，中国哲学不是为了"智慧"而爱智慧，而是为了使人获得伦理的自由才爱智慧的，离开人的伦理，智慧是没有意义的。可见，中国哲学中这种人本学的基本精神与马克思对现实的人的关注是高度契合的，这是两种文化能够融合的基本立场和价值观基础。

关注共同体并且使个体在共同体中成为真正的个体，这是中国哲学和马克思主义哲学相契合的基本原理。马克思明确提出："每个人的自由发展是一切人的自由发展的条件。"②这表明，马克思所说的人的自由和解放，

①《马克思恩格斯文集》（第1卷），北京：人民出版社，2009年，第18页。
②《马克思恩格斯文集》（第2卷），北京：人民出版社，2009年，第53页。

是每个个体的自由和解放。但个体的解放是以共同体的存在为前提的，即以公有制的生产关系为前提。公有制的生产关系是普遍的生产关系，因而公有制是人类共同体的基础。只有在这种普遍的生产关系和交往关系中，每个个体才能实现自由。因此，马克思的原理是个体和共同体的和解。这一点在中国哲学中也体现得十分清楚。在中国哲学体系中，个体要以共同体为真理，或者说共同体是具有逻辑先在性的真理，而个体就是共同体中的个体而不是抽象的个体。共同体对于个体而言显然是更高的真理，并且个体以共同体为真理，这是中国哲学的基本精神。黑格尔认为东方只知道一个人的自由，实际上这种观点是错误的，没有理解东方的个体自由和共同体自由之间的关系。当黑格尔指责东方只知道一个人的自由的时候，恰好是和他自己的辩证法观点相违背的。因为，黑格尔曾明确提出，全体的自由是在个体的必然性中实现的，因此个体对国家共同体的服从，不仅不应该被看作是对个体自由的抹杀，恰好应该被看作是个体自由的真正实现。这一点黑格尔本人是清楚的，但在批评中国伦理观念的时候他违背了自己所提出的命题。

在上述伦理共同体的优先原则上，也就是伦理共同体相对于个体而言的真理性问题上，黑格尔对家庭婚姻的理解恰好与中国古代对婚姻的理解是一致的。通过这一点，我们可以反驳黑格尔对中国伦理学个体自由的理解。黑格尔认为，婚姻是不应该以爱情为前提的，因为婚姻作为"伦理"，乃是基于"理性"而产生的，因此和个人的"爱情"无关，或者说不能以"爱情"为条件。因为"爱情"是一个人主观的问题，而婚姻则涉及两个人之间的关系，更涉及家族和家庭之间的关系。因此，在对婚姻的本质的理解中，黑格尔是坚持理性原则的。这一点和中国古代的婚姻观念是相同的。中国古代的婚姻制度是以伦理为原则的，就是以宗族的延续作为婚姻的原则，因此个体应该服从这一原则，而不是以爱情作为婚姻的前提。这恰好说明，个体应该自觉地放弃自己的主观偏好而和伦理共同体保持一致。个体如果从个人的偏好出发，其行为则不属于自由而是黑格尔所谓的"任性"。可见，在这一点上，黑格尔的想法和中国古代哲学观念是一致的。

以上分析，目的在于说明一个道理，就是中国古代的伦理共同体精神在处理个体和共同体之间的和解关系问题上，和马克思的观点具有高度一致性。马克思也主张个体的自由和共同体的自由应该和解，但前提是共同体原则上优先。在这一关于个体和共同体的关系问题上，中国传统哲学和马克思的哲学是高度一致的。也正是因为这一点，马克思主义与中华优秀传统文化才能很好地融合在一起，才能被中国人民所接受。因此，在中国的传统文化中，应该提炼出这些能够作为当代文化建设的价值观元素作为先行引导，为当代中国文化建设提供价值观文化基础。

3. 中华优秀传统文化中的和平主题与辩证智慧

尽管中华文明处在封建时代的时间比较长，但这一文明的超越性决定了它的和平目的和包容的气质。在中国哲学的基本精神中，追求物质财富不是人类的终极目的，人类的终极目的是使人成为人，并且实现天下大同。因此，利益纷争和冲突会导致人类无法和谐相处，这是中华传统文化早已洞见到的真理。对于人类来说，工业文明并不一定比农业文明进步。针对人类认知能力和改变世界的能力的提升来说，工业文明确实带来了人类生产工具的进步、人类生产力的提升甚至人类主体性的提升。但这仅仅是在生产力标准上做出的判断。人类并不是要把生产力的提高作为最终的生存意义。中华传统文化深刻地认识到，追求物质财富应该是有限度的，并且人类应该和大自然保持高度的契合，"天人合一"的思想是中华传统文化中的重要基础性范畴。人类要尊重自然并且对自然持有敬畏之心，这样才能够认识到自身的有限性。因此，中华传统文化保持着敬畏天道的谦卑心理，这是一种以谦卑为特征的文化。而且，这种文化给人带来的使命感和责任感是成就人类的伦理共同体。这不同于西方文化，西方文化在基督教文化中，把对人类自身的拯救任务交给了上帝。因此人类便逃避了使人类自身建立良好的生存方式的责任。

中华文明是没有中断的文明，特别是在经历了近代西方殖民主义入侵之后，仍然没有改变自身的发展轨迹，这一现象在人类文明史上应该是一个奇迹。因此，从这个意义上看，中华文明及其文化是最应该有"自信"的文化。随着中国现代化进程的加快，中华优秀传统文化在今天是否需要继续传承和发展，怎样进行传承和发展，怎样为现代化建设提供传统文化的支撑？这些都是值得深思的重大文化学问题。"创造性转化和创新性发展"是对待传统文化的基本方针，这一方针也构成了当代文化建设的价值观先导。现在要讨论的问题是：为什么要实现创造性转化和创新性发展？实现创造性转化和创新性发展的基本原理是什么？怎样实现创造性转化和创新性发展？对这几个问题的研讨，也构成了"双创互鉴"文化价值观先导的基本问题。

文化是随着社会历史的发展而不断创新和发展的。为了保证文化和文明连续而不中断，从而使一个民族的文化生命得以延续，也为了增强中华民族及当代中国特色社会主义文化自信，更是为了传承人类文明史在世界历史进程中的新发展，有必要推动中华优秀文化创造性转化和创新性发展的实现。一个民族之所以是这个民族，乃是因为它文化上的一致性。民族作为一个文化的而不仅仅是自然血缘意义上的共同体，还靠共同的文化基因才成为这一民族。因此，必须保证一个民族在文化上的连续性，才能够使这个民族持久地存在下去。在这个意义上，传统文化的创造性转化和创新性发展，也就是传承民族基因的过程。如果一个民族不想消亡的话，它就必须对自己的传统文化记忆进行继承和弘扬。

创造性转化和创新性发展，本质上遵循的是辩证法原理。它体现的是文化发展中"变"与"不变"之间的关系，也是文化阶段性和连续性之间的辩证关系。一方面，各个历史时期，由于社会生活发生了变化，特别是在社会形态发生了变化的情况下，文化的内容和形式就会发生相应的变化。文化作为上层建筑总是要反映一个时代的人们的思想观念、道德情操和伦理情怀，但是因为社会生活的内容不同，文化的内容和形式就会有所不同。另一方面，虽然文化的内容、形式等有所变化，但是文化在本质规定和根本性质上是保持不变的。也就是说，如果文化在根本性质上发生了变化，那么这种变化就是"质变"。因此，在创造性转化和创新性发展方面的变化，并非中华民族文化的"质变"，这一点是至关重要的。中华民族文化从古代到近代再到现代，分别经历了不同的文化形态，也吸收了不同的文化要素。古代中华民族文化中曾经出现"儒释道"合流的局面；近代西方文化传入后，特别是在"西学东渐"的背景下，出现了"古为今用洋为中用"的文化策略；也经历过五四运动时期西方民主科学精神的冲击；直到新民主主义革命时期形成了"红色文化"；等等。五千年的中华文化发展经历了若干的历史时期，呈现出不同的文化形态。尽管不断出现外来文化包括宗教文化的涌入等各种复杂情况，但是中华民族传统文化都没有发生"质变"。这是中华民族文化连续性、统一性及稳定性的集中体现。

此外，创造性转化和创新性发展的辩证法原理，也体现在中华民族传统文化所具有的包容会通性上。创造性转化和创新性发展并不是形而上学"非此即彼"的思维方式，而是在实践中有着丰富的融含关系。一种具有强大包容性的文化，能够广泛吸收各种新元素，但并不因此改变民族文化的根本性质，而是把新的文化元素转化为民族文化，即通过创造性转化将其融入中华民族文化之中，从而完成文化新境界的塑造。

创造性转化和创新性发展所遵循的另一个基本原理无疑是马克思的唯物史观原理。任何一种文化形态的产生都不是凭空的，而是和人们的社会生活实践直接相关的。前文指出的中华民族不同时期文化发展所经历的变革，从根本上说是社会历史特别是生产方式的变化所引起的。这些不同文化形态的演变都是因生产关系领域的变革而产生的。传统文化要创造性转化和创新性发展，最根本的原因在于社会生产关系的变革。中华民族传统文化是在封建社会产生的，因而是适应封建社会的生存目的的。比如，很多中国传统哲学中的伦理关系，是在特定的封建王朝的生产方式中产生并发挥作用的。然而，经过近代的新民主主义革命，中国社会生产方式发生了根本变化，中国社会进入了社会主义社会。由于这一生产方式和生产关系所发生的变化，有些传统民族文化就不能够适应新的生产关系和生产方式，因此才需要创造性转化和创新性发展。同样，中国特色社会主义在不同的发展阶段，也会对文化提出不同的要求。中国特色社会主义进入新时代后，对文化的需求也发生了新的变化，在这种情况下，中华民族传统文化仍然需要进一步实现创造性转化和创新性发展。

"双创"的文化价值观先导主要针对的是对待中华民族传统文化的态度问题，而"互鉴"的文化价值观先导则针对的是对待国外其他民族文化的态度问题。面对全球化的"历史成为世界历史"的时代，世界各个民族国家之间交往密切，但从根本上看，按照马克思的唯物史观原理，当今世界存在两大文明体系，一个是以社会主义制度为基础的文明形态，即社会主义文明形态；另一个是以资本主义制度为基础的文明形态，即资本主义文明形态。这两大文明形态从马克思主义诞生以来，就一直构成世界文明交往之间的影响最为重大的文明关系。在这种东西方不同文明形态的交往中，各自都形成了不同的文化价值观。不同的文化价值观对世界历史的文明发展会产生不同的影响。

西方文化价值观是在资本主义文明的基础上形成的，因此这种文化价值观无疑是服务于资本主义生产关系的。资本主义为了扩张，在文化上实行文化殖民主义或文化霸权主义，向世界各个民族国家推行西方的自由、民主、人权等文化价值观。旨在通过文化价值观的渗透，为资本主义扩张开辟道路。在这种情况下，西方文化价值观中有几个重要的特征。首推的是"西方中心论"的文化价值观。关于"西方中心论"的文化价值观，在德国古典哲学中得到了集中强化，这就是黑格尔在《哲学史讲演录》《历史哲学》等著作中所确立的"西方中心论"。黑格尔在《哲学史讲演录》中，把中国哲学、印度哲学都放在了该著作的"导言"部分，而没有放在正文中。但问题是，黑格尔在阐述哲学史时，是站在人类哲学的高度上来理解的。上述把中国哲学和印度哲学排除在外的做法，显然隐含的意思是，中国哲学和印度哲学都没有进入人类哲学整体的发展脉络中，这无疑是一种文化歧视。至少没有客观公正地对待中国哲学和印度哲学，而仅仅把欧洲哲学理解为"人类哲学"了，这体现了黑格尔"欧洲中心论"的鲜明意识。在《历史哲学》中，这一意识得到了进一步体现，黑格尔把世界历史的发展脉络划分为四个环节，即东方世界、希腊世界、罗马世界和日耳曼世界。东方世界的文化显然比希腊文化出现得早，这是客观事实。在这一点上，黑格尔是尊重客观事实的，因而他把"东方文化"视为世界历史文明发展的"开端"。然而，在黑格尔看来，"开端"环节的"东方文化"恰恰是文化的不成熟阶段，而文明的完成形态，主要是通过后三个环节完成的，这后三个环节包括希腊世界、罗马世界和日耳曼世界都是以欧洲文化为中心。而且，黑格尔把日耳曼世界看作是世界历史发展的最高环节，也是世界历史的完成环节。这无疑想表明，日耳曼文明才是人类文明的"中心"。因此，黑格尔在上述两部著作中，分别从不同的角度，确立了"西方中心论"的文化价值观。此后，这一"西方中心论"的文化价值观，进一步又派生出了"文明冲突论""历史总结论""普世价值论"等内容。这些观点充分代表了西方文化价值观。这种文化价值观在本质上坚持一种西方中心论的观点，因而在对待其他民族国家的文化时，必然会发生冲突，从而导致人类无法形成普遍的文化共识。

与上述西方文化价值观不同，中国文化则从古代文化开始一直到今天的中国特色社会主义文化，都坚持一种"文化不分高低贵贱""文化多样性""不同文化之间交流互鉴"的基本观点。这些文化价值观是建立在社会主义公有制基础之上的，因此是在社会主义生产关系中形成的。特别重要的是，这些文化价值观是和马克思的共产主义原理紧密结合在一起的。在马克思看来，导致文化价值观差异的根本原因是生产关系，因此，只要消除资本主义私有制，各个民族文化就能够实现交流互鉴。然而，在历史唯物主义的意义上，因为社会主义制度是一种从资本主义向共产主义过渡的制度，所以在社会主义和资本主义两种制度并存的条件下，如何发挥文化交流互鉴，则是百年未有之大变局、推动构建人类命运共同体这一具体的历史条件下提出的新问题。正是在这一时代背景之下，习近平总书记提出了不同文明类型的文化之间应"交流互鉴"的文化价值观，这一文化价值观构成了当代中国或者说世界社会主义文化价值观的先导。这一"互鉴"文化价值观的先导，所要解决的问题就是要在两种制度和两种文明并存的条件下，如何构建人类命运共同体。针对此问题，习近平总书记从"互鉴"的文化价值观出发，进一步提出了"和平、发展、公平、正义、民主、自由"的全人类共同价值，从而为构建人类命运共同体提供了共同的价值观基础。

二、文化建设中的政治价值观先导

是否承认文化具有意识形态的属性是文化建设的首要问题。人们往往容易把文化看作是一种"非意识形态"的东西，在文化建设中坚持"去意识形态化"的倾向。当代也有一种倾向，是把文化作为娱乐休闲的活动，倡导"文化的泛娱乐化"，并形成了"三俗"文化。应该说，这些观点是对文化建设的价值观误导。文化的核心是意识形态。因此，在中国特色社会主义文化建设中，首先要对其加以政治价值观的先导，从而使文化建设与中国特色社会主义建设同向同行。

1. 意识形态性是文化的核心属性

文化的范围十分广泛，可以说，和人类有关的一切行为都可以被看作是"文化"。在动物那里作为"自然行为"的东西，在人类这里都以"文化"的方式实现。比如，动物摄取食物，以维持肉体生存的行为，在人类这里就以"饮食文化"的方式存在。动物的繁殖行为，在人类这里就以"爱情婚姻"的文化形式存在。这说明，文化对于人类来说是无处不在的，正如卡西尔所说"文明不是构成了次要的和偶然的品格，而是标明了人类的本性和特征……想要弄懂人的人，却必须从人类的创造力量和创造成就之中，即从他们的文明中，去考察他们"[①]。因而，"人是文化的存在"这一文化哲学的基本命题是有道理的。

尽管人类的一切行为都以文化的形式存在，但值得强调的是，在诸多

---

① [德]恩斯特·卡西尔：《卢梭·康德·歌德》，刘东译，北京：生活·读书·新知三联书店，2002年，第27页。

文化行为中,最具统摄力的文化形式是政治意识形态。马克思指出:"毫不奇怪,各个世纪的社会意识,尽管形形色色、千差万别,总是在某些共同的形式中运动的,这些形式,这些意识形式,只有当阶级对立完全消失的时候才会完全消失。"①文化有诸多构成要素,但在这些要素中,意识形态性始终是文化价值观的核心。也就是说,意识形态性是文化中最为核心的部分,甚至决定了一种文化的根本性质。因此,我们需要澄清的是,在各民族的文化中,都包含着意识形态性的文化和非意识形态性的文化。意识形态性处于文化的核心部位,这一点是各民族文化的共同特点。但问题是,人们经常会把意识形态性"渗透"在或"附加"在非意识形态性的文化要素中。这样一来,就导致文化的意识形态性无处不在,还导致人们利用非意识形态性的文化要素来"传播"意识形态的价值观。因此,就经常会出现"把······政治化""把······意识形态化"的问题。

诚然,在文化中有很多要素不具有意识形态性。比如,"科学"作为人类认识自然规律的客观事实判断,它本身不具有意识形态性。这种文化是人类对自然规律的揭示,是对自然规律形成的客观事实的判断,因而科学作为文化是"超国界""超民族"的。我们不能说"数学"要区分为"资产阶级数学"和"无产阶级数学";也不能说"物理学"要区分为"资产阶级物理学"和"无产阶级物理学";等等。这就表明,科学作为文化是人类所共同拥有的,因此这类文化就不具有意识形态性。人们经常提到"科学无国家,但科学家有祖国"。这一判断一方面说出了科学本身的非意识形态性,另一方面说出了和科学有关的"科学家"的意识形态性。比如,人们在对"科学家"的贡献做出评价的时候,就容易把意识形态性渗透在评价中。例如,在"诺贝尔奖"的评审中,当然应该以真实的科学贡献作为依据。如果对科学家的国家和民族抱有偏见,那么这种评审就背离了科学事实,而是把"意识形态性"的价值观因素投入其中了,由此得出的评价结果自然就具有"意识形态性",这就是通常所说的"把科学意识形态化了"。

但是,在更多的时候,文化本身就具有意识形态性。比如,"体育比赛"作为一种文化,实际上也会体现出一种意识形态性。在自由主义的文化中,体育是"个人"的身体竞技艺术,它展示的是个人英雄主义。但是,在集体主义文化中,体育是"为集体的荣誉而竞技",这与"个人英雄主

---

① 《马克思恩格斯选集》(第1卷),北京:人民出版社,2012年,第420—421页。

义"完全不同，因而这种体育竞技所表征的是集体主义精神和价值观。因此，体育、文学、艺术等文化要素的意识形态通常具有"隐蔽性"，人们容易把这些活动视为非意识形态性的文化现象。但实际上，这些文化现象本身就具有意识形态性，因为这些文化现象中直接彰显和承载的是"价值观"。

以上论述表明，在文化的诸多要素中，尽管存在无意识形态性的文化要素，但是人们在对这些文化要素进行评价、使用的时候，总是会把意识形态性渗透或附加其中，从而使一切文化要素都被赋予政治价值观的意识形态属性。"每一个文本都在某种意义上内化了它的社会生产关系，每一文本都以其特殊形态指示着它的消费方式，都在自身中包含着一个意识形态的代码，说明它是由谁、为谁以及如何生产出意识形态。"[①]正是因为这一点，提示我们在对待那些非意识形态性的文化要素的时候，应该保持该文化的客观性。在更多的时候，非意识形态性文化要素总是被意识形态所浸染。这是我们提出"文化价值观先导"的首要目的。但是，这也同时提醒我们，在文化的各个要素中，意识形态性居于文化世界的核心地位。那些具有意识形态性的文化要素构成了文化的核心部分。因而，需要提防在非意识形态的文化中渗透和附加意识形态，进而"偷运"意识形态的现象出现。

2. 文化"去意识形态化"批判中的价值观先导

在对待文化的问题上，东西方历来存在一种观点，即文化和意识形态无关，或主张文化应该"去意识形态化"。这种观点认为，文化即便是一种价值观，也不应该被政治价值观所干扰。因此，主张把政治的因素从文化中排除出去，从而获得一种"纯粹的文化"。但如果文化是非意识形态性的，那就意味着人类可以建立"文化大同"的世界。这种观点是当代文化建设中值得警惕的一种错误观点。

马克思曾经在《共产党宣言》中做过预判，随着资本主义的发展，各民族之间的交往越来越频繁，从而形成文化上的相互融合，以至于最终消灭文化上的差异，民族走向消亡。但是，对于马克思的这一预判，我们需要仔细分析才能理解其中的含义。马克思所说的"民族消亡"不是指民族

---

① 沈江平：《文化的意识形态性与意识形态的文化性》，《教学与研究》2018 年第 3 期，第 71 页。

不存在，因而也不是指各个民族自己的文化都不存在了。而是说，随着资本的消亡，各民族之间没有利益的冲突，因而各个民族才能够和谐相处，在文化上实现交融。这种文化的交融不是文化的"同一性"，而是在保持彼此文化差异性的基础上，因没有利益冲突而达成的相互融合。用今天的话来说，就是"民族的才是世界的"。因此，马克思这一对文化融合的预判中包含着辩证法的思维。"与自身的同一，从一开始就必须有与一切他物的差异作为补充，这是不言而喻的。"①融合是以差异性为前提的，而不是文化的完全趋同。正是因为有差异性才使文化成为丰富的和繁荣的。就如同，世界如果只有一种声音、一种颜色，那么将是枯燥的。因此，马克思所说的这种文化的融合是在民族文化差异性基础上的统一，即各民族在文化上彼此尊重、相互借鉴。

　　然而，在阶级没有消亡之前，文化的意识形态性是不会消亡的。因为，文化的核心部分是意识形态性。这当然是在阶级社会中才会存在的现象。正如马克思一直坚持的，"任何一个时代的统治思想始终都不过是统治阶级的思想"②。因此，在阶级社会尚未消亡之前，文化作为意识形态是不会消亡的。文化就注定是有阶级性的，总是体现着意识形态性。列宁指出："或者是资产阶级的思想体系，或者是社会主义的思想体系。这里中间的东西是没有的（因为人类没有创造过任何'第三种'思想体系，而且在为阶级矛盾所分裂的社会中，任何时候也不可能有非阶级的或超阶级的思想体系）。"③当代有一种观点认为文化是人类所共同享有的。比如，一小部分人似乎认为美国"大片"是一种人类共同向往的价值观。但实际上，这些影片所宣扬的都是资产阶级的个人英雄主义价值观，其背后隐藏着资产阶级价值观的渗透目的。当然，如前文所指出的，文化中有非意识形态性的要素。对于这些非意识形态性的要素来说，它们是人类所共同享有的。但是，不能因为文化中存在着非意识形态性的要素，就完全否定文化的意识形态性而"去意识形态化"。一般来说，这种观点是借助于文化中具有非意识形态性要素的特征，来完成意识形态渗透的目的。因此，这一观点本身就包含着对文化"意识形态性"的肯定。也就是说，提出"去意识形态化"这一主张本身就是一种对文化意识形态性的承认。正是在这个意义上，

---

① 《马克思恩格斯文集》（第9卷），北京：人民出版社，2009年，第476页。
② 《马克思恩格斯文集》（第2卷），北京：人民出版社，2009年，第51页。
③ 《列宁全集》（第6卷），北京：人民出版社，1986年，第38页。

对文化的"去意识形态化"的批判，应该首先确立马克思主义的文化观，坚持马克思主义文化价值观先导，明确文化"去意识形态化"批判的正确方向。

关于文化的"去意识形态化"，毛泽东在《在延安文艺座谈会上的讲话》中有明确的论述。他认为，文化是有阶级性的，因为文化总是带着某种阶级性的价值观在其中。以文学作品为例，中国革命年代创作的文学作品，都是对无产阶级革命的歌颂，它所宣扬的是共产主义的理想信念，是共产主义价值观的集中表达。好的艺术作品总是能够调动广大无产阶级的革命热情，能够产生革命英雄主义和乐观主义的精神。文化作为意识形态性的精神创作活动，充满了爱恨情仇。这些爱恨情仇本身就是对"美丑""善恶"的反映。因此，用什么样的价值观引领文化创作，是和意识形态分不开的。价值观先导对于文化批判至关重要。

3. 文化"泛娱乐化"批判中的价值观先导

在西方资产阶级文化价值观的影响下，当代文化领域出现了"泛娱乐化"的倾向。当人们的温饱问题解决之后，自然会寻求精神生活的愉悦。这在西方学者马斯洛的需要层次理论中也有所表述。因此，文化就成为人们精神生活中不可缺少的组成部分。娱乐和休闲作为文化的一部分，自然也包含着价值观在其中。这种价值观具体体现在文化作品中的人生观、爱情观、幸福观、财富观上。所谓"泛娱乐化"是指，文化仅仅是用来休闲娱乐的，只要能够给人们带来愉悦，这种文化就是好的。然而，事实并非如此，"对于人们的道德和品味来说，无拘无束的娱乐完全是一种'幼稚'的东西……幼稚的东西就是堕落的东西"①。这种"泛娱乐化"的文化观包含着诸多错误的价值观在其中，因而应该对"泛娱乐化"的文化观给予批判。"高雅文化与大众文化之间层次分明的差异消弥了；人们沉溺于折衷主义与符码混合之繁杂风格之中；赝品、东拼西凑的大杂烩、反讽、戏谑充斥于市，对文化表面的'无深度'感到欢欣鼓舞。"②因此，娱乐和休闲自然离不开以正确的价值观作为先导。也就是说，用什么样的价值观来引

---

① ［德］马克斯·霍克海默、西奥多·阿道尔诺：《启蒙辩证法——哲学断片》，渠敬东、曹卫东译，上海：上海人民出版社，2006年，第129页。

② ［英］迈克·费瑟斯通：《消费文化与后现代主义》，刘精明译，南京：译林出版社，2000年，第11页。

领文化的娱乐和休闲，是至关重要的。

"泛娱乐化"的背后实际上是资本逻辑使然。资本逻辑只有一个目的，那就是利益的最大化。因此，在资本逻辑的驱使下，文化产业已经脱离了文化自身的精神逻辑，而是按照资本逻辑来运行，"今天它已经彻头彻尾地变成商品了"①。因此，文化创造的目的不是歌颂什么和批判什么，相反，而是文化作品是否能够给人们带来愉悦。这种愉悦从资本逻辑的角度来看当然是要尽可能做到大众化。因为，越是大众化的文化作品越能够占领市场，而越能够占领市场，就越能够带来经济效益。因此，在娱乐性的文化产业中，资本逻辑发挥着主导作用，不希望这种文化产业受到其他逻辑的限制。但说到底，这就是把资本主义的功利主义价值观渗透在文化创作中，因而导致这种文化偏离了正确的价值观，"它把宗教虔诚、骑士热忱、小市民伤感这些情感的神圣发作，淹没在利己主义打算的冰水之中。它把人的尊严变成了交换价值"②。从主观上说，文化的"泛娱乐化"容易导致文化的"三俗化"。所谓文化的"三俗化"是指，人们把文化中的低级元素作为娱乐的素材纳入文化作品中，因而出现了"低俗"、"庸俗"和"媚俗"等现象。毫无疑问，低级趣味的活动对于人来说也是文化。但是，这种三俗的文化在价值观上是扭曲的。比如，有些作品宣扬享乐主义和人生虚无主义，主张人应该只活在当下，而不问明天，"今朝有酒今朝醉""人生如梦一场空""今晚脱了鞋和袜，不知明朝穿不穿"等。这些文化所表达的是人生是虚无的，因此应该及时行乐。实际上是主张人应该放弃理想，认为"明天"充满了不确定性，人生不过是毫无意义的"过客匆匆"。

文化的"泛娱乐化"是应该批判的，因而需要价值观先导。文化的普及是没有问题的，但文化的"泛娱乐化"是指为了获得资本利益而放弃文化的价值观原则，通过满足大众快乐的需求而不惜牺牲健康的文化价值观的做法。"如果文化生活被重新定义为娱乐的周而复始……文化灭亡的命运就在劫难逃。"③因此，在"泛娱乐化"的思潮中，文化就呈现出没有价值标准的杂多状况。各种价值观都能够在人类的趣味中找到迎合，因此，这种"泛娱乐化"实际上"消解了神圣形象"，我们可以把这种文化的"泛娱乐化"倾向看作是"后现代思潮"在文化生活中的表现。后现代的观点

---

① [德]马克斯·霍克海默、西奥多·阿道尔诺：《启蒙辩证法——哲学断片》，渠敬东、曹卫东译，上海：上海人民出版社，2006年，第142页。

②《马克思恩格斯文集》（第2卷），北京：人民出版社，2009年，第34页。

③ [美]尼尔·波兹曼：《娱乐至死》，章艳译，桂林：广西师范大学出版社，2004年，第202页。

是"反本质主义""反罗各斯中心主义""反形而上学""反对绝对真理""反对神圣形象""反对崇高""反对英雄"等。我们有时候会听到用革命英雄来开玩笑的"段子",诋毁英雄的形象等,这些都属于"泛娱乐化"。在这种"泛娱乐化"的文化思潮中,一切都是可以"开玩笑"的,不论是伟人还是英雄。因此,"泛娱乐化"文化思潮的主导价值观就是消解神圣形象。它的负面价值观作用就是冲击一切高尚的灵魂,用法国哲学家利奥塔的话概括就是带来"一地碎片"。

三、对待传统文化的"双创"价值观先导

习近平总书记在谈到如何对待中华民族传统优秀文化的时候,提出了"创造性转化"和"创新性发展"的"双创"原则。这一原则构成了当代对待传统优秀文化的基本价值观先导。怎样对待传统优秀文化,这首先涉及对传统文化的总体看法,即总体文化观。因此,本节我们从中华民族文化的总体性特征谈起。

1. 中华民族文化的连续性和发展性

理解中华民族传统优秀文化的"双创"价值观先导,首先应该对中华民族文化形成总体性认识。希尔斯指出,"无论其实质内容和制度背景是什么,传统就是历经延传而持久存在或一再出现的东西"[①]。中华民族是唯一文化没有中断的民族。中华民族文化是由中华民族自己的文化传统,在吸收各种优秀文化因素的基础上,融合共生而汇聚起来的文化。"人们自己创造自己的历史,但是他们并不是随心所欲地创造,并不是在他们自己选定的条件下创造,而是在直接碰到的、既定的、从过去承继下来的条件下创造。"[②]我们经常说中华民族文化源远流长,指的就是中华民族的文化是在本民族文化传统的基础上,不断融合各种优秀文化而不断壮大起来的文化。因此,中华民族文化最突出的特点就是具有强大的"包容性"。从哲学上看,"包容"意味着"普遍",包容性越大,其普遍性也就越大。"海纳百川,有容乃大"正是中华民族文化的一个显著特征。因此,从总体

---

① [美]爱德华·希尔斯:《论传统》,傅铿、吕乐译,上海:上海人民出版社,1991年,第21页。
② 《马克思恩格斯选集》(第1卷),北京:人民出版社,2012年,第669页。

文化观上看，中华民族文化在各个不同的历史时期，都形成了具有时代特征的阶段性特征，但又保持了中华民族的统一的文化传统，这就是中华民族文化的连续性和发展性。

中国古代先贤开创了中华民族特有的文化，奠定了后来中华民族文化的基因和传统。中国是世界四大文明古国之一，这与中华民族形成了自己独特的文化传统直接相关。正如黑格尔所说，一个民族没有精神和文化，就无法持续存在下去。因为，按照黑格尔的逻辑，一个事物之所以是存在的，乃是因为它有了意识并在意识中确认了自己的存在。可以把文化的理论看作是一个民族的"存在论基础"。正如海德格尔所说，语言"是存在之真理的家"①。中华民族是由多个民族构成的，其文化自然包含了各个民族的文化传统。历史上中华民族完成了多次的民族融合，并最终形成了统一的民族文化。

就文化的理论形态而言，中华民族文化自夏、商、周始，一直到春秋战国时期，形成了成熟的思想理论体系。按照德国哲学家雅斯贝尔斯的说法，以孔子为代表的中国儒家思想构成了中国传统文化中的主流。中国在先秦时期出现了百家争鸣的思想繁荣的时代，这一时代有孔子、孟子、老子、庄子、墨子、荀子、韩非子等一大批思想家，这些思想家所提出的思想交错汇集，共同构成了中华民族文化传统。这一文化传统直到今天仍然在思想文化、政治价值、生活观念中发挥着巨大的作用。

中华民族的传统文化"博大精深"。这乃是因为在几千年的历史长河中，中华民族的思想在发展中形成了浩瀚的文化传统。历史上，各个朝代都对中华民族的传统文化有继承和发展，体现了中华民族文化的连续性和发展性。所谓"连续性"是指，中华民族文化从未中断，从先秦时期一直到今天，中国传统文化已经深深扎根于中华民族的思想理论和风俗习惯中，甚至已经刻入每一代人的骨髓中。这表明中华民族的文化血脉是统一的。这即是中华民族文化的连续性。所谓"发展性"是指，不同的历史时期总会有新的文化因素被吸收、借鉴和融入中华民族文化中，形成了具有不同历史时期特征的文化创新。汤之《盘铭》曰："苟日新，日日新，又日新。"比如，魏晋时期佛教文化的传入，为中华民族文化注入了新的元素，为隋唐时期的文化发展奠定了基础；唐宋时期由于佛教文化的传入，中华民族文化出现了"儒释道融合"的文化繁荣时期。此外，每个历史时期都会涌

① [德]海德格尔：《路标》，孙周兴译，北京：商务印书馆，2009年，第375页。

现一大批思想家，如先秦时期的诸子百家，魏晋时期的玄学家，宋明时期的理学家和心学家，当代的"新儒家"等，每个历史时期中华民族的传统文化都得到了丰富和发展。这既体现了中华民族传统文化的"一脉相承"，又体现了各个时代对中华民族文化的创造性发展。总之，中华民族文化的传承，实现了连续性和发展性的统一。

思想的连续性和发展性实际上是辩证法在中华民族文化发展中的集中体现。辩证法的核心就是"扬弃"。黑格尔指出了扬弃的双层意义，"扬弃一词有时含有取消或舍弃之意……其次，扬弃又含有保持或保存之意"①。扬弃就是把以往的东西以创新的方式继承下来的过程。因此，后来的思想文化既包含着前此以往的文化因素（即统一性），同时又在此基础上形成了新的文化因素（即差异性），"所以在整个自在自为地存在着的差别中既包含有差别本身，又包含有同一性"②。因而，中华民族文化的发展历程充分体现了统一性与差异性的辩证统一过程。这一对中华民族文化总体性的认识，构成了理解中华民族文化"双创"价值观先导的根本立场。

2. 传统优秀文化"双创"的价值观先导程式

时代的发展总是为人类的文化提供新的时代课题。正是这些新的时代课题的解决，促进了每个时代文化的繁荣和发展。历史上，凡是发生重大历史变革的时候，思想文化领域总是会取得突破性进展。欧洲古希腊时期出现了思想文化的繁荣，是与希腊民主制的困境有直接关系的。中国先秦时期出现了思想文化的大繁荣，是和先秦时期的社会变革直接相关联的。近代西方文艺复兴出现了一大批思想家、文学家和艺术家，这是近代资产阶级的文化先导。近代中国则是以"五四运动"为标志，这是中国近代民族民主革命运动的思想先导。总之，在人类历史的长河中，每一次文化的繁荣和发展，都是和那个时代特定的主题相关联的。因此，文化的创造性转化，实际上表达的是一种新的价值观和新的社会现实问题的价值观先导。

文化的创新源于现实提出的新的时代课题。因此，习近平总书记指出：

---

① 〔德〕黑格尔：《小逻辑》，贺麟译，北京：商务印书馆，1980年，第213页。
② 〔德〕黑格尔：《小逻辑》，贺麟译，北京：商务印书馆，1980年，第260页。

"时代是思想之母,实践是理论之源。"①那么,应该怎样实现文化的创新呢?借用马克思的一句话,"这不是一个理论的问题,而是一个实践的问题"。②中国特色社会主义已经进入新时代,文化是时代的灵魂。正如马克思所说:"任何真正的哲学都是自己时代的精神上的精华。"③哲学是"思想中所把握到的时代"。这就意味着,文化作为一种人类的存在方式,总是表征着它所属的那个时代的"时代之问"。于是,问题在于:传统文化在当代中国特色社会主义实践中,怎样被继承和创新?这是摆在我们面前的文化进步的根本问题。一个学理问题是:如果说文化是时代的反映,但文化还要保持其传统,这怎么可能做到?具体来说,中国传统文化形成于封建时代,是在农业自然经济的生产方式下形成的,因而传统文化是对封建社会农业自然经济生产方式的反映;而当代中国特色社会主义实行的是社会主义社会的生产方式。那么,在传统生产方式基础上形成的文化,怎样才能够适应或者"反映"中国特色社会主义的生产方式呢?

解决上述问题,首先需要借用古希腊哲学的做法,把文化区分为"形式"和"质料"两个方面,或者说是"形式"和"内容"两个方面。这一区分的意义在于:一种文化的精神可以看作是它的"内容",而这种精神以怎样的具体内容表现出来,则属于"形式"。这样一来,文化的继承性体现在其"内容"方面,而其创新性则体现在它的"形式"方面。"内容既具有形式于自身内,同时形式又是一种外在于内容的东西。"④因此,初步可以判定,如果把传统文化看作是基本的文化"内容",那么在生产方式转化后,传统文化应该被赋予新的"形式",但其"内容"保持不变。举例来说,中国传统文化中有"仁"这一范畴。"仁"的精神或"内容"是指在与他人相处中,应从道德正义出发,而不能从个人的私利出发。但是,在"形式"上,古代人和现代人在如何实现"礼"的具体做法上可能会有差别。古代人见面时采取"敬礼"的方式表达长幼尊卑的伦理之情,而现代人则用"握手"来表达伦理之情。古代人在婚礼上采取"拜天地"的方式表达天地道义之恩爱,而现代人则通过"相互誓言和承诺"来表达忠贞爱情。古代人祭祀的时候采用"烧纸"的方式,而现代人则采用"献

---

① 习近平:《决胜全面建成小康社会 夺取新时代中国特色社会主义伟大胜利——在中国共产党第十九次全国代表大会上的报告》,北京:人民出版社,2017年,第26页。

②《马克思恩格斯文集》(第1卷),北京:人民出版社,2009年,第500页。

③《马克思恩格斯全集》(第1卷),北京:人民出版社,1995年,第220页。

④ [德]黑格尔:《小逻辑》,贺麟译,北京:商务印书馆,1980年,第280页。

花"的方式表达哀悼之情。总之,古代和现代在文化精神的"内容"上虽然是一致的,但是在表达"形式"上却是有差别的。这样我们就能够理解传统文化创造性转化的真实含义了。

进一步说,在价值观先导的意义上,我们首先明确的是要对传统优秀文化持肯定的态度,不能因时代发生了变化而抛弃传统优秀文化。其次在传统文化创造性转化的问题上,应该辨析哪些传统文化是优秀的。这就需要价值观先导。怎样评判传统文化也是一个价值观的问题。因此,传统文化的创造性转化就需要明确何谓"优秀"的价值观标准。一般来说,传统文化在其精神的"内容"方面都是经得起检验的,因而就其精神实质来说,传统文化都出自"人性善"这一前提。孟子曰:"人性之善也,犹水之就下也。人无有不善,水无有不下。"[①]所谓优秀当然是指这些文化的"精神实质"是"向善"的,因而具有持久性并且应该被传承。相对于优秀来说,也有"糟粕"。我们曾经提出"取其精华,去其糟粕"作为对待传统文化的态度。毛泽东曾说:"中国教育史有人民性的一面。孔子的有教无类,孟子的民贵君轻,荀子的人定胜天,屈原的批判君恶……诸人情况不同,许多人并无教育专著,然而上举那些,不能不影响对人民的教育,谈中国教育史,应当提到他们。"[②]传统文化中的"糟粕"指的就是"形式"上的落后。比如,中华传统文化中的"父母在,不远游,游必有方"。在封建农业社会,"远游"无法实现孝道,因而"不远游"才是孝道的践行,是美德。然而,在现代社会,随着社会交往、社会生活范围的扩大,以及交通、通信工具的发达,原来的"不远游"显然不符合时代特征,发达的交通和通信甚至把地球变成了"地球村"。因此,作为价值观先导,主要是要抓住传统文化中"优秀"的"内容"。这种"内容"赋予时代的新的"形式",就构成了传统文化"双创"的价值观先导程式。

3. "双创"中的社会主义核心价值观先导

传统文化的"双创"价值观先导,具体应该落实在社会主义核心价值观上。因此,社会主义核心价值观是"双创"价值观先导的灵魂。社会主义核心价值观是在中国特色社会主义建设实践中概括、总结和凝练出来的。社会主义核心价值观的 12 个范畴,是以马克思主义的共产主义价值观为指

---

① 兰州大学中文系孟子译注小组:《孟子译注》,北京:中华书局,1960 年,第 254 页。
②《毛泽东文集》(第 7 卷),北京:人民出版社,1999 年,第 398 页。

导,充分继承了传统文化价值观,又吸收了人类文明优秀价值观的基础上形成的。在传统文化价值观实现"双创"的过程中,要紧紧围绕社会主义核心价值观,以此作为价值观先导来完成"双创"。

社会主义核心价值观首先是"社会主义"的价值观,因而是服从共产主义总价值观的。这就意味着,12 个范畴都是以"社会主义"作为价值观的根本性质。每一个范畴都在"社会主义"的意义上被理解,而不是在传统的封建农业自然经济生产方式上被理解。比如,"诚信"这一价值观在当代社会主义市场经济条件下,涉及的是"利益观""财富观"上的诚信,而不是传统伦理意义上的诚信。传统社会中,因为没有进入商业社会,更多的是农业生产关系中的伦理关系,因而"诚信"主要是指人和人之间的"伦理关系",而当代进入市场经济后,"诚信"则主要涉及的是人和人之间的"利益关系"。这样一来,虽然同样是"诚信"价值观,但是在古代和在当代就具有了不同的"形式",而其"内容"却是相同的。因而,"诚信"价值观就实现了对传统价值观的"扬弃",亦即创造性转化和创新性发展。也就是说,同一个价值观却被当代赋予了不同的特定内容。这是由当代的社会主义市场经济这一生产方式所决定的。在社会主义核心价值观中,"诚信"是和社会主义联系在一起的。正是为了更好地建设社会主义,建立公平正义的社会主义生产关系,国家才提出了"诚信"价值观的问题。

四、对待西方文化的"互鉴"价值观先导

对待传统文化需要有价值观先导,对待西方文化仍然要有价值观先导。而且,对待西方文化的态度更应该有价值观先导。因为文化是有意识形态性的,这在中西方文化关系中体现得最为明显。总体来说,西方主张资本主义的文化,而中国坚持社会主义的文化,这是两种意识形态根本对立的文化价值观。当然,承认中西方文化的意识形态性差异,并不等于否认中西方文化中存在非意识形态性因素,而且这些非意识形态性因素是超越意识形态对立的。也正是因为有这些非意识形态性因素,才使得中西方在文化上能够形成"交流互鉴"。这一点在列宁那里得到了印证:"马克思主义这一革命无产阶级的意识形态赢得了世界历史性的意义,是因为它并没有抛弃资产阶级时代最宝贵的成就,相反却吸收和改造了两千多年来人类

思想和文化发展中一切有价值的东西。"①但是，鉴于前文提到的，即便是非意识形态性的文化因素，也总会被渗透一些意识形态性的因素，因而在对待西方文化方面，必须重视价值观先导的问题。

1. 各民族文化"不分高低优劣"的文化观

文化包括思想、语言、科学等抽象的"符号"形态，也包括法律制度、风俗习惯等"实体"形态。不同民族文化之间人们会不自觉地要进行比较。当一个民族遇到另外一个民族文化的时候，总会有一种新奇感，甚至是不可思议感。如果我们翻看思想史，那么可以看到各个民族在思想理论上有很多相似之处，又有很多不同之处。但是，似乎存在一个人类的思想所指向的共同的方向，哲学上把这个方向称为"真理"。所以，各个民族的思想先驱都是各个民族智慧的象征。今天在思想史上对真理的认识有多种见解，但是大体上也存在相同的地方。以哲学为例，西方哲学探讨"理念""逻各斯""存在""实体""绝对精神"等这些形而上学的对象，而中国哲学也探讨"天道""性命""道德""伦理"等形而上学的对象。中西方哲学虽然有差异，但都是以不同的方式来探讨那些形而上学的对象，各有各的长处。中国哲学比较注重内在的"直观"和"体验"，而西方哲学比较注重"逻辑"和"推理"。人类在认识真理的时候，"直观体验"和"逻辑推理"虽然是两种不同的方式，但重要的是，两者不能互相替代，直观体验代替不了逻辑推理，而逻辑推理也离不开直观体验。正如康德所言，"思维无内容是空的，直观无概念是盲的"②。这样，直观体验和逻辑推理共同构成了哲学的两种不同思维方式。

以中国医学和西方医学的关系为例，同样可以看到两种文化的共性与差异。中国医学的基础是中国哲学，西方医学的基础是西方生物科学和解剖学等。因此，中国医学应该归属于哲学系列，而西方医学应该归属于自然科学系列。这样，两者看起来是不同的，并且指向了人类的不同学科归属，一个是哲学，一个是科学。哲学的特征是寻求形而上学对象的绝对真理，因而采用辩证法的方式；而科学的特征是寻求事物的原因，因而采用的是线性因果思维方式。"哲学与科学的区别乃在于范畴的变换。"③一个

① 《列宁选集》（第4卷），北京：人民出版社，2012年，第299页。

② ［德］康德：《纯粹理性批判》，邓晓芒译，北京：人民出版社，2004年，第52页。

③ ［德］黑格尔：《小逻辑》，贺麟译，北京：商务印书馆，1980年，第48页。

是辩证法,一个是因果思维,这是人类的两大类型思维。虽然中国医学使用辩证思维,西方医学使用因果思维,但二者都是人类认识世界的思维方式,缺一不可。在这个意义上,两种思维都存在弊端,同时又有其优势,不可替代。

以上情况说明,各民族的文化既有各自的优势和长处,也有各自的劣势和短处。这些长处和短处、优势和劣势都是就不同文化之间的"某一个方面"而言,因而是"相对"的而非"绝对"的。这些优势和劣势也只是在特定的情况下才表现为优势和劣势,而不是绝对意义上的优势和劣势。这样,我们可以得出的结论是,不同民族文化之间存在差异,但这差异并没有"高低优劣"之分,只是代表人类认识世界思维方式上的差异,不同民族文化代表着一种不同的把握世界、认识世界、改变世界的方式。这些方式虽然不同,但却是不可替代的,因而每一个民族的文化都是充满自己的特殊性而不可替代的。这样,人类各个民族文化之间才能够相互借鉴。"对于学说,仿世界各大学通例,循'思想自由'原则,取兼容并包主义……无论为何种学派,苟其言之成理,持之有故,尚不达自然淘汰之运命者,虽彼此相反,而悉听其自由发展。"①我们所提出的中西方文化"互鉴"也是在这个基础上才是可能的。如果不同民族的文化之间彼此完全一致,那就不需要"互鉴"了。因此,互鉴是以"差异"为前提的,并且"差异"没有高低优劣之分,而是思维方式的不可替代的差别,因而才彼此需要。

"文化观"本身也是一种价值观。文化如果存在高低优劣之分,那么就会直接导致文化歧视。恩格斯认为"经济上落后的国家在哲学上仍然能够演奏第一小提琴"②。如果说文化是人的存在方式,而且这种存在是置身于他自己民族文化的传统之中,那么对一种文化的歧视也就是对一种文化的"否定",这也就等于在"存在论"的意义上否定了该文化所孕育的民族。因此,这种文化歧视会进一步导致种族歧视。这一点在西方文化中有一定的体现,一般被概括为"文化优越感"。举例来说,黑格尔虽然是世界公认的大哲学家,但是在《哲学史讲演录》中,他在对哲学史进行梳理的时候,就明显没有给予中国哲学和印度哲学相当的重视。黑格尔仅仅在"导言"部分提到了中国哲学和印度哲学,并且认为这两种哲学没有达到西方

---

① 高平叔编:《蔡元培全集》(第3卷),北京:中华书局,1984年,第271页。
②《马克思恩格斯选集》(第4卷),北京:人民出版社,2012年,第612页。

所谓的哲学标准。因为在他看来，哲学必须以逻辑的方式存在，这是典型的"逻辑中心主义"。因此，在《哲学史讲演录》的正文中，他根本没有提及中国哲学和印度哲学。如果黑格尔这一著作的名称为"欧洲哲学史"，那么应该是比较准确的。否则，他就是将世界上其他国家和民族的哲学排除在哲学史之外。究其实质，是因为黑格尔认为只有欧洲才有哲学，而其他民族至多有一些哲学思考，而没有什么真正的哲学理论上的贡献。但哲学是一个民族文化的核心。黑格尔自己也承认这一点，即哲学是一个民族文化的灵魂，一个民族没有哲学，就如同"庙里没有神"一样。因此，这实际上等于宣布其他没有哲学的民族没有自己的存在论基础。黑格尔的这一做法显然是错误的。

2. 中西方文化"交流互鉴"的价值观先导

习近平总书记在谈到对待中西方文化的态度时提出了"交流互鉴"的价值观。他指出，世界各个国家和民族都有自己的文化传统，文化是历史的传承，因而文化不是人们可以按照自己的好恶主观上随意选择的，文化作为人类精神生命的安身立命之本，是在历史中逐渐形成，并世世代代传承下来的。每个国家和民族的文化中都有一些涉及人类生存的共性问题。是否承认不同的民族文化之间应该交流互鉴？交流互鉴的基础是什么？交流互鉴是否可能？为什么要交流互鉴？怎样交流互鉴？等等，这一系列问题都需要价值观先导。价值观先导的重要意义在于，它力图避免陷入某种"文化偏见"，因而在不能达到文化上的彼此尊重的前提下，直接断绝了文化交流互鉴的可能。前文列举的黑格尔把中国哲学和印度哲学排除于哲学史之外，这本身就包含着一种"哲学偏见"，这种"哲学偏见"会导致无法进行哲学上的沟通与对话，因而文化的交流互鉴也就不可能。

文化的交流互鉴是人类进入世界历史的存在方式。马克思曾经肯定过资本主义的一个贡献，就是促进了"历史向世界历史的转变"[①]。在世界历史的意义上，各个国家和民族之间必然要交往，而交往的平台首先就是"文化"。文化上彼此尊重并实现交流，乃是人类作为一个物种的生命意义之所在。在这一点上，人类在文化上的交流互鉴，虽然起源于资本逻辑的扩张，但其存在论意义并非出自这种资本扩张。文化的交流互鉴是实现彼此认同并能够"共存"的基础。交流互鉴的目的就在于：第一，双方通过交

---

① 《马克思恩格斯文集》（第 1 卷），北京：人民出版社，2009 年，第 541 页。

流互鉴达成对彼此文化的"承认";第二,双方从彼此文化中吸收人类的智慧并进一步丰富自己的智慧。

就彼此文化的"承认"来说,这是双方在尚未进入对方文化的核心并予以了解之前,就应该首先确立起来的一种对待文化的态度。在这个意义上,对文化交流互鉴的承认就应该成为"无条件"的行为。因此,对文化交流互鉴本身的承认就构成了一种价值观先导。也就是说,尽管对一个国家和民族的文化还不了解,但首先应该给予其"承认"。这一"承认"不是建立在对对方文化的了解的基础上的。如果是因为了解才给予"承认",这种"承认"就是有条件的了,而文化承认应该是无条件的。这是文化价值观的一条原初法则。因为,一种文化对于一个民族来说是无条件的,是该民族不能自由选择的,所以对一个民族的文化也自然应该予以"无条件"的承认。如果以对该民族文化的了解作为承认的"条件",那么将会出现这样的情况:当不认同或不喜欢该民族的文化的时候,我们将带着自己文化上的偏见去审视该民族的文化,因此必然导致对该民族文化的否定。如果对该民族文化持有否定态度,那么文化交流互鉴就将是不可能的。相反,会采取一种文化上的排斥。因此,各民族文化之间的交流互鉴应该是"无条件"被予以承认的。这也可以看作是文化交流互鉴的一条原初法则。这一文化交流互鉴法则简要概括起来就是这样的命题:不同民族文化之间相互承认不以了解为条件。这条法则应该被视为文化交流互鉴的价值观先导基础。

文化的交流互鉴是为了实现从对方文化中获取智慧,丰富自己的民族文化。每一个民族的文化都是人类文化的组成部分。人类思想史上众多哲学家都探讨过"大同世界"的问题。人类如果建立在对彼此文化的积极承认上,就需要进一步了解对方的文化,而了解对方的文化是进入实质性交流互鉴的过程。前文提到交流互鉴的无条件法则是承认对方的文化不以了解为前提。因此,在不了解的情况下的承认是一种康德意义上的"形式"上的承认。但如果要达到对该民族文化"质料"意义上的承认,就需要深入该民族文化中对其加以了解。实际上,每个民族的文化虽然是丰富的,但不可能是完全无限的。文化的交流互鉴,实际上是打开一个新文化世界的大门。人类精神上的生存空间将被扩大。而且,唯有在文化上形成实质性的认同,彼此才能获得最为可靠的安全感。当然,这要排除把人性视为"恶"的可能。如果把人性视为"恶"的,那么一个人就不应该"交朋友"。因为,最大的敌人就是"朋友",朋友最了解你的内心世界,了解你的性格，了解你的思维方式，等等。因此，一个人的朋友就成了他的敌人，而且是最大的敌人。在这个意义上，如果从不同国家和民族的角度来看，国家之间或者民族之间就不该有交流互鉴。因为，如果有一天想迫害一个民族，只有最了解该民族文化的时候，迫害力才是最大的。因此，如果把人性或民族预设为"恶"的，那么我们就不会承认文化交流互鉴是可能的。相反，从价值观先导的意义上看，我们应该带有这样的信念：每个民族都应该在文化上相互承认并交流互鉴，从而吸收彼此文化的智慧，以便实现人类文化上的共生。

3. 构建人类命运共同体的共同价值观先导

构建"大同世界"是中国古代哲学中早已有之的理想。这从人性论基础上看，同样是基于"人之初，性本善"这一基本价值观前提的。因为，如果我们假定每个民族都是"恶"的，那么人类将无法构建一个"大同世界"。尽管这一理想在现实中的实现是艰难曲折的，但人类还是要持有这一理想，这是人类生存的希望，也是人类智慧的渴望。实际上，马克思的全部努力也是为了实现人类的自由和解放，而这种自由和解放就是他眼中的"大同世界"。马克思构建共产主义的一个直接目的就是：让人类永久地摆脱阶级斗争。怎样才能摆脱阶级斗争？一句话，消灭私有制和阶级。这就是马克思为构建"大同世界"提出的方案，亦即构建共产主义的方案。"它是人和自然界之间、人和人之间的矛盾的真正解决，是存在和本质、对象化和自我确证、自由和必然、个体和类之间的斗争的真正解决。"[①]进入 21 世纪后，习近平总书记提出了"推动构建人类命运共同体"[②]的主张。这是马克思主义在当代的新发展，特别是对马克思世界历史理论的新发展。"人类命运共同体"为当代人类文明新形态贡献了中国智慧。

人类命运共同体当然首先意味着人类应该共同生存。因此，"生存"应该是人类命运共同体的"底线法则"。也就是说，即便是从西方契约论的原则出发，人类也绝不应该把各个国家和民族之间相互冲突，以至于在冲突中不惜灭亡作为彼此之间的"契约"。人类最基本的"契约"应该是

---

① 《马克思恩格斯文集》（第 1 卷），北京：人民出版社，2009 年，第 185 页。

② 习近平：《决胜全面建成小康社会 夺取新时代中国特色社会主义伟大胜利——在中国共产党第十九次全国代表大会上的报告》，北京：人民出版社，2017 年，第 25 页。

大家共同生存下去,而不是把"让别的国家和民族都灭亡,我自己的国家和民族生存下去"作为一条普遍法则。因为,如果这条法则能够作为普遍法则,就意味着每个国家和民族都希望其他的国家和民族灭亡,而自己的国家和民族生存下去,这就必然会发生冲突,以至于没有一个国家和民族能够生存下去。因此,从逻辑上看,"让别的国家和民族都灭亡,我自己的国家和民族生存下去"绝不能成为一条普遍法则。这条法则中包含着"悖论",也就是说,这条法则主观的出发点虽然是让自己的国家和民族生存下去,但最终导致的却是任何一个国家和民族都无法生存下去。因此,每个国家和民族就必定要作出这样的承诺:让自己的国家和民族生存下去,同时不妨碍其他国家和民族生存下去,实现人类的共同生存。这一条规则是可以作为普遍法则的,也是能够保证全人类共同生存下去的普遍法则。

按照这一法则,人类命运共同体就获得了最基本的价值观承诺,西方契约论者把这一契约论的法则称为"自然法则"。自然法则是"正确理性的指令,它为了最持久地保存生命的可能,规定了什么是应该做的,什么是不该做的"①。因此,人类命运共同体首先要承诺每个国家和民族都应该共同生存下去。这是一条最基本的法则,因而也是"底线法则"。这条法则实际上所包含的价值观就是人类共同的价值观——人类应该生存下去,而不是灭亡。这样,"人类共同生存下去"这一人类共同的价值观,就应该成为人类命运共同体首位的价值观先导。

进一步看,怎样才能共同生存下去呢?这就需要在"利益"上相互支持。因为,如果在利益上相互争夺,那么必将导致矛盾的发生,进而引发冲突,而大规模的冲突就是战争。因此,人类的冲突就在于,没有在利益上形成共同的价值观。一般来说,人类历史经历过多次各种规模的战争。在一个国家内部的战争被称为阶级斗争,在国家之间的冲突才被称为战争。战争的目的是保护自己的利益。因此,战争都是从利益冲突开始的。当然,因文化引发的战争也有,但基本上其背后仍然是利益的冲突。国家之间的战争如果形成了联盟和集团,就会出现一些国家对另一些国家的战争,这就是世界大战。人类历史上,经历了两次世界大战。世界大战本质上都是由资本主义的矛盾引起的,因而都可以看作是资本逻辑使然。

① [英]霍布斯:《论公民》,应星、冯克利译,贵阳:贵州人民出版社,2003年,第15页。

　　因此，为了避免战争，哲学家们总是试图寻求"永久和平"。康德就是典型，他想要一个根据"一个民族的人们的国家公民权利"和"世界公民权利"而建立起来的体制，并利用"国家之间相互关系的国际权利"①，来保证主权国家的和平。马克思也是如此。马克思主张暴力革命，但是他所主张的暴力革命是为了最终彻底消灭暴力革命。无产阶级革命最终的目的是实现人类的永久和平。这和康德的目的相同，但方法不同。可见，如果建立人类命运共同体，各个国家和民族就必须在利益上达成共识，而不能陷入冲突。这就需要彼此承认对方的利益，尤其是"核心利益"。因为，这条"利益承认"原则，是从"共同生存下去"这一普遍价值观中演绎出来的。正是为了保证"共同生存下去"这一普遍价值观的实现，人类才决定各个民族应该在利益上达成共识。这就有了人类命运共同体思想所提出的"合作共赢"②。"合作共赢"是在利益层面上各民族国家的共同价值观，因而应该成为处理国家之间和民族之间利益关系的价值观先导。"合作共赢"是人类命运共同体在利益关系上的基本法则，因而是在利益关系上达成的共同价值观。当然，利益关系上的共同价值观，并不意味着每个国家的利益都是一致的，而是说，彼此要承认和尊重对方生存的利益关切。唯有"合作共赢"才是这一关系得以保持下去的普遍法则。

　　最后，人类是文化的存在。前文提及的两条普遍法则实际上本身就构成了人类的文化。共同生存下去在动物那里是自然本能规定下来的，如动物生态系统的自我运行，保证每个物种持续生存下去。但是，对于人类来说，则需要"理性"的介入才能保证上述两条普遍法则的实现。理性可以限制彼此的冲突，当然也可以限制彼此的利益冲突，因而"理性"对人类物质利益冲突的制约能力，表明人类是文化的存在。但是，进一步说，构建人类命运共同体还需要文化本身的价值共生，这一点前文已经提到过。不同国家和民族都有自己的文化传统，但彼此之间"交流互鉴"基础上的"求同存异"则是文化价值观的共同法则。因此，在"文化"的意义上，"求同存异"构成了人类命运共同体的普遍法则。这三条普遍法则可以被视为构建人类命运共同体的价值观先导。

---

① [德]康德：《历史理性批判文集》，何兆武译，北京：商务印书馆，1990年，第105页。

② 习近平：《决胜全面建成小康社会 夺取新时代中国特色社会主义伟大胜利——在中国共产党第十九次全国代表大会上的报告》，北京：人民出版社，2017年，第58页。

五、"文化自信"中的价值观先导

对待传统文化和西方文化，从中国的角度看最终应该落实在"文化自信"上。十九大报告中提出了"四个自信"[①]，其中，习近平总书记指出，文化自信是最基本、最深沉、最持久的力量。由于历史的种种原因，特别是近代鸦片战争以来，在西方文化传入中国及西方的殖民侵略之下，部分中国人形成了一种文化自卑的心理，甚至出现了文化上的"崇洋媚外"心态。这种文化心态对于国家和民族来说是十分不利的。因为前文提到，文化是一个国家和民族的"存在论基础"。如果在文化上失去了自信，那么就意味着国家和民族失去了"自我认同"，因而等于否定了自己存在的意义。这必然会陷入一种文化虚无主义，而后导致的是民族虚无主义、国家虚无主义。这对实现中华民族伟大复兴来说是十分不利的。正是在这个意义上，文化自信的价值观先导至关重要。

1. 文化"自我认同"中的价值观先导

文化自信的实质是文化的"自我认同"。按照康德的说法，在道德律问题上，可以区分为"自律"与"他律"。同样，在自信问题上，可以区分为"自信"与"他信"。所谓"他信"是指，一个国家和民族的文化，当它被别的国家和民族所认同的时候，而产生的对自己文化的"认同"。所谓"自信"是指，不通过别的国家和民族，自己对自己的文化直接产生的认同。多数情况下，自信是相对于"不自信"而言的。"不自信"也包含两种：一种是自己对自己文化产生的不认同；另一种是因为别的国家和民族对自己文化的否定而产生的不认同。以下我们分别加以分析。

自信就是自己对自己国家和民族文化的直接认同，不通过与别的国家和民族文化的比较，也不通过其他国家和民族对自己文化的认同而认同。这种意义上的文化自信我们可以称为"绝对的自信"。因为，这种自信既不需要在比较中确立，也不需要被他人认同，而是自己对自己的直接认同。这种文化自信应该说是最可靠的自信，因为它是直接产生的。比如，欣赏

---

① 习近平：《决胜全面建成小康社会 夺取新时代中国特色社会主义伟大胜利——在中国共产党第十九次全国代表大会上的报告》，北京：人民出版社，2017年，第64页。

自己国家和民族的文化，而直接产生认同。这种情况一般在自我封闭的条件下才存在。比如，古代中国和世界其他国家没有特别多的交往，因此其文化自信没有被作为一个"问题"提出来，而且根本不是问题。如果文化自信是直接地产生的绝对自信，那么这种自信就不需要价值观引导，也不需要作为讨论的对象，其原理就是自己对自己的直接认同。

相反，对自己文化的不自信，也可以是直接的不自信，即不通过与其他国家和民族文化的比较，而直接地否定自己的文化。这种情况比较少见，只能在其人生观的先天特质中寻找根源。因此，我们相应地可以把这种对自己国家和民族文化的直接否定称为"绝对的不自信"。对于这种绝对的不自信，也不需要价值观先导，或者说，即便施以价值观先导也几乎没有效果。因为凡是直接形成的东西，就不会给后天论证和修正的机会。因此，这种绝对的不自信也不在价值观先导的范围内。

这样，我们首先把以上两种情况即"绝对的自信"和"绝对的不自信"都排除在价值观先导的范围之外，剩下的就是"他信"和"他不信"的意义上的自信和不自信的问题了。以下我们分别加以分析。

在他信中建立起来的自信包括两种。一种是通过与别的国家和民族文化的比较，从而对自己文化产生的认同。前文指出，文化没有高低优劣之分，但不同的民族文化之间有差别。因此，自信不意味着对其他国家和民族文化的否定，而是不放弃自己的文化。这样，文化自信就不是在比较中产生的"优越感"而形成的文化认同，而是在"理性"基础上产生的认同。20 世纪 90 年代"爆发了全球的认同危机，人们看到，几乎在每一个地方，人们都在问'我们是谁？''我们属于哪儿？'以及'谁跟我们不是一伙？'"[①]。因此，文化自信是建立在理性基础之上的，而不是感性上的喜欢不喜欢的问题。"优越感"实际上是一种坚持文化存在高低优劣之分的价值观。这种价值观前文已经进行过分析了，并指出了其的错误。既然文化没有高低优劣之分，那么文化"优越感"本身就是一种错误的价值观。因而，建立在"优越感"基础上的文化自信，也就不能被视为真正的文化自信。但这种情况是最常发生的，如有人因为在和别国文化的比较中产生一种"优越感"而自信，这实际上不是真正的自信。

既然不是因为"优越感"，那么是因为什么而产生自信的呢？乃是因

---

① ［美］塞缪尔·亨廷顿：《文明的冲突与世界秩序的重建》，周琪等译，北京：新华出版社，1998年，第 129 页。

为在比较中形成的对自己文化的"理性认同"。这种理性认同不排斥其他国家和民族文化的合法性，而是能够正确认识自己文化对自己国家和民族存在的根基性。因此，是出于"理性的尊严"而形成的认同，也是对自己文化生命价值的认同。在此种文化自信中，需要建立一种价值观先导，即自己文化尊严的神圣性。在与他国文化的比较中，我们往往容易首先带着一种寻找"优越感"的心态。因此，价值观先导就是要用理性的价值观消除这种寻找优越感的心态。因为这种优越感有时候是出自对国家和民族的爱，但其往往导致的是"民族狭隘主义"。因此，需要对其加以价值观的引导，以便消除这种优越感。当然，消除文化优越感不适用于当他国文化试图对我们自己的文化进行"攻击"的时候。当遇到他国文化对我们自己的文化进行攻击的时候，对方的想法往往是建立在文化"优越感"基础之上的，而不是理性分析的基础之上。因此，我们不必陷入对方文化逻辑的圈套中，而应该确立一种"交流互鉴"的价值观先导。否则，当两种价值观"对骂"的时候，就都陷入各自的"优越感"中去了。

第二种他信不是在和其他文化的比较中建立起来的，而是通过别国对自己文化的认同而产生的。这种认同是有条件的，是通过别国对自己的"肯定"而形成的。因此，这种认同是需要价值观先导的。因为，通过他国对我们自己文化的认同而产生的自己对自己文化的认同，这是和人们的"虚荣心"相关联的。"属于爱虚荣的人的每样东西，都是世界上最好的。"①因此，这种文化自信也不是理性的文化自信。当然，这并不排除他国文化对自己文化的肯定而使自己获得的一种自豪感和荣耀感，但是不能把这种荣耀感和自豪感直接等同于文化自信。如果只是因为他人对自己文化的自信而自信，那么这种自信并没有深入自己文化的认同中，而是停留在了"虚荣心"中，因而这种自信也是不稳固的。一旦他国对自己文化不认同，自己就失去了文化自信的依靠。所以，对于这种因"他信"而形成的"自信"，是需要价值观先导的。这种先导的意义就在于去掉他国对自己认同而产生的"虚荣心"。

2. 提升"文化软实力"中的价值观先导

提出"文化自信"，一个现实的原因是当代世界对约瑟夫·奈提出的"文化软实力"的重视。这是西方文化世界提出的概念，但在中国经常被使用，因此这本身就是文化交流互鉴的产物（交流互鉴如果不恰到好处或缺

---

① [英]休谟：《人性论》，关文运译，北京：商务印书馆，2009年，第342页。

少价值观先导，可能会被误认为是"西方文化殖民"。这一问题我们留在下一小节中专门讨论）。"文化软实力"有两个预设，一是把"文化"作为一种"实力"来看待。因而，文化是某种工具意义上被使用的东西。二是把"实力"看作是和他国相竞争的一种力量。对于这两种意义上的文化软实力需要加以分析，即究竟这一概念所表达的文化价值观是否正确。这样，"文化软实力"的提升就需要一种价值观的引导。

在第一种意义上，文化作为一种"工具"因而成为"实力"，这可以被理解为是因为文化上的自信或文化带来的精神力量，而导致一个国家和民族社会生活的各方面都具有生命力。如果在这个意义上使用文化软实力这一概念，是值得肯定的。文化软实力表明人类的精神文明可以变成物质力量，正如马克思所说的"理论一经掌握群众，也会变成物质力量"①。因此，文化自信和文化提供的精神力量，会使全部的社会生活充满生机和活力，如建构了良好的社会秩序和道德风尚，建构了良好的崇尚科学艺术的精神生活，建构了崇高的理想信念，等等。这些文化要素能够为人们的社会生活提供坚强的精神力量，因而可以称其为"文化软实力"。在这个意义上，文化软实力的提升是需要有一种价值观作为先导的。这就是对文化的"精神性价值"的认同。同时因为这种"精神性价值"能够带来"物质的力量"，因而称其为"文化软实力"。

在第二种意义上，文化被视为资本逻辑的"符号"，因而文化软实力是在与他国的竞争中所形成的文化上的强大优越感而带来的资本扩张的能力。这样，文化软实力背后的价值观则是资本扩张的利益驱动。对于这种文化软实力的提升，其价值观前提显然是错误的，因而需要价值观先导。价值观先导的意义在于，使人们对文化软实力的理解转变为第一种而放弃第二种。因为第二种是直接和资本逻辑的扩张相关的，这种文化软实力除了作为一种"工具"带来资本扩张及利润剥削外，还会进一步导致"文化殖民主义"的产生。

3. "文化殖民主义"批判中的价值观先导

"文化殖民主义"特指资本主义国家为了实现资本向其他国家的扩张，用其文化符号作为遮挡"资本逻辑"的侵略本性而采取的一种文化价值观渗透行为，从而使其他国家的民众因文化价值观的引导而达到对资本逻辑

---

① 《马克思恩格斯文集》（第1卷），北京：人民出版社，2009年，第11页。

的接受和认同。因此，文化殖民主义充当了"遮丑布"的功能。资本扩张的方式有很多，可以是直接的赤裸裸的扩张，如殖民统治时期，直接入侵被殖民的国家。但是，这种赤裸裸的殖民显然是以暴力压制和强迫为手段的，因而需要付出巨大的成本。20世纪下半叶，亚非拉兴起了殖民地国家的民族解放运动，中国建立了社会主义制度。因此，殖民扩张时代宣告结束。然而，资本扩张的本性并不会改变，仍然在寻找新的扩张方式。正是在这个意义上，出现了和殖民扩张不同的方式，其中文化殖民主义是一种典型的方式。

文化殖民主义是打着"普世价值"的幌子来从事文化殖民的。"占统治地位的将是越来越抽象的思想，即越来越具有普遍性形式的思想。因为每一个企图取代旧统治阶级的新阶级，为了达到自己的目的不得不把自己的利益说成是社会全体成员的共同利益，就是说，这在观念上的表达就是：赋予自己的思想以普遍性的形式，把它们描绘成唯一合乎理性的、有普遍意义的思想。"[1]文化殖民的直接目的是对一个国家和民族文化的否定，用资本逻辑主导的文化占领原有的文化空间。文化殖民一旦成功，被殖民的国家就自然接受了这种文化所掩盖的资本入侵体系。这种文化就仿佛是毒品一样，人一旦吸食，就完全受制于它而不能自拔。资本逻辑的文化提供了一种迎合人性中的贪婪、享乐、放纵等非理性因素的文化符号（作品）。因此，当人们在这种文化符号中能够体验到人性中这些非理性要素带来的快感时，就自然依赖于这种文化价值观下的资本逻辑。按照马克思的说法，"作为资本家，他只是人格化的资本。他的灵魂就是资本的灵魂。而资本只有一种生活本能，这就是增殖自身，创造剩余价值，用自己的不变部分即生产资料吮吸尽可能多的剩余劳动"[2]。资本本身就是资本家贪欲的结果。托·约·登宁在《工联和罢工》中写道："资本害怕没有利润或利润太少，就象自然界害怕真空一样。一旦有适当的利润，资本就胆大起来。如果有10%的利润，它就保证到处被使用；有20%的利润，它就活跃起来；有50%的利润，它就铤而走险；为了100%的利润，它就敢践踏一切人间法律；有300%的利润，它就敢犯任何罪行，甚至冒绞首的危险。如果动乱和纷争能带来利润，它就会鼓励动乱和纷争。"[3]因此，"资本来到世间，从头到脚，

---

① 《马克思恩格斯文集》（第1卷），北京：人民出版社，2009年，第552页。
② 《马克思恩格斯文集》（第5卷），北京：人民出版社，2009年，第269页。
③ 《马克思恩格斯全集》（第23卷），北京：人民出版社，1972年，第829页。

每个毛孔都滴着血和肮脏的东西"①。殖民文化的特征就是引导人们进入非理性的快乐中。如果再进一步，殖民文化就上升为"普世价值"。

文化殖民主义宣扬"普世价值"本质上是为资本逻辑开辟道路的。资本逻辑主导的文化一般是以宣扬人的个性和解放、自由和民主、公平和正义为特征的。这些文化价值观在虚幻的构造中提供了一个"理想"的世界。但实际上，这些"普世价值"仅仅是抽象的人性论。在现实中，这些价值观是无法实现的。因此，马克思批判资本主义意识形态的虚假性。②对于当代中国来说，资本主义的殖民文化已经产生了很大影响。一方面对传统文化造成了冲击，另一方面对社会主义文化直接造成了负面影响。因此，对文化殖民主义的批判，是价值观治理的一项重要工作。对此，我们必须坚持马克思主义的价值导向，坚持文化交流互鉴而非文化殖民的价值观先导。文化殖民主义和文化交流互鉴两者有本质的区别。文化殖民主义是以资本扩张为目的的，因而具有侵略性；而文化交流互鉴则是在彼此文化承认的基础上的相互学习和借鉴。前者是非法的，而后者则是不同国家文化共存并相互借鉴的价值观先导原则，因而是合法的。如前所述，如果在文化交流互鉴的意义上使用"文化软实力"的概念，那么是为构建人类命运共同体提供价值观基础。如果是被动地接受这一概念，并认同文化殖民，则使用"文化软实力"这一概念就成为资本扩张的手段。例如，我们经常提到西方在和其他民族国家交流对话时总是事先"设置议题"，旨在用西方的文化和价值观主导交流和对话的取向，并且认为西方文化优于其他民族国家的文化，这是典型的"西方中心论"立场。如果我们跟随这些议题就等于承认了"西方中心论"，并进入其文化逻辑体系，这属于文化殖民主义。

需要说明的是，并不是所有的西方资本主义世界的文化都是为"文化殖民"而创造的。我们不排除西方文化中合理的文化，这符合我们一贯坚持的原则，即各个民族各自特色的文化存在权。但是，殖民主义文化的本质在于，该文化具有虚幻性和掩饰性，实际上含有一种侵略性。这种殖民不是以往的领土主权意义上的殖民，而是一种"精神殖民"，用流行的词来说就是"洗脑"。因此，在批判文化殖民主义的时候，应该以马克思主义作为价值观先导，从而揭露文化殖民主义的真相。

①《马克思恩格斯文集》（第 5 卷），北京：人民出版社，2009 年，第 871 页。

② 参见《马克思恩格斯文集》（第 1 卷），北京：人民出版社，2009 年，第 552—553 页。

第四章 "公平正义"的社会价值观先导

　　人类生存活动中最基础性的活动是生产劳动，创造物质生活资料。但是，每个人都无法自己满足自己的物质生活资料，因而必然需要和他人共同进行生产，并且形成分工。于是，就出现了两个问题：第一，谁来生产什么？第二，生产出来的产品如何分配？这两个问题合起来体现的即是马克思所说的"生产关系"。上述两个问题带来的矛盾，因此被称为社会生产关系上的矛盾。为了解决这两个问题，哲学家们展开探讨，形成了"公平正义"的问题，而这些问题的思想理论就构成了"政治哲学"。因此，关于公平正义的问题实际上是政治哲学的基本问题。在不同的社会生产关系中，对公平正义的理解是不同的。那么，社会主义国家应该怎样理解公平正义呢？这一问题涉及社会和国家的稳定。所以，公平正义作为一种价值观，就应该构成一个社会关系内部调整的方向，这就表明社会发展进步需要以公平正义作为价值观先导。但问题在于，何谓公平正义，何谓社会主义的公平正义。社会主义国家是马克思主义理论的实践产物，因而社会主义国家的公平正义来自马克思的共产主义理论。但中国特色社会主义是把马克思主义的公平正义价值观与中国的具体社会实践相结合的，因而形成了中国特色社会主义公平正义价值观及其先导原理。本章我们首先从整体上探讨"公平正义"的社会价值观先导，然后再分别分析马克思的公平正义价值观和中国特色社会主义的公平正义价值观。

一、"公平正义"的社会价值观先导总论

　　提出"公平正义"的社会价值观先导，主要解决以下几个问题。首先，坚持社会主义"公平正义"的社会价值观先导，就是要批判西方"公平正义"价值观的虚假性。其次，要分析社会主义"公平正义"社会价值观先导的唯物史观基础。最后，要分析"公平正义"社会价值观先导蕴含的辩证张力。

1. 西方"公平正义"价值观的虚假性

公平正义并非天赋人权，仅仅是资产阶级内部的公平正义，而非资产阶级和无产阶级之间的公平正义。西方从柏拉图的《理想国》开始，便追求"正义"，并把这一价值观作为构建理想国家共同体的价值观基础。然而，从西方法哲学思想史看，哲学家们都是从抽象人性论开始，在法理上确立公平正义这一价值观的理论基础。应该说，这一做法有一定的道理，但是它所存在的问题正如马克思所批评的"人的本质不是单个人所固有的抽象物，在其现实性上，它是一切社会关系的总和"①。马克思一语道破了西方抽象人性论对公平正义价值观做法的唯心论本质，这些抽象的公平正义的价值观无法在现实中被确立起来，因而至多充当了资产阶级剥削的"遮丑布"。

按照柏拉图的说法，何谓正义？正义就是每个人做他所应该做的工作，把自己该做的工作做好，就是公平正义。比如，农民把地种好，就是正义；护卫者把国家护卫好，就是正义；统治者把国家治理好，就是正义。如果每个社会角色都不把自己分内的工作做好，那就是不正义。柏拉图上述对正义问题的定义，看起来十分有道理。然而，这里显然包含着"同义反复"的逻辑错误。等于说，A=A，A就是A。A≠A，A就不是A。这种对正义价值观的抽象定义，并不能改变现实社会中的不正义问题。比如，按照柏拉图的上述逻辑，在资本主义私有制社会，资本家把工人剥削好，就是正义；工人把剩余价值创造好，就是正义。因为资本家的本质就是剥削，而工人的职能就是创造剩余价值。所以，柏拉图对正义的界定，无法改变现实社会中存在的不公平、不正义问题。再比如，抽象人性论认为"私有财产神圣不可侵犯"。但在现实资本主义社会中，资本家以一种资本主义制度的形式来剥夺工人创造的剩余价值，这本身就是侵犯工人私有财产的行为，但是在这种制度下，"侵犯"却被掩盖了。凡此种种，都清楚地表明，西方抽象人性论对公平正义价值观的界定，无法改变资产阶级现实社会中存在的不公平、不正义问题，因而只是一种意识形态策略，是"虚假的公平正义"。由此可以得出结论：我们倡导"公平正义"的社会价值观先导，就是要在社会治理中克服抽象人性论的做法，回到历史唯物主义的意义上来实际地实现社会主义社会的公平正义。

---

① 《马克思恩格斯文集》（第1卷），北京：人民出版社，2009年，第501页。

　　坚持"公平正义"的社会价值观先导，就是要反对和批判西方资本主义私有制基础上的虚假的公平正义。西方契约论是虚假的公平正义，市民社会是利益的角逐场。资本家和工人之间不存在公平正义。西方政治哲学从近代英国开始就提出了"契约论"的思想，以此来解决社会的公平正义问题。这一契约论思想在英国哲学家霍布斯的《利维坦》、洛克的《政府论》，法国启蒙哲学家卢梭的《社会契约论》中都得到了系统的论述。在德国古典哲学家康德和黑格尔那里，也被作为一种实现共同体公平正义的政治方案给予了一定程度的肯定。尽管各个哲学家对契约论的具体看法都有所不同，但至少有一点是相同的，这就是他们都坚持认为，人类社会应该从最初的"自然状态"逐渐转变为"社会状态"，而为了使人类进入社会状态，就需要通过"社会契约"的方式来建立共同体。这是契约论的一条基本信念。在契约论者看来，在自然状态中，人类社会存在着利益竞争和冲突，正如霍布斯所说的"每一个人对每个人的战争"[1]。为了摆脱这种从个体利益出发的无限制的战争状态，就需要借助"理性"，来寻求凌驾于所有个体之上的"公意"，每个个体都把自己生存的权利让渡给这一作为"公意"代表的"第三方"，从而形成真正的国家共同体。这样，在契约基础上所建立的"第三方"就是国家。它是共同体普遍利益的代表，从而可以保护每一个共同体的成员免受其他人的侵略，这便是社会正义的实现。

　　实际上，西方的契约论仅仅在资本家统治阶级内部建立起了貌似契约的关系，这就是西方的民主政治形式。多党执政和三权分立，看起来是一种契约关系，但实际上在竞选中根本不是通过契约达成的共识，而是在背后资本力量的推动下建立起来的政权统治资格。这种政权的统治资格更不是资本家和工人之间通过契约建立起来的，因为资本家无法与工人达成剥削与被剥削关系的共识。这就表明，在现实的资本主义制度下，国家及其政权根本不是按照契约原则建立起来的。契约仅仅是一种理性的假设而已，并被当作西方民主的一种形式。在这个意义上，到处能够看到契约的虚假性。既然契约是虚假的，那么建立在契约基础之上的正义价值观就必然是虚假的。因此，马克思才深刻地批判，认为资本主义的正义只是"资产阶级权利的狭隘眼界"[2]。正义是资本家在分配剩余价值的时候，才想到的一

---

① [英]霍布斯：《利维坦》，黎思复、黎廷弼译，北京：商务印书馆，1985年，第94页。
② 《马克思恩格斯文集》（第3卷），北京：人民出版社，2009年，第436页。

条规则，但实际上根本不存在。

真正说来，西方资本主义社会应被称为"市民社会"。这个概念特指资本主义制度之下所形成的社会关系。这里的"社会"并非真正的社会。因为按照马克思的观点，只有共产主义才是真正的"社会"。马克思早在《1844 年经济学哲学手稿》中就指出，共产主义是"人向自身、也就是向社会的即合乎人性的人的复归"①。因此，"社会"在消灭资本主义私有制的条件下才是可能的，而在资本主义制度下，只能是市民社会。这样的市民社会是指在私有制的基础上，每个个体都是独立的个体，因为每个个体都有自己的私有财产。因此，马克思说这是"以物的依赖性为基础的人的独立性"②。这就意味着，在资本主义私有制下，个体根本不是作为真正的"独立的个体"或真正的"自由个体"而存在的，个体总是受制于"物"并依赖于"物"。在这个意义上，资本主义的市民社会显然不是人的自由状态，而是人对物的依附状态。因此，马克思所说的人的自由和解放，首先是指人从"物"的奴役和支配中解放出来，这就需要消灭私有制。唯有如此，人类才能进入真正的"社会状态"。对此，马克思在《关于费尔巴哈的提纲》中明确提出："新唯物主义的立脚点则是人类社会或社会的人类。"③这里的"社会"才是马克思认为的真正的社会。

以上表明，资本主义的市民社会并没有公平正义的价值观可言。在市民社会中，每个人都从自己的私人利益出发来活动，因而都是黑格尔所说的"主观意志"的活动，没有从国家整体利益出发，因此没有与国家的"普遍利益"相一致，个体没有上升为马克思所说的"社会的人"。对于社会公权力来说，也就谈不上正义的问题。因为，当人们从私利出发的时候，就会把公权力变成谋求私利的工具，"公权力"就变成了实质性的"私权力"。如果每个人都把公权力作为实现自己利益的手段，那么就会破坏公权力所代表的正义价值观。市民社会是个人的"逐利场"，为了保证逐利活动不相冲突，市民社会提出了种种"司法权力"。因此在西方的法权体系中，"司法"是第一个环节。正是为了保证私人利益，才出现了以"财产权"为基础的司法体系。黑格尔认为，人的自由意志首先表现在人对"物"的支配关系上，正因为有"物"，人的自由意志才能够实现。但是，这种

①《马克思恩格斯文集》（第 1 卷），北京：人民出版社，2009 年，第 185 页。
②《马克思恩格斯文集》（第 8 卷），北京：人民出版社，2009 年，第 52 页。
③《马克思恩格斯文集》（第 1 卷），北京：人民出版社，2009 年，第 502 页。

司法却无法深入对社会生产关系的批判，因而没有看到生产关系本身的不正义性。概言之，只要是在私有制生产关系的条件下，即便建构了完善的司法体系，也无法实现公平正义。正是因为这一点，马克思才要回到私有制的"前提"，对私有制展开"前提批判"，从而才能为寻求社会的公平正义打开新的空间。在这个意义上，社会主义"公平正义"的社会价值观先导就是要帮助我们澄清私有制下市民社会公平正义的虚假性，并引导我们发现超越私有制市民社会的真正的社会公平正义的光明前景。

2. 社会主义"公平正义"社会价值观先导的唯物史观基础

坚持"公平正义"的社会价值观先导，就是要明确社会主义公平正义的唯物史观基础。马克思最反对的就是从抽象人性论出发来讨论公平正义问题。当然，这一抽象人性论并非完全错误，而是说，这些抽象的公平正义的"大道理"必须落实在具体的社会历史中，落实在生产关系中才是有意义的。按照唯物史观的原理，资本主义私有制本质上就是一部分人剥削另一部分人的制度，私有制直接蕴含着一种反人性的基因，特别是在把人和动物加以比较的时候，往往把动物世界的生存法则理解为"丛林法则"，坚持适者生存和优胜劣汰的原则。但实际上，动物世界并非没有界限的世界，也就是说，这一丛林法则也是有界限的。比如，一种动物的食物范围基本是固定的，因此该动物不会超出它自己的食物范围来获取其他物种的食物。同样，动物的生命节奏也是相对固定的，候鸟的迁徙、种群的繁殖等，都有比较固定的时间和节奏。这样，在动物的食物链之间的生态关系是自我保持平衡的有机整体，每个物种都在自己特定的位置上而不僭越。这就是说，动物世界虽然是按照丛林法则来生存的，但仍然是有界限的。

然而和动物相比，人的生命活动的界限却是不断扩大的，以至于失去了界限。因此，如果在人类社会中采用生物学的丛林法则，那么这种法则必然会带来人类这一物种的毁灭。因为今天的人类能够凭借核武器毁灭自身。在资本逻辑的体系中，当各个民族国家之间发生激烈竞争的时候，可能会爆发世界大战，这是人类自我毁灭的最大风险。实际上，当代世界之所以充满矛盾，最重要的原因就是资本主义国家在资本逻辑下所形成的霸权主义、零和博弈的国际生态。这就意味着，资本主义私有制是制造人类内部冲突的制度，因此这一制度本身就是对公平正义的挑战。无论是在资本主义国家内部的两大阶级之间，还是在国际之间，这一制度始终都是以追求自己的私利为目的，从而破坏公平正义的。这就是说，资本主义私有制本质上是要把丛林法则运用到人类社会中，因此是公平正义的"天敌"。正是因为对这一制度弊端的反思，马克思和恩格斯才创立了历史唯物主义。

历史唯物主义抓住了一点，即必须把公平正义的问题放在社会生产关系领域加以理解。或许，这已经不再是公平正义的问题，而是通过消灭私有制使公平正义不再成为问题。因此，艾伦·布坎南在《马克思与正义》中就指出，马克思的理论中已经不存在公平正义的问题了。原因是，公有制取代私有制之后，在这样的社会中，根本已经不存在公平正义的问题。简言之，这样的社会已经没有不公平、不正义的可能。那么，马克思的理论中真的没有公平正义的问题吗？显然不是，而是把公平正义问题直接落实在了公有制的生产关系中，所以在这一生产关系之下就不再有公平正义的问题了。这一生产关系表明，共同体的全体成员对物质生活资料和生产资料"普遍占有"，这一普遍占有才是公平正义的彻底解决。尽管个体之间是有差异的，人们的认知能力和劳动能力都有所不同，但是只要能够"各尽所能"就是公平正义。因此，在马克思看来，公平正义的问题已经把个体性差异扬弃，而不追求社会财富占有问题上的"绝对公平"。正是因为这一点，马克思批判了拉萨尔的"按劳分配"的观点，认为不能以个体对社会共同体付出的多少来获得社会上属于自己的那一部分财产，否则，建立在个体和社会共同体"交换关系"基础之上的平等关系会因为个体性差异而重新陷入不平等，即实行多劳多得、少劳少得仍然不是公平正义。只有超越个体性差异，同时必须超越个体主观性导致的"逃避劳动"等违背公平正义的错误观念，这一理想的公平正义才是可能的。否则，在公有制条件下，如果个体不能"各尽所能"，而是"躲避劳动""消极怠工"等，就仍然是对共同体的破坏，因而也是违背公平正义的。

公有制的生产关系为公平正义提供了经济基础，其内涵还包括不同的历史阶段公平正义的内容是不同的。社会主义制度只是在总体上为实现公平正义提供了保障。但是，社会发展总是具体的历史展开过程。在不同的历史阶段，公平正义的内容也是不同的。因此，历史唯物主义的公平正义之所以不同于抽象人性论的公平正义，就在于公平正义是随着时代和历史条件的变化而不断变化的。首先以所有制为例说明这一问题。社会主义刚刚建立时，显然无法完全彻底地实现公有制，因为还有一部分资本主义残余存在，或者说，还不可能把公有制作为经济制度的完全因素，此时就不能用完全的公有制来衡量公平正义问题。只要还存在着个体和私营的经济成分,在生产资料占有问题上就无法实现完全意义上的"普遍占有",由此决定了分配制度也会有相应的形式。在社会主义刚刚建立起来的情况下,公平正义问题显然无法达到马克思所说的共产主义高级阶段的"各尽所能,按需分配",因此还必须"按劳分配",以此作为公平正义的评价标准和尺度。这些都表明,公平正义是具体的、历史的而非抽象的,每个历史时期公平正义的标准和尺度都是不同的。社会主义公平正义的社会价值观先导,就是引导人们认识到,在社会主义初级阶段,社会不可能完全实现马克思所说的公平正义,不可能实现"按需分配",因此要引导公民通过自己的劳动来获得相应的社会报酬,这才是公平正义。

3. "公平正义"社会价值观先导蕴含的辩证张力

公平正义的社会价值观先导,要引导中国社会认识到社会主义公平正义的有限性和渐进性,从而避免用共产主义理想的公平正义来衡量当代社会的公平正义,不致使人处处感觉到社会没有公平正义,进而对社会、对国家产生不满。公平正义如果在财富占有和分配问题上提出来,那么这一问题本身就会特别复杂。全部社会生活中最核心的就是财富分配问题。由于生产和分工是在不同领域中展开的,在产品交换过程中就会出现分配正义问题。不同的社会分工,就其为创造"使用价值"的活动来说,它们之间是不存在交换可能的,因为一种生活资料取代不了另一种生活资料。比如,柴米油盐取代不了住房医疗,工业取代不了农业,政府管理取代不了工厂企业,等等。各行各业的分工都在创造着不可替代的使用价值。因此,各个分工之间无法相互取代,各自的使用价值都是绝对的。然而,这些分工却又不得不和个人所获得的物质生活资料相关联,因此必须借助"交换",个人才能实现对不同生活资料的占有。正因如此,才出现财富分配问题上的公平正义问题。然而,在市场经济规律的作用下,为了能够实现不同使用价值之间的交换,就必须在不同的使用价值之间做出一般性的价值标准,以便使交换成为可能。这就是作为"一般等价物"的"货币"出现的原因。

绝对地说,分工和所获得的报酬应该是脱钩的,也就是说,不能因分工的不同而导致报酬的不同。"报酬"这一提法本身也应该被扬弃。毋宁说,所谓的"报酬"应该变成共同体成员应得的物质生活资料。这部分物质生活资料不是个体通过对共同体的付出而获得的"报酬"，而应该着眼于共同体成员的生活需要，即马克思所说的"按需分配"，因而不应该作为"报酬"而存在。然而，在社会主义初级阶段，这种绝对的公平正义是无法实现的。因此，退而求其次就必须通过"按劳分配"的方式以"报酬"的形式，使个体获得物质生活资料。在获取报酬的过程中，个体的报酬是以"一般等价物"为媒介进行"交换"获得的，这样随着经济运行过程中多种因素的参与，正如亚当·斯密所说的经济规律背后有一只"看不见的手"，交换就具有了诸多的不确定性，因而无法实现真正公平正义的"等价交换"。特别是在供求关系发生变化的情况下，价格的变动、通货膨胀等各种因素介入之后，必然使"交换价值"发生变化，进而导致分配中的"报酬"并不一定和所付出的"劳动"保持完全的均衡关系。在这种情况下，实际上按劳分配已经存在着失去公平正义的可能性。正是针对这种可能存在的"报酬"和"劳动"不能等价的情况，公平正义的价值观先导才有其存在的必要，其目的是针对这些不可避免地失去的公平正义，通过进行价值观上的调节和引导来确保社会制度的稳定性。而且，这种看上去并非完全公平正义的分配方式，因为被共同体成员接受其有限性而依然作为公平正义的尺度得到维持和坚守，这是个体不得不为共同体所作出的必要退让。否则，一味地寻求公平正义，社会分工将无法稳定地保持，共同体的生产活动也就无法得到稳定的维系。

　　在共同富裕的问题上，同样需要公平正义的社会价值观先导。在小康社会全面建成之后，公平正义的社会价值观先导为进一步实现共同富裕奠定了坚实的基础。历史唯物主义的根本原则是反对抽象，任何社会发展的问题及社会主义建设的全部问题，都应该随着社会历史条件的变化而变化。公平正义的社会价值观在其中所发挥的作用就是"调节性"的先导功能。显然，改革开放之初，社会生产力比较低下，共同富裕问题暂时不会被提上日程。因此，实现共同富裕是一个历史过程，而不是一蹴而就的事情。"一部分人先富起来"，是以"共同富裕"为目的的。这就是说，"一部分人先富起来"注定是要被扬弃的，这是由社会主义的本质所决定的。正如邓小平所说，如果贫富差距过大，就不是社会主义。因此，在中国特色社会主义进入新时代，全面建成小康社会实现之后，"共同富裕"的问题才历史性地出场，并被提到国家治理和社会治理的日程上来。

　　共同富裕直观上给人的一种错觉显然是财富在"量"上的等同。在这个意义上，"共同富裕"被多数人质疑，认为是不可能的，这是最明显的事实。基本上没有人会认为，所有人在财富的占有量上会完全相等。除非在共产主义高级阶段，当共同体成员普遍占有社会财富的时候，才会完全消除量的差别。因此，共同富裕这一概念，就可能在相当长的一段时间里，都仅仅是作为一种社会主义的"理念"而存在。因此，公平正义的社会价值观先导就不能把实现共同富裕看作是马上就会实现的事情，以免人们因追求共同富裕而产生盲目的不平等心态，甚至出现"仇富心态"，或者把暂时存在的贫富差别视为完全不合理。唯物史观始终坚持，一种理想的社会生活总是要经历一个历史过程才是可能的。这就意味着共同富裕在社会主义初级阶段还不可能是财富占有量上的完全相等。只要还存在着"按劳分配"这一基本分配原则，财富占有量就不会完全相等。

但是，也不能因为消除贫富差别是一个长期的历史过程，就放弃共同富裕的理想，这也是公平正义的社会价值观先导所应该确立的原则。共同富裕是一个"在路上"的现实展开过程，因此国家在社会治理方面，就要始终坚持共同富裕的原则以尽可能地保证公平正义。共同富裕是实质上的公平正义，但也需要在社会治理的程序和社会治理的各种规则中，把共同富裕作为一条调节性的原则贯穿其中，从而使共同富裕的理想在当下的社会治理中作为一种价值导向实质性地发挥它的作用。

二、马克思的公平正义社会价值观

马克思反对资本主义制度的一个根本原因，从生产关系上看就在于这种生产关系存在着剥削。这种剥削的结果是，一部分人无偿占有了另一部分人的劳动产品，以至于被剥削的人无法生存下去，因而必须通过革命，废除这种制度。可见，在马克思看来，剥削这件事绝不是好事，而是应该加以废除的。那么，进一步追问，为什么"剥削"是不好的呢？我们向前追溯，乃是因为，这种剥削使一部分人无法活下去。另外，这种剥削违背了"人生而平等"这一基本的价值观预设。因此，剥削就意味着这种生产关系是不平等的。在政治哲学的意义上，剥削就是不正义的，不符合公平正义的价值观原则。对于动物来说，不存在公平正义的问题。但是，对于人类来说，则存在公平正义的问题。或者说，公平正义的问题，只是对于人类来说才"成为问题"。因而人类是"社会性存在"，即马克思对人的本质的定义："人的本质不是单个人所固有的抽象物，在其现实性上，它是一切社会关系的总和。"①因此，我们就必须理解，什么是社会，这是理解公平正义的基础。

1. 马克思的"社会"概念

马克思早在《1844年经济学哲学手稿》中就提出了"社会"这一概念。他指出，共产主义"是人向自身、也就是向社会的即合乎人性的人的复归"②。言外之意，在资本主义社会包括前此以往的社会形态中，人类还没有真正进入"社会性"的存在方式中。而且，马克思明确把自己提出的"社会"概念，和资本主义私有制下的"市民社会"这一概念严格区别开来。他在《关于费尔巴哈的提纲》中指出："旧唯物主义的立脚点是'市民'社会；新唯物主义的立脚点则是人类社会或社会的人类。"③这样，要理解马克思的"社会"概念，就必须将其与资本主义的"市民社会"这一概念加以比较。

市民社会这一概念是欧洲近代以来，随着资本主义的兴起而提出的一个概念。因此，市民社会这一概念是诞生于资本主义私有制背景之下的，其本质必然是和资本主义私有制直接相关的。黑格尔在《法哲学原理》中，对伦理实体的分析包含三个环节，即家庭、市民社会和国家。这三者在黑格尔的体系中构成了理解国家伦理共同体的"正反合"关系。正题是家庭，反题是市民社会，合题是国家。所以，国家可以看作是家庭和市民社会的辩证统一。家庭是以情感作为伦理基础的，黑格尔认为这是"以爱为其规定"④，而市民社会则是对家庭的否定。市民社会就是每个个体走出了家庭，进入了社会生产关系和利益关系中。因而，市民社会首先是以"物质利益"为媒介而发生的功利关系。在这里，爱的原则消失了，变成了彼此之间的利益关系。但是，市民社会里也包含着矛盾，即每个人的利益虽然是主观的，但是每个人不得不和他人发生关系，在和他人的关系中来获取自己的利益。这样，在和他人发生利益关系的时候，就出现了矛盾和冲突，但同时又不得不消除这一冲突。如果彼此陷入你死我活的冲突中，那么每个人

---

① 《马克思恩格斯文集》（第1卷），北京：人民出版社，2009年，第501页。
② 《马克思恩格斯文集》（第1卷），北京：人民出版社，2009年，第185页。
③ 《马克思恩格斯文集》（第1卷），北京：人民出版社，2009年，第502页。
④ [德]黑格尔：《法哲学原理》，范扬、张企泰译，北京：商务印书馆，2009年，第199页。

都无法生存下去。因此，市民社会必须重新否定它自己的冲突，而这就需要有化解冲突的第三方力量的出现，这就是国家。所以，市民社会通过否定自身来扬弃自身，从而进入"国家"。以上是黑格尔对市民社会的理解。黑格尔的《法哲学原理》揭示了市民社会的内在矛盾，并且寄希望于国家来解决这一矛盾。因此，他认为市民社会扬弃自身的时候就会上升为国家，最终实现两者的统一。

然而，在马克思看来，黑格尔的这一逻辑体系，看似符合辩证法的"正反合"辩证关系，但实际上并不能实现黑格尔所说的市民社会和国家的和解。在马克思看来，只要把私有制作为社会存在的前提，那么就永远不会使市民社会和国家达成和解。因为，国家是代表普遍利益的，而市民社会代表的是从自己利益出发的个体。"正因为各个人所追求的仅仅是自己的特殊的、对他们来说是同他们的共同利益不相符合的利益，所以他们认为，这种共同利益是'异己的'和'不依赖'于他们的，即仍旧是一种特殊的独特的'普遍'利益，或者说，他们本身必须在这种不一致的状况下活动，就像在民主制中一样。"①因此，只要私有制存在，市民社会和国家就永远不会达成和解。问题显然出在私有制上。正是在这个意义上，马克思提出，如果人类想要真正实现市民社会和国家的和解，就必须废除资本主义私有制。这就是马克思"社会"概念的内涵。概言之，在马克思看来，社会如果成为真正的共同体的社会，就必须要废除私有制，否则就不是真正的社会。

那么，马克思的"社会"概念的内涵是什么？这就需要与马克思的"类本质"概念相关联了。因为马克思在《1844年经济学哲学手稿》中提出"社会"概念的时候，是以对人的"类本质"的承认为前提的。因此，只有"类本质"才有社会性可言。动物之所以不是社会性存在，乃是因为动物没有"类本质"。"动物和自己的生命活动是直接同一的。动物不把自己同自己的生命活动区别开来。它就是自己的生命活动。人则使自己的生命活动本身变成自己意志的和自己意识的对象。他具有有意识的生命活动。"②因此，类本质的根本原因在于"意识"。这种意识还不同于动物的意识，而是能够把自己和自己以外的其他存在者区别开来的意识，即"自我意识"。这种能够把自己和他人区别开来的意识，既能够意识到自己的存在，又能

①《马克思恩格斯文集》（第1卷），北京：人民出版社，2009年，第537页。
②《马克思恩格斯文集》（第1卷），北京：人民出版社，2009年，第162页。

够意识到他人的存在，因而也能够意识到他人是在自己的意识中存在。"人是类存在物，不仅因为人在实践上和理论上都把类——他自身的类以及其他物的类——当做自己的对象；而且因为——这只是同一种事物的另一种说法——人把自身当做现有的、有生命的类来对待，因为人把自身当做普遍的因而也是自由的存在物来对待。"①这样的意识一经出现，就把人类和动物完全区别开来了。正是这种基于自我意识的类本质，才使人类有可能成为"社会性"的存在。

首先，社会性意味着人类对功利关系的超越。人与人之间摆脱了对"物"的依赖，也就是说，人和人之间的关系不是功利关系。马克思认为在资产阶级社会，功利关系从属于剥削关系。如果人和人之间还存在着利益上的交换，甚至需要出卖自己的劳动力而把自己降低为一种资本家的"工具"，那么人就不再是社会性的人。正是在这个意义上，马克思认为人和人之间应该超越这种功利关系，这样人才能回到他的"类本质"，否则就处于一种"异化"的状态。

其次，真正的社会性意味着人类自由和解放的实现。因为每个人的自由是一切人自由的条件。这样，社会性就实现了人生而平等的天赋权利。因此，马克思认为，只有在共产主义社会，人才能成为"社会的人"。因而把共产主义界定为它是人"向社会的即合乎人性的人的复归"②。如果从政治哲学的角度看，这种社会性就是真正实现了人与人之间的公平正义的自由关系。但从辩证法的角度看，一旦人类不再受制于功利的关系，公平正义就不再是"问题"了。因而，共产主义意味着公平正义问题的消失。

这是马克思"社会"概念的两个内涵。概言之，其一是人对功利关系的超越，其二是人类实现了真正的公平正义。

2. 马克思"正义观"问题引发的争论

关于马克思的"正义观"问题，是当代中西方学者在马克思的研究中最为关注的问题，它构成了理解马克思政治哲学的核心。从古希腊开始，西方政治哲学就把"正义"看作人类社会的核心问题。柏拉图在《理想国》中就提出："我们建立这个国家的目标并不是为了某一个阶级的单独突出的幸福，而是为了全体公民的最大幸福；因为，我们认为在一个这样的城

---

① 《马克思恩格斯文集》（第1卷），北京：人民出版社，2009年，第161页。
② 《马克思恩格斯文集》（第1卷），北京：人民出版社，2009年，第185页。

邦里最有可能找到正义，而在一个建立得最糟的城邦里最有可能找到不正义。等到我们把正义的国家和不正义的国家都找到了之后，我们也许可以作出判断，说出这两种国家哪一种幸福了。"[①]在这部著作中贯穿始终的一个核心问题就是"何谓正义"。柏拉图开启的以"正义"为核心的政治哲学，构成了西方政治哲学一直到当代西方政治哲学发展的思想脉络的灵魂。因此，当中西方学者去思考马克思的社会批判理论的时候，自然也会按照这一古希腊流传下来的思维方式去理解马克思的理论。于是就出现了这样一个问题：马克思的共产主义理论是否有正义的问题？如果有正义的问题，那么马克思是如何理解正义的？或者说，马克思的正义观是什么？等等。

然而，我们在阅读马克思的著作的时候，却发现了一个特别的现象：马克思很少使用"正义"这一概念，而是直接分析人类社会生产关系的矛盾运动，似乎撇开了正义问题，避而不谈。于是就出现了这一问题：马克思究竟是否有"正义"的理论？围绕这一问题，西方政治哲学形成了两个派别：一派认为马克思的理论包含正义问题；另一派认为马克思的理论不包含正义问题。这就是当代西方"分析的马克思主义学派"的一个著名争论，即"塔克—伍德命题"。

以艾伦·伍德等为一派的学者认为，马克思并没有批判资本主义的不正义问题，马克思没有说过资本主义是不正义的。马克思的政治经济学的秘密在于发现了一种特殊的商品，即劳动力。这种劳动力成为商品，就使资本主义成为可能。因为这种商品的特殊性就在于它能够创造价值，实现价值的增值。这就打破了其他商品之间的交换关系。其他商品进行交换时，货币是和商品的价值相对应的，因而这种交换可以看作是"等价交换"，这是交换的一条基本原则。对于劳动力商品来说，资本家付给工人工资，工人出卖劳动力。这样，从交换形式看，资本家和工人双方是等价交换。马克思揭露了这种表面上看起来是等价交换，但实际上是不等价交换的实质。这就是劳动力商品的特殊性。正是因为这一特殊性，劳动力商品才成为资本的原始来源。显然，在马克思看来，这种交换是不平等的。然而，伍德却认为，马克思并不认为这种关系是不平等的，"依据李嘉图的公式和商品交换的最严格规则，这是一种正义的交换，即'用等价物交换等价物'。剩余价值确实被资本家以不平等的方式占有。但是，在要求

---

① [古希腊]柏拉图：《理想国》，郭斌和、张竹明译，北京：商务印书馆，2009年，第135页。

他以等价物交换等价物的交易中，却并不存在剩余价值。用工资来交换劳动力，这是发生在资本家和工人之间的唯一交换。这是正义的交换，它早在出售生产商品并实现其剩余价值的问题产生之前就已完成。资本家购买了一个商品（劳动力）并支付了它的全部价值；通过使用和剥削这一商品，他现在创造出一种比原先支付的价值还要大的价值。这个剩余价值就是属于他的，而从来不属于任何人的，他不欠任何人一分钱。马克思说："这种情况对买者（即购买劳动力者——译者注）是一种特别的幸运，对卖者也绝不是不公平。'因此，资本占有剩余价值就没有包含不平等或不正义的交换"[①]。因此，伍德认为，马克思提出的劳动力的交换恰好表明了资本主义的交换是平等的。

艾伦·布坎南则认为，马克思是否关心正义的问题，不能简单地从文本中寻找依据，而需要从根本上理解马克思对正义的看法。他在《马克思与正义》这部著作中认为，马克思的共产主义理论中不包含正义的问题。理由是，正义的问题在马克思看来是"资产阶级法权"，也就是说，正义问题只是在资本主义私有制下才成为一个问题。在共产主义社会的时候，正义的问题就消失了。"马克思相信共产主义社会将是一个休谟和罗尔斯所说的（分配）正义环境业已消失，或者已经减弱到在社会生活中不再发挥重要作用的社会。大致上说，分配正义的环境是那些稀缺的条件（conditions of scarcity）——且冲突是建立在稀有物品的争夺之上——使得运用分配正义的原则成为必要。马克思坚信，新的共产主义生产方式将减少稀缺和冲突的问题，以致分配正义原则不再成为必要。"[②]因此，马克思并不关心正义的问题。艾伦·布坎南与艾伦·伍德的观点虽然看起来相同，即都否定马克思的理论中存在正义的问题，但实际上两种观点差别很大。艾伦·伍德是在资本主义私有制的视野下直接把马克思的政治经济学理解为不承认资本主义的不正义，而艾伦·布坎南则更为根本地把握到了马克思对资本主义私有制及其政治哲学批判的实质。不过，艾伦·布坎南的问题在于，对马克思否定"资产阶级法权"概念的正义之后共产主义社会中是否还存在另外一种意义上的"正义"问题没有做进一步分析。

从上述观点的争论中可以看出，马克思的理论和资产阶级政治哲学相比，具有一种独有的正义观。因此，我们不能否认马克思有公平正义观，

---

① 李惠斌、李义天编：《马克思与正义理论》，北京：中国人民大学出版社，2010 年，第 20 页。
② ［美］艾伦·布坎南：《马克思与正义》，林进平译，北京：人民出版社，2013 年，第 74 页。

即便是在阶级消亡、国家消亡、资本消亡的情况下，正义的问题也同样存在，只不过内涵发生了变化。因此，当我们使用"公平正义"这样的概念时，往往容易受资产阶级意识形态的影响去理解公平正义的含义，而实际上，这一概念早已被马克思赋予了新的内涵。在马克思看来，公平正义本身的理论内涵是抽象的，因而不能从单纯的逻辑概念中获得其真正的内涵。资产阶级意识形态所谓的公平正义，马克思认为其是抽象的而非具体的。马克思认为，公平正义的问题应该在具体的社会生产关系中来理解。"工人丧失所有权，而对象化劳动拥有对活劳动的所有权，或者说资本占有他人劳动——两者只是在对立的两极上表现了同一关系——，这是资产阶级生产方式的基本条件，而决不是同这种生产方式毫不相干的偶然现象。这种分配方式就是生产关系本身，不过是从分配角度来看罢了。"①比如，如果我们承认私有制是必然的，那么就自然会得出资本逻辑是客观的这一结论，因而资本家剥削工人也是必然的，是正义的。这就等于把自然界的因果必然性纳入对人类社会的理解中，而不是把自由原则作为理解社会历史的原则。比如，动物界食物链中，动物 A 把动物 B 吃掉了，这不能被看作是不正义的。因为，两者是在同一个食物链中的两个不同位置上，A 吃掉 B 是天经地义的，仿佛 B 存在的目的就是为 A 提供食物一样。动物是在必然法则中生存的，而不是在自由世界中生存的。

　　然而，对于人类世界则不同。在人与人的关系问题上，私有制并不是一个必然性的前提，因为这一前提仅仅遵循着必然性就抹杀了人的自由本性。比如，工人出卖自己的劳动力这并不是一个自由的行为，相反是受必然逻辑支配的行为，即生物学法则。工人如果不出卖劳动力就无法养家糊口，无法谋生。因此，作为"谋生"的活动而出卖劳动力，这显然是受自然必然性法则——以生理规律为基础的生命欲望——这一逻辑所支配。这就等于把人变成了动物，"吃、喝、生殖等等，固然也是真正的人的机能。但是，如果加以抽象，使这些机能脱离人的其他活动领域并成为最后的和唯一的终极目的，那它们就是动物的机能"②。"正因为人是类存在物，他才是有意识的存在物，就是说，他自己的生活对他来说是对象。仅仅由于这一点，他的活动才是自由的活动。异化劳动把这种关系颠倒过来，以致人正因为是有意识的存在物，才把自己的生命活动，自己的本质变成仅仅

---

① 《马克思恩格斯文集》（第 8 卷），北京：人民出版社，2009 年，第 208 页。
② 《马克思恩格斯文集》（第 1 卷），北京：人民出版社，2009 年，第 160 页。

维持自己生存的手段。"①因而，剥夺了人的自由本性。正是在这个意义上，马克思才提出，共产主义的目的就是要使人类从"必然王国"飞跃到"自由王国"。可见，公平正义的问题是一个自由的问题，是建立在自由法则而非必然法则基础之上的。如果这样理解，那么公平正义这一概念的内涵自然就完全不同了。在资本主义私有制下，公平正义这一概念是作为必然性概念来被理解的，而在马克思所说的共产主义社会，公平正义则是作为一个自由范畴被理解的。这是马克思的公平正义观和资本主义公平正义观的本质区别。

3. 马克思公平正义观的历史唯物主义原理

马克思的公平正义观不是抽象的，而是历史的。这些都得益于马克思对历史唯物主义的发现。因为公平正义是在特定的社会历史条件下的公平正义。"希腊人和罗马人的公平认为奴隶制度是公平的；1789 年资产者的公平要求废除封建制度，因为据说它不公平。在普鲁士的容克看来，甚至可怜的专区法也是对永恒公平的破坏。所以，关于永恒公平的观念不仅因时因地而变，甚至也因人而异，这种东西正如米尔柏格正确说过的那样，'一个人有一个人的理解'。"②在资本主义私有制下的公平正义问题，是把生产关系中的私有财产作为标准来加以评判的。比如，私有财产神圣不可侵犯这是一条公平正义的法则。但是，作为一种生产方式来说，这条抽象的法则就失去了它的内涵。因为在私有制下，其本质恰恰就是一部分人侵犯另一部分人的私有财产，即资本家侵犯工人的劳动力。但是，在这种生产关系中，这种本质上违背公平正义的原则却被生产关系所掩盖，即被"工资"和"劳动力"之间的"等价交换"形式所掩盖。实际上，这种交换如果是公平正义的，那么资本家发放的工资就应该等于工人创造的全部价值，而不应该把"剩余价值"留作资本家所有。这样，工资应该和劳动所创造的价值量相对应，而不是和工人的劳动力相对应。因为，劳动力的价值不过就是劳动力作为一个工具而活下来的那部分价值，而不是劳动所创造的全部价值。这样，工资和劳动力的交换就掩盖了一部分人侵犯另一部分人的私有财产的本质。"资本家和工人之间的交换关系，仅仅成为属于流通过程的一种表面现象，成为一种与内容本身无关的并只是使它神秘化

---

①《马克思恩格斯文集》（第 1 卷），北京：人民出版社，2009 年，第 162 页。
②《马克思恩格斯文集》（第 3 卷），北京：人民出版社，2009 年，第 323 页。

的形式。""资本家用他总是不付等价物而占有的他人的已经对象化的劳动的一部分,来不断再换取更大量的他人的劳动。最初,在我们看来,所有权似乎是以自己的劳动为基础的。至少我们应当承认这样的假定,因为互相对立的仅仅是权利平等的商品占有者,占有他人商品的手段只能是让渡自己的商品,而自己的商品又只能是由劳动创造的。现在,所有权对于资本家来说,表现为占有他人无酬劳动或它的产品的权利,而对于工人来说,则表现为不能占有自己的产品。所有权和劳动的分离,成了似乎是一个以它们的同一性为出发点的规律的必然结果。"①可见,资产阶级所宣扬的公平正义的价值观,实际上在资本主义的社会生产关系中不但是不存在的,反倒恰好是违背公平正义的。正是在这个意义上,马克思才提出,公平正义的问题应该在历史唯物主义的生产关系中来加以理解。

马克思对资本主义的公平正义的批判,最初是在哲学的意义上展开的,但是很快就转向了政治经济学领域。历史唯物主义的政治经济学首先批判的是资本主义私有制这一前提。这一点马克思在《1844 年经济学哲学手稿》中提出来了。如果我们设定私有制是人类社会的终极形态,那么由该生产关系必然衍生出来的一切活动就都应该是公平正义的。因为我们没有任何其他的自由和选择,对于那些只能在必然性中存在的存在者来说一切都是必然的,因而也就无所谓正义的问题,无所谓公平的问题了。所谓公平正义,乃是因为在人类具有了自由意志因而可以选择自己的行为的时候,才会出现。如果像动物那样,不能选择自己的行为,那么就不存在公平正义的问题了。如果进一步追问,公平正义的问题实际上是伦理学和道德学中所说的"善恶问题"。"善恶问题"的本质就在于,人类是按照自由法则来行为的,否则,如果只是按照必然性法则来行为,那就无所谓善恶的问题了。因此,"在现今的资产阶级生产关系的范围内,所谓自由就是自由贸易、自由买卖"②,而只有共产主义才能真正实现"自由人联合体"③。

历史唯物主义批判私有制的前提,意味着人类应该选择另外一种生产关系,这本身就是人的自由性所在。在理想的生产关系中,必然能实现这种生产关系对必然性的超越。因此,公平正义必然借助于生产资料公有制

①《马克思恩格斯文集》(第 5 卷),北京:人民出版社,2009 年,第 673—674 页。
②《马克思恩格斯文集》(第 2 卷),北京:人民出版社,2009 年,第 47 页。
③《马克思恩格斯全集》(第 23 卷),北京:人民出版社,1972 年,第 95 页。

才能实现。因为只有在公有制下，公平正义才作为前文所说的自由法则而存在，而不再是作为必然法则被理解了。生产资料公有制是公平正义的客观基础，这是马克思历史唯物主义公平正义观的基本内涵。

三、中国特色社会主义的公平正义价值观

中国特色社会主义公平正义价值观是马克思主义公平正义观和中国具体实践相结合的产物。当然，这种说法也是抽象地说，要想进一步理解中国特色社会主义的公平正义观，还应该深入具体的社会生产关系中。公平正义起初是资产阶级的法权概念，后被马克思赋予了全新的内涵。但是，只有在马克思所说的共产主义社会的高级阶段上，这种资产阶级法权概念的公平正义才会完全消失。因此，在尚未达到共产主义的高级阶段的时候，公平正义就仍然多少带有一些资产阶级法权概念的特征。"我们这里所说的是这样的共产主义社会，它不是在它自身基础上已经发展了的，恰好相反，是刚刚从资本主义社会中产生出来的，因此它在各方面，在经济、道德和精神方面都还带着它脱胎出来的那个旧社会的痕迹。"①但这种公平正义概念是以共产主义为目标的，因而又不完全等同于资产阶级的法权概念。中国特色社会主义的公平正义价值观的特征就表现在这里。

1. 多种经济成分中的公平正义内涵

社会主义制度建立以后，我国的社会生产方式发生了根本变化。马克思曾经把共产主义社会划分为低级阶段和高级阶段。邓小平理论又进一步把中国特色社会主义社会称为社会主义的"初级阶段"，这是历史唯物主义对社会形态划分理论的一个创造性贡献。这一理论表明，即便是社会主义社会，也是一个较为漫长的社会阶段。马克思和列宁都曾经把社会主义社会概括为达到共产主义社会之前的"过渡阶段"，而之所以是过渡阶段，是因为社会生产关系还没有达到共产主义社会的高级阶段。在这种生产关系中，虽然建立了社会主义的公有制经济制度，但是并没有实现完全的公有制经济成分。中华人民共和国成立后，曾经一度想尽快进入共产主义社

---

① 《马克思恩格斯文集》（第 3 卷），北京：人民出版社，2009 年，第 434 页。

会，因此直接按照马克思对共产主义社会的高级阶段的设想来建设社会主义，然而，在现实中却遇到了一定的挫折。这进一步促使邓小平理论重新思考社会主义建设的根本问题。因为生产关系仍然处于过渡阶段，公平正义的内涵就仍然需要加以具体性和历史性的分析。

最初我国实行的是社会主义的计划经济，但是实践证明，完全采取计划经济为时尚早，我们还没有达到共产主义的高级阶段。正如马克思所说的，"无论哪一个社会形态，在它所能容纳的全部生产力发挥出来以前，是决不会灭亡的"①。这一论断是马克思针对不同社会形态更替所讲的一个原理。但是，对于同一个社会形态内部的发展，这一原理仍然适用。也就是说，在没有完全能够实行计划经济的时候实行计划经济，这是违背历史唯物主义基本规律的。因此，公平正义的问题不会在社会主义制度建立之后就立即消失。公平正义问题仍然存在，乃是因为我们在社会主义初级阶段还不能完全实行计划经济。在计划经济的条件下，公平正义的"问题"就没有存在的必要了。比如，每个人的收入都是由国家统一分配的，因而不存在多少之分，这自然是共产主义社会那种实质性的平等。显然，在中国特色社会主义初级阶段，这种完全实质性的公平正义的实现是不可能的。原因是，还需要有其他经济成分的存在。

按照列宁的说法，社会主义社会作为过渡阶段，还不能完全消灭资本主义法权的概念。因而国家的存在还是必要的，这一国家是无产阶级专政的国家。阶级斗争的矛盾已经不是社会的主要矛盾，但这并不等于说阶级矛盾完全不存在了，在一定程度上还存在着，只是不构成主要矛盾了。因此，公平正义就仍然是一种必要的价值观。社会主义国家建立了以公有制为主体、多种经济成分共同发展的经济制度。在这种情况下，就需要对公平正义有具体的理解。从分工的角度看，社会主义初级阶段还不能达到马克思所说的"分工的消灭"。因此，分工所产生的公平正义问题就仍然存在。但是，这种分工中的公平正义问题，是以社会主义国家对分工的客观选择作为公平正义的标准的。这里一方面遵循着市场的规则，符合市场的就是公平正义的。另一方面也遵循着国家对分工确立的客观标准，这一般是通过一个人的教育程度来实现的。通过教育，人们从事的职业得到了分工意义上的划分。这就是中国特色社会主义公平正义在社会分工中的体现。

---

① 《马克思恩格斯文集》（第2卷），北京：人民出版社，2009年，第592页。

　　中国特色社会主义公平正义集中体现在它的分配原则之中。这就是按劳分配为主体、多种分配方式并存的分配制度。分配方式在私人经济那里，其公平正义就是多劳多得、少劳少得、不劳不得的原则。这一原则显然还没有摆脱资产阶级法权概念，马克思也因此批判了这种分配方式。但是，在社会主义初级阶段，这种分配方式就是公平正义的。对于公平正义的问题，在古希腊亚里士多德那里就有过详细的讨论。他把公平正义分为两种，即"矫正的公正"和"分配的公正"①。前者采用算术的比例，后者采用几何的比例。所谓算术的平等是指，抛开个体性差异，每个个体都从共同体那里获得相同数量的财富。所谓几何的平等是说，因人们的个体性差异而获得相应的有差异的收入。在社会主义初级阶段所实行的按劳分配，大体上相当于亚里士多德所说的"几何的平等"。也就是说，人们的个体性差异决定了他在分配中获得财富的多少。比如，个体的劳动能力较强，他所得到的收益也就越多，反之亦然。这种情况就是根据个体差异来相应分配他应得的收益。这种公平正义显然把个体的能力与个体的收益直接关联了起来，但在马克思看来这并不是真正的公平正义。"生产者的权利是同他们提供的劳动成比例的；平等就在于以同一尺度——劳动——来计量。但是，一个人在体力或智力上胜过另一个人，因此在同一时间内提供较多的劳动，或者能够劳动较长的时间；而劳动，要当做尺度来用，就必须按照它的时间或强度来确定，不然它就不成其为尺度了。这种平等的权利，对不同等的劳动来说是不平等的权利。它不承认任何阶级差别，因为每个人都像其他人一样只是劳动者；但是它默认，劳动者的不同等的个人天赋，从而不同等的工作能力，是天然特权。所以就它的内容来讲，它像一切权利一样是一种不平等的权利。"②

　　那么，对于马克思来说，"算术的平等"是真正的公平吗？也不是。因为，马克思指出，真正的公平正义是没有公平正义的问题。这体现在分配方式上就是"各尽所能，按需分配"。每个人从社会中所获取的生活资料的数量，不是根据他为共同体付出的劳动多少来确定，而是根据主体的"需要"来确定。因此，只有以此作为分配的基本原则，人才是自由的。这就是马克思所说的"超越资产阶级法权的狭隘眼界"的真实含义，也是马

　　① [古希腊]亚里士多德：《尼各马可伦理学》，廖申白译注，北京：商务印书馆，2003 年，第 134、136 页。
　　②《马克思恩格斯文集》（第 3 卷），北京：人民出版社，2009 年，第 435 页。

克思的公平正义的真实含义。然而，这样的公平正义在中国特色社会主义初级阶段显然是不现实的。

2. 社会治理中不同民生领域公平正义的关键问题

中国特色社会主义社会治理的主要领域就是通常概括的教育、就业、医疗、住房、社会保障等。这些领域是和广大人民的现实生活紧密联系在一起的，因而社会治理主要的内容就是民生治理。公平正义作为这些领域里的价值观先导，主要针对的就是这些领域里容易出现的不公平、不正义问题。因此，抓住这些具体领域里的公平正义问题，就构成了社会治理的关键问题，针对这些问题的治理就应该对其进行价值观先导。以下以教育和就业为例来分析民生领域中存在的公平正义问题。

教育领域里的公平正义问题是最为重要的。教育的主要功能是立德树人，也就是说，帮助人成为人的国家行为。人不仅有自然生命，还有精神生命，因而我们需要"铸魂育人"。只有通过教育才能传承人类的精神文明，所以教育的第一个功能就是"使人作为人并且成为人"。"人只有通过教育才能成为人。除了教育从他身上所造就出来的东西，他什么也不是。"①教育的第二个功能就是培养能够掌握某种技能，从而使公民能够参与国家的政治、经济、文化等各个领域的生活和工作。"人要运用每一种机能或每一种技术，必须先行训练并经过相当的复习，使各各为之适应。那么，他们在作为一个城邦的分子以前，也必须先行训练和适应而后才能从事公民所应实践的善业。"②也就是说，作为共同体的成员，公民必须承担某种社会职责，完成共同体里的一项公共事业。这一般是以社会分工的形式完成的。教育使公民掌握某种技能，因而就能够作为共同体生产体系和治理体系中的一员履行国家治理职责。

确保教育完成上述两个方面的功能都需要以公平正义作为其价值观先导。就第一个方面来说，公平正义是和"人成为人"有关的。按照西方的说法，人是具有"天赋权利"的，因而"人成为人"或"做人"这件事，在西方就被看作是"天赋人权"。我们不能剥夺他人"做人"的权利。但"做人"是要通过教育才能完成的，因为我们不是"生而知之"，所以只能通过"教育"来完成使"人成为人"的目的。因此，教育的公平正义就体

① [德]康德：《康德论教育》，李其龙、彭正梅译，北京：人民教育出版社，2017年，第6页。
② [古希腊]亚里士多德：《政治学》，吴寿彭译，北京：商务印书馆，2009年，第412页。

现在社会为每个共同体成员提供受教育的机会。而且，这种机会是共同体的"义务"。共同体有义务对其成员加以"教育"，"少年的教育为立法家最应关心的事业"，"教育应该订有规程（法制）以及教育应该由城邦办理"①，以便使其成员成为"人"。因此，国家把教育作为自己对公民应该承担的"义务"就是公平正义。就第二个方面来说，公民作为共同体的成员，就应该为共同体贡献自己的生产能力和管理能力，并以此为条件来获得自己的生存条件。也就是说，一方面，在中国特色社会主义初级阶段，还不能"不劳而获"，每个公民都必须为社会做出贡献，才能从共同体中获得自己的生活所需。而且，这是由共同体中的社会分工所决定的。另一方面，获得某种技能也是个体获得生活资料的必要手段。因此，教育作为获得某种技能的手段，其公平正义就在于处理好国家共同体的生产者和管理者与个体获得自己生存能力两者之间的张力关系。既要为共同体培养"生存主体"，也要为个体培养"谋生手段"。在社会主义国家中，显然共同体利益是和个体利益相一致的，把两者统一起来的基础就是"培养社会主义建设者和接班人"。如果教育培养的是反对共同体或破坏共同体的人，个体仅仅为了自己的利益而接受教育，这就违背了公平正义的原则。因此，教育的公平正义就体现在是否把"培养社会主义建设者和接班人"作为目的。这样，作为公平正义的价值观先导就要把"培养社会主义建设者和接班人"作为其教育理念，从而实现教育的公平正义。

社会治理包括对就业的治理。共同体应该保证每个个体的生存，因此必须创造就业的机会。就业对个体来说是"谋生的手段"。从权利上看，这是个体的生存权。因此，就业方面的公平正义，就是为共同体的每一个成员都提供就业的机会。但是，个体在能力、教育背景、素养等各方面都是有差异的，而且这些差异和就业的类型直接相关联。古希腊柏拉图认为，人的灵魂特征的不同，决定了社会分工的不同。"每个人必须在国家里执行一种最适合他天性的职务。"②比如，国家的管理者应该是懂哲学的，因而被称为"哲学王"。"只有在某种必然性碰巧迫使当前被称为无用的那些极少数的未腐败的哲学家，出来主管城邦（无论他们出于自愿与否），并使得公民服从他们管理时，或者，只有在正当权的那些人的儿子、国王的儿子或当权者本人、国王本人，受到神的感化，真正爱上了真

① ［古希腊］亚里士多德：《政治学》，吴寿彭译，北京：商务印书馆，2009年，第412—413页。
② ［古希腊］柏拉图：《理想国》，郭斌和、张竹明译，北京：商务印书馆，2009年，第156页。

哲学时——只有这时，无论城市、国家还是个人才能达到完善。"①因此，就业中公平正义的第二个层面就体现在是否按照个体的差异来处理就业中的分工。在社会就业的各种条件中，应该把个体性差异考虑进去。否则，如果让一个没有善良意志且品质恶劣的人来担任管理者的岗位，这样的就业就违背了共同体的利益。因为，品质恶劣的人是没有资格掌握管理岗位的公权力，因为他会"以权谋私"或"假公济私"。这样的就业就不是公平正义的。中国古代哲学家也提出，管理者应该修炼自身，因此提出"修齐治平"的国家治理理念，其实质就是社会分工和就业的公平正义价值观先导原理。

3. 公平正义的有限性

中国特色社会主义仍处在"初级阶段"，因此，其公平正义的价值内涵在现实社会生活中的实现程度显然不可能达到完美的状态。也就是说，公平正义还不可能在社会生活中完全实现。本来诞生于古希腊的公平正义观念，在近代资本主义兴起后变成了资产阶级法权的价值观，因而尽管在社会主义初级阶段这些价值观被赋予了新的内涵，但不可否认的是仍然存在着资产阶级法权遗留下来的观念痕迹（比如，在中国特色社会主义初级阶段只能实行按劳分配，还不能实现按需分配）。这就意味着，中国特色社会主义公平正义的价值观在其现实性上不是十全十美的。例如，在各种经济成分之间，社会产品究竟如何分配才是公平正义的。不同行业或产业，其带来的经济效益是不同的。不同的地理位置导致人们生存环境和经济环境也是彼此不同的，而这些经济条件之间的差别直接决定了个体获得社会产品的数量的不同，因而还无法保证社会产品分配完全实现公平正义。这是由具体的社会历史条件所决定的，而不是由国家和社会的制度所决定的。"权利决不能超出社会的经济结构以及由经济结构制约的社会的文化发展。"②因此，这种有限性是一个历史的产物。然而，这往往容易被人们所忽略。人们总是用一种理想的公平正义观来要求现实生活中的每一个社会行为。这样，就会导致对社会治理产生消极不满的情绪，就容易陷入偏激而否定中国特色社会主义制度的真理性。正是在这个意义上，必须进行公平正义的价值观先导。国家和社会治理的目的，就是要使社会生活

---

① ［古希腊］柏拉图：《理想国》，郭斌和、张竹明译，北京：商务印书馆，2009年，第254页。
② 《马克思恩格斯文集》（第3卷），北京：人民出版社，2009年，第435页。

越来越趋向理想的公平正义。如果社会全部实现了公平正义，如进入了共产主义社会，那么公平正义的问题就不存在了。因此，这种接受现实中公平正义的有限性是需要价值观先导的，否则容易产生对社会的不满而反对共同体。

四、公平正义价值观的三个层次

公平正义作为一种价值观，在逻辑上包括三种形态，即机会均等、程序正义和实质公平。这三种公平正义是按照一个统一的逻辑划分出来的，因而涵盖了公平正义的全部逻辑构成。"机会"是指在行为尚未发生之前，存在着使行为发生的可能性条件。"程序"是行为发生的时候，总是按照一个时间上各个行为环节组成的过程而展开。因此，该行为的各个环节之间，分别以怎样的规范被统一地确定下来，就被称为"程序"。"程序"在西方逻辑学的意义上，应该被看作是行为中所经历过的"形式"。"实质"是指构成行为的"内容"。一个行为包含着目的，这些目的最终落实为行为的"结果"。因此，行为的"程序"是行为的"形式"，而行为的"实质"则是行为的"结果"。这样，公平正义就具有了上述三种逻辑形态。

1. 机会均等的价值观

所谓机会均等是指，为某种行为的发生提供一个客观条件，从而能够保证每个行为主体在享有这一客观条件的时候，具有同等的机会。机会是一个事物或行为所以可能的"消极条件"。所谓消极条件是指，一个行为没有这一条件是绝对不能成为该事物的，但有了这一条件，也不一定能够成为该事物。因此，一个事物所以可能的"机会"就是一个事物所以可能的"消极条件"。例如，如果我们要实现教育公平，就必须保证每个适龄儿童、青少年享有接受教育的"机会"（中国实行的九年制义务教育为实现教育公平提供了制度保障条件）。如果没有"机会"而能形成某一事物，这一事物就是自然因果必然性中的结果。因而一切在因果必然性链条中的事物，就全部不需要"机会"，因为它们仿佛是被它们的原因已经"决定"好了的结果。但是，对于人类的行为来说，行为是和人类的"目的"结合在一起的。也就是说，人类的行为总是带着一个"目的"。因此，这一"目的"是行为的原因。然而，"目的"意味着其在时间线上"先于"行为发生。这一点完全不同于自然物。自然物都是由时间线上的"过去"所决定的。因此，必然性链条中的事物都是"被决定"的，对于它来说，是没有所谓的成为它自己的"机会"。因为，"机会"作为一个事物存在的条件，就意味着如果没有这一机会，该事物就不能存在或形成。但必然性链条中的事物是必然存在的，没有不存在的可能，因为它是被决定了的。这就构成了人类行为和一切其他自然事物之间的根本区别。人类的行为是有先行于行为而存在的"目的"作为行为结果的规定性。也就是说，目的就规定了行为的"结果"。这一"结果"是先行于行为而构成行为的"条件"。

正是因为人的行为的目的先行，行为才有了选择的自由，自由的行为就不是必然性所决定的。因此，正是自由的行为为人类的行为提供了"机会"这一空间。在必然性链条中存在的事物是不涉及"机会"问题的，只有在自由意志的行为中才涉及"机会"问题。这样，"机会"就构成了人的行为的消极条件。也就是说，只有在提供了该行为的"机会"的时候，该行为才能够发生，没有"机会"则该行为无法发生。那么，机会从何而来？

一个行为的"机会"，可以是偶然获得的，也可以是由他人或一个他所生活于其中的共同体所提供的。这便是人们常说的"天时地利人和"问题。所谓"天时地利人和"就是一个行为发生的"机会"条件。天时地利人和为一个行为的发生提供了可能，但它们只能被归属于"机会"条件，而不能被归属于行为主体本身的内在条件。天时地利人和为"机会"条件，这实际上就是偶然条件，而不是人为提供的条件。人们往往把天时地利人和理解为一个事物必然发生的充分条件，即积极条件，实际上这是错误的。因为天时地利人和只能是消极条件而不能是积极条件，只有行为主体自身的内在条件才是积极条件。举例来说，虽然一个人某种行为的天时地利人和都具备了，但是因为他个人行为能力的不足，也会导致该行为无法发生。所以，这一"机会"是偶然的而非人为提供的外在消极条件。

另外一种"机会"就是人为提供的，这一般是在一个共同体里才会发生。一个人可以为另外一个人单独提供某一行为的条件，但这归属于个体行为，而不涉及公平正义的问题。只有在一个共同体中，存在着共同体规范的情况下，为个体提供某种行为的"机会"才有了公平正义的问题。因为，公平正义的问题，只有在共同体中才存在。离开共同体，如在契约论者所说的"自然状态"下，即没有契约的情况下，就不存在公平正义的问题。所谓公平正义，是在共同体的普遍规则得到个体共同承认的前提下才是可能的。所以机会均等就意味着，一个共同体应该为每一个个体提供某种行为的"机会"条件，或者说，"社会主义的机会平等试图纠正所有非选择的不利条件"①，在"机会"面前人人平等。

2. 程序正义的价值观

程序正义是当代西方政治哲学提出来的一个概念，而且这一概念被广泛应用于对社会性行为普遍规则的解释中。前面指出，"程序"是行为发生的"形式"，"形式"就是不包含内容而独立地具有的真理，因而也就是"形式的真理"。我们可以看到，程序正义是和"逻辑有效"相一致的。这一点在形式逻辑中表现得最为突出。因此，形式逻辑的有效性是程序正义有效性的原初根据。

在形式逻辑中，逻辑学家们认为，逻辑是保证思维的有效性的基础。比如，我们经常说"某人说话没有逻辑"，或者说"某人说话不符合逻辑"。当我们在否定一个事物的时候，可以不从否定该事物的内容出发，单纯从"形式"上即"逻辑"上也可以否定它。因此，西方一般都把逻辑看作是事物和行为真理性的形式条件，而这一形式条件就是最根本的抽掉具体内容的条件。在形式逻辑中，我们仅仅保证思维"形式"的有效性，而不保证思维"内容"的有效性。比如，在判断"方的圆就是方形的圆"中，这一判断是"分析判断"，谓词"方形的圆"是从主词"方的圆"中按照同一律演绎出来的，因而在形式上这一判断是有效的，因为它符合同一律。但是，这一判断虽然在形式上是有效的，但却不能保证其内容一定为真。方的圆是否存在，我们并不能从这一判断中获得。此外，在三段论推理中也是如此，只要符合逻辑推理的逻辑的格，即推理的形式是有效的，那么推理就必然是有效的。但是，推理的逻辑形式有效并不一定能够保证推理的结论一定有效。因为，在三段论推理中，在逻辑形式有效的情况下，结论是否为真，取决于大前提是否为真。比如，B 包含于 A，C 包含于 B，所以，C 包含于 A。在这一推理中，结论是否为真取决于大前提"B 包含于 A"是否为真。如果"B 包含于 A"为真，结论就必然为真。

---

① [英] G. A. 科恩：《为什么不要社会主义？》，段忠桥译，北京：人民出版社，2011 年，第 27 页。

程序是行为发生的过程形式，可以理解为"过程中的顺序"。一个行为发生总是要经过一系列的过程。因而，过程中的每一个节点就构成了该行为的一个组成部分。这就仿佛把一件东西拆分成若干部分，每一个部分都构成了这件东西的一个部分。比如，我们在进行一次评审时，大概包括以下几个环节：申报通知，材料审核，专家评定，投票推荐等。这些环节就构成了一次评审的全部程序，而程序正义就体现在每一个环节的客观有效性上。比如，是否有人提前以不正当的手段获得了通知？是否经过了客观的材料审核？审核人与申报人之间是否有"回避关系"？评审专家与申报人之间是否有"回避关系"？投票推荐的环节，是否存在拉票行为？等等。这些环节的客观有效性才能保证程序正义。至于经过这些程序正义的环节，最终评审出来的结果是否具有实质性的公平正义，这却是不一定的事情。因为，除了程序之外的"实质"更多体现在受评对象的真实水平中，而"程序"则是抽掉了"实质"之后仅剩下的"形式"的有效性。但是，这些程序正义至少在客观形式上为保证一个行为具有实质性公平正义提供了消极条件。

3. 实质公平的价值观

程序正义的一个基本特征，也是其最容易被诟病的特征是，它不直接关心最后的结果是否是真实的公平正义。它仅仅是保证这个过程本身的公平正义，进而间接地保证了实质性公平正义，因而程序正义是"形式的正义"。当然，形式的正义最终是为了保证"内容的正义"，这一点被称为"实质性公平正义"。所以，程序正义严格来说不是追求正义的最终落脚点，也不是最终的目的。实质性公平正义才是人的行为最终所应该追求的目的。为了保证最终目的的达成，有必要在一个行为的过程中保持程序正义。然而，由于实质性公平正义的解释原则容易出现分歧，在现实中实质性公平正义往往不容易获得确定性的承认。因此，在现实中，人们不得不"退而求其次"，选择"程序正义"作为公平正义的终极或底线的保证。因为，程序作为一种"确定性"的规范，是容易达成清楚明白的认知的。程序一般具有比较清楚明白的"确定性"，并且可以在"形式逻辑"的意义上得到确定的根据，是容易达到的。实质性公平正义因为涉及"内容"，往往需要"辩证逻辑"来加以确定，这样一来，实质性公平正义就不容易被认知，因而也就难以达成实质性公平正义的目的。

实质性公平正义是最为客观的公平正义。所谓实质性公平正义是相对于程序性公平正义而言。程序正义是公平正义的"形式"正义，因此它只是实现实质性公平正义的消极条件。实质性公平正义则是在"内容"上实现的公平正义。应该说，程序正义是为实现实质性公平正义提供条件保障的，但能否实现实质性公平正义，则不仅仅取决于这一形式的条件，还需要在内容上实现公平正义，这才是公平正义的最终目的。公平正义显然涉及"评价"，因此是通过"判断"来确定一件事是否符合公平正义。这样，"标准"就非常重要了。因为一切评判都必须有标准。实质性公平正义往往不能够通过"量化"的方式给予评判，但一旦评判标准无法量化，那么就很难找到客观的评判标准。这也是实质性公平正义的评判为什么是十分困难的评判的原因，程序正义反倒容易被掌握。因为程序正义保证的仅仅是"形式"正义，而不需要保证内容正义。例如，评聘职称的过程中，往往要以"业绩"作为条件。但这些业绩是可以"量化"的，也可以是"非量化"的。不过，通常采取的办法是"量化"。因为，量化意味着确定性。但实质性公平正义的标准是，这些业绩究竟谁的更符合业绩本身的目的。比如，一篇论文是否能够解决一个重大的理论问题或者一个实践问题，应该是对学术业绩的评判标准。但如果仅仅通过发表论文的"数量"来评价，这显然是把公平正义的问题转化为"论文数量多少"的问题了。因此，这一评判的标准不是"实质性"评判，而是"程序性"评判。

实质性评判的困难在于，其评价标准是和内容相关联的。但内容上的评价容易陷入"主观性"的限制中，因而偏离评价的客观性。这在对艺术作品的鉴赏中表现得十分明显。对于同一件艺术作品，不同人的评价会存在差异甚至完全相反。同样，对于同一个学术观点的评价来说也是如此。某人可能认为这是一个十分重要的学术观点，但另外的人可能完全不赞同这种观点。这就导致了实质性评判很难得到客观公正的结果。正是因为实质性公平正义的评判中充满了诸多主观性，很难达到客观上的公平正义，因而人们才"退而求其次"，把程序正义看作我们一切评价工作的可靠依据。但是，实质性公平正义作为真正的公平正义，始终应该被作为公平正义的理念来引导我们去规范自己的行为。日常生活中，人们往往注重程序正义，这实际上是不对的，我们的最终目的是要实现实质性公平正义，因此应该把实质性公平正义作为社会行为的价值观先导。

五、解决发展不平衡问题的公平正义价值观先导

党的十九大提出了"我国社会主要矛盾已经转化为人民日益增长的美好生活需要和不平衡不充分的发展之间的矛盾"[①]。因此，在社会治理的意义上，核心就是要解决社会主要矛盾，而解决社会主要矛盾当然需要各种层面的社会治理，包括教育治理、就业治理、医疗卫生治理等。但是，一切治理都和发展的平衡问题有关。这些治理工作的核心就是要处理好发展的平衡问题。比如，教育发展的平衡问题、医疗卫生发展的平衡问题等。这些发展的平衡问题就涉及公平正义。因为，公平正义本身就是一种衡量社会发展的尺度。习近平指出，"实现社会公平正义是由多种因素决定的，最主要的还是经济社会发展水平"[②]。这样，就构成了如下的社会治理结构：社会任何一个领域的治理，核心就是要解决该领域里的社会主要矛盾；该领域里的主要矛盾就是发展的不平衡。要解决发展的不平衡，就必须建立公平正义的价值观先导。这样，公平正义的价值观先导就构成了社会治理的重要组成部分。

1. 解决发展不平衡问题的机会均等价值观先导

解决发展不平衡问题的第一个价值观先导是机会均等。前文指出，机会是一个行为发生的外部条件。从社会治理的角度看，就是要为社会各个领域中的发展提供均等的机会。机会均等实际上本身就是一种"平衡"。发展中出现的不平衡，往往是由"机会"不均等导致的。任何领域中的发展不平衡都存在着是否能够保证机会均等的问题。机会是由国家和社会为行为主体提供的外部条件。因此，在一个领域内发展的平衡问题首先体现在机会均等上。这是社会公平正义的基本条件。发展的机会是实现发展的外部条件，但发展的机会是由社会提供的。不过，行为主体能否"发现"这一机会或者充分利用这一机会，则是由主体自身所决定的。因此，不能

---

① 习近平：《决胜全面建成小康社会 夺取新时代中国特色社会主义伟大胜利——在中国共产党第十九次全国代表大会上的报告》，北京：人民出版社，2017年，第11页。

② 中共中央文献研究室编：《习近平关于全面深化改革论述摘编》，北京：中央文献出版社，2014年，第97页。

把行为主体因个人的原因而错失社会提供的发展机会看作是机会不均等。这是我们在使用机会均等价值观先导中所应该注意的。在机会均等的意义上，一方面是社会为每个个体平等地提供机会；另一方面需要行为主体自觉地发现机会和利用机会。把自己错失机会当作机会的不均等，这实际上是一种不正当的观念。

发展是和提高生产力及个人从发展中获得的收益相关联的。因此，发展总是意味着经济的增长。人们为什么追求发展？因为"发展是解决我国一切问题的基础和关键"[①]。我们可以把发展理解为一切领域中对人有利的活动。因此，发展就意味着能够为主体带来某种利益。面对利益的时候，不同主体之间就会产生竞争关系。这样，在竞争中能否保证机会均等就显得至关重要。因为，竞争应该是竞争主体间实力的较量。竞争力是竞争主体自身所具有的内在条件。但是，竞争是在社会提供的一种客观机会基础上展开的。因此，对于竞争者来说，能够获得均等的竞争机会，就成为社会公平正义的条件。社会发展倡导公平正义，在发展的平衡问题上就体现为社会能否为竞争者提供均等的竞争机会。比如，我们经常提到的"起跑线"，这一词语就隐含着机会均等的问题。在起跑线这一均等的机会中，最终谁能够成为获胜者，这完全取决于竞争者自身所具有的内部实力。对于发展来说也同样如此。发展的快慢一方面是由发展主体自身的能力所决定的，另一方面则是由社会所决定的，即社会是否能够为发展主体提供均等的发展机会。这是社会治理中机会均等价值观先导存在的必要性。一个良好的社会，就是能够为每一个发展主体提供均等的机会，以便促进每一个发展主体充分展示自身发展能力的社会。

2. 解决发展不平衡问题的程序正义价值观先导

解决发展不平衡问题的第二个价值观先导是程序正义。发展的不平衡还体现在发展过程中对程序的破坏。发展的行为是在社会既定规范和秩序下进行的。发展的目的当然是实现社会政治、经济、文化的进步。人类社会的发展行为不同于动物界的自然法则，发展的行为应该是在一定的规范下进行，不同于资本主义的"弱肉强食"，也不能用"适者生存"的自然法则来推动。发展的行为应该在程序正义的基础上进行。因为违背程序正

---

① 中共中央宣传部编：《习近平总书记系列重要讲话读本（2016年版）》，北京：学习出版社、人民出版社，2016年，第145页。

义，就会导致发展的不平衡。这也是全面依法治国的题中应有之义。社会主义的法治建设就是要保证发展中的程序正义。

20 世纪 90 年代学界讨论效率和公平的问题时，曾经把"效率优先"作为发展的原则。"改革开放以来，面对普遍贫困的社会现实，中国的制度创新和改革，都首先是为了发展经济，解放生产力，实现国家富强、社会富裕和人民生活水平的提高。消灭贫困，发展经济，改善生活，就是改革开放之初最基本的公平正义追求。这主要是从经济领域中来考虑公平正义问题。"①把"效率"放在第一位，提出"效率优先、兼顾公平"，但"随着改革开放发展到新阶段，由种种原因造成的社会不公问题更加凸显出来，社会对公平正义的呼声更加高涨"②。其中，有些人片面地理解了"以经济建设为中心"这一命题的要义，认为只要能够促进经济的发展，即使破坏公平正义也无所谓。然而，事实证明，公平正义同样是提高发展效率的重要因素。社会各个行业之间的竞争应该服从一定的法律和规范，而法律和规范实际上就是"程序"。法律所追求的是实质的公平正义，但是法律更为重视的是形式的正义。"正义不仅应得到实现，而且要以人们看得见的方式加以实现。"③比如，法律强调要以事实为依据。这就意味着对主观目的的忽略。我们不能因为"好心"而实施违法行为，因为法律不把动机作为行为性质的判定依据，法律仅以客观事实作为依据。因此，对于法律来说，符合法律的行为并不一定是实质的公平正义。但是，法律作为保证社会秩序的强制性规范，构成了最高层次的程序正义。因此，对于发展来说，尽管一个行为可能带来经济效率的提高，但如果违背发展的行为规范，也是应该加以批判的。因为发展作为效率的内容虽然可能是实质公平正义，但效率的内容中包含着主观性因素，因而同样应该加以限制。比如，虽然一种发展行为可能带来经济效益的提高，但是如果其违背了法律的规范，这种经济效益的提高也就失去了正义性。因此，我们不能抛开程序正义而单纯追求效率的提高。程序正义作为解决发展不平衡的价值观先导，就是要突破以往"效率优先"的发展理念，从而使发展摆脱单纯效率引发的负面效应，使发展成为公平正义的发展。今天解决社会发展的不平衡，就是

---

① 孙国华主编：《公平正义与中国特色社会主义法治》，北京：中国人民大学出版社，2018 年，第 106 页。

② 孙国华主编：《公平正义与中国特色社会主义法治》，北京：中国人民大学出版社，2018 年，第 107 页。

③ 陈瑞华：《看得见的正义》，北京：中国法制出版社，2000 年，第 2 页。

要把公平正义放在首位，这就需要把程序正义作为发展的价值观先导，规范发展的方向。

3. 解决发展不平衡问题的实质公平价值观先导

解决发展不平衡问题的第三个价值观先导是实质公平。当代提出了"共享发展理念"，"社会主义发展生产力，成果是属于人民的"①。因此，发展的最终目的是要保证社会主义国家的每一位公民都能够享受发展带来的成果。有些地区发展较快，有些地区发展较慢；有些行业发展较快，有些行业发展较慢。因此，一个社会中不同地区和不同行业的发展速度和质量，存在着一定程度的不平衡问题。怎样看待这些不平衡，就需要我们确立公平的价值观先导。

公平的价值观先导应该包含两个方面。一方面，从国家的角度看，应该尽可能地缩小不同地区和不同行业之间发展的差距，从而使发展带来的成果实现共享，这是社会公平的价值观先导的重点。另一方面，从个体的角度看，应该在一定程度上接受这种发展的不平衡，因为社会主义初级阶段还无法完全达到实质公平。无论是地区导致的发展差距，还是行业不同导致的发展差距，实际上都包含着公平的问题，因为地区和行业的差别是由社会分工所决定的。只要存在社会分工，这些地区和行业间的差距就必然存在。但是，问题在于，这些地区和行业的差距如果导致不同地区和行业的人不能共享发展的成果，就是一种不公平的行为。因为地区的差异是客观原因造成的，而由其所带来的发展机会和条件应该属于一个国家的所有人，所以由地区差异所带来的发展差距不应该影响发展成果的共享。比如，对于部分以石油、煤炭、森林等自然资源为经济支撑的地理区域来说，如果区域内的经济收入与其他地区的经济收入存在较大差距，这实际上就是一种不公平，因为自然资源应该是国家所有因而是全民所有的。地理区位优势也存在同样情况。这种地域资源差异导致的收入差异是不符合实质公平的。作为社会主义国家，国家的地理资源应该由共同体的每个成员所共享。

不同行业之间的发展差距存在着公平的问题。比如，金融、石油、煤炭、电信、交通等行业的个人收入，一般来说要比农业、手工业的个人收入要多。这是由行业本身的特殊性所决定的。如果从使用价值的角度看，

①《邓小平文选》（第3卷），北京：人民出版社，1993年，第255页。

各个行业之间是互相不可替代的，这种不可替代性意味着每一个行业都是"无价"的。而且，如果按照实质公平来说，这些行业是不应该因行业本身的特殊性而导致和其他行业在收益上存在差距。因为，每一个行业掌握的都是国家的资源，该行业的发展成果应该归国民共同享有。因行业差距而导致个体之间收益的差距，违背了实质公平原则。这正如马克思所指出的，在共产主义社会，是不存在因分工而导致的收益差距，因为个体的收益是由他们的生活需要所决定，而不是由行业本身的特殊性所决定。马克思强调消灭分工，也就是强调消灭因行业的不同而导致个体收益的差距。这当然是共产主义才能实现的，在社会主义初级阶段很难实现。但是，这并不意味着要放弃对实质公平的追求。实质公平仍然应该作为解决发展不平衡问题的价值观先导。

在社会主义初级阶段，应坚持将实质公平作为价值观先导，同时还要强调的是，不能因行业和地域差距导致的发展不平衡而持有完全反对的价值观。因为，这些地域和行业所带来的差距在社会主义初级阶段是无法消除的。如果因此而产生对社会分配方式的不满，那么也是错误的。

第五章　"敬畏自然"的生态价值观先导

　　生态治理是指，在当代人类生存方式中，生态因遭到了破坏而影响了人类的可持续生存和发展，为了保证人类的可持续生存和发展，在尊重自然规律和生态规律的基础上，以实现人与自然生命共同体为目的，由国家、社会和个人对生态实施有组织、有目的、有计划的改善行为。生态治理不同于生态保护，只是生态保护的一个方面。在生态环境没有遭到破坏的情况下，生态保护就是要保持生态的健康状态，禁止人为的因素破坏生态平衡。如果生态已经遭到了破坏，那么一方面要靠生态自己的修复，另一方面人类应该主动地帮助生态恢复平衡。因此，生态治理的主要内涵就是人类主动采取行动，来修复生态环境遭到的破坏，以保护生态平衡。在生态治理中，人类持有怎样的价值观十分重要。有什么样的价值观，就会有什么样的生态行为。因此，充分发挥价值观在生态治理中的先导功能，具有重要的意义。本章集中讨论生态治理中的价值观先导问题，试图为解决生态治理中的一系列社会矛盾提供价值观先导。

一、"敬畏自然"的生态价值观先导总论

　　从 20 世纪 70 年代开始，西方就意识到了人类社会发展所遇到的来自自然界限的限制，其原因是，"资本是拙于对事物的保护的，不论这种事物是指人们的社会性福利、土地、社区价值观、城市的舒适度、乡村生活、自然，还是指私人的固定资本——包括这种资本的结构"[1]，并且随着资本主义的发展，资本主义制度所固有的矛盾已经超出了人类社会内部，如马克思所分析的阶级和阶级之间的矛盾，而且进一步扩大到了人类和自然之间的矛盾。因此，资本主义制度对于人类造成的破坏，已经不仅仅是对社

---

[1]　[美]詹姆斯·奥康纳：《自然的理由：生态学马克思主义研究》，唐正东、臧佩洪译，南京：南京大学出版社，2003 年，第 503 页。

会内部的诸如公平正义、道德法则的破坏，而且是对人与自然之间的关系的破坏。"资本主义对生产条件的再生产的威胁，并不只是一个利润和积累的问题，同时也是社会与自然环境（人类的生活资料以及人类生活本身）的可生存性问题。"①它把人类整体推向了"反自然"的境地。因此，敬畏自然的生态价值观先导，就是要引导人们在追求物质财富增长的同时，把生态环境保护纳入其中，从而保证人类的可持续生存。同时还要看到当代资本主义破坏生态所带来的诸多困境，思考在社会主义建设中应如何坚持避免违背生态原则的生态治理导向。

生态问题既涉及经济发展问题，也涉及生产关系问题，还涉及生态伦理问题。这三者交织在一起，共同构成了人类和自然之间的总体关系。因此，需要从上述三个方面来探讨人类和自然的关系，以及如何才能够保证人和自然和谐相处，进而保证人类可持续生存和发展。

1. 基于"经济发展"提出的生态价值观先导问题

生态和经济的关系是一对天然的矛盾关系，经济增长要依赖对自然资源的开发和利用，特别是在粗放型经济增长方式下，会消耗大量自然资源乃至破坏生态；反过来，如果要保证生态环境健康，那么最好的办法是尽量减少对自然资源的开发和利用，而这样必然会限制经济的发展。于是形成了生态保护和经济增长的"悖论"。当代是在生态文明建设的背景下实现经济增长，因此处理好这一矛盾就至关重要。

自然能够提供满足人类生存需要的物质生活资料。因此，从自然中过度获取生活资料就必然会对自然造成一定程度的破坏，特别是对于有限的自然资源和不可再生的自然资源来说，因为人类的生存指向可持续地生存下去。"人类按'唯利是图'的原则通过市场'看不见的手'为少数人谋取狭隘机械利益的能力，不可避免地要与自然界发生冲突"②，在这种情况下，经济增长的方式就显得至关重要。"自然界对经济来说既是一个水龙头，又是一个污水池，不过，这个水龙头里的水是有可能被放干的，这个

---

① ［美］詹姆斯·奥康纳：《自然的理由：生态学马克思主义研究》，唐正东、臧佩洪译，南京：南京大学出版社，2003年，第20页。

② ［美］约翰·贝拉米·福斯特：《生态危机与资本主义》，耿建新、宋兴无译，上海：上海译文出版社，2006年，第69页。

污水池也是有可能被塞满的。"①如果经济增长是建立在消耗大量的自然资源的基础之上,那么这种经济增长方式本身就是对自然生态的破坏。"这种把经济增长和利润放在首要关注位置的目光短浅的行为,其后果当然是严重的,因为这将使整个世界的生存都成了问题。一个无法逃避的事实是,人类与环境关系的根本变化使人类历史走到了重大转折点。"②正是在这个意义上,世界各国都在探讨通过科学技术的提高,尽可能充分利用自然资源,使自然资源的效率最大化,从而避免对自然生态造成破坏。这也是当代科学技术发展的一个重要方向。在经济增长中,尽可能提高科技含量,才能避免消耗大量的自然资源,才能营造良好的生态环境。人类社会进入工业文明以来,经济增长方式总体来说是建立在"能源"之上的,工业生产必须依靠能源。因此,科学技术必然是工业文明经济增长方式的关键,可以说"科技是第一生产力"。正是因为科学技术的不断提高,人类利用自然资源的效率也随之提高,这是改善经济增长方式和提高经济增长质量的有效途径。而且,对生态危机的治理也需要科学技术的提高,这是解决生态和经济增长之间矛盾的有效途径。

上述生态和经济增长之间的矛盾不是抽象和孤立存在的矛盾,具体来说总是要落实在生产关系领域。何种生产关系更加有利于人和自然的协调,也构成了社会生产关系建构的一条基本原则。在马克思的历史唯物主义体系中,马克思没有直接关注生态环境的问题,而是仅仅关注了人类社会的生产关系问题。但是,需要强调的是,生态问题已经蕴含在马克思的社会生产关系的构想之中,尽管不是直接的而是尾随而来的。这就是,在公有制的基础上,消灭私有制的无限制的竞争,因此人类就避免了无限地向大自然索取物质生活资料的贪欲,这种共产主义的生产关系在消除人类社会阶级矛盾的同时,也消灭了人与自然之间的矛盾。所以,只要能够消灭私有制,建立共产主义的生产关系,人类社会内部的阶级矛盾就会消除,人和自然之间的矛盾也会消除,正如马克思在《1844年经济学哲学手稿》中所指出的,这是"人和自然界之间、人和人之间的矛盾的真正解决"③。

①〔美〕詹姆斯·奥康纳:《自然的理由:生态学马克思主义研究》,唐正东、臧佩洪译,南京:南京大学出版社,2003年,第296页。
②〔美〕约翰·贝拉米·福斯特:《生态危机与资本主义》,耿建新、宋兴无译,上海:上海译文出版社,2006年,第60页。
③《马克思恩格斯文集》(第1卷),北京:人民出版社,2009年,第185页。

2. 基于"生产关系"提出的生态价值观先导问题

随着生态危机的不断出现，当代西方学界出现了专门对此加以研究的学者，形成了很多与生态问题有关的学派，旨在探讨如何摆脱生态危机，走出困境。这其中，有一学派的观点是比较集中的，也形成了一批著名学者，这就是"生态学马克思主义"。"生态学马克思主义所以是马克思主义的，恰恰因为它是从资本主义的扩张动力中来寻找挥霍性的工业生产的原因的。它并没有忽视阶级结构。"[①]在生态学马克思主义的主流思想中，包含着以下重要的代表性观点。这些学者都在不同程度上继承了马克思主义的观点，特别是对历史唯物主义观点的继承，并且利用历史唯物主义分析了马克思的生态文明思想。这些学者中的大多数人都认为，马克思的社会批判理论包含着生态文明建设的思想，包含着生态文明的基本原则。尽管马克思没有直接论述生态文明，但马克思的理论是和生态相协调的。他们中最著名的观点是，马克思的理论并非生态危机的思想根源。这一观点主要针对的是：有学者指出马克思的理论是"生产力决定论"，认为马克思把生产力的发展看作是社会进步、社会形态更替的动力来源，因此把生态危机的思想根源归结到马克思的"生产力决定论"上。在生态学马克思主义学者看来，马克思的理论并非"生产力决定论"，因为马克思最关心的是生产关系而不是生产力。如何消灭私有制建立公有制的生产关系，才是马克思最为关心的问题。因此，把马克思的理论概括为"生产力决定论"是不成立的。很多学者还引用了恩格斯在《自然辩证法》中的说法，"我们不要过分陶醉于我们人类对自然界的胜利；对于每一次这样的胜利，自然界都对我们进行报复"[②]。每一次人类征服自然、破坏自然的行为，都可能引起大自然的报复。这些都可以看作是马克思主义理论和生态文明相一致的观点。

更为重要的是，生态学马克思主义之所以能够被称为当代西方马克思主义的一个显性流派，是因为他们都站在生态哲学的立场上批判资本主义制度，在批判资本主义制度这一点上他们和马克思是一致的。生态问题的

---

① [加]本·阿格尔：《西方马克思主义概论》，慎之等译，北京：中国人民大学出版社，1991年，第420页。

②《马克思恩格斯文集》（第9卷），北京：人民出版社，2009年，第4页。

解决"主要不是一个技术问题，而是一个改变社会关系的问题"①。严格来说，生态学马克思主义在当代批判资本主义制度方面超出了马克思时代的视野，原因是在马克思的时代生态危机根本没有凸显出来，也就是说资本主义制度对于人类的灾难性后果还没有在人和自然的关系方面呈现出来。因此，这是生态学马克思主义的一大贡献。按照生态学马克思主义的观点，资本主义制度是导致当代生态危机的总根源。"更明确地说，生态学社会主义在理论上是对资本主义生产关系影响或建构生产力的方式的一种批判。同时，生态学社会主义在实践中则是对这些生产力和再生产力的一种批判。"②因为资本主义制度的扩张，以及资本主义国家之间的竞争，必然导致不断进行产业升级、科学技术升级、能源消耗升级等，所有这些都在资本主义追求利益最大化的逻辑中直接指向了自然的界限。"在有限的环境中实现无限扩张本身就是一个矛盾，因而在全球资本主义和全球环境之间形成了潜在的灾难性的冲突。"③可以说，资本主义制度是当代生态危机的罪魁祸首。生态学马克思主义的这些观点是深刻的，也具有当代对资本主义制度批判最为鲜明的视角。

　　相比之下，社会主义制度在处理人和自然的关系方面具有独特的优势。诚然，对于中国来说，在改革开放初期，由于引进西方资本主义国家的资金和技术，也一度在经济增长方式上采用了粗放式和能源消耗式的类型。但这一方面是由中国社会主义建设的底子薄、生产力比较落后所导致的，另一方面本质上是由西方发达资本主义国家在中国生产领域的投资生产所导致的。资本主义国家利用中国丰富的物质资源和廉价的劳动力，在中国投资生产，同时还利用中国庞大的市场，来实现其资本增值的目的。这在客观上必然会造成对自然资源和生态环境的破坏。这也就在根本上表明，中国改革开放初期所形成的对自然环境和生态的破坏，是西方发达资本主义国家资本逻辑的结果，这些国外资金投入生产所带来的大部分剩余价值（利润）被西方发达资本主义国家所占有，中国的生态危机更多的应该是西方发达资本主义国家资本剥削的产物。因此必须看到，中国的生态危机不

---

　　① [美]约翰·贝拉米·福斯特：《生态革命：与地球和平相处》，刘仁胜、李晶、董慧译，北京：人民出版社，2015年，第21页。

　　② [美]詹姆斯·奥康纳：《自然的理由：生态学马克思主义研究》，唐正东、臧佩洪译，南京：南京大学出版社，2003年，第527页。

　　③ [美]约翰·贝拉米·福斯特：《生态危机与资本主义》，耿建新、宋兴无译，上海：上海译文出版社，2006年，第2页。

能完全由中国自己承担，而应该由世界资本逻辑特别是西方资本主义国家承担。这就表明，中国的生态危机不是中国制度所造成的，而是因为中国不得不适应世界资本逻辑并进入世界市场，由发达资本主义国家所造成的。

社会主义制度虽然是以公有制为主体的，但也参与了世界经济体系的形成，并建设成了社会主义市场经济。社会主义制度不仅致力于人的全面发展，而且致力于实现马克思所说的人的自由和解放。因此，这一制度在具体的运行中，必然包含着对人与自然之间关系的考量。这也是对马克思当年对共产主义的思考的继承和延续。人是自然的成员，自然是人的无机的身体，也是人的对象化产物。离开人的生产实践、与人无关的纯粹的自然，是存在着的"无"。"被抽象地理解的、自为的、被确定为与人分隔开来的自然界，对人来说也是无。"①这就表明，马克思从来没有把人与自然割裂开来思考人的问题，在探讨人类社会发展问题的时候，已经把人与自然的关系考量进去了。"社会是人同自然界的完成了的本质的统一，是自然界的真正复活，是人的实现了的自然主义和自然界的实现了的人道主义。"②但是，马克思的逻辑是，人与自然之间的关系问题，要通过人与人之间的关系问题得到解决。如果人类内部陷入私人利益的竞争，以至于资本家为了实现自己利益的最大化，不得不挑战自然资源的底线，那么这种人和人之间的关系必然会破坏人和自然之间的关系。反之，如果人和人之间不再以利益争夺为生存意义，就必然会把人自身的生存活动限制在自然的界限之内，从而使人和自然之间建立起和谐的关系。至于人和自然之间的抽象的普遍关系，这早就在马克思的理论视野中出现过了。

中国特色社会主义进入新时代后，把生态文明建设纳入国家治理体系中，并且积极参与全球生态治理。中国自古代就形成了人与自然的"天人合一"观念，特别是在农业文明背景下，人是"靠天吃饭"的，因此一直保持着人与自然的和谐关系。中国特色社会主义进入新时代后，明确提出了国家经济增长从"GDP论英雄"向"高质量内涵式发展"转变的国家治理理念和国家发展理念，并提出了绿色、协调、可持续等新的发展理念，还提出了"人与自然生命共同体"的生态文明观。这些都是社会主义制度对生态文明的基本考量。从这种制度的生产关系来看，我们要把国家经济增长的程度限制在生态文明的界限之内，正如习近平总书记所提出的"绿

①《马克思恩格斯文集》（第1卷），北京：人民出版社，2009年，第220页。
②《马克思恩格斯文集》（第1卷），北京：人民出版社，2009年，第187页。

水青山就是金山银山"，"保护生态环境就是保护生产力、改善生态环境就是发展生产力"①。这表明生态本身也被作为一种"生态生产力"来看待，超越了单纯把自然视为人类生活资料的"物质储备库"的朴素观点，看到了大自然相对于人类所具有的"生态价值"。由此也支撑着一种"生态生产关系"的可能。所有这些都表明，社会主义制度天然包含着生态文明的尺度，因此这一制度在本质上是符合生态文明基本法则的"生态生产关系"。从世界历史的角度看，中国特色社会主义创造了人类文明新形态，这一文明新形态中包含着人与自然生态之间的和谐关系。因此，文明新形态是包含生态文明的。在这一文明形态中，我国参与全球生态治理，为世界生态文明建设贡献了中国智慧和中国方案。特别是在气候治理、生态治理、低碳经济方面，我国积极参与国际合作。在这些生态治理的过程中，无论是国内的生态文明建设，还是全球的生态治理，都需要我们把"敬畏自然"的生态价值观先导贯穿其中，这样才能为人类共同建设美丽地球贡献力量。

3. 基于"生态伦理"提出的生态价值观先导问题

生态问题在最抽象的观念中是和生态伦理、环境伦理、自然伦理等相关联的。因此，敬畏自然的生态价值观实际上应该在生态伦理的高度上被确立起来。评价生态伦理的革命性变革，也应确立一种旨在实现生态文明的敬畏自然的生态价值观。因此，生态价值观构成了生态伦理学的核心议题，甚至是相对于传统伦理学的革命性变革的重大议题。

生态伦理概言之是把伦理应用在生态领域，因此必然涉及人和人之间以生态为媒介而发生的伦理，以及人和自然物对象之间的伦理关系。就前者来说，涉及同时代个体之间以生态为媒介发生的伦理关系，也涉及前后代个体之间以生态为媒介发生的伦理关系。这样一来，需要对两个方面的生态伦理的基本原理分别加以讨论。在同时代人中，人与人的生态伦理的核心问题是，个体之间在生产关系中及在一般性的伦理关系中，怎样才能保证在保护生态的大前提下确立人和人之间的正当关系。如果不考虑生态保护问题，个体之间的利益竞争关系就会不断逼近生态可能承受的界限而造成生态危机，如果这种利益竞争关系破坏了生态环境，那么这种人和人之间的利益关系就违背了生态伦理。这一点体现在和生产消费直接相关的经济活动中。诚然，在社会交往中，要以物质利益为媒介，如个体之间的交往总是不可避免地发生物质利益关系。但是，当这种物质利益关系虽然能够保证彼此利益的均等，却违背了生态原则，那么这种个体之间的关系也就违背了生态伦理原则，尽管并没有违背个体间的公平正义。比如，举办宴会。为了表达对朋友的重大事情或者获得的功绩的庆贺，可能要举办宴会。这是个体之间伦理关系的表达。但是，如果这种宴会浪费食物，进而间接浪费自然资源，那么这种宴会活动本身虽然表达了个体之间的伦理关系，但却是破坏生态原则的。因此，对这种宴会的举办就必须加以节制。宴会的规模必须以不违背自然生态的界限为尺度，才符合生态伦理的法则。

就不同时代之间的人来看，生态伦理一般被界定为"代际伦理"。这实际上是前代人与后代人的伦理关系。虽然后代人是"不在场"的存在，但他们的存在是在当代人的"意识界"中被建立起来的，即前代人确定地知道，后代人肯定是要存在的。于是，前代人和后代人之间的伦理关系就表现为，前代人有能力消费的，是否就一定是"应当"的消费的问题。因为后代人是不在场的，所以他们的生活资料的保存权利完全由前代人所掌握。"如果人类要生存下去，就必须发展一种与后代休戚与共的感觉，并准备拿自己的利益去换取后代的利益。如果每一代都只顾追求自己的最大享受，那么，人类几乎就注定要完蛋。"[①]也就是说，前代人在消费的时候，如果把后代人考虑进去，对自然资源的保护是为了给后代人留下生存的物质资料，那么前代人的做法就符合前代人和后代人之间的伦理关系，也就是符合生态伦理，因为这一伦理原则有利于后代人的生存。相反，如果前代人过度消费，导致后代人没有或者缺乏生活资料，这实质上就违背了"代际伦理"。可见，代际伦理问题的主要责任主体在前代人。这样，前代人就不能仅考虑同时代人的物质生活资料消费问题，还要把后代人的消费考虑到他的实践行为中去，这就是我们经常所说的"造福子孙"的问题。因为后代人是不在场的，所以代际伦理的实质是前代人独立确立起来的与后代人之间的伦理关系问题。"人类为了生存而依赖自然，因此无论他们想要做什么都离不开自然，而且他们所面对的自然的特征会对他们的生活进

① [美]梅萨罗维克、[德]佩斯特尔：《人类处于转折点——给罗马俱乐部的第二个报告》，梅艳译，北京：生活·读书·新知三联书店，1987年，第143页。

程造成重要的因果影响。"①如果没有代际伦理关怀，那么就会出现"死后哪怕洪水滔天"的非代际伦理观念，而这无疑是对生态伦理的破坏。因此，前代人为了践行代际伦理，就必须节制消费，以确保前代人和生态环境之间建立起一种可持续生存法则。在这个意义上，代际伦理是借助生态伦理而存在的。因此，代际伦理是生态伦理的拓展，两者共同构成了敬畏自然的生态价值观的重要组成部分。

最后，我们讨论人与自然物之间的伦理关系是如何可能的，从而为敬畏自然的生态价值观确立学理依据。前文讨论了以人与人之间的关系的形式所表现出来的生态伦理关系，现在思考人和自然物之间的直接的伦理关系是如何可能的。这里的生态伦理问题不再需要借助人与人之间的关系来实现，而是在人和自然物之间没有任何媒介的情况下直接发生，这种伦理关系的本质超出了传统的伦理学讨论的范围，而成为生态伦理的全新理论。把这些生态伦理问题分析清楚，可以为"敬畏自然"的生态观提供生态伦理学的基础，进而使这一价值观先导获得可靠的理论依据。

人和自然物之间的关系，当然最原初的关系是自然物是满足人类生命需要的物质资料来源，这完全是在自然生命法则之下被直接确定下来的，没有对其加以理论论证的必要。生命无疑需要营养，而营养来自自然物。"人在肉体上只有靠这些自然产品才能生活，不管这些产品是以食物、燃料、衣着的形式还是以住房等等的形式表现出来。"②我们可以把这种自然物相对于人的自然生命活动需要的有用性称为自然物对于人的"功利性价值"。这一价值的根据完全归属于自然生命的本性而无须理论支撑。但是，如果我们要讨论人和自然之间的伦理关系，那么必然迫使我们探讨自然物对于人来说是否存在着超越"功利关系"之外的其他什么关系？这个问题便构成了人与自然物直接伦理关系的起点。如果能够找到这一超越功利关系的其他关系，则生态伦理便是可能的，反之则是不可能的。

"敬畏自然"首先是一种基于敬仰而产生的情感活动，如果从"敬畏"的含义看，则包含着"畏惧"。当人对某一对象产生畏惧感的时候，这对于人类的行为来说至少就会具有一种约束感，因为人在一般状态下是不会触碰他所畏惧的东西。这就说明，人的实践活动是有界限的。对于勇敢的

---

① [英]乔纳森·休斯：《生态与历史唯物主义》，张晓琼、侯晓滨译，南京：江苏人民出版社，2010年，第126页。

② 《马克思恩格斯文集》（第1卷），北京：人民出版社，2009年，第161页。

英雄来说,我们一般也会把他的勇敢精神概括为"大无畏精神",就是说,他为了某种特殊的重大利益,甚至为了民族、国家,不畏惧死亡,这是对英雄的一种赞美。所以,对于人类来说,大自然应该成为使人类感到畏惧的事物,这才是人所应该有的界限,否则将没有任何对象能够使人产生畏惧,从而其行为也就失去了界限。大自然对人类来说总体上是"神秘的",这单纯从人类对自然界的认知能力这一点就足以说明问题。尽管人类对自然科学已经有了很丰富的认知,但是那些尚未被人类所认识到的自然规律还有许多,诸如宇宙的奥秘、生命的起源等,人类至今还停留在各种"假说"上而没有得到确证。星云假说、大陆漂移学说、宇宙大爆炸等都还仅仅是"假说"而已,这表明人类对自然的认识是十分有限的。正是因为有很多的自然规律无法被人类所认识,因此大自然对于人类来说还是始终保持着"神秘"的对象。也正是因为大自然的"神秘",才使得人类对其产生敬畏。畏惧总体上来说是个体对生命的死亡而产生的恐惧。人类对自身的死亡产生畏惧,而这些畏惧很多来自大自然。比如,各种自然灾害发生的时候,人类总会慨叹"人在大自然面前太微不足道了"。在地震、海啸、瘟疫等面前,人类的力量显得十分渺小,甚至人认识到自己仅仅是"一粒尘埃"。总而言之,大自然因为人类对其无法穷尽的认识,而保持着无限的神秘,并且其相对于人类的生命来说是不可抗拒的客观力量,所以在这个意义上,必然会使人类对其产生敬畏。

除了上述和恐惧相关联的原因外,人类对大自然的敬畏还和人类自身灵魂向上的自然倾向有关。人类早期就形成了对自然的敬畏之情,如通过早期的自然宗教、图腾崇拜等方式,表达对自然的敬畏之情。人类的理性有一种自然倾向就是寻求形而上的对象,并以此作为"安身立命之本",这在哲学上一般被称为"本体论关怀"。黑格尔在《哲学全书》中也把"自然哲学"视为一个在逻辑学之下的重要领域,和"精神哲学"并列,这说明自然对于人类的理性形而上学倾向来说具有不可替代的作用。黑格尔因此把自然看作是理念的直接显现。这种安身立命的终极关怀,进一步说乃是因为自然是一切生命的总和。按照黑格尔的观点,即"直接性的理念就是生命"[①]。这表明大自然是一个纯粹自我决定着的实体性存在,生命因此变成了绝对无条件的自由者,正因为生命的绝对无条件性才使自然成为人类敬畏的对象。如果说人类早期的自然神论只是一种朴素的观点,那么其

---

① [德]黑格尔:《小逻辑》,贺麟译,北京:商务印书馆,1980年,第406页。

在希腊哲学的"万物有灵论"中则获得了理性的自觉。尽管黑格尔认为希腊哲学尚没有达到对真理的"概念的认识",但也超出了早期朴素的自然神论,赋予了自然以更加抽象的本体论定位。在近代西方理性主义哲学中,莱布尼茨则对自然神论作出了思辨理性的理解,从而再一次确立了自然对于人类来说所承载的形而上学意义。在这个意义上,大自然不过是以感性的方式呈现生命理念为表象,但却终结于理性的形而上学本体论关怀,而这两者共同促使大自然成为人类敬畏的对象。

按照自柏拉图以来对人的灵魂构成的理解,灵魂中包含理性、激情和欲望三个部分。如果说自然生命是按照"欲望"组织起来的,寻求形而上学则是基于"理性"组织起来的,那么人类至少还有一种基于"激情"而组织起来的生命活动,这种活动就是审美活动。按照这一思路,自然物就不仅仅是满足人类物质生活资料的对象,而且其本身也是人类的"审美对象"。一般来说,在美学中把美的对象划分为两种,一种是自然美,另一种是艺术美。大自然对于人类来说同样具有审美对象的功用,我们把自然物满足人类审美需要的功用性称为自然物的"审美价值"。这样,我们又确立了自然物对于人来说所具有的超越"功利性价值"之上的"审美价值"。人类的审美在很大程度上是把自然界纳入审美范围的,如对自然界"风景"的欣赏,自然风景成为人类陶冶情操的重要内容。这种审美中,既包括生命有机体也包括非生命有机体。名山、大川、森林、花草、鱼虫、鸟兽等均能够作为人的审美对象而存在。在这种人对自然物的审美关系中,人和自然物的伦理关系得以形成。审美判断力被理解为"通过愉快或不快的情感来判定形式的合目的性(也被称为主观的合目的性)的机能"①。人总是按照自身的伦理情感来审视自然物。比如,人把自然物比喻为人的某种精神气质,如"仁者乐山,智者乐水"等。把自然物和人的某种精神气质相比附,这实际上就是一种对待自然物的伦理关系。这种伦理关系显然超出了使用价值而只是一种审美价值,因而是超功利的价值。康德曾经在《论优美感和崇高感》中,专门论述了自然美的本质。他认为,自然物本身都和人的精神相关,如大海、星空是和"崇高"相比附的,而小溪、河流则是和"优美"相比附的。当人看见大海和星空的时候,产生的更多的是肃然起敬的崇高感。但见到小溪和河流的时候,则主要产生的是愉悦感。"崇高的感情和优美的感情。这两种情操都是令人愉悦的,但却是以非常之不

①[德]康德:《判断力批判》(上卷),宗白华译,北京:商务印书馆,2009年,第25页。

同的方式。"①无论是哪种比附，都表明这些自然物是和人的某种审美情感相关联的，它们都变成了人类的审美对象，而这足以体现人类和自然物之间的伦理关系。特别是在人类对待动物方面，更是存在着伦理关系。一个最为常见的例证就是"宠物"。"宠物"在人看来是用来投入情感和审美的对象，人会欣赏宠物身上所具有的美的要素，这种欣赏也体现了人与动物之间的伦理关系。

　　按照西方生态哲学家罗尔斯顿的说法，"自然系统作为一个创生万物的系统，是有内在价值的"②。自然物并不仅仅是对于人类来说才具有某种价值的，其本身就具有价值，这一价值即自然物的"内在价值"。这样，我们从自然物对于人类来说所具有的"功利性价值"之外，又注意到了自然物所具有的另外一种价值。自然物对于人类来说可以作为某种具体的直接使用和消费而具有功利性价值，同时也具有存在价值，即人类以非消费的方式保持自然物的存在，则该自然物对于人类生存来说就具有价值，这一价值便是自然物的"生态价值"（当代西方学者也把这一价值称为"生态生产力"）。也就是说，自然物在那自然而然地存在着，构成了生态环境，而这一生态环境本身就具有保护人类生命的价值。因此，自然物的生态价值本身归属于功利性价值，但却是以自然物的"存在"而不是以被人类消灭、消费等方式所具有的价值为前提。然而，"内在价值"并不是在上述"生态价值"的意义上理解的，而是说，人类不是自然物是否具有价值的"评判标准"，即不是对于人类有用的自然物才有价值，反之则没有价值。而是说，自然物本身就具有价值，这一价值不是由人类外在地赋予它的，而是它天然具有的。正是因为这一点，西方生态哲学提出了"自然中心主义"的观点，并把这一观点作为建立生态伦理的基本观念。

　　以上分别从生态与经济发展、生态与生产关系、生态与生态伦理三个方面演绎了"敬畏自然"的生态价值观问题。在这三个方面都需要把"敬畏自然"的生态价值观作为当代中国生态文明建设的先导，从而保证在这一价值观先导之下，中国既能够保证经济的高质量发展，又能够在批判当代资本逻辑破坏生态状况的基础上，充分发挥社会主义制度的优越性，同

---

① ［德］康德：《论优美感和崇高感》，何兆武译，北京：商务印书馆，2001年，第2页。
② ［美］霍尔姆斯·罗尔斯顿：《环境伦理学：大自然的价值以及人对大自然的义务》，杨通进译，北京：中国社会科学出版社，2000年，第269页。

时通过确立一种人和自然之间生命共同体的理念，建构生态伦理等方式，保证生态文明建设取得符合社会主义本质特征的新发展。

二、人与自然生命共同体的生态价值观

习近平总书记指出，"人与自然是生命共同体"①。这是对马克思主义的生态观和自然观的当代继承和发展，是中国特色社会主义生态价值观的集中表述。为什么提出这一人与自然是生命共同体的生态价值观？这一价值观在马克思主义自然观中有哪些思想理论渊源？这一生态价值观作为一种生态哲学其学理依据是什么？这些问题是生态价值观的核心问题。我们先从马克思的历史唯物主义自然观开始探讨，因为自然观和生态价值观有直接联系，而且自然观是比生态价值观更高一个层次的范畴，生态价值观应该从其上位的范畴中获得它的真理性和基本规定。

1. 马克思的历史唯物主义自然观

马克思的自然观总体上可以说是历史唯物主义的自然观，这是马克思的自然观和其他哲学家自然观的根本区别。②因为马克思的哲学和其他哲学的本质区别就在于马克思和恩格斯所创立的历史唯物主义。因此，马克思主义哲学界一般把历史唯物主义看作是马克思哲学革命的重大成果，马克思的哲学就是历史唯物主义。

在历史唯物主义中，"历史"这一概念至关重要。马克思认为理解人类的一切问题，都应该放在"历史"中来加以理解。这里的历史不同于"历史学"意义上的历史，只是过去发生的事件。马克思所使用的"历史"概念，是和"自然"相对的，一般和"社会"概念结合使用，即"社会历史"。马克思认为，人类的存在方式不同于自然物的存在方式，人是"历史性"的存在。所以，对于人类来说，一切行为都可以被概括为"社会历史行为"，以区别于动物的"自然行为"。

---

① 习近平：《决胜全面建成小康社会 夺取新时代中国特色社会主义伟大胜利——在中国共产党第十九次全国代表大会上的报告》，北京：人民出版社，2017年，第50页。

② 参见吴宏政、杜晓雯：《自然伦理的历史唯物主义向度》，《南开学报（哲学社会科学版）》2017年第5期。

人和自然之间必然要发生关系，因为人类作为生物，首先是自然的组成部分。人是自然界中的一员，这是共识。马克思也因此把人的本质属性中的基础点视为人的"自然性"，而把人和人之间有意识的关系称为是人的"社会性"。这样，在马克思对人的本质的理解中，就包括两重属性，即自然性和社会性。这就表明，人类首先是自然界的成员，是自然的组成部分。但是进一步说，人类的生存和发展始终要在"人和自然的关系中"发生和完成。人类需要从自然中获取"生活资料"，自然还要为人类提供"生存环境"。因此，"生活资料"和"生存环境"是自然为人类生存提供的两个方面的物质基础。离开这两个方面的物质基础，人类就无法生存。正是在这个意义上，人类的生存和其他动物没有区别，都必须"依赖自然"，而且要绝对地依赖自然。

但是，马克思从没停留在上述人与自然关系中单纯的自然关系方面来理解，而是进一步深入，从社会历史的角度来理解人与自然的关系，即自然界不仅仅是外在自然，还包括"人"本身，是"属人"的自然界。也就是说，只有在马克思所描述的"建立在个人全面发展和他们共同的、社会的生产能力成为从属于他们的社会财富这一基础上的自由个性"[1]的第三个阶段，才能真正实现人与自然的和谐共生。这样，总体上可以概括为，马克思把自然看作是人类社会历史活动参与其中的自然，因而不存在离开人类社会历史的实践活动而独立存在的"自然"。这当然不能说马克思的这一观点是否定大自然的不以人的意志为转移的客观性，而是说，离开人类社会历史活动的自然，对于人类来说没有现实意义。正是在这个意义上，马克思才说"被抽象地理解的、自为的、被确定为与人分隔开来的自然界，对人来说也是无"[2]。在人类实践活动以外的自然当然是存在着的，但是，在马克思看来，这种存在等于不存在，因为它的存在对于人类来说没有意义。

马克思认为，自然是从属于人类的社会历史活动的，因而自然对于人类来说，是被人类的社会实践活动所"对象化"的自然。正如马克思所说，"工业的历史和工业的已经生成的对象性的存在，是一本打开了的关于人的本质力量的书"[3]，人"在他所创造的世界中直观自身"[4]。这样的表述，

---

[1]《马克思恩格斯文集》（第8卷），北京：人民出版社，2009年，第52页。
[2]《马克思恩格斯文集》（第1卷），北京：人民出版社，2009年，第220页。
[3]《马克思恩格斯文集》（第1卷），北京：人民出版社，2009年，第192页。
[4]《马克思恩格斯文集》（第1卷），北京：人民出版社，2009年，第163页。

表明马克思是从"人"和"人类"的角度来审视人与自然之间的关系。在这个意义上，可以认为马克思的自然观是以人类为中心的。但是，必须澄清的是，马克思的"人类中心论"不同于当代学界所说的"人类中心主义"。当代学界在生态哲学领域经常使用的一个概念就是"人类中心主义"。这一概念是指人类为了自己的生存发展而随意破坏自然，把自然当作满足自己生存需要的"工具"，因此自然是从属于人类的。这一观点是对康德曾经提出的"人为自然立法"①这一命题的误解，这一命题其实是康德认识论哲学的命题，是在认识论的意义上才有效的。"人类中心主义"以人类为中心而以自然为边缘的观点，是当代生态危机和人类生存危机产生的根源。因此，当代学界一般把"人类中心主义"作为一个批判的对象和贬义词来使用，强调在人类和自然的关系中，"人类中心主义"破坏了自然，因而提出了另外的主张，即"自然中心主义"。"自然中心主义"这一观点来自西方生态哲学，如罗尔斯顿就提出了自然具有"内在价值"②的主张，一切自然物，不是因人的存在而具有价值，这种自然物本身具有"绝对价值"，"就像黑人不是为白人、妇女不是为男人而存在的一样，动物也不是为我们而存在的。它们拥有属于它们自己的生命和价值。一种不能体现这种真理的伦理学将是苍白无力的"③。"过去的伦理学则是不完整的，因为它认为伦理只涉及人对人的行为。实际上，伦理与人对所有存在于他的范围之内的生命的行为有关。只有当人认为所有生命，包括人的生命和一切生物的生命都是神圣的时候，他才是伦理的。"④总之，"自然中心主义"认为，人作为自然的一部分，与其他自然物处在平等的关系之中，因此自然是中心而非人类是中心。

我们把马克思的自然观理解为"人类中心论"，但这与西方生态哲学所谓的"人类中心论"含义不同。马克思不是在生态危机的意义上持有"人

---

① 康德在其认识论中指出，知性凭借先天范畴对感性直观的表象作出综合，形成先天综合判断，从而形成知识。人凭借其知性能够认识自然规律，但这些规律只是作为"现象"被知性自身的思维规律建立起来的自然的秩序，至于自然本身是否有规律则是"物自体"的问题，因而康德的认识论一般被概括为"人为自然立法"。（参见[德]康德：《纯粹理性批判》，邓晓芒译，北京：人民出版社，2004年，第131页。）

② [美]霍尔姆斯·罗尔斯顿：《环境伦理学：大自然的价值以及人对大自然的义务》，杨通进译，北京：中国社会科学出版社，2000年，第158页。

③ [美]纳什：《大自然的权利：环境伦理学史》，杨通进译，青岛：青岛出版社，1999年，第173页。

④ [法]阿尔贝特·史怀泽：《敬畏生命》，陈泽环译，上海：上海社会科学院出版社，1995年，第9页。

类中心论"的观点，而是在人与自然的"一般关系"的基本原理意义上所持有的观点。"人类中心论"可以看作是马克思为人与自然的关系作出的"存在论"奠基。"只有把人类的可持续生存作为绝对的价值预设，人与自然的和谐才是一个真正有意义的命题。"[1]人类特有的存在方式是社会历史性的存在，是区别于其他动物的存在方式。这一存在方式乃是因为人类具有"意识"。因此，马克思在《1844年经济学哲学手稿》中明确指出："有意识的生命活动把人同动物的生命活动直接区别开来。正是由于这一点，人才是类存在物。"[2]有意识的存在者，才能够作为"主体"而存在。在这个意义上，人类必然要把自然纳入人类的社会历史中来看待。自然因为没有意识，不能作为主体而存在，因而不可能存在一种所谓的"自然中心论"。由此可知，"与人无关的自然是存在着的无"这一命题，可以看作是马克思"人类中心论"的自然观命题。该命题的要义在于：自然被纳入人类的社会历史活动中对人类来说才是存在的。人与自然统一在人类社会历史的活动中，这是马克思历史唯物主义自然观的基本内涵。在《1844年经济学哲学手稿》中论证共产主义的时候，马克思明确提出，"完成了的自然主义，等于人道主义，而作为完成了的人道主义，等于自然主义"[3]。

2. 资本逻辑运行中人与自然的二元对立

当代西方涌现出了一大批生态学马克思主义学者，包括阿格尔、奥康纳、莱斯、乔纳森等。他们基本持有一个共同的观点，就是：当代生态危机的总根源是资本主义制度。因此，他们纷纷对资本主义制度的生态学展开了批判。也因为对资本主义制度持有强烈的批判态度，他们和马克思走到了一起，因此他们的思想也被称为"生态学的马克思主义"。在生态学的马克思主义看来，当代人类面临的生态危机，主要是由资本主义生产方式导致的。人类在资本逻辑的驱使下，不断地从自然中攫取物质资源，用来满足和支撑经济发展的需要。正是人类对资本扩张的追求，才破坏了生态环境，从而导致了生态危机。因而，多数学者都把资本逻辑看作是当代

---

① 吴宏政：《"人与自然和谐"命题的生存价值预设》，《吉林师范大学学报（人文社会科学版）》2017年第5期，第18页。

②《马克思恩格斯文集》（第1卷），北京：人民出版社，2009年，第162页。

③《马克思恩格斯文集》（第1卷），北京：人民出版社，2009年，第185页。

人类生存危机的"罪魁祸首"。

那么，为什么资本主义生产方式会导致生态危机呢？这一根源从逻辑上被追溯到了人与自然关系的"二元论"上。二元论在西方哲学中被称为"主客二分"的思维方式。人类把自身看作是"主体"，而把自然和生态看作是"客体"。在此基础上，把"客体"看作是满足"主体"需要的工具。因而出现了主客二分的人与自然对立的二元论思维。

人类的生存需要从自然中获取资源即生活资料，这是毫无疑问的。但是，人类在何种程度上去占有自然资源，却是由人类自己的社会生存方式和生产方式所决定。人类社会早期并没有发生人与自然之间的冲突，也没有生态危机问题。这是因为在早期的生产方式中，人类对自然物的获取是以满足自己的生存需要为界限的。当然，人类此时的生产力比较低下，客观上不存在破坏自然和生态的能力。但是，更主要的是这种早期的人类生产方式是以人类对自然的基本需求为界限的。然而，在资本主义生产方式中，人类进入了马克思所阐释的以物的依赖性为基础的独立性阶段。资本主义社会毫无节制地追求资本的无限增值，"使自然的所有各个方面都受生产的支配"①。资本的目的是获取"剩余价值"，这就导致人类产生了无限的"贪欲"。正如马克思所指出的，在资本活动中，人类是以追求"剩余价值"为目的，而不是以满足基本生存需要为目的。主客二元对立的思维方式，如果不被资本主义生产方式所推动，并不能直接导致人类与自然的冲突。只有当人类社会进入资本主义生产方式的时候，这种主客二元对立的思维方式才会导致人类与自然的冲突。可见，主客二元对立的思维方式，仅仅为生态危机提供了一种思维方式上的可能，但还没有提供实质性的可能。真正导致生态危机产生的根源，是资本主义的生产方式。

资本逻辑崇尚的是"物质利益"，马克思称其为"拜物教"②，因而资本逻辑不会把自然和生态看作是具有神圣性的存在，而是将其视为物质利益的来源。人与自然的对立是这样的：人类为了生存，是以破坏自然的生态平衡、制造生态危机为手段的；自然的生态危机反过来会破坏人类的生存。这样，从人类的角度看，就形成了一个"闭环"。人类是为了生存，但导致的结果是人类的生存环境被破坏了，危及了人类的生存。人在不断追求满足自身需要的同时疯狂地想去利用、控制自然，结果"人靠科学和

① 《马克思恩格斯全集》（第46卷下册），北京：人民出版社，1980年，第292页。
② 《马克思恩格斯文集》（第1卷），北京：人民出版社，2009年，第231页。

创造性天才征服了自然力,那么自然力也对人进行报复"①。这样,实质是人类自身的生存行为导致了违背自身生存的结果。因此出现了人类自我否定自我生存的矛盾。生态危机的实质是人类自身的生存危机,而不是"生态"自己的危机。因此,人类与自然的对立,其实质是人类通过自然和人类自身的对立。这是人与自然冲突的实质。

自然的生态系统是一个"有机系统",因而是自然物构成了一个相互协调的有机生命体。生态平衡应该是生态的常态化特征。生态平衡就是生态系统中各要素之间的协调,而其协调的目的就是有利于每一个物种的可持续生存。因此,"生态平衡"的自然目的就是"生命的可持续"。然而,人类的行为破坏了生态平衡,而人类又是自然界的成员,也是生态系统的组成部分,这样一来,人类破坏生态平衡就是对人类自身和自然之间关系的破坏。因此,人类要想可持续地生存和发展,就必须重新建立生态平衡。在生态平衡的有机体中,人类与自然之间的关系构成了"生命共同体"。

3. 人与自然生命共同体的生态价值观内涵

习近平总书记把人与自然之间的"应然"关系概括为"生命共同体"。"生命"和"共同体"两个概念放在一起,构成了"生命共同体"这一概念的基本内涵。人和自然都是生命体。但是,人类的生命体和自然的生命体不是割裂开来的。相反,人类与自然之间是相互依赖的关系,这一关系表明两者应该是"共生关系"。

在中国古代就形成了"天人合一"的宇宙观和自然观。天道运行是自然规律的运行。人类应该按照自然规律来行为,按照天道来行为。因此,认识天道是人类生存的基本方式。人和动物的区别在于,动物是直接和自然相和谐的。因此,我们把动物称为"自然物",这一自然物是完全按照大自然的规律即"自然法则"来行为的。动物不会违背它的"自然法则"。正如马克思所说:"动物和自己的生命活动是直接同一的。"②也就是说,自然物的行为的最高目的就是生命活动,因此它对人来说没有伦理能力,也从来不"冒犯"人。而且,动物和自然的关系是天然和谐一致的。动物的行为就是自然的行为,也是合乎自然规律的行为。同时,动物的行为因为直接和自然法则相一致,因而也符合自然的目的——生命的种和

①《马克思恩格斯文集》(第3卷),北京:人民出版社,2009年,第336页。

②《马克思恩格斯文集》(第1卷),北京:人民出版社,2009年,第162页。

生命的类的延续。但是，对于人类来说，却出现了这样的情况：不是所有的人类行为都是符合自然目的的行为，人类的行为会出现违背自然目的的情况。比如，人类对生态平衡的破坏，就是违背自然规律和自然目的的行为。这样，对于人类来说，就需要"认识"自然规律，认识天道，才不至于违背自然规律和自然目的。因此，对于人类来说，"天人合一"是需要通过后天的"认识"活动才能实现。这完全不同于动物，因为动物不需要通过"认识自然"才能实现"天物合一"，动物是直接与天道合二为一的。但人类则需要通过"认识自然""认识天道"而后才能达到"天人合一"。

"天人合一"乃是因为人类的行为与天道发生了背离，所以才需要重新建立"天人合一"。动物不会与天道相分离，因而也就无所谓"天物合一"的问题。正如前文指出的，人类需要"认识天道""认识自然"，这样就形成了一种关于自然和生态的观念，这就是"自然观"或"生态观"。本书所讨论的价值观引领功能，在生态治理的意义上，就是用"生态观"来引领人们对生态的治理。如果人类对自然和生态保持"敬畏"，把自然视为"生命的源泉"，那么这种价值观就是符合自然目的的，因而是好的自然观和生态观。"一切自然物皆为康德所说的'绝对无条件者'的内在环节……人对自然物的敬重乃是出于对'绝对无条件者'的敬重，进而是人对人自身的敬重。"①因而，敬畏自然是对人自身的尊重，即"天人合一"。

人与自然的生命共同体可以被概括为"天人合一"，但这种"合一"不仅仅是认识上的合一，也是实践活动上的合一。人类的生存行为应该以"人与自然的生命共同体"作为最高的价值观。首先，人类应该对自然持有一种"敬畏之情"。原始社会时，人类就产生了敬畏自然的观念。人类对自然的认识能力有限，自然对人类来说具有神秘感。这些都是早期人类的自然观。自然是值得人类敬畏的，在自然面前人类显得很渺小。其次，人类应该把自然视为一种生命之源。人类虽然具有"超自然"的意识和精神，但是人类的行为要以自然的界限为界限。20世纪西方产生了一批自然主义的生态学观点，认为自然不仅是人类生存的"物质基础"，也是人类生存的"环境条件"。生态价值观就是把人类与自然视为生态有机整体，因而人和自然是生命共同体。人类保护自然生态也就是保护自己的生存条件。

---

① 吴宏政：《论自然伦理的绝对法则》，《自然辩证法研究》2007年第11期，第1页。

人作为理性存在者,应该主动承担起自己的使命,从人自身的尊严出发来采取行为。这样一来,康德的道德学命题"要这样行动,使得你的意志的准则任何时候都能同时被看作一个普遍立法的原则"[①],就应该被拓展为:要这样行动,使你的行为准则成为把一切自然物均纳入伦理关涉的、普遍的自然伦理法则。人类不应该以破坏生态环境为代价来满足自己的生命欲求。最后,人类的生存不可能完全不依赖对自然的消费,只不过是说,人类消费自然的行为应该要有界限。这一界限就是生态平衡。人类对自然的消费如果破坏了生态平衡,那么就是破坏了人类与自然的生命共同体。

三、生态价值观先导的基本内涵

生态价值观先导是指在建设美丽中国、建设人与自然生命共同体的过程中,如何处理好生态环境保护与经济增长之间的价值选择问题,如何处理好自然的使用价值和自然的存在价值的关系问题,如何推动构建基于生态有机体的世界各国经济关系问题。这些问题的处理是国家治国理政的重要组成部分,因而需要在价值观上先行给予引导。

1. 生态价值观先导的概念界定

生态价值观先导是指,通过树立正确的生态价值观,来规范生态行为和生态治理行为,从而达到生态治理的目标。其概念界定主要包括以下三个方面。

第一,生态价值观先导是生态观念先行于生态行为的行为结构。

我们把一切和生态相关的行为都视为"生态行为",在生态行为中总是蕴含着生态观念。这种观念可能已经被生态行为主体意识到了,形成了自觉的生态观;也可能生态行为主体没有意识到,因而其生态观是自在地不自觉地存在于生态行为主体的自我意识中。根据价值观先导的一般原理,人的生态行为都是在生态价值观的引导下发生的。

人类的生态行为主要是在生产活动中建立起来的。人类早期的生产活

---

① [德]康德:《实践理性批判》,邓晓芒译,北京:人民出版社,2003年,第39页。

动以农业和畜牧业为主。因此，人类社会早期的生态行为，是和生态自身的生命有机体直接融为一体的。马克思深刻地分析了在那个原始的、以人对自然的依赖为主要特征的社会发展阶段下的人与自然的关系。他指出，"人们同自然界的关系完全像动物同自然界的关系一样，人们就像牲畜一样慑服于自然界"①。从农业生产的性质看，生态行为就体现在农民种植农作物的行为中。一般来说，农业种植的全过程都是按照大自然的生长规律进行的，因而也是符合生态目的的行为。农业依靠自然气候，但自然气候是不会因为人而改变的客观条件。因此，对于农业来说，人们自然形成了"靠天吃饭"的认知。从播种到收获，都是按照大自然的节奏进行的。从播种到生长，从生长到收获，这一系列过程中，人类的农业生产都表现为生态行为。"靠天吃饭"这种观念就构成了人类早期的生态价值观，隐含着人类对大自然的服从。因而人们总是祈祷"风调雨顺"，自然生命能够健康地生长。正是这种生态价值观引导着人们农业生产的生态实践行为。因此，如果人类的生态价值观发生了改变，那么就容易导致对自然生态平衡的破坏。比如，当代农业中为了减少劳动力，把生态除草变成了农药除草。实际上这样的行为所蕴含的生态价值观已经超出了"靠天吃饭"的界限，人类似乎可以通过自己的行为改变自然的规律。应该说，人类对自然规律的改变，同时也是对自然生态系统的破坏。这种生态价值观必然导致生态危机。比如，农药的使用破坏了土壤本身的生态系统，导致土壤的生命力遭到破坏。土壤也是自然生态系统的重要组成部分，如果人类采取了其他的工业方式破坏了土壤自身的生态结构，就必然会出现违背生态目的的后果。对于畜牧业来说也同样如此。草场一年四季在放牧中自然而然地修复着，草场上的所有生物之间是协调的、共生的。因而，草场形成了一个生命有机体，草场本身就在生态系统的平衡中保持着可持续的生命力。

第二，生态价值观先导的前提基础是生态意识的能动性。

马克思主义哲学坚持的是唯物主义反映论，即认识是人脑对客观事物的反映。因此，生态价值观也是人脑对自然生态的反映，是人脑的生态意识能动性的反映。人对自然的认识不是消极被动的反映，而是"经过人脑的加工和改造"而形成的反映。正如马克思所指出的："观念的东西不外

---

① 《马克思恩格斯文集》（第1卷），北京：人民出版社，2009年，第534页。

是移入人的头脑并在人的头脑中改造过的物质的东西而已。"①生态价值观之所以能够"先导",就是因为人类生态意识的能动性。在一个生态行为发生的时候,生态意识首先提供了一种能动性,即生态观的形成。没有生态观的生态行为,就无法把握行为的目的。人是在他的意识的指引下来行动的,这便有了价值观先导的行动结构。生态意识是容易被忽略的意识,因为生态给人类带来的福祉总是隐含在那些能够直接给人类带来财富的欲求中。

第三,生态价值观先导在于破除功利主义价值观先导。

更多的时候,人们主要考虑的是生存的物质资料。为解决物质资料的匮乏,就要向自然索取更多的物质财富。但这实际上就是一种功利主义的价值观。功利主义作为价值观先导,是把自然作为满足生存需要的手段。把自然看成是工具理性的对象,不仅使自然沦为了工具理性的奴隶,也使人成了受物欲支配的动物。人和自然同时丧失其主体性力量,丧失其本质内容。"技术的解放力量——物的工具化——变成自由的枷锁:人的工具化。"②因此,自然不是作为生态被看待的,而是作为物质财富被看待的。我们所倡导的生态价值观先导,就是要战胜这种功利主义价值观先导。这实际上是一场生存价值观上的革命性变革。生态价值观先导需要破除以往的传统的功利主义的价值观。

生态和物质资料虽然都是人类生存的条件,但是人们更重视的却不是生态而是物质资料。因为物质资料是能直接给人类带来生存条件的对象,而生态是间接的。正因为这样,生态价值观先导的确立并不是一件十分容易的事情,它需要克服功利主义价值观原有的先导地位。因为人们自然而然地坚持的是功利主义价值观的先导地位,生态价值观先导已经被"先入为主"的功利主义价值观所驱逐。

2. 生态价值观先导的主要内容

生态价值观先导是生态治理行为的价值基础。生态价值观先导的实质是,把人与自然生命共同体这一生态价值观贯穿于全部生态治理中,主要包括生态自然观先导、生态平衡观先导和生态协调观先导。

---

①《马克思恩格斯文集》(第5卷),北京:人民出版社,2009年,第22页。
②[美]赫伯特·马尔库塞:《单向度的人》,张峰、吕世平译,重庆:重庆出版社,1988年,第135页。

　　在一切生态行为中，首先应该确立的是"人与自然生命共同体"这一生态自然观先导。在有机的整体生态系统里，人和自然都是生态系统中不可或缺的组成部分，都有其独特的存在价值，"我们不仅要承认人的价值，而且要承认生命和自然界的价值"[①]。但在生态治理行为中，还要对这一总体生态价值观作进一步分解，并将其全部落实。生态自然观先导，需要首先把包括人类在内的生态系统看作是"自然"的。自然"自己是自己的原因"，或者从字面上看，自然"自己就是如此"。这就需要我们正确处理人与自然之间的辩证关系。一方面，人能够改变自然；另一方面，人应该顺应自然。正是"改变"和"顺应"这两者之间的关系构成了生态自然观的基本问题。人类对自然的改变，应该以服从自然的生态整体为条件，因而"自然法则"是绝对不可突破的"底线"，这就是生态自然观。否则，如果认为人类可以无限地改变自然，那就必然导致对生态的破坏。当然，这不是说人类要完全和动物一样消极地适应自然，而是说，人类的实践能动性应该以不破坏"自然法则"为前提。这是生态自然观先导的内在要求。

　　生态平衡观先导，是指我们在生态行为中，应该把"生态平衡"作为一条基本的生态法则。什么是生态平衡？这在生物圈中表现得很清楚。每一种生物的数量是被其他生物的数量所制约的。因此，在自然生物圈中，没有一个物种可以无限制地繁殖下去。这样，作为"食物链"中的生物，每种动物之间是相互限制的。这种相互限制就形成了"生态平衡"。因此，如果以生态平衡作为价值观先导，那么人类就会从生态系统的有机整体出发来采取行动。比如，在从海洋里捕捞鱼类作为食物的时候，就会把是否有利于海洋的生态平衡作为我们捕捞的生态法则。如果破坏了海洋生态平衡，那么此捕捞行为就违背了生态平衡法则。

　　生态协调观先导，是指我们的生态行为直接参与到生态要素的结构关系中并产生了影响，因而生态协调是生态行为的先行价值方向。我们获取自然资源的时候，该行为已经参与到生态要素的关系中去了。自然是个有机的统一体，"生命和物质世界……并非存在于'孤立的隔间'之中。相反，'在有机生物与环境之间存在着一种非常特殊的统一体'"[②]。因此，

<hr />

①　余谋昌：《生态伦理学——从理论走向实践》，北京：首都师范大学出版社，1999年，第78—79页。

②　[美]约翰·贝拉米·福斯特：《马克思的生态学：唯物主义与自然》，刘仁胜、肖峰译，北京：高等教育出版社，2006年，第19页。

一个自然要素可以是满足人类的某种需要，但该要素也在自然生态系统中作为系统协调的要素而存在，必须同时给予考虑，这才是生态行为的根据。因而，对于一个生态行为来说，自然要素满足人类需要的这一目标，应该服从自然要素的生态系统协调原则。如果我们获取的自然要素破坏了它在生态系统中的不可替代的作用，那么我们就应该放弃对该自然要素的获取。除非能够补偿和找到该要素的替代物，否则我们的生态行为应该被制止。当然，如果我们的行为是能够帮助生态要素之间实现协调的行为，那将是获取自然资源最安全的保证。生态协调观是人类涉足自然领域并从中获取自然要素时必须给予的先导性观念。

3. 生态价值观先导的基本特征

生态价值观先导的基本特征体现在三个方面，一是终极性；二是整体性；三是公共性。

生态价值观先导的第一个特征是终极性。生命是终极性价值，人类的一切行为都应该有利于人类的可持续生存和发展。因为，假设人类这一物种可以在地球上消亡且没有持续生存下去的理由，那么对人类来说就无所谓生存危机了。是人类预设了"应该持续生存下去"，才有了"生态危机"的问题。相反，如果没有这一预设，则生态危机将不再是"危机"。在各种价值观构成的价值体系中，生命价值应该具有终极性。比如，我们可以有道德价值观、正义价值观、自由价值观、民主价值观等，但是各种价值观都应该以生命价值作为终极价值观。因此，在价值体系中，生命价值居于最高的位置，一切价值观都不应该和生命价值观相冲突。人类的生命显然是和生态紧密结合在一起的。正是在这个意义上，生态价值观就是人类生存的首要价值观。生态价值观先导的终极性意味着，在众多人类社会发展的价值观中，生态价值观是首要的价值观。比如，我们经常讨论发展观。发展观作为一种价值观，应该以生态价值观作为先导。也就是说，如果一种发展观是和生态价值观相违背的，那么这种发展观就是不成立的。比如，我们提出发展要从重数量转向重质量，其实质就包括发展观应该以生态价值观为先导这一内涵。因为，如果发展是以破坏环境和生态系统为代价的，那么这种发展观就失去了合理性。因此，对于发展观和生态价值观来说，后者应该是终极性的先导价值观。

生态价值观先导的第二个特征是整体性。生态本身是一个由生命有机体构成的生态系统。"系统"是生态自我运行的方式。因此，生态价值观先导要从生命有机体的整体出发，而不是对局部进行保护。这里强调的是生态价值观先导的"整体性"，避免用"部分"取代"整体"。生态价值观先导既要关注人类，又要关注自然，因而不仅是从人类的本身出发去关注自然，还需要从自然的角度关注自然，把人类与自然的关系看作是一个生命共同体。"共同体"就是一个有机整体，既包括生态系统的整体，也包括人类内部社会生产关系的整体。马克思主义哲学关于人的本质的论述也体现了人与自然的统一。马克思指出："人对自然的关系直接就是人对人的关系，正像人对人的关系直接就是人对自然的关系，就是他自己的自然的规定。"[①]因此，生态系统不是单纯的自然生命构成的系统，也包括社会生产关系所构成的系统。这样，生态系统的整体性就把社会系统包括在生态系统之中。社会系统中人们往往关注的是公平、正义、民主、自由等价值观的先导功能。然而，对于生态价值观来说，这些价值观都应该以不违背生态价值观为前提。比如，如果一种对公平正义的追求，是把生态价值排除在外的，那么即便坚持了公平正义的价值观也是没有意义的。在获取森林资源的时候，即便各个森林企业之间能够形成占有森林资源权利的合理分配，但如果是以过度开发森林资源为代价的，那么即便各个森林企业在森林资源的占有方面是公平的，也违背了生态价值观，其公平正义的价值观也是没有意义的。因为生态价值观先导要求把所有的价值观作为一个整体来加以考虑。

　　生态价值观先导的第三个特征是公共性。生态价值观先导是为了保证人类的可持续生存，这是最根本的目的。保护生态不是某一个人、某一个国家自己能够独自完成的，而是需要所有的国家、所有的个体一起行动。生态问题是全人类的问题，因此全人类对生态保护都有不可推卸的责任。当代西方某些国家为了自己的利益而退出全人类生态保护的治理体系，这显然是违背生态价值观先导原则的。生态价值观是人类公共的价值观，没有哪个国家或个体有资格违背这一价值观。在民主、自由等价值观方面，各个国家由于历史文化传统，可能具有不同的民主和自由价值观。但是，对于生态价值观来说，则是各个国家和民族都应该拥有的。在这个意义上，生态价值观是最具有普遍性的公共价值。因而，生态价值观先导也具有最大的公共性。

①《马克思恩格斯文集》（第1卷），北京：人民出版社，2009年，第184页。

四、生态治理中的社会矛盾

生态价值观先导问题，是针对生态治理提出来的。生态治理是国家治理的重要组成部分。当代，人类的生存实践已经对生态造成了很大程度的破坏。因而，人类为了实现可持续生存和发展，就必须对生态加以治理。在生态治理中，会遇到很多矛盾。因而，生态治理需要解决治理中遇到的这些矛盾。

1. 生态保护与经济增长的矛盾

在生态治理中，人们遇到的第一个显著的矛盾就是生态保护和经济增长之间的矛盾。自工业革命以来，在资本逻辑的驱使下，人类并没有给予生态以更多的关注。我们从马克思的著作中就能发现，19 世纪中叶，生态问题并没有成为人类所关注的问题。马克思本人也没有专门讨论生态危机的问题，因为在那个时代生态问题还没有出现。只是随着资本逻辑的扩张，人类对财富的追求越来越多，以至于触及了自然所能够承受的生态平衡的界限，此时生态危机问题才被提到日程上来。

长期以来，人类一直把经济增长作为社会发展的目标，提高生产力被视为理所当然的事情。然而，经济的增长始终是以人类从自然获取更多的物质生活资料为基础的。在这个意义上，经济的增长就意味着自然资源被更多地使用和占有。人类的生存来自大自然提供的各种能源、原材料等。生产力这一概念是指人类占有自然物质资料的能力，经济增长则是依靠生产力的提高来实现的。所以，按照马克思的说法，生产就是从自然中通过劳动获取物质生活资料的活动。因此，经济的增长总是以牺牲和消费自然资源为代价。这种经济增长的方式一般被称为"粗放型增长模式"。普列汉诺夫指出："社会人和地理环境之间的相互关系，是出乎寻常地变化多端的。人的生产力在它的发展中每进一步，这个关系就变化一次。"[①]在人类社会早期，人类的生产力水平较低，因而不会破坏生态环境。只是到了近代，西方开创了工业文明，打破了原有农业文明的天人合一的

---

① [俄]普列汉诺夫：《普列汉诺夫哲学著作选集》（第 2 卷），北京：生活·读书·新知三联书店，1961 年，第 170 页。

生态生产方式，这才出现了以工业为基础的人和自然生产关系的对立。尤其是，在资本私有制确立以来，这种生产方式更是导致了人类对自然资源的无限攫取。因而，这种经济增长的方式必然导致对自然生态的破坏。

当代人类面临各种生态危机，因而提出了生态保护的社会发展工程。社会发展不应该仅仅把经济增长和生产力提高看作是唯一的目的，而且应该把保护自然和生态看作是社会发展的一项重要标准。这样就出现了经济增长和生态保护之间的矛盾。因为，生态保护要求人类尽可能避免对自然生态系统的破坏。这样，就要求人类应该有节制地占有自然资源。但一旦有节制地占有自然资源，限制人类的生产活动，那么就必然导致经济增长受到限制。因为经济增长是以消费自然资源为代价的。这似乎是"鱼和熊掌"的关系，两者不可兼得。当然，人类如果能够有节制地占有和获取自然资源，那么并不会破坏生态环境。我们对自然物的消费是以自然本身能够完成的自我修复为前提的。因此，人类破坏自然的能力如果低于自然的生态修复能力，那么人类的生态行为和生产实践就不会破坏生态环境。此时的经济增长也不会违背生态法则。然而，在资本扩张的情况下，如马克思所说的"不断扩大产品销路的需要，驱使资产阶级奔走于全球各地。它必须到处落户，到处开发，到处建立联系"[1]。这种情况就必然会超越生态界限，进而导致生态保护与经济增长之间的矛盾。生态保护要求不破坏生态环境，而经济增长恰好反过来要求占有自然资源，因而两者难以兼得。

当代为了解决经济增长与生态保护之间的矛盾，也采取了一定的措施。但这些措施只是在一定范围内缓解了两者之间的矛盾，而没有从根本上消除这一矛盾。比如，提出"绿色发展""低碳经济""循环经济"等。这些经济增长方式的转变，对于缓解经济增长与环境保护之间的矛盾来说发挥了一定的作用。但是，从根本上来说，这些经济增长方式并不能取代人类从自然中获取自然资源这一事实。尽管科学技术的发展能够带来对自然资源使用率和使用效率的提升，但并不能从根本上解决上述矛盾。这就需要从其他的角度来寻找解决这一矛盾的新途径。这也是本书提出"生态价值观先导"的意图所在。

---

① 《马克思恩格斯文集》（第2卷），北京：人民出版社，2009年，第35页。

2. 生态审美与生态资源的矛盾

生态首先对人类来说是一种"自然资源"。人们对待自然的态度更多的是从自然物对人类来说的使用价值出发的。因而，从人类社会发展的角度看，生态资源是自然提供给人的重要生存价值，亦即生态的"使用价值"。但是，对于人类来说，生态所具有的价值不仅仅是它的使用价值，还有其他的价值。其中，"审美价值"就是自然对人类的一项重要价值。然而，在生态危机的背景下，生态的"使用价值"和"审美价值"之间存在着一定的冲突。

生态作为一种自然资源是在人类对其的"使用"中实现的价值，即这种价值是靠人类对自然资源的"消费"所产生的。正如一般对价值所给出的定义：价值是客体满足主体需要的属性。使用价值是在消费中实现的。如果不消费，自然物对人类来说就没有使用价值。当然，自然环境也是使人的自然身体得以存在的客观条件，因而自然环境也可以视为对人类来说具有"使用价值"。然而，自然物一旦被人类消费，就不存在了。因而，使用价值是以对自然物的破坏和毁灭为前提的。但是，自然物对人类来说所具有的审美价值，则是以自然物的可持续存在为基础的。

在生态审美中，人把自然物作为美的对象来欣赏。这种欣赏与被欣赏的关系就是超功利的关系。生态美实际上是黑格尔意义上的"自然美"①，而自然美的本质是生命。所以，生态审美活动也就是对自然生命的欣赏活动。这一欣赏活动是与自然的生态本性相一致的，因而不会导致人类与自然的冲突。人对自然的需求不仅有物质的需求，也应该有欣赏的需求。当人们去欣赏绿水青山的时候，就是在欣赏大自然的生命。自然美的本质虽然不同于艺术美，但自然美是人类审美情感的寄托对象。因此，自然物的审美价值意味着人类按照情感的审美来采取对待自然的方式。正是在这个意义上，马克思指出："动物只是按照它所属的那个种的尺度和需要来构造，而人却懂得按照任何一个种的尺度来进行生产，并且懂得处处都把固有的尺度运用于对象；因此，人也按照美的规律来构造。"②

---

① [德]黑格尔：《美学》，朱光潜译，北京：商务印书馆，2009年，第4页。
② 《马克思恩格斯文集》（第1卷），北京：人民出版社，2009年，第163页。

所谓自然物的生态审美价值是指，人类把自然物作为"审美对象"来看待，通过对自然物的"欣赏"来获得情感的愉悦。按照康德的美学原理，审美活动是"超功利性"的。也就是说，"审美活动"不是功利性的活动。这就意味着，审美活动不是把对象作为"工具"和"资源"来消费使用，只是对自然对象的单纯的"欣赏"并产生情感上的愉悦。因此，审美活动并不会破坏自然对象。由此说来，一个自然对象如果被用作某种"工具"，它就必须被破坏和消费，因而失去审美价值。反过来，如果一个自然对象被人类所欣赏和审美，该对象就不能作为"工具"来满足人类的生存需要。生态资源的使用价值是功利性的，是对自然资源的消费；而生态审美则是超功利性的，是对自然资源的保护。因而，生态审美和生态资源两相比较，前者有利于生态保护，后者则导致生态环境被破坏。两者似乎也是不可共存的矛盾关系。

关于生态审美与生态资源之间的矛盾，显然从社会经济发展的角度来看，应更加注重后者，因为生态资源可以给人类带来生产力的提高和物质财富。人们更愿意把土地开发成商品建筑房来出售，而不愿意把土地开发成公园为人类提供审美和休闲服务。人们更愿意把森林中的树木砍伐下来修建房舍或者装饰家居，而不愿意让森林作为大自然的审美对象而存在。一棵树如果自然地生长着，它就具有了审美价值，但如果砍伐下来，它就变成了生态资源。但是，前者不能为人类提供物质生活资料，因为审美仅仅是一种精神活动，而后者则可以为人类提供物质生活资料。这样，对于一个自然物来说，我们是让它保存审美价值，还是让它成为物质生活资料，这就会遇到矛盾。

3. 生态环境与生态消费的矛盾

自然界不仅为人类提供生活的物质资料，还提供环境。然而，自然界为人类所提供的上述双重生存条件，两者之间却存在着矛盾。这一矛盾表现为生态环境与生态消费之间的矛盾。

生态环境是指自然界相对于人类这一生存主体而言，其生态构成了人类生存其中的"环境"。一般来说，大自然提供给人类的环境条件包括阳光、温度、空气、水、土壤等。这些是大自然无偿为人类提供的必备的生存条件。良好的环境能够为人类提供充足的阳光、适宜的温度、新鲜的空气、清洁的水、肥沃的土壤。相反，如果这些基本的生存条件遭到破坏，则人类将无法生存。大自然通过生态系统的自我调节，可以保证生存环境的各个要素得以长期维持。然而，近年来，人们的社会生产实践破坏了自然环境。比如，工业生产中大量废气的排放，造成空气污染；气候变暖，导致部分冰川融化。这些都是人类的实践导致的对自然环境的破坏。因此，保护大自然的生态系统，使大自然对于人类来说所具有的环境价值得到保护，是人类生存所必须承担的义务。

然而，人类生产的目的是消费。消费是人对自然物的使用。这种使用是以对自然物的破坏为前提的。比如，砍伐树木、捕捞捕猎、排放二氧化碳等。当然，人类为了生存不得不把自然物作为消费对象。人类的生产活动就是为了制造产品来满足生存需要，为消费而生产的。也就是说，消费是生产的目的。但是，在资本逻辑的驱使下，消费出现了"异化"的现象。异化消费是指消费已经不再是为了满足生存需要，因为人类过度追求享受而额外增加了一些不必要的消费。正如马克思所说，人表现为"以物的依赖性为基础的人的独立性"①，人们的消费已经不再是满足基本的生存需要，而是把消费变成了一种手段。比如，消费变成了社会身份的象征、实现经济增长的手段，人的价值取决于人所依赖的物的价值。因而出现了所谓的"夸示性消费""符号性消费""炫耀性消费""挥霍性消费"。当人们把消费看成是一种身份象征的时候，这实际上是为虚荣心而消费，而不是为了满足基本的生存需要而消费。这种消费就变成了异化消费。更为重要的异化消费是指，消费变成了经济增长的手段，消费是为了生产。这就与以往"生产为了消费"发生了本质性区别。生产为了消费，消费是目的，生产是手段。反过来，消费为了生产，消费是手段，生产是目的，这就颠倒了生产和消费的关系。因而，生产发生了异化，消费也发生了异化。但问题是，这种异化消费是以破坏生态环境为代价的，因而导致了生态环境与生态消费之间的矛盾。

对于一个自然物来说，只要自然地生长着，它就能发挥环境的价值。但如果破坏它的自然生长，它就具有了消费价值。比如，一棵树长在森林里，就会作为大自然的空气调节者发挥作用，吸收二氧化碳排出氧气，同时它也是大自然的"蓄水池"，能够保持土壤中的水分。但是，如果将这棵树砍伐下来，将其用作装修材料，那么它就失去了大自然的生态调节者的作用和功能。因此，生态环境和生态消费之间存在着非此即彼的冲突。

①《马克思恩格斯文集》（第8卷），北京：人民出版社，2009年，第52页。

在当代面临的生态危机中，人类更应该注重的是生态的环境价值，同时尽可能地限制生态的消费价值。

4. 当代生态与生态代际的矛盾

生态是人类可持续生存的条件。当代中西方学者提出了一种新的伦理观，即"代际伦理"。代际伦理是指当代人和后代人之间的伦理关系。当代人和后代人之间的伦理关系是如何发生的呢？显然是通过生态环境和生态资源这一生存媒介发生的。当代人掌控着生态环境和生态资源，而后代人此时尚未出生，因而"不在场"。这样，后代人的生态环境和生态资源就是被当代人所掌控的。后代人能否具有良好的生态环境和丰富的生态资源，不取决于后代人，而取决于当代人。因此，这就需要当代人在满足自己生存需要的同时，也要考虑为后代人保护生态环境和生态资源。后代人的生存条件掌握在当代人手中，因而当代人是"代际伦理"的伦理主体。在当代人过度占有生态资源和破坏生态环境时，其也破坏了后代人的生态资源和生态环境。这样，就发生了当代人和后代人之间的伦理冲突。

一方面，当代人不断追求物质资料的满足，因而实际上已经消费了后代人的资源，这属于一种"透支"行为。当代人为了满足自己的生存需要，对自然资源尤其是那些不可再生资源进行过度消费，这将导致后代人无法生存。这也就意味着，当代人剥夺了后代人的生存权利。后代人是"不在场"的，因而在和当代人争取为自己的生存保护环境和生态时没有任何主动权。因而，是否能够为后代人保护生态环境和节约生态资源，其主动权完全掌握在当代人的手中。

另一方面，后代人是人类可持续生存的希望。如果说人类的生存应该是可持续的，那么这实际上是承诺了后代人的生存权利。但是，后代人并不具有真实的生存权利，因为他们还未作为伦理主体而存在。所以，矛盾在于：如果让当代人完全充分地享受生态资源，那么就意味着后代人生存资源的减少。反过来，如果为了后代人的生存资源能够得到保护，当代人就应该节制自己的生态消费，把消费限制在一定的合理范围之内，从而保证后代人的生存资源使用权。这样，当代人和后代人之间似乎就发生了冲突。实际上，所谓的生态危机，更多的是后代人的生态危机，而非当代人的生态危机。当代人能够生存下去，但是后代人是否能够幸福地生存下去是一个严峻的问题。因而，以生态资源和生态环境为媒介的代际伦理如何解决当代人与后代人之间的生存矛盾，就成为当代"代际伦理学"的一个重大课题。

五、解决生态治理矛盾的价值观先导

列宁说："世界不会满足人，人决心以自己的行动来改变世界。"[①]自然界不会自主地去符合人的目的和要求，人与自然之间时时有矛盾。人作为有理性的存在者，应该通过实践去实现人与自然的生命共同体。一个国家可以用一种生态危机的警示来引导人们保护生态环境，也可以通过各种政策和法律法规来约束人们的行为以保护生态环境。比如，我国出台的《中华人民共和国环境保护法》等。对于一些企业来说，其要通过环境监管部门的监测才能够进行生产。国家把是否破坏生态环境的量化指标作为生态治理的一项重要工程。这些方法和手段是十分必要的。但是，从本书的写作目的来看，仅仅有这些法律法规和政策上的约束是不够的。因为，人们的社会行为总是在一定的价值观的引导下产生。如果价值观出现了问题，那么行为就必然出现问题，法律法规也会受到严峻的挑战。因此，从根本上解决人类生态危机的问题，价值观的先导作用是不可或缺的。价值观是存在于人们内心中的"观念"，看起来不如法律法规那样确定并具有强制性，但是无时无刻不在主导着人们的行为。因此，从价值观出发来完成生态治理，是一项最为基础性的工作。

那么，怎样发挥生态治理中的价值观先导功能呢？从总体上来说，人与自然是生命共同体这一价值观应该发挥引导性功能。这一总体性的生态价值观，必须落实在具体的生态治理活动中。因此，根据前文对生态治理中存在的一系列矛盾的描述，价值观先导的功能也就体现在对这些生态治理矛盾的解决中。有怎样的生态治理矛盾，就应该有怎样的价值观先导。这样，在生态治理中的价值观先导是和解决生态治理中的一系列矛盾相对应的。以下从这些矛盾入手探讨生态价值观的先导功能。

---

① [俄]列宁：《哲学笔记》，中共中央马克思恩格斯列宁斯大林著作编译局译，北京：人民出版社，1960年，第229页。

1. 解决生态保护与经济增长矛盾的价值观先导

有些矛盾的产生，很大程度上来自人们的价值观。或者反过来说，因为生态价值观出现了矛盾，所以才有了生态治理中的矛盾。解决生态保护与经济增长之间的矛盾，是生态治理的首要任务。一方面，我们进行生态治理时不能阻碍经济的增长。毕竟经济增长是当代中国乃至世界的基本主题。另一方面，在保证经济增长的同时又不能破坏生态环境。因此，怎样协调两者之间的关系，就成为生态治理的关键问题。而这其中，应该用怎样的价值观来加以引导就成为一项重要内容。

从价值观先导的角度看，困难在于如何把经济增长统一到生态保护中。因为经济增长是以获取物质利益来满足生活资料为目的的，该目的是人类生存需要的自然追求，因而发展经济这件事不需要教育和价值观引导。需要引导的是怎样发展经济、发展什么样的经济的问题。这实质就是一个价值观的问题。在生态保护的意义上，价值观引导就体现在如何用生态保护的价值观引领经济的发展。这样，生态价值观就应该先于经济发展观来发挥其"先导"功能。并非所有的经济增长都是合理的，也并非所有的经济增长都是符合生态价值观的。如习近平多次提出，"绝不能以牺牲生态环境为代价换取经济的一时发展"，"既要绿水青山，也要金山银山""绿水青山就是金山银山"[1]。强调"绿水青山就是金山银山"就是要把生态保护和经济增长统一起来。"保护生态环境就是保护生产力"[2]，因此，用生态价值观引导经济发展，就成为价值观先导的核心问题。

如前文分析的那样，当生态保护和经济增长产生矛盾时，一般都是在经济增长违背生态保护原则即违背生态价值观的时候产生的矛盾。因此，价值观先导的功能主要就体现在如何引领追求经济增长的主体（该主体或者是国有企业，或者是民营企业，或者是个体经营者）放弃违背生态价值观的经济增长方式，来寻找新的经济增长方式。而且，经济运行主体在制订经济生产计划的时候，就应该把生态价值观置入经济运行主体的计划中。即在经济增长的战略设计中，首先应该把生态价值观融入进去。是否把保护生态环境作为经济增长的一个前提条件，是价值观先导的核心所在。

---

① 中共中央文献研究室编：《习近平关于社会主义生态文明建设论述摘编》，北京：中央文献出版社，2017年，第21页。

② 中共中央宣传部编：《习近平总书记系列重要讲话读本（2016年版）》，北京：学习出版社、人民出版社，2016年，第233页。

作为生态价值观的先导，一方面要把生态价值观事先融入经济增长的筹划和方案中，另一方面又不能因此而放弃经济增长的动力。世界环境与发展委员会在其发布的报告《我们共同的未来》中指出："一个以贫穷为特点的世界将永远摆脱不了生态的和其它的灾难。"[①]为了生态保护而放弃经济增长也不符合国家发展的总体战略。因此，生态价值观先导应把经济增长纳入生态保护的体系中，而不是放弃经济增长。就如同恩格斯的比喻，不能因为洗澡水脏就把洗澡的孩子和洗澡水一同倒掉。这些都需要在价值观先导中完成。生态价值观先导的目的就是要把经济增长同时视为生态保护的活动，从而使两者达成和解。在未来的共产主义社会，在自由人联合体的社会形式下，将是人与自然和谐发展的共同体形式。在共产主义社会："社会化的人，联合起来的生产者，将合理地调节他们和自然之间的物质变换，把它置于他们的共同控制之下，而不让它作为一种盲目的力量来统治自己；靠消耗最小的力量，在最无愧于和最适合于他们的人类本性的条件下来进行这种物质变换。"[②]当然，这是一个长期的发展过程，在必要的时候，如果经济增长和保护环境不可兼得的时候，是需要把生态保护作为首要价值的，而这无疑是价值观先导的难点。因为对于经济主体来说，放弃经济增长是十分困难的事情。

2. 解决生态审美与生态资源矛盾的价值观先导

新时代，"我国社会主要矛盾已经转化为人民日益增长的美好生活需要和不平衡不充分的发展之间的矛盾"[③]。对美好生活的需要同影响人们生活质量的生态环境密切相关，自然不仅具有物质性的使用价值，而且具有满足人的精神需要的审美价值。构建人和自然的生命共同体必须解决生态审美与生态资源的矛盾，"既要创造更多物质财富和精神财富以满足人民日益增长的美好生活需要，也要提供更多优质生态产品以满足人民日益增长的优美生态环境需要"[④]。

① 世界环境与发展委员会：《我们共同的未来》，王之佳、柯金良等译，长春：吉林人民出版社，1997 年，第 10—11 页。

②《马克思恩格斯文集》（第 7 卷），北京：人民出版社，2009 年，第 928—929 页。

③ 习近平：《决胜全面建成小康社会 夺取新时代中国特色社会主义伟大胜利——在中国共产党第十九次全国代表大会上的报告》，北京：人民出版社，2017 年，第 11 页。

④ 习近平：《决胜全面建成小康社会 夺取新时代中国特色社会主义伟大胜利——在中国共产党第十九次全国代表大会上的报告》，北京：人民出版社，2017 年，第 50 页。

　　自然物作为满足生存需要的物质资源是人们所希求的。作为物质资源来说，自然物具有使用价值。使用价值是某种实际的用处。相比之下，将自然物作为审美对象，并不是人们迫切需要的。因此，用经济学的术语来说，自然物的使用价值和审美价值两者的关系，大体上可以称前者是"刚性需求"，而后者不是刚性需求。人们更愿意把自然物用作满足生存需要的物质资料而不太愿意把它作为审美对象。当自然物被用作审美对象的时候，它的存在是可持续的。而且，作为审美对象时，它不仅仅属于某一个人，而是属于所有欣赏它的人。因此，审美价值实际上是一种公共价值。如果自然物被用作物质资料，那么它只能满足某个人对它的需要，其他人的需要则不能满足，作为使用价值其不具有普遍性。

　　在自然物的审美价值和使用价值的选择上，人们更愿意选择其使用价值而放弃其审美价值。这就体现了物质生活是第一性而精神生活是第二性的唯物史观原理。但是，使用价值是个人性的，审美价值却是普遍性的。对于价值观先导来说，正因为精神生活是第二性的，所以那些普遍性的价值更容易被人们所忽略，而具体的使用价值则不容易被忽略。因此，当生态的审美价值和使用价值发生冲突的时候，人们更倾向于选择它的使用价值而放弃其审美价值。

　　当生态审美与生态资源发生矛盾的时候，价值观先导当然是要站在审美价值的立场上。因为人们对自然物使用价值的追求也同样是不需要教育和引导的。比如，人们都倾向于把树木砍伐下来使用而不愿意保存树木所具有的审美价值。需要教育和引导的是如何为了保护自然物的审美价值而放弃它的使用价值。在生态资源和生态审美之间，价值观先导的价值体现在对生态审美价值的维护上。这就要求当人们试图占有自然物并行使其使用价值的时候，应该事先考虑其生态的审美价值。如果这种对自然物的使用价值的需求不是必需的，就应该放弃这一追求而把自然物的审美价值视为首要价值。这一点在当代生态危机的背景下显得尤为重要。人类不能把生态仅作为资源来看待，还应该把生态作为审美对象来看待。

　　当代旅游业的兴起，使人们更加关注生态的审美价值。2005年8月15日，习近平到安吉天荒坪镇余村考察时，首次提出"绿水青山就是金山银山"。8月24日，习近平在浙江日报《之江新语》专栏上发表评论，指出"生态环境优势转化为生态农业、生态工业、生态旅游等生态经济的优势，那么绿水青山也就变成了金山银山"。这也说明了审美价值可以和使用价值并存，生态价值可以带动经济价值。生态的审美价值应该是一种先导性价值，至关重要，它是人和自然生命共同体的最根本的关系。只有当自然作为人类的审美对象的时候，人和自然之间的共生才是最稳定的。当然，这并不意味着人类不消费自然物，而是说，消费自然物应该是有界限的，在界限之外则应该把自然物的审美价值视为主导性价值。也就是说，如果我们对自然物的使用已经破坏了生态，那么这一做法就超出了生态的承受界限。此时，如果说有一种力量能够促使我们放弃对自然物使用价值的追求，那么就应该是自然物的审美价值。因此，审美价值观应该是解决生态审美与生态资源问题的先导性价值观。

3. 解决生态环境与生态消费矛盾的价值观先导

保护生态环境是生态价值观的重要内容之一。生态环境是人类共同的生存条件，我们可以把生态环境看作是具有"存在性价值"的，以区别于自然物被"消费"而具有的"使用价值"。生态环境中的自然物，其价值是"存在性价值"。也就是说，自然物"存在着"就是有价值的。这种价值是自然物天然所具有的，因而自然物既对于人类是有价值的，同时对于其自身来说，也具有生命自我实现的价值。从环境的视角看，生态价值既包括自然物自己存在的价值，也包括自然物对于人类生存来说的价值，因而生态环境的价值是自然物和人类之间的"双赢"，是生态价值的集中体现。

但是，人类对自然物的消费则恰好是以破坏环境为前提的。自然物的存在性价值被否定才有其对于人类的使用价值的存在。因而在两者发生矛盾的时候，人们更容易选择自然物的使用价值而放弃其环境价值（即存在性价值）。比如，森林对空气的净化就是森林的环境价值，但是人们更愿意选择把森林作为"木材"制造成家具出售并获得利润。这样，对于人类来说，森林的使用价值就比森林的环境价值更具吸引力。所以，当两者发生冲突的时候，价值观先导的立场应该是优先保护自然物的环境价值，这是其基本倾向。

生态环境与生态消费的矛盾表明，当人类选择自然物消费的时候，首先应该考虑这一对自然物的消费是否是以破坏环境为代价的。如果对自然物的消费是在环境的自我修复能力范围之内，那么这种消费是被允许的。反之，如果对自然物的消费超出了环境的自我修复能力，那么我们就应该放弃其使用价值而保持其环境价值。因而在价值观上，生态价值就构成了引导人们对自然物消费的先导。环境价值是生存的一个"间接条件"而非"直接条件"。例如，树木做成家具的时候是生活的直接条件，但树木作为环境的一部分是生存的"间接条件"。因此，人类的倾向在于容易选择直接条件而不愿意选择间接条件。正是因为这样，环境保护作为生态价值观先导才是必要的。

4. 解决当代生态与生态代际矛盾的价值观先导

人们容易关注眼前的利益，而不容易关注长远利益。所谓眼前利益就是指当代人自己的利益，而所谓长远利益就是指后代人的利益。人类在这一点上似乎是自私的。因此，从生态价值观的先导功能看，关注子孙后代的利益就成了一种高尚的价值观。价值观先导也自然就是用关注后代人的生存利益来统摄当代人自己的生存利益。

当代人在资本逻辑的驱使下，对自然采取放纵的态度，这实际上是对后代人的忽视。后代人在时间上是尚未到来的存在。但是，如果着眼于未来长远的可持续性，则后代人应该是当代人的"终极关怀"。如果说人类作为生物物种，其种的延续而形成"类"，这应该是人类在他自己的意识中被自觉到的存在。动物不会自觉地考虑后代问题。但是，动物的生命本能天然地保存着物种延续的机能。因此，动物是本能地履行着它们对于后代种的延续，不会做出违背种延续的事情。而且，在生态自我平衡的体系中，动物都是有自己的生存界限的。动物的繁殖、饮食等都和季节紧密相关，其生存法则自然有利于种的延续。但是，人类则不同，人是具有意识的理性存在者，即"自己的存在中也在自己的知识中确证并表现自身"[①]的类存在物。人类必须通过"意识"来确认自己的种的延续，人类的行为并不能天然地保持物种的可持续生存。

正是因为人类有了"意识"，因而才以"伦理"的方式自觉到当代人和后代人之间的关系。这样，当代人和后代人的伦理关系，就是被人类的自我意识所关注的。因而，后代人的生存权利就被当代人的自我意识所把握。如果当代人的生存行为破坏了生态，人类会意识到这不仅仅是破坏了当代人的生存环境，也破坏了后代人的生存环境。因此，"代际伦理"就必须作为人类特有的并且区别于动物的"生态价值观"。正是以这种价值观作为先导，才能够保证当代人在满足自己生存需要的同时，而不破坏后

①《马克思恩格斯全集》（第3卷），北京：人民出版社，2002年，第326页。

代人的生存条件。这就需要当代人把后代人的生存价值纳入自己的价值观中。这种生态价值观传递了后代人的伦理要求，因而才能够把当代人的生存条件限制在一定的范围之内，而不破坏后代人的生存条件。因此，在当代人和后代人以生态为媒介的生存伦理关系发生冲突的时候，以后代人生存为主导的"类"的价值观就应该占据主导地位，这也就是代际伦理所承担的价值观先导功能。

第六章 "美好生活"的幸福价值观先导

中国共产党的十九大报告提出，社会主要矛盾发生了转化，从过去的人民对物质文化的需要和落后的社会生产之间的矛盾，转化为"人民日益增长的美好生活需要和不平衡不充分的发展之间的矛盾"[①]。2012 年 11 月，习近平在中共十八届政治局常委首次与中外记者的见面会上开宗明义地指出："人民对美好生活的向往，就是我们的奋斗目标。"[②]在新时代的社会主要矛盾中，美好生活是国家建设和发展所要实现的目标，构成了社会主要矛盾的"理想端"。这就意味着，社会发展的核心主题就是要解决主要矛盾，实现广大人民对美好生活的向往。从价值观先导的角度看，实现美好生活必须要有价值观作为先导，如果离开价值观先导，人们就不能清楚明白究竟什么是美好生活。因此，美好生活的界定和实现，都需要有价值观作为先导。而这其中，美好生活与我们通常所说的"幸福观"是联系在一起的。因此，有什么样的"幸福观"，就有什么样的美好生活。幸福价值观应该成为美好生活的价值观基础。本章将围绕什么是美好生活及怎样实现美好生活、什么是幸福及怎样实现幸福等关于美好生活的一系列基本问题展开价值观先导问题的讨论。

一、"美好生活"的幸福价值观先导总论

追求"幸福"是自古以来人类的生活理想，因而"幸福"也成为东西方伦理学的重要命题。美好生活是幸福的条件，但是何谓"美好"却包含着复杂的价值观问题。这就需要对"美好生活"的幸福价值观进行深入的

① 习近平：《决胜全面建成小康社会 夺取新时代中国特色社会主义伟大胜利——在中国共产党第十九次全国代表大会上的报告》，北京：人民出版社，2017 年，第 11 页。

② 中共中央文献研究室编：《十八大以来重要文献选编》（上），北京：中央文献出版社，2014 年，第 70 页。

反思,从而才能保证对"美好生活"的理解,也能够保证对"幸福"的理解。提出"美好生活"幸福价值观先导,旨在为中国国家治理提供一个伦理学意义上的幸福标准,既不能走向西方以"物质主义""享乐主义""消费主义"等为主导的幸福价值观,也不能因为对"美好生活"过高的、不切实际的期待而将自身置于不满足的境地,从而无法实现幸福预期。因此,怎样立足于唯物史观的立场理解"美好生活",怎样理解具体的现实的"幸福",都需要有一种正确的价值观作为先导。如果价值观出现了问题,那么就不会获得真正的幸福。

1. "美好生活"的伦理内涵

什么是"美好生活"?这是伦理学和政治哲学共同追求的理想。"美好"本身就具有理念的性质,理念具有彼岸性,而生活却又要在现实的物质生活中展开。因此,"美好生活"涉及彼岸性和此岸性之间的关系问题,或者理想性和现实性之间的关系问题。这一问题既可以在抽象人性论的意义上加以探讨,也可以在社会生产关系层面加以探讨。当然,历史唯物主义从来都倡导在后者的意义上探讨美好生活的问题。因此,马克思提出:"人的本质不是单个人所固有的抽象物,在其现实性上,它是一切社会关系的总和。"①同时,美好生活也包含着客观标准和主观标准的问题。是否存在着一个客观意义上的普遍的"美好生活",主观的"美好生活"又具有怎样的合理限度?进一步说,根据人的自然性和精神性,"美好生活"又包括物质生活的美好和精神生活的美好。总而言之,"美好生活"是一个十分复杂的伦理学概念,其中包含着很多理论上的矛盾,这是我们探讨"美好生活"本质必须面对的问题。

人是理想性的存在,又是现实性的存在。理想性和现实性之间的张力关系,构成了全部生命活动的内在矛盾。因此,"美好生活"一端连着理想,另一端连着现实,需要把两者协调起来。一般来说,"美好生活"显然不能由单一的任何一方提供,而只能通过理想和现实之间的协调才有可能实现。如果完全基于理想性,那么现实生活就总是不尽如人意的,因此也就谈不上"幸福"。正如一句台词所说的"追求了一辈子幸福,幸福是什么?幸福就是遭罪"。这样的一种观点表明,把理想的幸福和现实生活的有限性对立起来,完全把理想性的美好定义为幸福(当然这种幸福在现

①《马克思恩格斯文集》(第1卷),北京:人民出版社,2009年,第501页。

实中是不存在的），那么现实中就仅仅剩下了"遭罪"。相反，如果完全满足于现实生活，而不顾及理想性，那么这种生活的幸福就仅仅是物质生活中的计算性筹划，这种情况下生活将会被世俗的现实性填充而缺少理想性带来的希望。因此，理想性和现实性的协调应该是美好生活的基本原则。

西方哲学中，苏格拉底是在抽象人性论上讨论美好生活的开端。他说，没有经过思考的生活是不值得过的生活。这意味着，"美好生活"就应该是被"思考"所建构起来的生活。这也正是人的生命活动区别于动物的生命活动的本质所在。对于人类来说，其生命活动就叫"生活"。"美好"问题，众说纷纭，仁者见仁，智者见智。因此，需要通过"思考"建立起"美好生活"。"要思维而不是猜测，要对我们的理论加以检验，用事实予以证明，参照事实进行修改和纠正。"①这就是说，如果没有经过"思考"，生活将处于没有任何"意义"的状态，因为"思考"就是用来赋予"生活"以某种"意义"的途径，甚至是唯一的途径。因此，人应该过一种"有意义的生活"，而不是忍受一种无意义的生活。对于"美好生活"来说，重要的问题就在于赋予生活以怎样的"意义"。赋予生活的意义不同，美好生活的内涵也就不同。但对于生活意义的理解问题，又不得不回到对人的本质的理解上。这就是说，怎样理解人的本质，就会有怎样的美好生活。这是在抽象人性论的意义上探讨"美好生活"的关键。这种抽象人性论的美好生活是停留在单个人的思想境界中的，如果一个人把形而上学的理想性作为生活意义的根基，那么就会把一种超功利的生活视为幸福生活，最为典型的就是宗教信仰者。此外，从抽象人性论出发的美好生活也以道德作为生活的基本原则，符合原则的生活就是美好生活。另外，也可以通过其他方式实现抽象人性论意义上的美好生活，如通过艺术的方式。一个人沉浸在自己的精神世界中，并且把自己生命的全部意义寄托在这一精神世界中，而且他知道自己能够进入这一精神世界，并且能够自我欣赏，这种状况就是最幸福的，因而也是最美好的。比如，亚里士多德认为，人的本质是理性。因此使用理性的时候是人最幸福的时候。因为幸福本身就是一种"自我满足"的状态。如果一个人是崇尚理性的人，即柏拉图所说的"爱智慧"的人，那么"沉思"就必然是他的幸福状态，因此过一种学术研究型的生活对他来说将是最为美好的生活。

上述在自我的精神世界中生活并能够自我满足的人，他所获得的当然

① ［美］梯利：《西方哲学史》（增订本），葛力译，北京：商务印书馆，2015年，第52页。

是最高层次的抽象人性论的幸福,他的生活对他来说也是美好的。除此之外,我们还可以在音乐或者其他艺术中达到这种境界。例如,一个人完全可以把陶醉在音乐中的状态视为自己的美好生活,因此和音乐相伴的生活就是最美好的生活。其他诸如此类都符合相同的幸福原理,即生活在自己所认同的精神世界中,并把它作为最高的生命意义。但是,人毕竟不完全是一个抽象的人,正如马克思所说的是社会的人。因此,第二个层次的抽象人性论幸福,就进入和他人之间伦理关系的美好生活中。比如,在家庭中享受夫妻之间的爱情、享受兄弟姊妹之间的亲情、享受长辈和晚辈在一起的"天伦之乐"等,这些也都被视为伦理意义上的美好生活。中国传统生活方式就是一种以伦理为重的生活方式,因此,家庭和朋友等之间的伦理关系就构成了美好生活的重要内容。但是,在伦理中是包含着"约束"的,这就是伦理规范。伦理规范是对伦理关系的规定,这些伦理关系有时候和个体的情感或许是相违背的,因此伦理规范对于个体来说就成了"外在的束缚"。在这种情况下,伦理关系不是内在的而是外在的,因而就不会带来美好生活。因此,古代哲学发挥着"教化"的作用,使个体放弃个体的、主观的"爱好",而把"伦理"转变为"自由",正如孔子所说的达到"随心所欲不逾矩"的境界,这样才能把伦理规范内化于心,从而才能获得伦理意义上的美好生活。这就意味着,在伦理共同体中,也要以伦理规则作为最高法则,而放弃个体的主观爱好,只有当我们能够接受这样的规范,才能够获得美好生活。否则,就不会有美好生活。总而言之,美好生活从主观上来看就是"愿意"过的生活,并且是不违背伦理规范的生活。

2. "美好生活"的社会共同体向度

在西方政治哲学中,总体上是通过讨论共同体的正义问题作为美好生活的基本原理的。因此,形成了近代以来的契约论、神正论等观点,这些对于共同体的探讨是和美好生活直接相关的。可以说,"美好生活"是全部政治哲学的"普遍公设"。一切关于政治正义问题的思考,都是为了实现人类的美好生活。如果说"正义"和"共同体"有什么实际效用的话,那么他们最根本的就是能够确保每个人的生活都是美好的,而不是保证一部分人的生活美好而其他人的生活可以是不美好的。因此,美好生活一定是建立在共同体基础之上,而且这一共同体就是美好生活的根本保证。

但是，政治哲学并没有在科学的基础上提供实现共同体及所带来的美好生活的实践方案。在这个意义上，我们可以把西方政治哲学提供的理论视为抽象人性论的美好生活方案。虽然政治哲学讨论了自由、民主、公平、正义等价值观，但这些价值观仅仅在"抽象的法权"上为美好生活提供了法理形式上的支撑，而没有深入社会历史中寻求美好生活的物质基础和生产关系基础。这一点是由马克思所完成的。

与上述抽象人性论相对应，立足于社会生产关系来寻求美好生活，最具典型性的就是马克思的观点。在马克思看来，美好生活必须而且只能基于一种良好的生产关系才是可能的。马克思认为，人类有史以来一直在阶级社会中存在，一直伴随着阶级斗争。在阶级社会中，生产关系存在着一系列问题，从而使人类社会的生活从未进入真正的美好状态。在阶级社会的生活样式中，人与人的关系及家庭成员内部的关系一度"变成了纯粹的金钱关系"①，"社会财产为少数人所占有"②，人的基本价值被遮蔽，"人的尊严变成了交换价值"③。那么，如何才能实现美好生活？作为理想性和现实性的统一原则，美好生活应该把人类自身的自由的实现作为客观标准。但这一自由绝不同于西方政治哲学在天赋观念论意义上给出的自由概念，而是需要通过实践的对象化原理，把自由落实在社会物质生产关系中。因此，美好生活只有一个历史唯物主义的平台是可以依靠的，这就是建立以公有制为基础的普遍交往关系。美好生活包含的意义非常丰富，实际上我们可以从马克思的《哥达纲领批判》中获得这一美好生活的基本要素。比如，劳动是不能被异化的，而是应该成为自由自觉的。因为"劳动已经不仅仅是谋生的手段，而且本身成了生活的第一需要"④。此时，人类实现了自己驾驭自己的劳动，而不是被迫劳动的劳动自由状态。抽象地说，自由就是自己是自己的理由，而不是受制于他者。⑤只有这样，劳动才能够成为美好生活的创造活动而不是痛苦生活的创造活动。在资本主义私有制下，劳动对于工人来说是痛苦生活的创造活动，工人劳动越多，其生活越痛苦。因此，工人会像马克思所说的那样，"只要肉体的强制或其他强制一停止，

① 《马克思恩格斯文集》（第2卷），北京：人民出版社，2009年，第34页。
② 《马克思恩格斯文集》（第7卷），北京：人民出版社，2009年，第498页。
③ 《马克思恩格斯文集》（第2卷），北京：人民出版社，2009年，第34页。
④ 《马克思恩格斯文集》（第3卷），北京：人民出版社，2009年，第435页。
⑤ 吴宏政：《马克思世界历史目的论下的"劳动自由"问题》，《马克思主义与现实》2021年第1期。

人们就会像逃避瘟疫那样逃避劳动"[1]，生活绝不可能是美好的。此外，分工是应该被消除的，即那种强制性的分工是应该被消除的。也就是说，人们不会永远被限制在同一个社会分工中，被迫从事这一分工的劳动而毫无创造性，而且分工与个体的收益相关联会导致一系列分配不公的问题。显然，美好生活应该是马克思所设想的"上午打猎，下午捕鱼，傍晚从事畜牧，晚饭后从事批判"[2]。而且，社会财富的一切源泉将会充分涌流，也就是说人们的物质生活是充裕的。当然，这要靠客观上建立起公有制，主观上树立一种超越功利劳动的境界才可能实现。否则，物质财富无论增长到多少，都不会达到"充分永久"，且永远都不会"充分"。如果是这样，生活也不会有美好可言。最后，美好生活绝不是某一部分人的美好生活，而应该是全人类的美好生活。因此，美好生活应该只有在"每个人的自由发展是一切人的自由发展的条件"[3]的情况下才是可能的。总之，马克思在生产关系的基础上，提出了创造人类美好生活的历史唯物主义原理，提出了从必然王国进入共产主义的自由王国的方案。

3. "美好生活"的幸福观基础

"美好生活"的标准问题是幸福价值观的重要依据。这里涉及美好生活的客观评价标准和主观评价标准的问题。因此，这两个标准的统一也应该成为美好生活幸福观的重大原则。显然，就客观标准来说，美好生活由国家的根本性质、社会制度的性质及国家发展的基本理念所决定。中国特色社会主义进入新时代，中国社会主要矛盾发生了转变，"人民日益增长的美好生活需要和不平衡不充分的发展之间的矛盾"[4]是当前社会的主要矛盾。从国家的角度看，中国共产党始终把"为人民谋幸福"作为自己的初心使命。中国特色社会主义基本经济制度的建立，是实现美好生活的客观保证。这一社会主义制度在生产关系和分配方式等方面提供了客观的制度保障。因此，美好生活的客观标准是有国家的政治、经济制度加以保障的。一方面为美好生活提供了强大的物质基础和生产力基础，另一方面在制度上保证了每个公民享有创造幸福生活的权利。然而，美好生活的幸福观问

①《马克思恩格斯文集》（第1卷），北京：人民出版社，2009年，第159页。
②《马克思恩格斯文集》（第1卷），北京：人民出版社，2009年，第537页。
③《马克思恩格斯文集》（第2卷），北京：人民出版社，2009年，第53页。
④ 习近平：《决胜全面建成小康社会 夺取新时代中国特色社会主义伟大胜利——在中国共产党第十九次全国代表大会上的报告》，北京：人民出版社，2017年，第11页。

题，又总是和个人的主观感受、价值判断联系在一起的。如果个体完全按照自己的主观标准来衡量美好生活，那么就会陷入相对主义而迷失方向。个体的需求是多元化的，个体的价值判断也是多元化的。因此，如果用个体的需要和价值观去衡量美好生活，那么美好生活就会千差万别。而且，如果完全按照主观性原则，那么个体在追求自己美好生活的同时，就有可能会对他人的美好生活带来不利影响，从而导致个体之间在追求各自幸福生活的过程中产生冲突。举例来说，在一个共同体中，有人认为应该按照自己的喜好来布置自己的生活空间，但这些布置有可能会干扰其他人的生活。一个喜欢听音乐，把音乐作为自己美好生活的重要内容的人，如果在听音乐时破坏了他人的安静生活，就会破坏他人的美好生活。当然，可以通过技术手段解决这一矛盾，但那些无法通过技术手段解决的矛盾，就会导致个体间的冲突，进而使个体的美好生活无法实现。总之，作为价值观先导的原则，应该把美好生活的客观标准和主观标准统一起来，这样才能保证美好生活的实现。幸福本来就包含着个体的主观感受，因此作为共同体的美好生活显然应该使个体的幸福感受和共同体的美好生活相适应，而不能因个体的幸福感受而破坏共同体的美好生活。这是美好生活幸福价值观的先导原则。

美好生活是和"幸福"相关联的，因此也可以把美好生活直接称为"幸福生活"。古希腊到古罗马的哲学家都探讨过幸福问题。斯多葛学派和伊壁鸠鲁学派就针对幸福问题形成了不同的观点。在斯多葛学派看来，理性是世界的主宰，因而快乐一定出自理性。伊壁鸠鲁学派则认为，"灵魂的无纷扰"是幸福状态。"选择明智生活的快乐，是聪明智慧的职责。""我们……担忧过去，现在和未来。只要有这种心绪，我们就不能快乐。"①无论怎样，人们都没有把纯粹感官的快乐视为幸福，幸福都是因为有理性才有实现的可能。康德在他的道德学领域同样论证过幸福问题。在他看来，幸福可以简要地概括为"自足"。也就是说，幸福一定是一个人对自己某种生活状态的"满足"。这一满足不是由于别人的肯定，而是由于自己对自己的满足，因而是"自我满足"，"它不像幸福一词那样表示着一种享受，但却指明了一种对我们实存的愉悦，一种与必然会伴随着德行意识的幸福的类比"②。这就意味着，无论一个人把什么作为自己快乐和生命的意义，幸福总是他自己对自己的满足。如果作为一种主观感受，就叫作"幸

① ［美］梯利：《西方哲学史》（增订本），葛力译，北京：商务印书馆，2015年，第108页。
② ［德］康德：《实践理性批判》，邓晓芒译，北京：人民出版社，2003年，第161页。

福感"。但是,这样就有一个幸福的主观性和客观性问题。康德认为,幸福显然是和快乐相伴的。但是,必须把"快乐"和"快适"相区别,因为所谓"快适"在康德看来特指那种来自感官的身体的快乐,而不是来自理性的快乐。因此,也可以说"快适"是肉身的快乐,如美味;而"快乐"则不同于"快适",是因理性而产生的。但是,快乐也要做进一步区分:一种是积极的快乐;一种是消极的快乐。就积极的快乐来说,是指对自己某种状况因为满足而直接产生的快乐。比如,朋友之间的相互欣赏而带来的自我满足。消极的快乐是指,这种快乐是伴随着"痛苦"发生的。比如,道德所带来的快乐,首先不是作为"快乐"而存在,就其直接性来说,道德是痛苦的,因为总是要以牺牲自己的某些感性的快乐作为前提。比如,拾金不昧就要以失去财富带来的快乐为条件,让座要以自己站立的痛苦为代价。因此,高尚的道德总是在直接性上表现为痛苦。从中国的词源学上看,一般把真正的快乐称为"痛快"。也就是说,"痛快"是伴随着"痛苦"的快乐,而不是直接的快乐。当人们经历很多苦难后获得的幸福,才是幸福。这就是因理性"挫抑"(此一表述出自康德)了某种感性的快乐而获得的快乐,因此高级的快乐是伴随有痛苦的快乐,是真正的完成了的快乐。因此,哲学家们历来都把美好生活与幸福关联起来。幸福是超越感官的快乐,并且是自己满足于自己的这种状况。这是美好生活的幸福原理。

作为美好生活的幸福价值观先导来说,应该包括两个方面。其一,应该引导人们不要逃避生活中的苦难,而是要积极面对,正是因为战胜了某种苦难,生活才是幸福的。如果不能直视生活中的苦难而直接寻求美好生活,那么这就是一种缺少辩证思维的抽象观点。在辩证思维中,美好乃是因为战胜了其对立面,即苦难。因此,没有经历艰难困苦的美好是不全面的美好。这表明,美好是相对的而不是绝对的,这就引导我们正确面对生活中的艰难困苦,采取积极进取的生活态度而不是采取"躺平"的心态,美好生活是奋斗出来的,是战胜艰难困苦的过程。其二,美好生活总是和道德、伦理相伴,也就是和理性相伴。因此,试图单纯从物质生活中或者物质财富中寻求幸福的做法,是无法达到美好生活的。因为物质财富总是有限的,而人的感性的欲望却是无限的。值得强调的是,当马克思说"集体财富的一切源泉都充分涌流之后"①,这决不能被简单地概括为"物质财

---

① 《马克思恩格斯文集》(第3卷),北京:人民出版社,2009年,第436页。

富极大丰富"。因为物质财富是否丰富，绝不取决于物质财富本身的多少（只要不影响人们基本的物质生活需要），而取决于人们对待物质财富的"态度"或"观念"。因此，理性的财富观才是美好生活的必要条件，而这是伦理道德的内在规定。在这个意义上，美好生活幸福价值观先导，就是要引导人们不能单纯从物质财富占有中寻求幸福，如果单纯从这一角度寻求幸福，将违背幸福的基本原理。因此，如果说幸福有客观标准的话，那么包含着理性的节制和自我满足的幸福就应该成为客观标准。

二、美好生活包括物质生活美好和精神生活美好

对美好生活加以界定的时候，首先遇到的问题就是对美好生活进行划分。划分是理解一个对象基本的也是最常用的逻辑方法。通过划分，我们就能够对一个对象有更具体的认识。按照哲学中通行的方法，可以把美好生活划分为两个方面，即物质生活的美好和精神生活的美好。这一划分方法来自哲学中对物质和精神的区分。按照这一哲学观念，我们的生活一般会被划分为物质生活和精神生活。因此，相应也就出现了物质生活的美好和精神生活的美好。当然，哲学上还有其他的划分方法。比如，按照马克思对人的本质的理解，一般把人性划分为自然属性和社会属性。因此，也可以把美好生活划分为自然性生活的美好和社会性生活的美好。但这两种划分具有很大相同之处，所以我们仅采用一种划分方法即可。

1. 新时代社会主要矛盾转化中的"美好生活"

党的十九大报告指出："中国共产党人的初心和使命，就是为中国人民谋幸福，为中华民族谋复兴。"[①]中国共产党的主要奋斗目标，就是为人民谋幸福，为国家谋发展，为民族谋复兴。但是，仔细思考，国家的发展和民族的复兴这些看起来是宏观的图景，实际上，归根结底是让人民过上美好的生活。因此，在逻辑上我们可以把党的奋斗宗旨加以划分，划分为人民、国家和民族三个层次。但实际上，人民实现美好生活应该是最根本的目标。为国家谋发展最终也是为了人民能过上美好的生活。国家的利益

① 习近平：《决胜全面建成小康社会 夺取新时代中国特色社会主义伟大胜利——在中国共产党第十九次全国代表大会上的报告》，北京：人民出版社，2017年，第1页。

和人民的利益是一致的。同样,民族复兴,也最终落实在中华民族子子孙孙的美好生活上。"国家富强,民族复兴,人民幸福,不是抽象的,最终要体现在千千万万个家庭都幸福美满上,体现在亿万人民生活不断改善上""千家万户都好,国家才能好,民族才能好"[1]。在这个意义上,中国共产党的全部奋斗宗旨,归根结底都是为了广大人民能实现美好生活。这是中国共产党从建党的时候就做出的承诺。

十九大报告提出了新时代社会主要矛盾,而"美好生活"是矛盾其中的一个方面,即理想端。中华人民共和国刚成立时,经过多年的革命战争,社会百废待兴,生产力水平十分低下。在这种情况下,建设社会主义是一件十分困难的事情,甚至不比革命容易。因此,从中华人民共和国成立到十九大召开,党中央先后提出了几次中国社会主要矛盾的转化问题。中华人民共和国刚成立时,社会主要矛盾是广大人民群众和帝国主义、官僚资本主义、国民党反动派残余势力之间的矛盾。在社会主义革命和建设时期,党的八大提出了"人民对于建立先进的工业国的要求同落后的农业国的现实之间的矛盾"[2]。十一届三中全会后,党中央提出了"人民日益增长的物质文化需要同落后的社会生产之间的矛盾"[3]。这是中华人民共和国成立以来,国家发展的几个不同时期所面临的国内社会发展的主要矛盾。直到十九大,中国特色社会主义进入新时代,社会主要矛盾再一次发生转化,即人民日益增长的美好生活需要和不平衡不充分的发展之间的矛盾,成为新时代中国的社会主要矛盾。

改革开放以来,我国始终以经济建设为中心,以大力发展生产力为目标,解决人民对物质文化的需求。经过40多年的发展,社会生产力水平有了大幅度的提高,有些方面甚至达到了世界领先的程度。改革开放取得了一系列的"历史性成就"。广大人民的物质文化生活水平也得到了显著的提高,国内生产总值跃居世界第二位。社会发展的各个领域都获得了空前的进步。在这种情况下,党中央提出国家社会主要矛盾发生了转化。应该说,新时代社会主要矛盾转化和人民对美好生活的需要,是在改革开放取得历史性成就的基础上提出来的。这是马克思的历史唯物主义原理在当代

---

[1]《习近平谈治国理政》(第2卷),北京:外文出版社,2017年,第354页。

[2] 中共中央党史研究室:《中国共产党历史》(第2卷),北京:中共党史出版社,2011年,第396页。

[3]《中国共产党中央委员会关于建国以来党的若干历史问题的决议》,北京:人民出版社,1981年,第54页。

中国具体应用的成果。按照马克思的历史唯物主义原理，一个社会的发展是以生产力的提高作为根本动力的。随着中国社会生产力的提高，社会发展取得了显著成就。因此，社会主要矛盾必然随之发生改变。这是由历史唯物主义的客观规律所决定的。社会主要矛盾的提出和形成不是偶然的而是历史的必然。

中国特色社会主义进入新时代，广大人民对国家发展和生活水平也提出了更高的要求。以往注重的是物质生活水平的提高，因为中国刚刚经历过近代以来的革命战争，生产力遭到了巨大的破坏。而且，中国长期以来一直处于落后的农业生产方式中。正是这种情况决定了当时中国社会主要矛盾是人民日益增长的物质文化需要同落后的社会生产之间的矛盾。随着生产力的提高，人民对生活提出了更高的要求和希望。比如，希望社会发展更加公平正义，从过去的注重效率转变为兼顾公平正义；希望获得更加美好的生活环境，从以往粗放型的发展转变为绿色可持续发展；希望获得更加安全的生活环境，从传统的安全转变为信息技术时代的安全；等等。这些新的要求和希望，必然导致人们对生活水平提出更高的要求。因此，新时代提出了广大人民对"美好生活"的需要。这意味着，人民对生活的需要，已经从以往单纯注重经济发展的角度，扩展为注重生活质量及全方位的美好生活的需要了。因此，美好生活不仅包括物质生活的美好，还包括精神生活的美好。

2. 物质生活美好的价值观先导

新时代社会主要矛盾的转化提出了"美好生活"的需要。但是，需要澄清的一点是，这并不意味着以往的社会主要矛盾全部消失了。一个社会主要矛盾的转化，也有一个量变到质变的发展过程。而且，也遵循着唯物辩证法的规律。这就是，以往的旧的社会矛盾不是消失了，而是被"扬弃"在了新的社会主要矛盾中。这就是社会主要矛盾转化中的历史辩证法。因此，我们不能用形而上学的非此即彼的思维方式，认为新时代社会主要矛盾发生了转化，所以旧的社会矛盾就彻底消失而不存在了。问题不是这样的。相反，是说新时代社会主要矛盾发生了变化，但是以往的矛盾不是完全消失了，只不过相对而言，不再构成"主要矛盾"。这就意味着，以往的旧矛盾，仍然在社会发展中存在着，尽管不是主要矛盾，但也仍然是存在着的矛盾。

满足人民群众对物质文化的需要始终是改革开放以来解决我国社会主要矛盾的根本目标。在中国特色社会主义进入新时代后,这一对物质文化的需要仍然存在,只不过扬弃在"美好生活"这一更高的需要中了。为什么这么说呢?因为,即便是今天对美好生活的需要,也同样需要以"物质文化"作为基础。只不过,在以往的时代里,物质文化的匮乏是主要矛盾。比如,解决温饱问题是改革开放初期中国人民的一项主要发展目标。因此,物质文化水平尤其是物质生活水平的提高,就是这一时期社会发展的主要目的,其中重点在于解决温饱这一基本的物质生活需求。正如罗素所说,"如今由于工业革命及其副产品,有史以来第一次有可能创造一个人人都有合理的幸福机会的世界。只要我们愿意,物质方面的不幸可以降低到微小的程度"[1]。但是,中国特色社会主义进入新时代后,并不意味着我们就不需要物质生活了。物质文化需要仍然存在,只不过其构成了"美好生活"意义上的物质文化需要,因而被扬弃在更高阶段的社会主要矛盾中了。以往的物质文化需要是在"温饱问题"意义上的物质文化需要;而新时代的物质文化需要则是在"美好生活"意义上的物质文化需要。因此,物质文化需要这一社会矛盾的理想端,其内涵发生了"扬弃"的变化,而不是不存在了。如果用知性的形而上学思维方式,那么我们就会把以往社会主要矛盾和新时代社会主要矛盾完全割裂开来,甚至否定新时代对物质文化的需要。

既然物质文化需要仍然存在,那么人们对物质生活美好的需要就应该有新的价值观来引导。因此,价值观先导首先体现在对物质生活美好的引领方面。物质生活美好不是对物质生活的无限索取,尤其是在当代物质生活水平已经明显提高的情况下。物质生活美好需要有健康的幸福价值观作为先导。当代出现了"炫富消费""攀比消费""挥霍消费""奢侈消费"等物质生活消费方式。这些物质生活消费方式并非真正的美好生活,相反是不美好的生活。因为物质生活中蕴含着人们的精神境界和价值观念,财富的富足并不一定是美好生活的物质基础。因此,当代人们物质生活水平提高了以后,这些物质生活是否是美好生活,已经不是一个物质财富多少的问题,而是一个价值观的问题了。正是在这个意义上,用健康的幸福价值观来引导人们的物质生活,将成为物质生活美好的重要因素。因此,国家需要倡导一种健康的幸福观来作为物质生活美好的价值观先导。单纯把

---

① [英]伯特兰·罗素:《教育与美好生活》,张鑫毅译,上海:上海人民出版社,2017年,第10页。

物质财富消费的多少看作是衡量美好生活的标准，是一种错误的价值观念。比如，贪图享乐或放纵物欲的做法，都不能构成物质生活的美好。尤其对于青年人来说，过分追求物质生活的享受并不利于青年培养一种健康奋斗的拼搏精神。相反，过度的物质生活消费可能会摧毁他们的精神世界。因此，如果没有正确的价值观作为先导，单纯的物质生活很有可能走向一种低俗和堕落。如果是这样的话，财富不仅没有给人类带来美好，反而侵蚀了人类的灵魂。因此，需要对物质生活加以价值观的先导，以此来规范人们的物质生活。

3. 精神生活美好的价值观先导

美好生活包括精神生活的美好。随着经济社会的不断发展，人们不仅仅局限于物质生活的追求，也开始追求"精神的和社会的需要"[①]。因为人是有精神的存在者，对于人来说，美好生活自然应该包括精神生活的美好。苏格拉底曾经说过，"一个未经省察的生活是不值得人过的生活"[②]。意思是，对于人来说，生活应该是在人们的"思考"中建立起来的。思考是为生活提供意义的过程。因此，生活不是一个自然而然的形成过程，而是需要人们对其加以思考，从而在精神和观念中来给其赋予某种意义和价值。这些都表明，美好生活需要有精神生活的美好。

西方哲学中一般把人定义为"有理性的存在者"。这说明，理性是把人和动物区别开来的本质规定。因此，对于人的生活来说，就必然不能缺少"理性"，而理性是精神的本质特征。在这个意义上，人的精神生活就应该包括理性的生活。也就是说，符合"理性"的生活才是人所应该过的美好生活。因此，生活是否美好，首先取决于人类的生活是否符合"理性"。但是，人类的精神中不仅包括理性，还有欲望和激情。欲望已经不用论述了，因为物质生活，主要就是为了满足人类的生存欲望。这些欲望如果没有良好的价值观来引导，就会使人因放纵而无法过上美好生活。前文我们已经说明了，物质生活的美好为什么需要有价值观来加以引导，其原因就在于，欲望本身并不一定符合价值观，相反经常会破坏价值观。因此，需要价值观先导来规范人们的物质生活，这是非常必要的。现在，就仅剩下激情需要说明了。

---

①《马克思恩格斯全集》（第 23 卷），北京：人民出版社，1972 年，第 260 页。

② [古希腊]柏拉图：《苏格拉底的申辩》，吴飞译，北京：华夏出版社，2007 年，第 131 页。

按照柏拉图的观点，人的灵魂包含理性（书中表述为"理智"）、激情和欲望[①]。激情有时候和理性结合在一起，有时候和欲望结合在一起。因此，美好生活也同样不能没有激情。但是，这种激情应该和理性结合在一起。与理性相一致的情感就是"审美"活动。因为按照黑格尔的说法，美是理念的感性显现。他认为美的理念是"化为符合现实的具体形象，而且与现实结合成为直接的妥帖的统一体的那种理念"[②]。因此，在审美活动中，人实际上是以情感的方式借助于感性的审美对象来通达真理的。一切真正的艺术作品都是陶冶情操的，或者说，教导人类向善的。因此，无论是善还是美，它们都是一种价值观。对于精神生活来说，美好生活就是前文提到的按照理性来生活，即过着道德的生活。同时，从审美的角度看，对美的欣赏也是一种健康的精神生活。在这个意义上，精神生活的美好，大概就包括真、善、美这三个理性对象。人们认识真理、践行善良意志、欣赏美的理念，这些就构成了精神生活的美好。

由此看来，价值观先导本身就是一种精神生活的过程。精神生活不同于物质生活。在物质生活中，人们容易忽略精神生活的价值导向，容易沉迷于物质生活带来的感官享乐。但是，精神生活本身就是一种价值观的精神活动。价值观先导就是塑造和引领人们的精神生活的，而这种精神生活一旦形成，反过来会对物质生活也产生影响。也就是说，一个人的精神生活是美好的，那么他的物质生活才有正确的价值观先导。但是，反过来却不一定，即一个人即便拥有丰富的物质财富，但却不一定心灵高尚，因而也不能算是过上了美好生活。所谓的精神生活美好的价值观先导，就是用真、善、美这三个终极性价值理想来引领人们的精神世界，这是美好生活必不可少的精神要素。

三、美好生活是靠人民自己奋斗出来的

美好生活是奋斗出来的，这是理解美好生活和实现美好生活一个最基本的价值观。因此，必须借助这一价值观的先导力量，来推进新时代美好生活的实现。人们对美好生活的需要，不能靠别人赐予，只能依靠自己的

---

① ［古希腊］柏拉图：《理想国》，郭斌和、张竹明译，北京：商务印书馆，2009年，第173页。
② ［德］黑格尔：《美学》（第1卷），朱光潜译，北京：商务印书馆，2009年，第92页。

双手创造。国家发布了《大中小学劳动教育指导纲要》，这是与人民对美好生活的需要密切相关的。青年人应该通过劳动，亲手为自己创造美好生活，这是实现美好生活首先应该具备的价值观。美好生活不是偶然获得的，也不是上天赐予的，更不是他人给予的，而只能通过人民亲手创造出来。因此，崇尚劳动作为一种价值观是实现美好生活的必要的价值观先导。

1. 马克思的命题：劳动成为生活的第一需要

马克思在《哥达纲领批判》中对劳动自由作了经典的表述，他指出，"在共产主义社会高级阶段，在迫使个人奴隶般地服从分工的情形已经消失，从而脑力劳动和体力劳动的对立也随之消失"[①]。在《1844 年经济学哲学手稿》中，他又写道："劳动这种生命活动、这种生产生活本身对人来说不过是满足一种需要即维持肉体生存的需要的一种手段……而自由的有意识的活动恰恰就是人的类特性。"[②]马克思认为，在资本主义私有制下，无产阶级作为劳动工人所从事的劳动不是自由自觉的劳动，而是"异化劳动"。如果劳动是异化的劳动，那么这种劳动就无法构成美好生活的组成部分，也无法创造出美好生活。因此，异化劳动是无法创造出美好生活的。正如马克思所说："劳动为富人生产了奇迹般的东西，但是为工人生产了赤贫。劳动生产了宫殿，但是给工人生产了棚舍。劳动生产了美，但是使工人变成畸形……"[③]马克思对异化劳动进行了深入分析，认为异化劳动是指，劳动被作为"雇佣工人"的劳动，是劳动力作为"商品"的使用价值。这种劳动是创造剩余价值的"工具"或"手段"。劳动创造的产品是被资本家所占有的，而且工人劳动得越多，他被资本家剥削得就越多。正如马克思所说："只要肉体的强制或其他强制一停止，人们就会像逃避瘟疫那样逃避劳动。"[④]对于工人而言，"劳动不是他自己的，而是别人的；劳动不属于他；他在劳动中也不属于他自己，而是属于别人"[⑤]。因此，这种异化劳动永远都不会成为工人创造自己美好生活的劳动，而是恰好相反，是创造工人"痛苦生活"的劳动，同时是创造"资本家的美好生活"的需要。正如马克思在《1844 年经济学哲学手稿》中所论述的"工人创造的商品越

---

①《马克思恩格斯文集》（第3卷），北京：人民出版社，2009年，第435页。

②《马克思恩格斯文集》（第1卷），北京：人民出版社，2009年，第162页。

③《马克思恩格斯文集》（第1卷），北京：人民出版社，2009年，第158—159页。

④《马克思恩格斯文集》（第1卷），北京：人民出版社，2009年，第159页。

⑤《马克思恩格斯文集》（第1卷），北京：人民出版社，2009年，第160页。

多，他就越变成廉价的商品""劳动所生产的对象，即劳动的产品，作为一种异己的存在物，作为不依赖于生产者的力量，同劳动相对立"①。可见，正如马克思所批判的，异化劳动是永远不能作为无产阶级创造自己美好生活的生产活动。因此，这种劳动必须被扬弃。

马克思在1875年创作的《哥达纲领批判》中再一次论证了自由自觉的劳动。这种劳动才是人所应该具有的劳动，因而是创造美好生活的劳动。

首先，马克思指出，这种劳动已经不再是人们迫于分工的压力而从事的劳动。人们的劳动是根据自己的兴趣而展开的，是"生活的第一需要"②。早在《德意志意识形态》中，马克思就提及"上午打猎，下午捕鱼，傍晚从事畜牧，晚饭后从事批判"③的生活。这说明劳动已经不再被分工所限制。在马克思看来，分工如果被固定下来，就会成为"迫使人们奴隶般地服从"的分工，这种分工是不得已而为之，因而是不自由的。在这种分工状态下，劳动也不是自由的，因而这种劳动无法创造美好生活。

其次，马克思认为，在私有制下的劳动，是工人"谋生的手段"。这里的"谋生"不同于创造美好生活，仅仅是"活着"。对于动物来说，它的生命活动是和自己的生存本能直接同一的。但是，对于人类来说，人类可以把自己的生命活动作为自己意志和意识的对象，因此人的生命活动就表现为"生活"，而不仅仅是"活着"。然而，在资本主义私有制条件下，工人的劳动却仅仅是为了"活着"。因此，马克思认为这种劳动无异于动物的生存，根本不是人所应该过的生活。也就是说，劳动仅仅是为了"活着"而不是为了"生活"，那么这种劳动就不可能是创造美好生活的劳动。那么，什么样的劳动才是创造美好生活的劳动呢？马克思因而提出了"劳动是生活的第一需要"这一重要论断。

马克思认为，只有当劳动成为"生活的第一需要"的时候，这种劳动才是自由自觉的劳动。所谓生活的第一需要是指，劳动是"生活"的实现方式。人的生活不只是谋生，还包括精神的生活。比如，对于人来说应该在劳动中充分实现人与人之间的伦理关系。在私有制下，人和人之间变成了交换关系，因而是赤裸裸的金钱交易关系。这种关系使人变成了非人。因此，马克思指出，共产主义就是把人的本质还给人。劳动是使人成为人

① 《马克思恩格斯文集》（第1卷），北京：人民出版社，2009年，第156页。
② 《马克思恩格斯文集》（第3卷），北京：人民出版社，2009年，第435页。
③ 《马克思恩格斯文集》（第1卷），北京：人民出版社，2009年，第537页。

的活动，而不是使人成为工具的活动。正是在这个意义上，劳动是人类确证自己的本质的实践活动。通过劳动，人和人之间形成了"人"的关系而不是"物"的关系。在这种劳动中，人就获得了尊严，因而劳动也就成了"生活的第一需要"。也就是说，人之为人，乃是通过在劳动中形成的对象性活动得到确证的。

2. 美好生活的劳动价值论

美好生活是通过劳动创造出来的。这是一个基本的价值观。因此，劳动价值观是指，劳动不只是谋生的活动，而且是美好生活的实现方式。劳动本身就构成了美好生活的内容，不能将其仅看作是创造生活的工具。我们说劳动创造美好生活，这一方面是指劳动可以带来物质生活资料，这是人区别于动物的特殊性。动物可以不通过劳动来生存，但是人类则必须借助于劳动才能生存。"可以根据意识、宗教或随便别的什么来区别人和动物。一当人开始生产自己的生活资料，即迈出由他们的肉体组织所决定的这一步的时候，人本身就开始把自己和动物区别开来。"[①]正是在这个意义上，恩格斯在《家庭、私有制和国家的起源》这部著作中，把劳动看作是人类形成的最基础的力量。劳动使人从类人猿进化为人类。人类的思想和语言及艺术等一切人所特有的现象，都起源于劳动。因此，"劳动创造了人本身"[②]。

劳动是美好生活的创造过程，而且劳动本身也构成了美好生活的组成部分。这就意味着，劳动作为一种价值，为美好生活提供了"存在感"、"获得感"和"尊严感"。借用法国哲学家笛卡儿的一个命题，"我思故我在"。"凡是意志的活动、理智的活动、想象的活动和感官的活动都是思维。"[③]这是人类美好生活所必须具备的条件。在劳动中，必然发生人与人之间的生产关系，马克思有时候也称其为"交往关系"。劳动在美好生活中所具有的价值主要表现为劳动对人的本质的决定性作用，可以借用笛卡儿的句式表述为"我劳动故我在"。正是因为劳动，人才可以成就自己的本质。因此，马克思提出，"人的本质不是单个人所固有的抽

---

① 《马克思恩格斯文集》（第 1 卷），北京：人民出版社，2009 年，第 519 页。
② 《马克思恩格斯文集》（第 9 卷），北京：人民出版社，2009 年，第 550 页。
③ [法]笛卡儿：《第一哲学沉思集：反驳和答辩》，庞景仁译，北京：商务印书馆，2017 年，第 165 页。

象物，在其现实性上，它是一切社会关系的总和"①。劳动中形成的人与人之间的关系构成了社会关系。这种关系不是物质利益的交往关系，而是在共同体中人和人之间形成的"共生关系"。每个人都通过劳动与他人发生关系。这样，人们就在劳动中确证了自己的本质，同时也获得了自己的"存在感"。

劳动使人类获得了美好生活的"获得感"。在美好生活中，劳动能够给人类带来基本生活资料的满足，因此劳动产品能够使人产生获得感。在资本主义私有制条件下，劳动创造的产品归资本家所有，因而工人的劳动并没有获得感，缺乏获得感的劳动显然不能作为美好生活的组成部分。但在社会主义公有制的条件下，劳动产品归劳动者自己所有，这就使劳动者具有了充分的获得感。而且，劳动者在劳动中创造的产品，也证明了他所具有的智慧。劳动者可以通过欣赏他所创造的产品来欣赏自己。而且，在欣赏的过程中所产生的获得感是美好生活不可缺少的要素。如果劳动带来了获得感，那么这种劳动就是自由的。

劳动使人获得了"尊严感"。尊严是对自己人格的敬重。黑格尔在《小逻辑》的导言中说："人应尊敬他自己，并应自视能配得上最高尚的东西。"②对于人来说，总是要把自己作为独立的人格存在，这种人格的尊严是人之为人的内在支撑。古人对人格尊严十分重视，如提出"不为五斗米折腰""宁为玉碎，不为瓦全""廉者不受嗟来之食"等。这些都表明人格的尊严对于人来说是"安身立命之本"。在资本主义私有制下，工人阶级完全沦为资本剥削的工具。劳动使人失去了尊严，人变成了"资本"的奴役对象。这等于说，资本把人变成了资本家获得利益的"工具"，因而使工人失去了人格尊严。然而，在自由自觉的劳动中，劳动使人获得了尊严。因此，这种劳动也使人过上了拥有尊严感的美好生活。

3. 幸福价值观对劳动的先导

美好生活是由劳动所创造的而不是由其他什么给予的。这是美好生活的劳动价值观先导。但是，如果进一步追溯，那么用什么价值观来引领劳动呢？归根结底，应该回到人的幸福观中。因此，建立一种幸福观并以此作为劳动的价值观先导，才能使劳动真正成为自由自觉的活动。劳动就其

---

①《马克思恩格斯文集》（第 1 卷），北京：人民出版社，2009 年，第 501 页。
② [德] 黑格尔：《小逻辑》，贺麟译，北京：商务印书馆，1980 年，第 35 页。

本身而言，无论是脑力劳动还是体力劳动，都是人的体力和智力的付出，因而就其直接性来看，劳动并不能给人带来幸福，甚至会使人感觉疲劳，感觉身体的痛苦。因此，劳动如果成为美好生活的创造过程，就必须依靠一种价值观来调节，从而使劳动本身变成快乐的和幸福的。

劳动作为谋生的手段，可以带来物质生活资料。因此，人们为了获得生存所必需的物质生活资料，就必须投入劳动中。这种劳动中产生的快乐看起来是劳动的快乐，但实际上并非如此。真正的情况是，因为劳动能给人带来物质资料，是这物质资料使人快乐的。因此，劳动本身并不快乐，而是劳动的"结果"使人快乐。人们并不能直接把劳动和劳动的"结果"等同起来。因此，有人提出了"坐享其成"的劳动观。这表明人们总是希望"不劳而获"，这对人来说是一种快乐。然而，不劳而获显然不是一种可靠的快乐。因为不劳而获这一获得的结果一定是他人劳动的成果。如果无条件地占有他人的劳动成果，那么这显然是一种不正当的占有。这样，不劳而获就不能构成美好生活的基本方式。那么劳动如何才能够成为就其本身而言的快乐呢？除非这种劳动本身就被人赋予了某种"幸福感"，否则，这种劳动就无法成为真正的快乐。

劳动本身如果是幸福的，那么从主观上说就需要借助于对劳动本身的敬畏和欣赏之情。从客观上看，就需要把劳动视为共同体的存在根据。我们先从主观方面理解。劳动是人类体力和智力付出的结果，在一个劳动中总是体现着劳动者自身的智慧。任何一种劳动都可以看作是一项"工艺"活动。古希腊把劳动者视为"工匠"，这意味着劳动是和"艺术"结合在一起的。劳动的成果仿佛是一项艺术作品，它不仅具有使用价值，而且从审美的角度看，也应该具有审美价值。正因为如此，劳动者如果是从自己的劳动产品的角度来欣赏自己的作品，那么这样的劳动尽管是体力和脑力的付出，但恰好是因为这种付出成就了审美对象，因此劳动本身就会变成快乐的。比如，当农民看到自己亲手播种的种子发了芽、生长茂盛的时候，当他收获着自己的劳动果实的时候，就会产生对自己劳动作品的欣赏。

劳动是人类的生存活动，生命的意义在劳动中得到了彰显。这样的劳动是自己生命过程的展开。因此，如果怀着对生命的敬畏之情，那么劳动就会变成生命活动的现实环节。这样的劳动也就变成了生命的实现过程，因而具有了更加高尚的情怀在其中。尤其当劳动是人与自然发生的关系的时候，通过人类自身的智慧，劳动产品成为人与自然沟通的桥梁，在这种情况下，人类在劳动中欣赏的是自己和大自然沟通的智慧活动，仿佛是一种游戏。这样,如果能够把劳动作为"游戏"来看待的话,就产生了马尔库塞意义上的"劳动的解放",因而劳动本身也就成了快乐的事情。如果想使劳动本身成为幸福的和快乐的,就必须有一种人生的幸福观作为价值观的先导。用这种价值观把劳动从枯燥的体力支出活动转变为生命的实现之光,这样的劳动无疑是令人幸福和愉悦的。

此外,从客观的角度看,劳动如果要成为幸福的,就必须把劳动视为共同体生存的"共生"行为。正如马克思所言,我们要进入一个这样的人类共同体,"在真正的共同体的条件下,各个人在自己的联合中并通过这种联合获得自己的自由"①。在《德意志意识形态》中,马克思再次强调:"只有在共同体中,个人才能获得全面发展其才能的手段,也就是说,只有在共同体中才可能有个人自由。"②比如,在社会主义公有制的条件下,劳动不是单纯为了自己的生活,同时是为了共同体中"他人"的生活。因此,这样的劳动是共同体精神的现实环节。今天,我们经常提到"劳模精神",实际上就是指劳动在公有制条件下所具有的共同体性质。劳模精神不是把劳动视为个人获得利益的手段,如果把劳动视为个人获得利益的手段,就无论如何也不会有劳模精神。劳模精神意味着,一个人的劳动是从共同体的生存需要出发,做出的个体体力和脑力的付出与牺牲。这样的劳动本身就变成了一种共同体的高尚行为,因而也使劳动本身成为快乐的和幸福的。可见,只要有一种高尚的价值观作为先导,劳动就会立刻从一种形而下的身体活动,上升为一种充满精神的、审美的生命实现活动。这样的劳动才是美好生活的源泉。

四、美好生活中"幸福"的主观性与客观性

美好生活从个人的主观感受来说,就是幸福。正如康德所言,"幸福,亦即对自己的状态的满意"③。因此,对于美好生活来说,存在着主观性和客观性的关系问题。如何处理好这一关系,就需要有幸福的价值观先导。幸福问题也是伦理学理论经常讨论的问题。按照马克思的历史唯物主义原理,幸福的问题也要从社会生产关系的角度来理解,而不是仅从抽象的人

---

① 《马克思恩格斯文集》(第1卷),北京:人民出版社,2009年,第571页。
② 《马克思恩格斯文集》(第1卷),北京:人民出版社,2009年,第571页。
③ 李秋零主编:《康德著作全集》(第6卷),北京:中国人民大学出版社,2007年,第400页。

性论的角度来理解。如果从主观的感受来理解，幸福就包括抽象的人性论意义上的幸福观；而从客观性上来理解，幸福就和社会生产关系紧密相连。因此，应该从这两个方面对幸福观加以讨论，以便为美好生活提供一个主客观相统一的幸福价值观先导。如果没有一个正确的幸福价值观作为标准，我们对美好生活的个体感受将是千差万别的，因而就会导致对美好生活的各种多元化的理解，使国家的共同体生活没有一个确定的目标，也无助于社会主要矛盾的解决。由此可见，对幸福价值观的分析，以及建立以此为基础的价值观先导，对于理解和实现美好生活具有至关重要的作用。

1. 幸福因个体价值观的差异而不同

幸福有主观性这一点是公认的。每个人对幸福的理解都可能是千差万别的。比如，依据个体的兴趣和爱好、个体的认知能力、个体的生活方式等，幸福有不同的判断标准。幸福是一个人自我满足的状态。因此，个体对什么有需求就决定了个体会把什么作为自己幸福的内容。对于喜欢听音乐的人来说，能听上音乐就是幸福的；而对于不喜欢听音乐的人来说，听音乐就是痛苦的。总之，幸福是和个人自己的需求相关联的。这就表现出幸福对于每个人来说具有个体性差异。

幸福对于个体来说为什么会有差异呢？这主要是因为个体自身对幸福的理解和感受存在差异。这是一个在抽象的人性论意义上存在的差异。对于人生来说，怎样理解人生的意义和价值，也决定了不同人的幸福观的差异。有些人可能会认为人生是没有意义的，这通常被称为"人生虚无主义"。这样的人生观决定这部分人根本没有幸福可言。因为这一主义认为人生是没有意义的存在，所以一切都没有意义。相反，如果一个人把人生视为有意义的，那么人生的意义就决定了他幸福的内容。比如，如果一个人认为人生的价值在于奉献，那么奉献对于他来说就是幸福的事情。这样一来，每个人都是按照他自己所理解的人生意义来生活。因此，美好生活就是过自己所认为的有意义的生活。

从道德学的角度看，康德认为幸福是感性的快乐。因此，他在道德学原理上把人的行为根据划分为两种：一种是"道德法则"；一种是"幸福原则"。康德认为，"幸福和德性是至善的两个在种类上完全不同的要素，所以它们的结合不是分析地能看得出来的，而是这两个概念的某种综合"①。

---

① [德]康德：《实践理性批判》，邓晓芒译，北京：人民出版社，2003年，第154—155页。

康德所说的"幸福原则"指的就是个体的感性幸福。这种幸福的行为是从个体的某种"好恶"出发的，即从个体的偏好出发，根据自己的兴趣和爱好来选择自己的行为，即"幸福是对我们的一切爱好的满足"①。这样一来，幸福原则就是从"质料"出发的，其目的是满足欲望。但因为个体的欲望是有差别的，正如一般所说的"萝卜白菜各有所爱"，那么幸福就必然是千差万别的。既然幸福是从主观的偏好出发，那么对于个体来说，依据该偏好的行为也就自然是一种幸福；但对于他人来说，该行为并不一定是幸福的。正因为幸福原则具有鲜明的"主观性"特征，所以康德认为，在一个和他人发生关系的行为中，"幸福原则"决不能成为一条普遍的行为法则。恰好相反，"道德法则"能够成为一条普遍法则。总之，从抽象人性论上看，个体之间的幸福之所以有差异，乃是因为个体的欲望有主观性。这种幸福实际上是感性欲望的幸福，因而彼此是有差异的。正是因为主观上存在差异，就容易使幸福偏离某种方向，因而就需要对这种具有主观性差异的幸福观加以引导，价值观先导就成为确立幸福观的一项重要工作了。

此外，抛开抽象人性论来看，社会制度也能够为幸福的个体性差异提供客观制度保证。一般来说，在西方资本主义制度下，个体幸福的差异性是容易在制度中找到依据的。这一制度就是"自由主义"的政治制度。"自由主义"的基本主张是，每个人是生而自由和平等的。因此，每个人都是独立的、不可替代的。一个人的幸福完全掌握在自己的手里。这种个体本位的自由主义制度，为个体幸福的差异提供了制度保障。因此，幸福的个体性差异无论是从抽象人性论上看，还是从客观的社会制度看，都有其背后的价值观及其制度体系支撑。正是因为这一点，对于理解个体的幸福来说，就需要有一种正确的价值观作为先导，来引导人们从主观性差异的个体幸福中走出来，而进入共同体的幸福中，因而才能最终成就美好生活。

2. 幸福因共同体价值观的一致而相同

如果幸福因个体性差异而都只是自己的幸福，没有共同认可的幸福，那就陷入了主观的个人主义中，而无法确立一个统一的幸福及由此产生的美好生活了。因此，寻求幸福和美好生活的"普遍性"是伦理学及政治哲学最关注的问题。在这个意义上，普遍性的幸福，即所有人的幸福和美好生活才是人类所应该向往的。为此，就必须寻求普遍性的幸福及其美好生

---

① ［德］康德：《纯粹理性批判》，邓晓芒译，北京：人民出版社，2004年，第612页。

活的可能性。对于这个问题，我们同样可以分别从抽象人性论上和客观生产关系中寻找到答案。

康德认为，如果一个行为具有普遍性，就必须从"道德法则"出发。因此，"道德法则"是一个人幸福同时也不破坏他人幸福的一条行为法则。如果每个人都从"道德法则"出发，就会成就一个普遍的幸福生活。由此看来，幸福和道德也是直接关联着的。毋宁说，真正的幸福生活是和理性法则相关联的。这就意味着，一个人的幸福，不应该仅仅从主观的偏好出发来采取行为并获得满足，而是应该在与他人的关系中来确立自己的幸福。这样，幸福就和"道德法则"结合在一起了。因此，康德最后指出，真正的幸福就是行为与"道德法则"的契合，"要只按照你同时认为也能成为普遍规律的准则去行动"①。一个人过一种有理性、有节制的生活的时候，这种生活被看作是"自由意志"的生活，因而也就是幸福的生活。

实际上，西方从古希腊开始，就崇尚理性是幸福的根据。亚里士多德曾提出沉思"是最幸福的"②。原因是，如果把人理解为有理性的存在者，那么人们在使用理性的时候，是最能够使人成为人的。也就是说，只有在人使用他的理性的时候（这种对理性的使用，后来康德对其有过明确的区分，即理性的"理论的使用"和"实践的使用"），人才是最符合他的本性的，因为理性是人的本性。康德曾在《实践理性批判》中提到，"一个有理性的存在者对于不断地伴随着他的整个存在的那种生活惬意的意识，就是幸福"③。所以，只有当人最符合他的本性的时候，他才是最幸福的。因此，过理性的生活是从抽象人性论的角度来确证幸福的根据。这一理性的生活，要么是在沉思中理论地使用自己的理性，要么是在道德中实践地使用自己的理性。总之，幸福是和理性相伴而生的。这样，就在抽象人性论上为幸福及其美好生活确立了普遍性的"道德法则"。

然而，只有抽象的"道德法则"是不够的，这也是马克思最不满意西方哲学的地方。在马克思看来，幸福和美好生活是建立在客观的社会生产关系之中的，因而不能只从"道德法则"的人性论角度去确立幸福和美好生活的普遍性，而是应该在生产关系，即社会制度上确立幸福和美好生活的普遍性。这就有了马克思的共产主义的幸福和美好生活的必要性。

---

① [德]康德：《道德形而上学原理》，苗力田译，上海：上海人民出版社，1986年，第72页。
② [古希腊]亚里士多德：《尼各马可伦理学》，廖申白译注，北京：商务印书馆，2003年，第310页。
③ 李秋零主编：《康德著作全集》（第5卷），北京：中国人民大学出版社，2006年，第23页。

在马克思看来,幸福不是一个人或一个国家自己的事情,也是人类的目标。幸福作为美好生活的主观感受,应该建立在生产方式的客观条件基础上。因此,马克思不是在伦理学和道德学的意义上讨论幸福和美好生活的问题,而是在历史唯物主义的生产关系中来讨论幸福和美好生活的问题。中国特色社会主义进入新时代后提出美好生活,这也是在马克思的历史唯物主义的意义上提出来的,而不是在抽象人性论的意义上提出来的。因此,美好生活就一定要从生产关系中去寻找。

新时代,在社会主要矛盾发生了转化的背景下,美好生活的幸福应该从解决发展的不平衡和不充分问题入手。因此,我们看到,美好生活这一目标,是和发展的不平衡、不充分相对应的。美好生活不是在什么其他含义上被提出来的,仅仅是针对"发展的不平衡和不充分"这一问题提出来的,两者构成了社会主要矛盾的两个方面,一个是理想端,一个是现实端。如果是在这个意义上提出来的美好生活,那么幸福观的问题也就获得了统一的客观规定,超越了主观上的个体性差异。因此,共同体的价值观将成为美好生活的价值观先导,甚至扩大到只有把个体置于人类命运共同体之下,个体的美好生活才是可能的。离开这一先导,美好生活将陷入多元主义的纷争之中而无法建构起来,同时这也不符合马克思的人类自由和解放的价值关怀。

3. 幸福价值观对实现美好生活的先导

美好生活不是在物质堆里实现的,而是在以理性和情感为基础的精神世界构筑的价值观中实现的。我们可以借用康德的一句话来表达物质生活和精神生活的关系。他认为"思维无内容是空的,直观无概念是盲的"①。同样道理,物质生活没有精神生活的引领为"盲",精神生活无物质生活的支撑为"空"。因此,物质生活的美好是和精神生活的美好相伴而生的。幸福价值观对于美好生活来说是不可缺少的。因而,美好生活的实现需要幸福价值观作为价值观先导。

幸福抽象地说就是自己对自己的满足。因此,能否做到自我满足是幸福价值观的事情。比如,如果我们追求物质财富,并企图在物质财富无限丰富的意义上获得幸福,那么幸福将遥遥无期,因为物质财富无论如何都不会让我们满足,除非我们"认为"物质财富在达到一定数量的时候是足

---

① [德]康德:《纯粹理性批判》,邓晓芒译,北京:人民出版社,2004年,第52页。

够的。这就涉及对马克思的一个命题的理解。马克思说共产主义在"集体财富的一切源泉都充分涌流之后"①才是可能的。这实际上隐含着"自我满足"或"自认为满足"这一原理在其中。因为如果我们不能在自己的价值观中为物质财富确立一个"界限",那么我们就无法达到"集体财富的充分涌流",相反,我们可能会认为"物质财富越多越好"。因此,在幸福观中,我们如果把财富的无限增长作为幸福的标准,那么将无法达到幸福的状态,进而也无法实现美好生活。

幸福作为自我满足的状态,必须引入价值观作为对感性幸福的"限制"才是可能的。这一来自价值观的限制,就需要我们树立理性的财富观、理性的节制观、理性的自我满足观。中国特色社会主义进入新时代,我们实现了从"站起来"到"富起来"再到"强起来"。这其中"富起来"并不是没有界限的,它的界限是由"强起来"规定的。如果没有"强起来"这一目标,"富起来"就是一个永无止境的过程。目前,中国"富起来"的任务还没有彻底完成。如果"富起来"还没有彻底完成,那么我们就无法进入"强起来"的时代。可见,中国特色社会主义进入新时代,是因为"富起来"已经被扬弃到"强起来"这一范畴中了。因此,"富起来"构成了"强起来"的基础,但已经不仅仅是"富起来"的问题了。在这个意义上,"强起来"为"富起来"提供了"界限"。这一事实说明,美好生活必须建立在理性的自我满足、自我节制这一价值观基础之上才是可能的。如果离开自我节制的价值观先导,一味地追求物质财富的极大丰富,那么我们就仍然会把"富起来"作为新时代的发展目标,而不会把"强起来"作为发展目标。

此外,美好生活也是作为一个"理想"而存在的。人们的一个习惯就是,容易在追求理想的过程中急于求成,或者用现实的有限性来要求理想的完美性。比如,美好生活实际上已经在朝我们的现实生活不断走来,在量变的过程中一点一点地实现着美好生活。然而,在形而上学的思维方式中,人们总会认为,直到某一天,"美好生活"才会实现,当下的生活一直是"不美好的生活"。这就是说,人们总是习惯于把"当下的不美好生活"与"未来的美好生活"两者对立起来。但真正说来,在辩证法的意义上,当下的生活已经是美好生活的实现过程。因此,美好生活正在向我们走来,而并非在遥远的彼岸。如果坚持形而上学的思维方式,就会对当下

---

① 《马克思恩格斯文集》(第3卷),北京:人民出版社,2009年,第436页。

生活持否定的态度，认为当下还不够美好。因此，这就需要我们在辩证法的意义上确立美好生活的辩证价值观，并以此作为美好生活的价值观先导。如果我们不能确立这一辩证法的价值观，就永远无法实现美好生活，而是把美好生活推向了遥远的彼岸。

五、美好生活是"具体的历史的"

美好生活的价值观先导所要解决的重要问题之一，就是要认识到美好生活是"具体的历史的"这一历史唯物主义原理。抽象地说，每个时代的人，每个国家的人，都在追求美好生活。那么，中国特色社会主义进入新时代后再提出追求美好生活，是否就失去了特殊意义？因此，我们必须在价值观先导的意义上认识到：新时代的美好生活是有特定的历史内涵和时代内涵的。这样就避免了抽象地理解美好生活而缺少对美好生活这一概念在当代特殊含义的确定性理解。

1. 美好生活的时代规定性

中华人民共和国刚刚成立时，只能把解决温饱问题作为国家的主要矛盾，还不能提出"美好生活"的目标。在生产力达到一定程度的时候，社会发展就不能仅仅把生产力作为国家建设的目标，也不能仅仅把物质文化需求作为人民的生活理想。中国特色社会主义进入新时代，美好生活是新时代提出来的社会理想。在这个时代，美好生活就获得了具体的规定性。

美好生活不再单纯把生产力作为标准。这并不是说生产力已经不重要了，生产力仍然很重要，仍然是国家以经济建设为中心的题中应有之义。但是，从逻辑上看，生产力是美好生活的必要条件，而不是充分条件。所谓必要条件是指，在实现美好生活中，不能缺少发达的生产力，因为只有发达的生产力才能提供丰富的物质生活资料。这一点是由物质生活的美好所决定的。但是，在新时代，生产力也有了自身的标准。比如，改革开放初期，生产力主要是以对自然资源的消耗为代价的，因此这种生产力的技术含量较低。中国特色社会主义进入新时代后，对生产力的发展提出了新的要求。比如，要通过科学技术来提高生产力的技术含量。因此，生产力在新时代也就具有了特定的时代性内涵。而且，随着生产方式的变革，生产力主要是在高科技领域里提高的，而不只是在低端产业中的提高。这是生产力在新时代作为美好生活的支撑被赋予的新的时代内涵。

　　然而，生产力仅仅是美好生活的必要条件而非充分条件。这就意味着，实现美好生活还需要有其他的要素来支撑。从马克思的历史唯物主义原理看，当然还需要生产关系要素的支撑。因此，新时代美好生活就包括了生产关系的美好。我国建立了以公有制为基础的社会主义制度，实行公有制为主体、多种所有制经济共同发展的基本经济制度，实行以按劳分配为主体、多种分配方式并存的基本分配制度。在这样的制度中，建立了广大人民的共同利益基础，形成了社会主义的生产关系。然而，随着社会的发展，社会生产关系仍然存在着一些不够完善的地方。因此，党中央提出了改革这一社会主义建设工程。改革就是要改革生产关系中阻碍生产力发展的因素，而生产关系的本质是对生产资料的占有和分配。从总体上来说，社会主义生产关系是以生产资料公有制为基础的，因而有利于实现真正的公平正义。但是，因为还有多种经济成分同时存在，导致在分配方式上仍然存在着不完美，存在着有失公平正义的地方。虽然总体上实行按劳分配是公平正义的，但在具体的经济成分中，如何保证分配的公平正义仍然存在着一定程度的问题。正是在这个意义上，新时代美好生活应该把追求更加公平正义的分配制度作为其中的一项重要元素。也就是说，美好生活不仅仅是生产力的提高，还应该保证在生产关系上更加有利于实现公平正义。改革开放之初，注重的是"效率"，但是中国特色社会主义进入新时代后，就不能把追求效率作为唯一目标，还要把追求公平正义这一生产关系的理想作为美好生活的目标。这就赋予了美好生活以新的时代内涵。因此，从生产关系的角度引入价值观先导，对于实现美好生活来说就至关重要。因为生产关系所追求的价值目标是公平正义，或人类的自由和解放。把生产关系作为价值观先导运用到美好生活的建设之中，是美好生活时代性的必然要求。

　　实际上，马克思也把生产关系作为人类社会发展的终极目标。共产主义作为一种生产方式，其本质是一种全新的"生产关系"，即生产资料的公有制。因此，虽然马克思认为社会历史的发展规律是由生产力和生产关系的矛盾所推动的，但是在生产力和生产关系两者的关系上，马克思最终是把生产关系而不是把生产力作为人类社会发展进步的目标。生产力只不过是为建立新的生产关系提供了物质基础而已。人类社会的最终理想仍然是建立公平正义的生产关系，这就是共产主义。可见，新时代美好生活被赋予了生产关系的时代内涵，这也是符合马克思的历史唯物主义原理和共产主义理想的。在这个意义上，当代中国社会主要矛盾的转化，实际上是向着共产主义生产关系的一次接近。

2. 美好生活的"彼岸"就在"此岸"中

美好生活作为一种理想，当然具有"彼岸"的性质。这里用"彼岸"和"此岸"不是宗教意义上的"彼岸世界"和"此岸世界"的意思，而是借用宗教这一概念，表达美好生活这一概念所包含的"理想性"和"现实性"。因为人们经常使用这两个概念，所以这里也使用这两个概念对美好生活的辩证法问题来加以理解，目的是以此论证在实现美好生活中价值观先导的重要性。

前文已涉及这一问题，这里对美好生活的理想性和现实性的关系展开进一步论证。美好生活的理想性是指，人类总是希求"美好"，这是人的天性。因此，"美好"本身就具有理想性，西方哲学中也称之为"理念"，这一理念是人类的"希望"。在一定程度上，人类是靠着"希望"来生活的。人们经常会提出一个假设：如果你能知道自己这一辈子最终的结局，当下每天的生活还有意义吗？或许正是因为人类总是把目标指向不确定的"未来"，每天的生活才因此获得了意义。人类的思想和诉求总是指向未来的，但未来是尚未到来的，因而充满了不确定性。但正是这种不确定性，为当下的生活提供了目标。在这个意义上，人是为理想而生活的。这就是我们为什么总是强调理想对于人生的重大意义。

我们一般不会把理想视为一个不可能实现的东西，否则理想也就成为空洞的无意义的了。这就说明，理想实际上已经扎根于现实了。可以这样在辩证法中加以理解：人类的理想是在当下现实中展开的。这样，就不会把理想和现实割裂开来。因为如果把理想和现实割裂开来，就会认为当下的所有生活都不符合理想，因而现实是"残酷的"，理想才是"美好的"。这种想法在价值观上的表现，就是虚无主义。虚无主义就是对现实的否定和对理想的肯定。因此，我们也经常把理想主义者称作是抽象主义的。在理想主义者看来，现实总是有缺陷的，不够美好。因此，就会对现实抱有强烈不满。这就容易导致否定现实中已经取得的成就。而且，如果一个人总是把现实中的不完美作为对待现实的价值判断，那么美好就永远不会在现实中出现，只能留在遥远的不可企及的"彼岸"。因此，对于一个抽象的理想主义者来说，在现实中是不会有"美好生活"的。

亚里士多德、黑格尔和马克思在这方面都为我们提供了辩证法的宝贵智慧。黑格尔认为，理念是具体的而不是抽象的。①美好生活不在彼岸，而是一直就在此岸。因为现实不过是趋向于理想的一条道路，理想才是现实的展开过程。黑格尔借用《圣经》里的比喻来说明真理为什么是具体的而不是抽象的——"汝须从行为的果实里去认识人"②。离开人的行为结果，就无法真正地认识一个人的本质，人的本质总是要对象化到他的行为之中，亦即人的本质不是单个人所固有的抽象物。对于美好生活来说也是如此。每一天的生活实际上都是通往美好生活的一天，这样，美好生活不是脱离当下的抽象的彼岸，而是就存在于现实生活的每一天中。这样，我们对于美好生活就形成了具体的历史的价值观作为先导，就避免了对美好生活的抽象理解。

马克思也同样如此认为，而且比黑格尔思考得更加彻底。马克思认为，美好生活不是存在于哲学家头脑中的"观念"中，而是存在于人们的社会生产实践中。因此，美好生活作为一种"理想"是通过建构公有制的生产关系来实现的。无产阶级革命建立共产主义生产关系，是实现美好生活的开始。马克思立足于资本主义现实，提供了美好生活的理想，并用这种理想来指导无产阶级革命。马克思指出："光是思想力求成为现实是不够的，现实本身应当力求趋向思想。"③这已经表明，美好生活就在脚下，理想并不是彼岸的，而是在现实的此岸中展开。我们今天建设美好生活，也要脚踏实地从现实出发。"仰望星空"是必要的，但是脚踏实地是实现美好生活的开始。以这种价值观作为美好生活的先导，其价值就在于避免了把美好生活仅仅视为"未来"的目标，而放弃当下为美好生活建设付出的努力。

3. "美好生活"有限性与无限性张力关系的价值观先导

美好生活在现实中是通过一系列的量化指标来实现的。如果按照抽象的观点，以"美好生活"作为"理念"，那么在现实中是找不到美好的。这就意味着，美好生活是"无限"的。但是，美好生活如果在现实中建构，就需要落实在具体的量化指标中。因而，美好生活又是"有限"的。这样，

---

① 参见[德]黑格尔：《小逻辑》，贺麟译，北京：商务印书馆，1980年，第400页。
② [德]黑格尔：《小逻辑》，贺麟译，北京：商务印书馆，1980年，第292页。
③《马克思恩格斯文集》（第1卷），北京：人民出版社，2012年，第13页。

美好生活就在"有限"和"无限"的张力关系中存在。

如果着眼于美好生活是有限的，那么就要求我们把美好生活的指标体系确定为具体的量化规定，而且这一量化指标是通过发展的平衡和充分来规定的。但是，什么才是发展的平衡和充分呢？发展的平衡和充分本身也需要被量化。因此，这就需要我们从发展的平衡和充分的量化中来提供美好生活的指标体系。然而，对于发展的平衡程度和充分程度的判断，除了具有一系列的客观依据之外，还要有价值观作为支撑。这一价值观的支撑就表现在对"有限性"的接受上。所谓对"有限性"的接受是说，应该在价值观上承认美好生活是建立在"有限发展"的基础之上的，也是建立在发展的"有限平衡"基础之上的。尽管当代中国的发展已经取得了显著的成绩，但还存在着一定的不平衡和不充分。但并不能因此就认为美好生活是不可能实现的。也就是说，发展的平衡和充分问题需要在价值观上给予先导，才能确定发展的平衡程度和充分程度。

具体来说，发展的平衡包括多个方面，如物质文明程度和精神文明程度的平衡；经济发展与文化发展的平衡；高端产业与低端产业的平衡；沿海和内陆的平衡；等等。这些平衡问题都包含着价值观问题。我们以物质文明发展程度和精神文明发展程度为例来说明价值观先导的意义。当前流行的观点认为，我们的物质文明已经达到了较高的程度，而精神文明的发展程度落后于物质文明的发展程度。因此，主张以精神文明建设为中心，而否定以经济建设为中心。这种观点所包含的价值观就存在着错误倾向。因为精神文明的发展是以物质文明的发展为前提的，精神文明的发展程度体现在物质文明的发展程度中，而不是两者相互独立。如果精神文明没有发展到一定程度，那么就不会有物质文明的进一步发展，这两者在现实中是统一的。因此，精神文明的发展已经在物质文明的建设中获得了具体的表现形式。如果把精神文明视为落后于物质文明的发展，那么在建设美好生活时就会丧失文化自信，因而不利于美好生活的建设。可见，对于两种文明发展程度的价值观导向，决定了对美好生活的理解。

第七章　"执政为民"的政党价值观先导

《中国共产党章程》开篇指出："中国共产党是中国工人阶级的先锋队，同时是中国人民和中华民族的先锋队，是中国特色社会主义事业的领导核心，代表中国先进生产力的发展要求，代表中国先进文化的前进方向，代表中国最广大人民的根本利益。"这是中国共产党的根本性质。党的最高理想和最终目标是实现共产主义，而当代中国共产党的中心任务就是团结带领全国各族人民全面建成社会主义现代化强国、实现第二个百年奋斗目标，以中国式现代化全面推进中华民族伟大复兴。党的奋斗宗旨和现阶段的任务决定，必须坚持马克思主义的指导思想，用习近平新时代中国特色社会主义思想武装党。坚持和发展什么样的中国特色社会主义，怎样坚持和发展中国特色社会主义，是党带领中国人民所肩负的重大使命。加强党的建设，坚持"执政为民"的价值观，继承和发扬党在革命时期形成的群众路线，是新时代中国特色社会主义建设取得伟大胜利和实现中华民族伟大复兴中国梦的关键。因此，必须坚持"执政为民"的政党价值观，建设强有力的党。

一、"执政为民"的政党价值观先导总论

执政为民的政党价值观先导所要解决的是党脱离群众、改变党的性质和宗旨的执政危险问题。具体说，就是要摆脱"历史周期率"实现长期执政的问题。先导的价值目标就是要避免党在和平建设时期脱离人民群众，不能代表人民群众的利益，而导致无产阶级政党失去其原初的政党性质，从而无法完成社会主义建设，更无法承担马克思和恩格斯所开创的科学社会主义的重任，无法实现人类自由和解放的目的。克服这一危险，需要探讨如何摆脱"历史周期率"的一系列重大问题。党的性质和初衷是什么？习近平总书记强调"不忘初心、牢记使命"。是否存在忘记初心、忘记使

命的危险？党是否需要建设，究竟要建设一个什么样的政党？这些问题都需要以执政为民的政党价值观作为先导。离开这一价值观先导，党的建设及党对社会主义事业的领导就容易出现偏差，特别是在全面建设社会主义现代化国家新征程和实现中华民族伟大复兴的征途中，就会遇到很多风险和挑战。

1. 阶级社会中"历史周期率"的秘密

进入社会主义建设时期以来，最大的问题在于，马克思和恩格斯没有对"怎样建设社会主义"这一问题进行详细的论述。因此，共产党在取得政权以后，在"如何建设社会主义"这个问题上，面对的是一项全新的事业。特别是在东欧剧变以后，突然发现在"如何建设社会主义"这一重大问题上，既没有成熟的理论也没有成熟的实践道路可以遵循，如何建设社会主义没有"模板"。因此，这一重大的理论问题成为摆在中国共产党面前的一个前所未有的"难题"。如何建设社会主义的问题，本质上仍然关涉"人民利益"这一根本问题。因为"人们为之奋斗的一切，都同他们的利益有关"[1]。无论是革命还是社会主义建设，归根结底是为了解决人类的自由和解放问题，具体来说是解决人民的美好生活问题。因此，在没有现成的社会主义建设理论和实践经验的情况下，如何建设社会主义就是一个有待进一步探讨的重大理论问题。对于这一问题如果不能有清晰的认识，就可能在社会主义建设的过程中，遗忘最初的目的，即人民的利益。而且，在社会主义政权建立之后，人民作为政权的主人就容易被遗忘，因此导致党的性质发生改变，从而陷入"历史周期率"。

所谓"历史周期率"是指，在中国封建社会的历史中，经历了多个王朝的更替，总是一个王朝取代另一个王朝。这其中，形成了一个规律性的现象：一个王朝在最初的时候，是通过代表先进的社会阶层和先进的生产力的力量掀起革命，推翻原有的王朝，实现改朝换代的。改朝换代之初，由于代表着先进的生产力的方向，也代表着社会历史前进的方向，特别是能够代表广大人民群众的利益，深知人民群众在"打江山"的过程中所付出的牺牲，因而统治阶级能够带领人民兴国安邦，进入太平盛世，使广大人民群众过上美好的生活。但进入太平盛世之后，统治阶级逐渐变得腐朽，越来越脱离人民群众的根本利益，"表现为一个同人民相脱离的统治者及

---

[1]《马克思恩格斯全集》（第 1 卷），北京：人民出版社，1995 年，第 187 页。

其仆从的特殊事务"①，于是一个王朝逐渐走向衰落，政府加大苛捐杂税，人民生活艰难困苦，甚至出现民不聊生的状况。于是，又引起了广大人民群众的强烈不满，直到发生下一次的革命和起义，推翻这一王朝，进入新的王朝。新的王朝建立之后，又会重复前一王朝的命运，以至于循环往复，周而复始。这种情况一直持续到了辛亥革命时期。因此，学术界把这种情况概括为"历史周期率"。这一概括旨在提醒：统治者"打江山"的时候能够建设太平盛世，但之后总是自我衰落下去。这一现象究竟是否具有无法摆脱的"历史必然性"？中华人民共和国成立后，中国共产党是否也面临着同样的"历史周期率"？这是摆在中国共产党人面前值得深思的重大问题。这一问题本质上关涉的是中国共产党能否实现长期执政的问题，是实现长期执政的规律问题，是如何从以往封建王朝的兴衰覆灭中吸取经验教训的问题。因此，对这一问题的回答就显得至关重要。如何跳出"历史周期率"，这是中国共产党实现长期执政需要面对的最根本问题，"全党要牢记毛泽东同志提出的'我们决不当李自成'的深刻警示，牢记'两个务必'，牢记'生于忧患，死于安乐'的古训，着力解决好'其兴也勃焉，其亡也忽焉'的历史性课题"②。特别是在社会主义建设还处在初级阶段，共产主义尚未实现的情况下，共产党如何建立确保长期执政的客观必然性，就成为最为重大的党建问题。

对"历史周期率"的原理分析，似乎遇到了"历史循环论"。历史循环论认为人类社会的发展周而复始地循环。"历史周期率"经历了上千年都没有被打破，说明一定具有某种深层次的原因还没有被破解。而且，历代王朝对于"历史周期率"并非不关心，但终究没能够跳脱其的束缚。因此，我们必须破解"历史周期率"背后的深层原因。中国古代思想中就有"打江山易，守江山难"的观点。在创建一个新的王朝政权的时候，往往是通过暴力革命的方式实现的。而且，一定是团结和激发了广大民众的意志，最终取得革命的胜利。历史唯物主义认为，如果政权能够代表广大人民群众的利益，就能够破除"历史周期率"，因为人民群众是历史的创造者，显然马克思的历史唯物主义原理能够解释这一必然性。因为能够代表广大人民群众的利益，就一定符合历史前进的方向。如果从政治哲学的角度看，代表人民群众的利益，乃是一个政权统治该共同体的经济基础，政权就是

---

① 《马克思恩格斯文集》（第 1 卷），北京：人民出版社，2009 年，第 44 页。
② 中共中央文献研究室编：《十八大以来重要文献选编》（上），北京：中央文献出版社，2014年，第 701 页。

为共同体而存在的,否则政权就没有合理性,是违背历史唯物主义原理的。因此,早期的革命是代表广大人民群众利益的,也是符合共同体的政治哲学原理的,"打江山"最终表现为历史的必然性。而这其中,一个暴力革命对旧政权的推翻,建立新政权的"理想",也就构成了人类对于美好生活的希望,因此在"打江山"的阶段,历史的创造者是"胸怀理想"的,这就使革命行动具有了更为强大的精神力量。比如,在中国新民主主义革命时期,涌现了无数的革命英雄,这些英雄是充满革命理想的,革命理想所具有的精神力量为完成暴力革命提供了强大的精神动力,甚至在某种程度上超出了物质基础的支撑能力,取得了不可思议的革命成功的奇迹。这就意味着,在打江山的时期,早期的革命就其本质来说是服从共同体的"正义"原则的,因此暴力革命最终能够取得成功。这一"正义"的要素前文已经分析过,包括历史唯物主义的人民是创造历史的主体力量,包括革命的理想主义精神,包括革命领导阶级代表广大人民的利益等诸多要素,这些都表明了"打江山"革命行动的真理性和正义性。"民心是最大的政治,正义是最强的力量。"①在这个意义上,正义是共同体创立和繁荣的灵魂。

　　然而,在取得政权以后,政权的使命从"革命"最终落实在"治理"或"执政"上。革命,是政权和生活基础的"从无到有",仿佛是"做蛋糕"的时候。但这一行动需要团结起来才有可能取得胜利。而且,这一正义的目标,是能够激活人类心灵中向往正义和真理的激情和精神的。然而,在"执政"时期,国家公权力的执行者往往容易堕落成"既得利益者",从而背离人民群众的普遍利益诉求,如出现贪腐现象。而且此时,就共同体整体而言,已经脱离了生存窘境,彼此之间开始发生利益关系。革命时期,是没有功利性关系的,只有"理想"作为共同行动的平台。但到了执政时期,原有的革命时期的"理想"已经变成了现实,因此"利益关系"(马克思称为经济基础)占据了执政时期的共同体行动平台。我们注意到革命时期(打江山)和执政时期(守江山)两种状况之间的深层次差别:从革命理想转向现实世界;从超功利平台转变为功利性平台;从共同创造历史到共同分配利益;等等。这两个时期的根本差别是,在执政时期出现了"利益分配"问题,正如恩格斯所指出的:"一切争取解放的阶级斗争,尽管它必然地具有政治的形式(因为一切阶级斗争都是政治斗争),归根到

---

① 《中共中央关于党的百年奋斗重大成就和历史经验的决议》,北京:人民出版社,2021年,第66页。

底都是围绕着经济解放进行的。"①也就是说，物质利益进入共同体之后，如果在利益分配问题上不能保证像革命时期那样建立以人民群众的共同利益为导向的共同体原则，就会出现违背共同体的情况，也就是破坏共同体的情况。所谓破坏共同体就是一部分人（主要是执政者）不能够以共同体原则，即人民群众的利益关切为目的，就会出现执政者和广大人民群众之间的"利益分歧"，此分歧积累得越多，就越会出现对执政的不满，从而导致政权最后失去执政基础。那么，这里的原理在于，执政时期执政者在利益分配上和在政权的使用上是否符合共同体原则，或者说是否把满足人民群众的利益作为执政目的。如果能够以此为目的，则共同体必将进入太平盛世，反之则进入"历史周期率"。实际上，"历史周期率"只是中国封建王朝更替的规律，社会主义政权建立以后，由于真正实现了人民当家作主，为破除"历史周期率"提供了客观的社会制度基础。

2 "普遍阶级"执政是摆脱"历史周期率"的基础

前文对"历史周期率"原理的分析表明，中国历史上各个王朝的执政者都没有通过执政时期共同体原则这一关，也就是没有做到以人民群众的利益为中心。因此，出现了执政者和人民群众的利益分歧，最终导致政权失去执政基础而走向衰落。对于这一原理，中国共产党与以往的封建王朝就其本质来说完全不同。正如马克思所说，无产阶级是真正的"普遍阶级"，"他们没有任何同整个无产阶级的利益不同的利益"②，而是始终把共产党的利益和人民群众的利益作为"利益共同体"。在马克思看来，无产阶级是代表全人类利益的，不同于以往其他一切阶级，其他阶级都是"特殊阶级"，都有自己阶级的利益。因此，总是一个阶级统治另一个阶级，而统治阶级是占有生产资料的，被统治阶级则不占有生产资料。正是因为这一社会生产关系上的区别，决定了无产阶级政党执政和以往其他政党执政的本质区别。习近平总书记多次强调："中国共产党始终代表最广大人民根本利益，与人民休戚与共、生死相依，没有任何自己特殊的利益，从来不代表任何利益集团、任何权势团体、任何特权阶层的利益。"③因此，从马

①《马克思恩格斯选集》（第 4 卷），北京：人民出版社，2012 年，第 257—258 页。
②《马克思恩格斯文集》（第 2 卷），北京：人民出版社，2009 年，第 44 页。
③ 习近平：《在庆祝中国共产党成立 100 周年大会上的讲话》，北京：人民出版社，2021 年，第 11—12 页。

克思主义政党的本质出发，可以看出共产党执政和历史上以往阶级执政的本质区别。也正是因为这一本质区别，决定了中国共产党必然能够超越"历史周期率"而实现长期执政。

中国共产党是马克思主义的政党。马克思在《共产党宣言》中已经旗帜鲜明地表达了无产阶级政党即共产党的观点，而且是"毫不隐瞒"地表达了自己的立场："过去的一切运动都是少数人的，或者为少数人谋利益的运动。无产阶级的运动是绝大多数人的，为绝大多数人谋利益的独立的运动。"①"共产党人始终代表整个运动的利益。"②共产党的宗旨概括起来就是，消灭资本主义私有制，建立公有制，实行共产主义，实现人类的自由和解放。作为无产阶级政党，共产党是为共产主义这一宗旨而建立的，这是共产党的初心和使命。如果放弃这一点，就不再是共产党。中国共产党是马克思主义武装的政党，建立无产阶级专政的政权，建设社会主义，这是由马克思主义政党的本质所决定的。1921年中国共产党成立后，始终秉持马克思主义的理想，在中国开展了新民主主义革命并取得了伟大胜利，还带领中国人民开启了建设社会主义国家的伟大事业。中国共产党最初是通过"无产阶级革命"来取得政权的，并建立了社会主义国家。建立社会主义国家以后，尽管一段时期内社会中还存在着一定程度的资产阶级的残余，但这些残余已经不能构成一个完整的阶级而存在，因而总体上看，阶级斗争已经不再是社会的主要矛盾，社会进入了后阶级斗争的时代。此时，中国共产党的历史使命就从"无产阶级革命"转向了社会主义建设。

诚然，就中国共产党的本质来说，必然能够跳出"历史周期率"。但是，这也并不排除存在着一定程度的风险。"一个政权建立起来后，要保持兴旺发达、长治久安是很不容易的。如果不自省、不警惕、不努力，再强大的政权都可能走到穷途末路。"③特别是在社会主义初级阶段，还存在着落后思想观念的残余，还会受到资本主义和封建主义思潮的影响，会出现享乐之风、官僚主义等脱离群众的危险。也正是因为这些原因，共产党实现长期执政并非一帆风顺，因此才特别提出"执政为民"的政党价值观

---

① 《马克思恩格斯文集》（第2卷），北京：人民出版社，2009年，第42页。
② 《马克思恩格斯文集》（第2卷），北京：人民出版社，2009年，第44页。
③ 中共中央党史和文献研究院、中央"不忘初心、牢记使命"主题教育领导小组办公室编：《习近平关于"不忘初心、牢记使命"论述摘编》，北京：党建读物出版社、中央文献出版社，2019年，第300页。

先导。党的建设成为新时代全面从严治党战略的重大课题。加强党的建设，要明确中国共产党未来一段时期内的重大历史使命。习近平总书记在"七一"讲话中强调，"新的征程上，我们要牢记打铁必须自身硬的道理"①。在全面建成小康社会之后，我国开启了全面建设社会主义现代化国家的新征程和实现中华民族伟大复兴的宏伟蓝图。这两大目标是未来中国共产党要领导中国人民集中完成的伟大目标。特别是中华民族伟大复兴，这是近代以来中国社会发展的历史主题，经过了新民主主义革命、社会主义革命和建设、改革开放和社会主义现代化建设、中国特色社会主义新时代四个历史时期的发展。中国特色社会主义新时代是距离实现这一宏伟目标最近的时代。但中国特色社会主义新时代还面临着"百年未有之大变局"的国际背景，特别是"进入新时代，国际力量对比深刻调整，单边主义、保护主义、霸权主义、强权政治对世界和平与发展威胁上升，逆全球化思潮上升，世界进入动荡变革期"②。这些都对中国实现第二个百年奋斗目标和中华民族伟大复兴带来了严峻的挑战，甚至是空前的挑战。正是在这一历史背景下，如何加强中国共产党的建设，以确保党的先进性和纯洁性，确保党同人民群众的血肉联系，坚持以人民为中心的执政理念，深入开展自我革命，进行伟大斗争，就成为一项重大课题。因此，"执政为民"的政党价值观先导就成为党的建设的根本价值立场和根本方向。

3. 保持同人民群众的联系是摆脱"历史周期率"的核心

中国共产党是无产阶级政党，不同于西方资产阶级政党。资产阶级政党显然是代表资产阶级利益的。在历史转变为世界历史的意义上，由于资本的全球化扩张，资产阶级政党不仅不能代表本国人民的利益，而且是和全人类的利益背道而驰的。但无产阶级政党的本质决定了其从成立起就被赋予了代表历史前进的方向的使命。"加强自我建设，党的先进性和战斗力就不断巩固、不断提高"③，因此执政为民的政党价值观应该成为共产党自我建设的思想先导。党的建设的核心问题就是要解决党同人民群众的血

---

① 习近平：《在庆祝中国共产党成立 100 周年大会上的讲话》，北京：人民出版社，2021年，第 19 页。

②《中国共产党第十九届中央委员会第六次全体会议文件汇编》，北京：人民出版社，2021年，第 88 页。

③ 刘长江等主编：《邓小平党建理论和新时期执政党建设》，北京：人民出版社，1999 年，第 64 页。

肉联系问题，这是全部党建工作的核心内容，也是跳出"历史周期率"的基本原理。在和平时期特别是在社会主义初级阶段，在社会主义市场经济的背景下，党必然会遇到一系列的来自物质利益方面的冲击。作为执政党首要的问题就是要思考如何能够在社会主义建设的过程中，保持同人民群众的联系，而且这一联系不是一般意义上的联系，而是在利益共同体意义上的联系。也就是说，保持同人民群众的密切联系，关键在于满足人民群众对物质生活的需求，带领人民群众创造美好生活。改革开放以来，中国经济实现了迅速增长，人民群众的物质生活水平得到了空前的提高。因此，如何实现人民群众在改革开放中的"利益共享"，实现"共享发展"就成为联系群众的关键问题。"人民是党执政的最大底气，也是党执政最深厚的根基。"①党应该在执政中，使广大人民群众共享改革开放带来的红利，这是党密切联系群众最根本的途径。按照历史唯物主义的原理，在生产关系中实现生产资料的共享，实现合理的利益分配，是由社会主义国家的根本性质决定的。

中国共产党、国家和人民三者是高度一致的。国家是社会主义国家，是以公有制为主体、多种所有制经济共同发展的基本经济制度为基础的，这为人民当家作主提供了经济制度保障。中国共产党是无产阶级政党，是社会主义建设的领导力量。广大人民群众是国家共同体的成员，是社会主义的建设者和接班人。因此，中国共产党、国家和人民在中国实现了三者一致。国家是人民当家作主的国家；中国共产党是以人民为中心的政党，是社会主义国家的领导力量。正是在这个意义上，中国共产党执政为民的价值观在政治哲学和法理学上获得了学理基础。但是，即便我们在学理基础上能够确保中国共产党同人民群众的密切联系，但在现实中仍然存在着一些脱离群众的风险。

4. "自我革命"是摆脱"历史周期率"的法宝

前文提到享乐主义、官僚主义、奢靡之风等，这些都是脱离群众的表现。在执政时期，全面从严治党的目的就是要避免上述存在的脱离群众的风险。这就首先需要党员干部提升认识，并敢于批评和自我批评，进行自我革命。所谓"自我革命"，是指党员干部能够自己对自己加强反思，深刻反思自身存在的问题并敢于自我批判和自我纠正。这需要一种自我批判

①《习近平谈治国理政》（第3卷），北京：外文出版社，2020年，第137页。

的精神。如果这一精神建立不起来，就无法保证党员干部思想观念的纯洁性。正如习近平总书记深刻阐释的那样："有没有强烈的自我革命精神，有没有自我净化的过硬特质，能不能坚持不懈同自身存在的问题和错误作斗争，就成为决定党兴衰成败的关键因素。"[①]因此，党员干部首先需要执政为民的价值观先导，这是进行自我批评、自我教育的总开关。中国共产党与西方政党的重要优势、特色和区别之一，就是"自我革命"。

资产阶级政党制度是以"三权分立"为基础的，这意味着每个政党在执政中都无法通过自己来纠正自己的错误，这表现出了资产阶级政党对自身执政能力的不信任。正因为这样，西方政党是通过彼此之间的"监督"来保证执政质量的。这种三权分立的制约关系，是以虚假的契约精神为基础的。之所以说是虚假的契约精神，是因为各个政党之间的关系在本质上是"利益竞争关系"，是不同的资本财团之间的竞争，即"要寻找一种结合的形式，使它能以全部共同的力量来卫护和保障每个结合者的人身和财富，并且由于这一结合而使得每一个与全体相联合的个人又只不过是在服从其本人，并且仍然像以往一样地自由"[②]。因此，对于各个政党而言，其背后服从的逻辑仍然是"利益逻辑"。这就在根本上背离了人民群众的利益导向，因此政党制度就已经表明了资产阶级政党背离人民利益的本性。

同时，这种利益竞争关系也不是古典政治哲学所提出的"契约精神"。因为按照契约精神，是彼此达成了"共识"，由哪个政党来执政，应该是"契约"的结果。然而，事实上并非如此，资产阶级各个政党之间是按照利益竞争关系走上执政舞台的。这就意味着，物质利益是执政党的最大诉求，而且是以追求自己资本财团的最大利益为目的的。正是因为这一点，西方政党政治所服从的从根本上看不是"契约精神"，而是"物质利益竞争关系"。这样，彼此之间的"监督"也并非真正的监督。因为监督的核心目的是保证政党执政的正义性，而这种监督本质上是为了破坏执政党的基础，从而为自己政党上台执政提供理由。因此，这种监督也不会是为了保证人民的利益而作出的监督，而是为了实现自己执政和满足自己的统治利益而作出的虚假的监督。

与上述资产阶级政党相区别，社会主义政党是通过"自我革命"的方

---

① 中共中央党史和文献研究院、中央"不忘初心、牢记使命"主题教育领导小组办公室编：《习近平关于"不忘初心、牢记使命"论述摘编》，北京：党建读物出版社、中央文献出版社，2019年，第163页。

② [法]卢梭：《社会契约论》，何兆武译，北京：商务印书馆，2003年，第19页。

式来保证自己政党的纯洁性和先进性。"党的伟大不在于不犯错误，而在于从不讳疾忌医，积极开展批评和自我批评，敢于直面问题，勇于自我革命。"①"正因为我们党始终坚持这样做，才能够在危难之际绝处逢生、失误之后拨乱反正，成为永远打不倒、压不垮的马克思主义政党。"②因此，"自我革命"恰恰体现了马克思主义政党的"自信"。共产党员应该能够自己对自己的行为进行反思，并能够自我纠正，从而保证党的先进性。当然，这并不意味着马克思主义政党不需要监督，同样也需要监督。但是，这一监督是立足于人民利益而完成的监督。监督的实质就是保证党的执政目的是否与人民群众的利益相一致，如果不一致，表明执政就会失去合理性，从而来纠正执政中偏离人民群众利益的行为。这种自我革命首先表现在利益上的自我革命。在社会主义建设中，特别是在物质生活已经实现小康的情况下，如何摆脱对物质利益的束缚，就成为自我革命的关键。因为党的执政权力是由人民赋予的，政权是为人民而存在的，"党的执政水平和执政成效都不是由自己说了算，必须而且只能由人民来评判"③。如果政权不能从人民的利益出发，就会从自己的特殊利益出发，这就违背了党的宗旨。因此，如何从物质利益的束缚中解放出来，是自我革命最为艰难的工作，也是保证党同人民群众密切联系的"难点"。习近平新时代中国特色社会主义思想，对于建设什么样的党、怎样建设党提出了明确的要求，是确保党执政为民价值观的集中体现。党政军民学，东西南北中，党是领导一切的。在全部的国家治理体系中，党自身的建设和治理是至关重要的。党作为全部事业的领导力量，自身的建设决定了一切治理的水平和质量。能否保持执政为民的价值观，关键在于党能否保证自己和自己的本质相一致，即确保党不变质。与人民群众的密切联系，归根结底在于党能否确保其执政行为和其宗旨相一致，只要和宗旨相一致，也就是和人民利益相一致，而这一切都需要通过"自我革命"来实现。"先进的马克思主义政党不是天生的，而是在不断自我革命中淬炼而成的。"④党在每个历史时期的执政

---

① 《中共中央关于党的百年奋斗重大成就和历史经验的决议》，北京：人民出版社，2021年，第70页。

② 《习近平谈治国理政》（第3卷），北京：外文出版社，2020年，第541页。

③ 中共中央文献研究室编：《十八大以来重要文献选编》（上），北京：中央文献出版社，2014年，第698页。

④ 《中共中央关于党的百年奋斗重大成就和历史经验的决议》，北京：人民出版社，2021年，第70页。

都会遇到一系列艰难险阻，这就意味着党的执政并非一帆风顺。在执政过程中难免会出现一些局限性，特别是在取得一系列重大历史性成就的时候，容易产生骄傲情绪、不思进取的情绪和懈怠情绪。这与革命时期所处的历史环境不同，因此更需要时刻保持居安思危的意识，才能保证和平建设时期党的奋斗激情。这就需要不断进行自我革命，从而保证党执政为民的价值导向。

二、党的群众路线中的"人民史观"

群众路线是党的根本工作路线。以毛泽东同志为主要代表的中国共产党人在长期斗争中形成了"一切为了群众"、"一切依靠群众"和"从群众中来，到群众中去"的群众路线。群众路线是毛泽东思想活的灵魂的三个基本方面之一，是党的生命线和根本工作路线。群众路线也是马克思主义基本原理和中国革命、建设、改革实践相结合的成果。作为党的工作的一条基本路线，群众路线充分体现了马克思主义政党的执政价值观。党的群众路线在理论上主要是由马克思主义的唯物史观所决定。唯物史观简要概括，就是"人民史观"，主要表现为人民群众是历史的创造者。党是人民群众利益的代表，党的群众路线的理论基础是马克思、恩格斯创立的唯物史观原理。马克思、恩格斯在共产主义运动早期就以缜密的思维和超前的眼光，对人民群众在历史发展中的主体地位和重要作用予以精辟概括，指出："历史活动是群众的活动，随着历史活动的深入，必将是群众队伍的扩大。"①列宁结合苏联社会主义建设的实践，进一步阐释了人民群众在推动历史发展中的主体性作用。他强调："生气勃勃的创造性的社会主义是由人民群众自己创立的。"②这揭示了人民群众是社会主义革命和建设的主体。习近平总书记指出，发展"必须坚持以人为本，尊重人民主体地位，发挥群众首创精神，紧紧依靠人民推动改革"③。

---

①《马克思恩格斯文集》（第 1 卷），北京：人民出版社，2009 年，第 287 页。
②《列宁全集》（第 33 卷），北京：人民出版社，2017 年，第 57 页。
③《习近平谈治国理政》（第 1 卷），北京：外文出版社，2018 年，第 97 页。

1. 人民群众是历史的创造者

关于社会历史发展规律的问题，恩格斯曾做过明确的比喻，提出了"平行四边形"的"合力论"。历史是由众多具有目的的个体参与创造的，但是历史的最终结果和目的又不以某一个人的意志和目的为转移，而是形成了一个"不以人的意志为转移"的客观规律。这是马克思和恩格斯共同坚持的一个基本的历史观原则。针对西方历史哲学的观点，马克思和恩格斯提出了历史唯物主义原理，并明确了一点，即社会历史的发展也是遵循客观规律的。这就打破了以往西方存在的一种观点，认为历史没有规律。西方的这一观点认为，自然界是有客观规律的，但是人类社会历史不同于自然界，因而不存在所谓的"客观规律"。在众多的西方学者中，波普尔无疑是一位坚定的历史非决定论者。他否认历史发展存在规律，认为历史只有趋势而无规律可循。波普尔认为，马克思主义就是一种历史决定论，是"历史主义的最纯粹的、最发达的和最危险的形式"[1]。正是针对这一观点，历史唯物主义认为，人类社会历史是有客观规律的。只不过，这种客观规律和自然界的客观规律不完全一样。区别在于，自然界的一切事物都不具有"自由意识"，动物虽然有意识，但却没有达到理性的高度。因此，总体来说，人类以外的自然界事物都是服从"因果必然性"的，因而它们全部服从自然规律，如物理学规律、化学规律、生物学规律等。但是，和自然界规律不同的是，人类社会历史是由"有理性""有目的""有选择"的人的活动构成的。因此，对于人类来说，就存在"自由"的问题。自然界只存在"必然性"，但是人类社会则既存在自然的"必然性"，又存在理性的"自由性"。人类社会和自然界相比，就多出了一个性质。正是因为有了"自由性"，所以西方有学者认为，人类社会历史发展和自然界不同，自然界是有客观规律的，而人类社会历史发展则是没有规律的。

德国古典哲学对马克思影响深远。但是，德国古典哲学几乎总是贯穿着一种"唯心史观"。康德把人类社会历史理解为"大自然的一项隐蔽计划"[2]，人类社会历史不过是大自然在它的目的中安排的一个自然过程，因而人类的历史活动不过是为了实现大自然的目的。但是，康德认为人类社会历史是有客观规律的，这一点被马克思所继承。康德明确提出，"人类

① [英]卡尔·波普尔：《开放社会及其敌人》（第2卷），郑一明等译，北京：中国社会科学出版社，1999年，第140页。
② [德]康德：《理想国》，何兆武译，北京：商务印书馆，1990年，第15页。

历史向何处去？""人类历史是否是'偶然'的？"等一系列历史观的根本问题。在康德看来，人类社会历史绝不是"偶然"的，而是有一个"必然性"贯穿其中。这一"必然性"就意味着，历史是有客观规律可以遵循的。历史的目的就是"永久和平"。这样，康德按照契约论的思路，探索了人类实现永久和平的道路，即"自由国家的联盟"①。但总体来说，康德的人类历史观是唯心论的。黑格尔把这种唯心史观推向了绝对。

黑格尔认为，历史是有目的的，因而也是有客观规律的。但是，历史的目的是"绝对精神"返回其自身的过程。绝对精神通过人类社会历史的活动，实现了其自身的返回。如果没有人类社会历史的活动，那么绝对精神仍停留在"自然"中。在"自然"中，绝对精神是"自在"的存在，而非自觉的存在。因而，绝对精神只有通过人类社会历史的活动，才能返回自身。人类通过"自我意识"和"实践活动"来意识到绝对精神，并自觉地践行着绝对精神。在黑格尔看来，人类社会历史的主体是"绝对精神"，而不是人类。因此，是"绝对精神"创造了历史。马克思同样继承了黑格尔的关于人类社会历史是有目的、有规律的这一思想，但是却"颠倒"了黑格尔的唯心史观，把人类社会历史看作是"人"在实践活动的基础上所创造的历史。

马克思"颠倒"了以往的"唯心史观"。在唯心史观看来，绝对精神是历史的主体，因而掌握绝对精神的人，就成了社会历史的"代言人"，因此必然得出"英雄史观"的结论。绝对精神借助于掌握绝对精神的人（一般是政治国家的领导者），实现社会历史的目的。在资本主义条件下，这当然就是指资本家主导的政治国家是社会历史的创造者。但马克思反其道而行之，他认为，社会历史是由无产阶级和广大劳动人民创造的。这就是为什么马克思全力批判资产阶级哲学的根本原因。因为这些哲学家（包括黑格尔）的思想都被看作是资产阶级的"官方哲学"，他们把创造历史的伟大功绩都归结到了资产阶级身上。这种历史观否定了人民群众是历史的创造者。因此，马克思和恩格斯提出，社会历史是由广大人民群众创造的。这些个体的目的虽然有所不同，但最终却构成了一个历史发展的客观规律。

历史唯物主义的一条基本规律是生产力和生产关系的矛盾运动推动了社会历史的发展。这一规律实际上是借助广大人民群众作为社会历史发展的主体才是可能的。广大人民群众作为生产者虽然是生产力的主体，但生

---

① ［德］康德：《历史理性批判文集》，何兆武译，北京：商务印书馆，1990 年，第 110 页。

产关系仍掌控在统治阶级的手中。因此，当生产关系阻碍生产力的发展时，就表现为统治阶级占有了被统治阶级即广大人民群众的生产力。但通过革命推翻统治阶级，进而实现解放生产力的过程，恰恰是由广大人民完成的。正是在社会历史发展规律的意义上，马克思肯定了人民群众创造历史的伟大功绩。

2. 党是人民群众利益的代表

马克思、恩格斯在《共产党宣言》中指出："过去的一切运动都是少数人的，或者为少数人谋利益的运动。无产阶级的运动是绝大多数人的，为绝大多数人谋利益的独立的运动。"[①]中国共产党是马克思主义的政党，而马克思主义政党的宗旨就是实现全人类的自由和解放，实现共产主义。中国共产党始终把马克思主义作为自己建党理论的基础，并践行马克思主义理论。作为马克思主义政党，中国共产党最根本的价值立场就是"人民至上"。党的性质决定了其必然把人民群众的利益放在首位，是代表群众利益的政党。资产阶级的政党是代表资产阶级利益的。在资产阶级领导的社会中，形成了资产阶级和无产阶级利益上的对立。马克思毕生的目标就是，消灭阶级和由阶级对立引起的矛盾，实现人的自由和解放。因此，从马克思开始，无产阶级的政党就是代表人民群众利益的，而不像资产阶级政党那样只代表一小部分人的利益。

马克思毕生致力于建立一个"真正的共同体"。他认为，在以往的阶级社会里，尤其是资产阶级主导的社会里，都没有建立真正的共同体，毋宁说建立的都是"虚假的共同体"。原因首先在于，一个共同体中，在利益问题上没有达成一致，而是一部分人占有另一部分人的利益，这就是剥削。因此，当一个共同体中出现利益分化，而且这种利益分化被以制度的形式确定下来的时候，就必然会破坏共同体。资产阶级的国家表面上看起来是共同体，但是实际上因为存在阶级和阶级的对立，已经不是一个真正的共同体了。因为我们始终相信"共同体是一个'温馨'的地方，一个温暖而又舒适的场所"[②]，在那里"我们相互都很了解，我们可以相信我们所听到的事情，在大多数的时间里我们是安全的，并且几乎从来不会感到困

---

① 《马克思恩格斯文集》（第2卷），北京：人民出版社，2009年，第42页。

② [英]齐格蒙特·鲍曼：《共同体》，欧阳景根译，南京：江苏人民出版社，2003年，第2页。

惑、迷茫或是震惊"①。正因为如此,资产阶级的政党就仅仅是代表资产阶级的利益,而且不仅不代表无产阶级的利益,还和无产阶级广大人民群众的利益相反。但无产阶级政党首先是代表无产阶级利益的。因此,有学者提出"马克思是无产阶级的代言人";也有学者认为"《资本论》是工人阶级的圣经";等等。这些说法当然有一定的道理,但是还不完全正确。严格说,无产阶级政党是代表全人类利益的。马克思明确指出,无产阶级没有自己的"特殊利益",如果有自己的"特殊利益",那么无产阶级和资产阶级也就没有高低之分,只不过是利益不同的两个阶级而已,因此没有资格说无产阶级一定要战胜资产阶级。只要还存在着自己阶级的"特殊利益",这一阶级就不能成为"普遍阶级",也必然是狭隘的。由此决定,这一阶级就不能代表人民的利益。正是因为这一点,马克思反复强调:无产阶级不仅消灭资产阶级,而且在消灭资产阶级的同时,也消灭了无产阶级本身,即当两大对立阶级的一个方面消失之后,另一个方面也就不存在了。因此,马克思才主张消灭阶级,实现全人类的自由和解放。也正是在这个意义上,无产阶级的政党才是最普遍的政党,代表全人类的利益,因而也是广大人民利益的代表。

中国共产党自成立以来,就和国民党有着本质区别。中国共产党始终是站在广大人民群众的立场上,要解放全中国,争取国家民族的独立,同时也要推翻国民党的资产阶级政权。也正是因为党真正代表了广大人民的利益,一切为了人民、一切依靠人民,才能够战胜一切困难,实现广大人民当家作主。中国共产党自成立起,就提出其是"工人阶级的先锋队",是代表广大人民利益的政党。党的直接奋斗目标就是推翻"三座大山"——帝国主义、封建主义、官僚资本主义。这"三座大山"实际上就是压在"人民头上"的三座大山。无论是西方的殖民主义,还是封建王朝的国家制度,抑或是国民党的资产阶级统治,都不是代表广大人民利益的统治。西方殖民主义是资本主义在中国的扩张,因此其本质是资产阶级在全球扩张资本的产物。资本不仅剥削本国的工人,而且通过殖民地剥削殖民地国家的人民。所以殖民主义天然就是反人民的,甚至是反人类的。中国历史上的朝代更迭本质上都是因为没有代表人民的利益,才导致广大人民对统治阶级的不满,以至于通过革命推翻旧的王朝,建立新的王朝。但是,每一个王朝都因为专制制度维护统治阶级自己的利益,最终背离广

---

① [英]齐格蒙特·鲍曼:《共同体》,欧阳景根译,南京:江苏人民出版社,2003年,第3页。

大人民的利益而走向毁灭。国民党是代表资产阶级"四大家族"的利益的，因而也不代表广大人民的利益。正是在这种情况下，没有一种力量能够真正代表近代中国广大人民的利益，这些力量都成了一种压迫人民的力量。在这一国家和民族生死存亡的关键时刻，中国共产党诞生了。无产阶级政党通过无产阶级革命，推翻了压在人民头上的"三座大山"，建立了新中国。毛泽东指出："一切言论行动，必须以合乎最广大人民群众的最大利益，为最广大人民群众所拥护为最高标准。"①毛泽东因此代表中国人民骄傲地宣布："中国人民从此站起来了！"可见，中国共产党自成立起，就是从广大人民群众的利益出发的政党，这是党的"初心"，也是马克思主义中国化的开始。

3. 党的"群众路线"的唯物史观原理

1929 年 9 月 28 日，《中共中央给红军第四军前委的指示信》第一次提出了"群众路线"这个概念。1943 年，毛泽东在《关于领导方法的若干问题》中指出："在我党的一切实际工作中，凡属正确的领导，必须是从群众中来，到群众中去。"②毛泽东也指出，"群众是真正的英雄"③。邓小平进一步指出，"群众是我们力量的源泉"④。党的十八大以来，习近平总书记多次强调党的建设要牢牢继承和发扬"群众路线"的优良传统，并组织全国人民专题学习"群众路线"的理论和实践。习近平强调，"群众路线是我们党的生命线和根本工作路线"⑤。党的十八大明确提出，围绕保持党的先进性和纯洁性，在全党深入开展以为民务实清廉为主要内容的党的群众路线教育实践活动，这是新形势下坚持党要管党、全面从严治党的重大决策，是顺应群众期盼、加强学习型服务型创新型马克思主义执政党建设的重大部署，是推进中国特色社会主义伟大事业的重大举措。全心全意为人民服务是党的根本宗旨，群众路线是党的生命线和根本工作路线。

"群众路线"从根本上说是由历史唯物主义原理所决定的。"群众路线"这一概念当然是针对"党"提出来的。因此，习惯上一提到"群众路线"

---

①《毛泽东选集》（第3卷），北京：人民出版社，1991年，第1096页。
②《毛泽东选集》（第3卷），北京：人民出版社，1991年，第899页。
③《毛泽东选集》（第3卷），北京：人民出版社，1991年，第790页。
④《邓小平文选》（第2卷），北京：人民出版社，1994年，第368页。
⑤《习近平谈治国理政》（第1卷），北京：外文出版社，2018年，第365页。

就是指"党"的群众路线，而不是其他的群众路线。这样，我们在理论上分别使用了"群众"和"党"这两个概念。但是，必须明确的是，要在辩证法的意义上理解"群众"和"党"两者之间的关系。党是群众利益的代表，因此，党和群众在根本利益上是一致的。党把群众的利益上升为"一般"，所以党就是群众利益的集中表达。因此，必须避免用"非此即彼""两极对立"的形而上学思维，把党和群众分割开来理解，更不能把两者对立起来理解。在社会主义制度下，广大人民群众是一个利益共同体，因而也是一个"整体"。但是，这一个"共同体"必须有一个明确的"代表"，这样才能有助于人民群众统一意志的形成，并反过来代表人民群众、保护人民群众的利益。这也充分体现出了"民主"和"集中"的辩证统一关系。广大人民群众当家作主，但必须通过"集中"的形式来表达自己的利益，这样党就构成了人民群众的"灵魂"与"核心"，党就成为人民群众的"代表"。所以"党"不是存在于人民群众之外的组织，而是人民群众自己的组织。这是群众路线的辩证唯物主义原理。

但是，必须看到，每个历史时期，都存在着"党"和"群众"相脱离的危险。党作为执政党，容易出现脱离群众的危险，忽略其是人民群众利益的代表，进而把党变成一种"特权阶层"，久而久之背离人民群众的利益诉求，走到人民群众的"对立面"。如果是这样，党的性质就发生了改变，如果还有特权阶层的自己的利益，并且和人民群众的利益相脱离，这就和资产阶级的政党没有本质区别了。因此，党的建设必须坚持把"群众路线"这一根本路线作为党的一切事业的价值观先导。

历史唯物主义认为，实现人类的自由和解放应该从人们的物质生产生活领域开始。共产主义及其低级阶段的社会主义，作为真正的共同体，即马克思所说的"自由人的联合体"，其本质就是广大人民群众的自由和解放。它针对和反对的就是少数一部分人的自由和解放。所以，从历史唯物主义的基本原理看，如果要建立真正的共同体，就应该是建立广大人民群众的共同体，而不是少数人的共同体。因此，作为无产阶级政党的使命和初衷，就是要带领广大人民群众，推翻少数人的自由和解放的社会体制，建立广大人民群众的自由和解放的社会体制。这也是历史唯物主义的科学真理性所在。马克思主义之所以是普遍真理，乃是因为这一理论是从全人类的自由和解放出发的，因此具有最广泛的普遍性和人民性。党员是人民群众中的"先锋模范"，因为党员能够有高度的觉悟，始终意识到自己是人民群众利益的代表，"先锋"就在于其能够保持自己的"群众路线"，能够自觉地保持党同人民群众利益的高度一致，这不是利益上的优先，而是思想上和觉悟上的"优先自觉"。

三、"执政为民"政党价值观的科学内涵

党的价值观是一个体系。因为价值观本身就包含多个层次。最高层次的价值观是共产主义，即人类的自由和解放。这一价值观落实在党领导的各项事业中，就集中体现在"执政为民"上。因此，"执政为民"是党在中国特色社会主义建设的伟大事业中具体持有的价值观。这样，"执政为民"就构成了党的政治价值观的集中表达。究竟什么是"执政为民"？为什么要"执政为民"？怎样"执政为民"？对这些问题的回答构成了"执政为民"政党价值观的科学内涵。

1. "人民至上"的根本立场

什么是"执政为民"？执政为民就是把人民视为"至高无上"的国家主人，党的一切工作都坚持"人民至上"的根本立场，党的执政目的就是要充分发挥人民群众的国家主人翁地位，并且带领人民实现美好生活。中国特色社会主义国家共同体是由人民构成的，人民对于党来说享有"至高无上"的地位，这是和人民的神圣地位密切相关的。一切"至高无上"的东西都具有神圣性。在社会主义国家中，人民是至高无上的。人民为什么享有这种地位呢？因为人民是历史的创造者。正因为有了人民，共同体的形成才是可能的。概言之，"人民至上"包含了三层含义。

首先，"人民至上"是因为人民创造了共同体的生活资料。一个国家共同体中，为共同体提供物质生活资料的生产活动，是由广大人民承担的。因此，一个国家共同体得以存在，首先得益于广大人民生产劳动创造的物质生活资料。每一个共同体的成员，都担负着共同体中的分工角色，为共同体创造物质生活资料。因此，每一个个体都在为共同体的存在贡献着自己的力量。可以说，一个共同体得以存在，得益于人民的贡献，这就是马克思所说的人民群众创造了历史，也创造了共同体。

其次，"人民至上"是因为人民是中国特色社会主义的建设者和接班人。习近平指出："中国共产党之所以能够发展壮大，中国特色社会主义

之所以能够不断前进，正是因为依靠了人民。中国共产党之所以能够得到人民拥护，中国特色社会主义之所以能够得到人民支持，也正是因为造福了人民。"①人民是国家共同体的主人，承担着社会主义的建设工作，把共产主义事业一代一代向前推进。从中国革命的历史来看，正是在中国共产党的带领下，广大人民群众投身于无产阶级的革命事业中，参与了革命，获得了民族独立，建立了新中国，建立了社会主义制度。革命时期，广大人民群众成了共产主义战士，亲手创造了属于自己的国家。如今，在改革开放的历史中，人民群众积极参与到社会主义建设中，使改革开放取得了诸多历史性成就。人民群众是改革开放的主力军。

最后，"人民至上"是因为人民创造了国家和民族的精神文化。中国文化源远流长，是人民创造了光辉灿烂的文化。文化是人存在的方式，也是一个民族存在的精神自觉。在当代中国，正是人民群众在中国特色社会主义实践中创造和发展着中华文化，使中华文化不断实现创造性转化和创新性发展。一个民族的文化是人民群众智慧的结晶，正是因为人民群众和自己历史文化传统的不断相互养育，才推动民族文化不断发展。今天，中华民族的文化自信，也需要人民不断创新自己的文化。

2. 执政权力是人民赋予的

古人说过"水能载舟，亦能覆舟"。党的执政权力是由人民赋予的，因此党的执政基础是人民群众。人民群众把权力交给了党，党因此就被人民赋予了神圣的权力。党执政为民也体现在充分依靠群众上。党执政的基础是人民，执政为民也是人民自己为自己，执政为民需要人民群众把自己作为国家治理的主体。在西方是用"契约"的理论来说明国家和人民之间的关系的，即人民达成"契约"把权力"让渡"给第三方。按照康德的说法，即"通过两个人联合意志的行为，把属于一个人的东西转移给另一个人，这就构成契约（合同）"②。契约是建立在自主和自愿基础上的一种约定，它有着双方普遍接受、认同的规约，并把个体间的平衡点和结合点作为联结个体的纽带，以最大限度地反映双方的基本利益。契约双方当事人在相互关系上应当具有充分的独立性，他们应当在财产、行为及其他方面

①《习近平谈治国理政》（第2卷），北京：外文出版社，2017年，第52页。
②〔德〕康德：《法的形而上学原理——权利的科学》，沈叔平译，北京：商务印书馆，1991年，第89页。

互不依赖，因而相互之间处于平权地位。正如黑格尔所说："契约关系起着中介作用，使在绝对区分中的独立所有人达到意志同一。"①但是，西方的政党是资产阶级的代表，和人民处在对立的位置。因此，西方通过契约的形式，把权力交给了政党，但政党却反过来违背了人民的意愿，因而无法实现政党和人民的利益共同体，即卢梭所说的"契约"。西方的契约本质上是虚假的，其结果并没有实现执政党和人民利益的一致，而是反过来无偿地占有了人民创造的财富。因此，契约沦为了"形式"，契约的结果和契约的目的是分开的。契约原本是为了保护人民的利益，但结果却是产生了执政党和人民利益的对立，因此这种契约仅仅在形式上或法理上成立，在现实中却是违背契约精神的。很多学者赞同甚至鼓吹西方的契约论精神，但西方的契约实际上是虚假的契约。原因是，按照卢梭在《社会契约论》中所说的，契约的目的是达成人民的"公意"，而事实上资产阶级的执政党却仅仅代表资产阶级的利益，因此其并非"公意"。契约在西方是虚假的民主形式，没有在实质上达成真正的契约和民主，也没有实现卢梭的期望。因此，西方政党的执政基础是不牢固的。

对于中国共产党来说，其不是这种契约所建立起来的产物，因为党和人民之间原本就是命运共同体，党原本就是和人民的利益相一致的，这不同于西方政党和人民的关系。西方在私有制下，人民并未建立起真正的利益共同体，每个人都是私有财产的拥有者，因此只能通过"契约"建立起共同体。但是，在社会主义国家中，因为实行的是公有制的社会主义制度，所以已经不存在"契约"的形成基础了。因此，人民之间从一开始就形成了利益共同体，这种共同体是依靠共产主义信仰和公有制直接建立起来的，而不是通过"契约"建立起来的。这就决定了政党和人民的关系不是一种契约的关系。因此，那种赞同中国应该学习西方所谓的"契约精神"的说法是不成立的。因为在中国根本不存在"契约"形成的土壤。契约的前提是私有制，而私有制基础上的"契约"并不能建立真正的人民共同体，因此马克思才对资本主义制度提出严肃的批判。

虽然党和人民的关系不是由契约建立起来的，但党的权力仍然是由人民赋予的，这一点和西方完全不同。西方执政党表面看起来是由人民选举产生的，而且是人手一票地选举出来的。但实质上，西方执政党的权力并非真正是由人民赋予的，因为人民不可能把权力让渡给自己的敌人。这在

---

① [德]黑格尔：《法哲学原理》，范扬、张企泰译，北京：商务印书馆，2009年，第94页。

逻辑上是说不通的。恰恰在中国社会主义制度下，党的权力才是真正由人民赋予的。人民群众拥护党是因为中国共产党在立党之初就是以人民为中心，这是由党的根本性质决定的。党的初心和使命决定了人民群众是党的执政基础。

3. 满足人民的利益诉求

执政为民归根结底就是要满足人民的利益诉求。党执政的目的就是为了人民能够实现美好生活。人民的利益高于一切，这是党的"人民至上"价值立场和根本原则的要求。马克思主义强调，人们奋斗的一切都与利益相关。马克思在《神圣家族》中尖锐地批判了鲍威尔把思想和革命激情看成历史活动的决定性因素的唯心史观错误。马克思认为："'思想'一旦离开'利益'，就一定会使自己出丑。"[①]人民利益是通过人民群众获得的实实在在的权益表现出来的。保护人民的利益是党义不容辞的责任和义务。人民的财产、健康、权益、需求等构成了党对人民承担的一项重大责任。洛克强调，"人们联合成为国家和置身于政府之下的重大的和主要的目的，是保护他们的财产"[②]；反之，如果不能保护人民的私有财产，人民将用强力推翻政府的统治。旧中国人民的生活处在艰难困苦之中，人民的生存权利受到了巨大的挑战。中华人民共和国成立以来，无论是物质文明建设还是精神文明建设，归根结底都是要带领人民过上美好生活。从"站起来"到"富起来"再到"强起来"，人民生活水平不断得到提高。民生问题是新时代党最关心的问题。因此，执政为民就是要帮助广大人民群众解决新时代的一系列民生问题。尽管国家的经济实力获得显著提升，但是民生领域仍然存在诸多风险和挑战。在这种情况下，党的重大责任就是带领人民解决民生问题。在建党 100 周年之际，习近平总书记庄严地向世界宣告，中国共产党带领全国各族人民实现了第一个百年奋斗目标，已经全面建成小康社会，历史性地解决了绝对贫困问题。因此，执政为民在当代体现为党对民生问题的解决，满足人民群众的利益诉求。

人民的利益是多方面的，但是概括起来，人民的根本利益就是实现"美好生活"。"美好生活"是人类共同的向往，无论是东方还是西方，人们都在探讨着实现美好生活的各种途径，马克思提出的共产主义最终也是为

---

① 《马克思恩格斯文集》（第 1 卷），北京：人民出版社，2009 年，第 286 页。
② ［英］洛克：《政府论（下篇）》，叶启芳、瞿菊农译，北京：商务印书馆，1964 年，第 77 页。

了实现人民的美好生活。美好生活是人类的普遍追求,但是只有社会主义和共产主义才是实现美好生活的必由之路。美好生活既包括物质生活的美好,也包括精神生活的美好。亚里士多德对幸福概念进行过阐述:"我们把那些始终因其自身而从不因它物而值得欲求的东西称为最完善的。与所有其他事物相比,幸福似乎最会被视为这样一种事物。"①党执政的目的就是带领人民群众亲手创造属于自己的美好生活。党不是为了实现少数人的美好生活,而是为了实现广大人民群众的美好生活。资产阶级政党是为资产阶级创造美好生活的政党,而无产阶级政党是为人民群众创造美好生活的政党。执政为民的核心就是为了人民能够实现美好生活。因此,党要通过政治、经济、文化、社会、生态等各个方面的治国理政,为人民实现美好生活创造物质条件和精神条件。党的二十大报告提出,为民造福是立党为公、执政为民的本质要求。必须坚持在发展中保障和改善民生,鼓励共同奋斗创造美好生活,不断实现人民对美好生活的向往。同时,明确我国社会主要矛盾是人民日益增长的美好生活需要和不平衡不充分的发展之间的矛盾,并紧紧围绕这个社会主要矛盾推进各项工作,以实现好、维护好、发展好最广大人民的根本利益。

总之,"执政为民"是党执政的核心价值观,也应该被作为党执政过程中的价值观先导。在执政过程中遇到的各种问题,都应该用是否做到了"执政为民"这一价值观先导来加以衡量。党提出的各项方针政策,所做出的任何决策,都应该遵循"执政为民"的价值观先导,而且要把这一价值观贯穿于治国理政的全部制度安排、战略构想、实践策略中。

四、新时代"执政为民"政党价值观面临的挑战

将"执政为民"作为党的执政价值观贯穿于党的一切治理行为中不是一件容易的事。在很多情况下,执政为民的价值观都会遇到各种挑战,从而违背这一执政价值观的出发点。这就需要党积极应对执政为民价值观遇到的各种风险和挑战。十八大以来,党不断总结经验,全面梳理了新时代执政为民价值观先导所面临的各种风险和挑战,概括起来,包括"四风"问题、"四大风险"和"四大考验"。这些风险和挑战都可能破坏执政为

---

① 〔古希腊〕亚里士多德:《尼各马可伦理学》,廖申白译注,北京:商务印书馆,2003年,第18页。

民的价值观先导。因此，应该通过贯彻执政为民的价值观先导，克服上述三个方面的风险和挑战。

1. "四风"问题对执政为民价值观带来的挑战

改革开放以来，党带领人民群众取得了巨大的历史性成就。但是，居安思危是党的一贯作风。在取得成就的背后，也要看到党仍然存在的一系列问题。邓小平在《克服目前西南党内的不良倾向》中指出：党内的一个错误倾向是"正在发展的蜕化、腐朽思想"[①]，产生的根源是"这些同志认为革命胜利了，可以睡觉了，可以骄傲了，应该享福了，不必努力了。这是非常危险的"[②]。这些问题如果不能够得到严肃的处理，就会影响党的执政能力，就会降低党的领导力、组织力和号召力。因此，新时代实现中华民族伟大复兴的中国梦，必须加强党的领导。为了加强党的领导，就必须破除党所面临的各种风险和挑战。其中，"四风"问题是执政为民的重要阻碍。党必须坚持执政为民的价值观，破除"四风"问题。

所谓"四风"问题包括形式主义、官僚主义、享乐主义、奢靡之风。形式主义的问题在党的历史上早已有之，毛泽东曾经专门批判过形式主义。"形式"是和"内容"相对应的概念。因此，"形式主义"就是流于"形式"，而没有深入工作或问题的"实质内容"的一种不良作风。形式主义在通常的表述中也用"走形式""走过场""面子工程"等词语代替。"形式"是和"内容""实质"相伴的，因此"形式"和"内容"是不可分割的。任何"内容"都必须通过某种"形式"才能表现出来，离开"形式"就没有"内容"。这一点在黑格尔哲学中阐述得很清楚，即"形式"和"内容"是联系在一起的，"形式"是为"内容"服务的。但是，"形式主义"的含义在于，仅仅强调和注重"形式"，而忽略了"内容"。因此，这种抛开"内容"单纯注重"形式"的做法，就是"形式主义"。

官僚主义是一种"官本位"思想的表现。本质上是把国家公务人员和人民群众分离开来，形成的脱离群众、高高在上的领导干部工作作风。这种作风产生的深层原因在思想观念上是来自"官本位"的旧观念。国家公务人员是代表国家通过各种公权力的使用，从而为人民群众服务的

---

① 《邓小平文选》（第1卷），北京：人民出版社，1994年，第155页。
② 《邓小平文选》（第1卷），北京：人民出版社，1994年，第159页。

人员。这就需要国家公务人员深入人民群众中，了解人民群众的所需所想，帮助人民群众解决现实生活中的实际困难。因此，中国古代都把官员称为"父母官"，意思是官员是帮助人民群众解决衣食住行等生活问题的。马克思在《德意志意识形态》中明确指出，人们为了能够创造历史，必须能够生活，生活就是"衣食住"等基本问题。马克思主义就是要解决人民物质生活中所遇到的问题。官僚主义观念中，官员把自己的公职和公权力看作是满足自己虚荣心的手段，形成一种高高在上的管理者、统治者的姿态，而不是把自己作为"服务者"来看待。这就容易导致将行政领导干部和人民群众割裂开来的结果，违背了群众路线。刘少奇在《论共产党员的修养》中指出："我们是革命的唯物主义者，我们的修养不能脱离人民群众的革命实践。"[①]这就要求共产党员必须保持同人民群众的血肉联系。

享乐主义是一种把享乐作为人生幸福的人生观。享乐一般是指物质生活中的享乐。享乐的主观前提是"物欲"，为了满足物欲而追求快乐。这种人生观一般来说会导致人沉迷于物欲的快乐之中，而影响其进取心和事业心。人们追求幸福生活是没有问题的。但是，享乐不等于幸福。享乐是把物欲的快乐作为生活的意义，并且破坏了艰苦朴素、勤俭节约等优良传统。而且，享乐主义会使人不择手段，进而导致贪污腐败等不良风气的产生，甚至导致违法犯罪。此外，享乐主义人生观一般来说只注重"眼前"的快乐，而不思考长久的幸福，即所谓"快乐一天是一天"的人生态度，这就导致人们失去了未来的理想信念，不思进取，贪图享受。在伦理学原理的意义上，享乐就是单纯把感官的快乐作为人生的终极目标，而放弃理性法则的人生观。

奢靡之风是指部分领导干部过度消费，这些消费已经超出了他们的经济能力。实质是他们通过各种消费活动来满足自己的虚荣心和享乐的生活作风。消费是人的生命活动，只要生存就需要消费。但是，对于人来说，消费问题十分复杂，尤其在当代消费已经被赋予了多种含义，以至于消费的本质发生了深刻变化。西方学者波德里亚最早提出"消费社会"的概念。自20世纪90年代，国内就有很多学者讨论"消费异化"的问题。消费已经不是一般意义上的满足人生活需要的生命活动了，而是被附加了很多新的含义，从而使消费改变了其本来的性质。这些对消费性质和功能的改变，

---

① 《刘少奇选集》（上卷），北京：人民出版社，1981年，第109页。

被学界统称为"消费异化"。比如，在经济学领域，消费成为拉动经济增长的手段，以往是生产决定消费，而现在是消费决定生产。只有不断扩大消费，生产才能进行，否则无法实现经济增长。还有，消费变成了一种"符号"，借用消费可以表达一个人的社会身份和地位，并满足人们的好奇心。因此，部分领导干部的奢靡之风主要体现在过度消费和挥霍性消费中。这种作风显然有悖于领导干部执政为民的政党价值观，是和党的价值取向相背离的。另外，"奢靡"是与党员的德行义务背道而驰的。马克思主义政党和党员义务理论是基于马克思主义哲学——辩证唯物主义和历史唯物主义的，而不是康德式的形而上学的观念论，但是就其将目的设定为德行的规定性而言，则是可以借鉴的。

2. "四大风险"对执政为民价值观带来的挑战

党执政为民价值观面临一系列风险，这些风险意味着容易使党的形象遭到损害，使党的组织力、号召力、领导力等被严重削弱，甚至改变党的宗旨和根本性质，对党本身造成破坏。因此，党员领导干部必须在价值观上保持清醒，时刻警惕可能发生的各种风险，从而保证党的本色，保证党全心全意为人民服务的宗旨。这些风险概括起来主要包括精神懈怠危险、能力不足危险、脱离群众危险及消极腐败危险。

精神懈怠危险，是指在和平时期，尤其是在党和国家领导人民取得了一定成绩的情况下，容易在精神上产生懈怠。在革命战争年代，党的领导干部始终保持一种积极向上的革命热情，精神饱满地投入革命中，这种精神是大无畏、不怕牺牲等构成的一种精神力量。在深层次上，这种精神根植于理想信念。正如邓小平所说，"我们过去几十年艰苦奋斗，就是靠用坚定的信念把人民团结起来，为人民自己的利益而奋斗。没有这样的信念，就没有凝聚力。没有这样的信念，就没有一切。我们共产党人的最高理想是实现共产主义"[①]。习近平总书记指出，理想信念就是党员领导干部的"精神之钙"，理想信念的缺失，会导致领导干部失去战斗力，产生精神懈怠。无论是一个国家还是一个民族，或者是一个个体，精神生命是至关重要的。中国在革命时期，形成了一系列红色精神，如红船精神、长征精神、延安精神等。正是这些精神构成了中国革命不可战胜的力量。然而，在新时期，在改革开放取得一定成绩的基础上，这种革命时期形成的精神有着逐渐被

① 《邓小平文选》（第 3 卷），北京：人民出版社，1993 年，第 190 页。

淡忘的风险，甚至在市场经济的功利主义思想的影响下，党员领导干部出现了精神懈怠和理想信念不坚定的状况。在这种状况下，党员领导干部必须警惕精神懈怠的危险。

能力不足危险是指，党作为执政党和领导党，能否成功带领中国人民实现中华民族伟大复兴的中国梦，关键取决于党自身的领导能力、组织能力、号召能力、动员能力。这些能力如果丧失，党的执政能力就无法得到保证，因而就无法领导人民实现民族复兴。领导能力不足包括很多方面，最重要的是不能对所肩负的事业进行总体上的策划、部署和领导。领导工作就是要从大局出发，提升自己的战略能力和决策能力。组织能力是一种统筹布局的能力，需要发挥各个职能部门的有机协调能力。号召能力是能够充分调动积极性，使被号召者积极投身于各项事业中。动员能力是激发参与热情。这些能力的不足，会导致事业方向不明确，战略目标不明确，工作缺乏协调性和统筹性，不能激发工作热情等。这必然会影响执政的效果和国家治理效能。

脱离群众危险是执政为民面临的最重要的危险。党是人民群众利益的代表，如果脱离群众，就容易违背人民群众的利益。党的执政基础是人民群众，如果党不能代表人民群众的利益，党的性质就发生了改变，这是执政为民面临的最大危险。马克思、恩格斯曾指出："过去的一切运动都是少数人的，或者为少数人谋利益的运动。无产阶级的运动是绝大多数人的，为绝大多数人谋利益的独立的运动。"①所以，共产党人没有任何同整个无产阶级的利益不同的利益。脱离群众就意味着不关心群众的利益，不了解群众的诉求，不关心群众的生活，违背群众的意愿。这就使党在人民群众中失去了应有的崇高地位，甚至使人民群众对党产生一种不信赖的感觉。因此，人民群众就无法响应党的号召，无法实现党的宗旨和目标。党员应该把人民群众放在全部工作的重心上，贯彻一切依靠群众、一切为了群众的群众路线。一旦离开了这一群众路线，党就失去了全部的存在意义和价值。

消极腐败是人民群众最深恶痛绝的现象。长期以来，受市场经济和西方资产阶级思潮的影响，一些领导干部形成了前文提到的"四风"问题。"四风"问题多数情况下是建立在腐败基础之上的。所谓腐败，就是利用公权力为个人谋取私利的行为。这是对共同体的严重背叛。公权力是人民赋予的权力，因此一切公权力的使用都应该服从人民的利益，而不能受个人

---

① 《马克思恩格斯文集》（第2卷），北京：人民出版社，2009年，第42页。

利益的制约，更不能受个人利益的支配。由于各种不良价值观的影响，一些领导干部中出现了贪污腐败的现象，严重破坏了党在人民群众心目中的形象，也破坏了党执政为民的价值观。马克思在《法兰西内战》中高度赞扬了"巴黎公社"为防止其公职人员腐败变质而在监督和收入方面采取的有效措施。他认为："第一，它把行政、司法和国民教育方面的一切职位交给由普选选出的人担任，而且规定选举者可以随时撤换被选举者。第二，它对所有公职人员，不论职位高低，都只付给跟其他工人同样的工资。"①恩格斯认为无产阶级政党如果被消极腐败分子所充斥是没有希望的，必要时须纯洁党的组织。他在致马克思的一封信中明确指出："当各种腐朽分子和好虚荣的分子可以毫无阻碍地大出风头的时候，就该抛弃掩饰和调和的政策，只要有必要，即使发生争论和吵闹也不怕。一个政党宁愿容忍任何一个蠢货在党内肆意地作威作福，而不敢公开拒绝承认他，这样的党是没有前途的。"②马克思、恩格斯的这些阐述无疑为后来无产阶级政党对消极腐败危险的继续认识和探索提供了方向。因此，反腐败是一个需要长期坚持的重大党建工程，反腐败必须坚持"零容忍"，最终实现"不想腐"的境界。

3. "四大考验"对执政为民价值观带来的挑战

新时期，党面临着各种考验，主要有执政考验、改革开放考验、市场经济考验、外部环境考验。所谓考验，就是指在面对各种容易引起党员违背党章、党规、党法的外部因素面前，党员能否坚守党性、坚守党的原则、坚守党的初心和使命。"考验"的本质是，当一个主体面对一个客观对象的时候，如果客观对象对主体个人可能带来某种好处，但同时会给共同体带来某种坏处的情况下，主体如何选择的问题。如果主体的选择有利于个体但破坏了共同体的利益，那么该主体就没有经受住考验，反之就是经受住了考验。因为所谓考验就是对主体的选择和判断及其价值观的一种"检验"。正是在面对这些考验的时候，才是对党员领导干部党性修养的检验。在没有考验的情况下，一个党员的党性和修养是相对容易坚守的。中国共产党集合了当代中国绝大部分优秀分子，是中国人民中最有远见、最富于牺牲精神的奉献者。只是在遇到考验的时候，才最能够检验一个党员领导干部的价值观操守能力。

---

① 《马克思恩格斯文集》（第3卷），北京：人民出版社，2009年，第111页。
② 《马克思恩格斯全集》（第34卷），北京：人民出版社，1972年，第90页。

执政考验是因为执政并不是一件容易的事情。执政需要综合素质和各方面的智慧。而且，现代社会执政是一项十分复杂的工作，需要处理人民群众各种利益之间的关系，能否协调好这些关系，是对党执政能力的巨大考验。尤其在面对一系列艰难困苦的时候，在复杂的环境下，对于执政来说更是一种考验。比如，在新冠疫情期间，党员领导干部能否把抗击疫情的工作组织好、管理好、布局好，都是对党执政能力的考验。越是遇到艰难险阻，越是对执政能力的考验。近年来，中国共产党带领中国人民克服了一系列的艰难险阻，包括抗震救灾、抗击新冠疫情等，这些都充分体现了中国共产党的执政能力经受住了考验。

改革开放考验在于，改革涉及根本的政治方向问题。首先，改革涉及的是"道路"问题。向何处改，这是一个巨大的考验。是"改旗易帜"，是"走老路"，是"走邪路"，还是走"正路"？这些都是摆在党面前的重大考验。习近平总书记指出，"既不走封闭僵化的老路，也不走改旗易帜的邪路"①。这就涉及如何看待改革开放前和改革开放后的关系问题。其次，改革开放 40 多年，虽然取得了举世瞩目的成就，但仍然面临着风险和考验。改革进入了"深水区"，如何改？怎样改？这些都涉及一系列重大问题。改革已经进入了"啃硬骨头"的阶段，必须要有"壮士断腕"的勇气。因为改革涉及利益关系的处理，而一旦涉及利益关系就必然需要做出一定的牺牲，这需要勇气，是一种巨大的考验。正如习近平强调的："我们要以勇于自我革命的气魄、坚忍不拔的毅力推进改革，敢于向积存多年的顽瘴痼疾开刀，敢于触及深层次利益关系和矛盾，坚决冲破思想观念束缚，坚决破除利益固化藩篱，坚决清除妨碍社会生产力发展的体制机制障碍。"②最后，改革开放是一项全局性的工作，是中国特色社会主义建设能否成功的关键。改革开放也是一项十分复杂的庞大的社会治理行动，因而有一系列的艰难险阻摆在党的面前，形成了巨大的考验。

市场经济考验在于，能否因为市场经济的消极负面影响而破坏党的纯洁性，甚至破坏党的共产主义信仰？怎样看待市场经济是改革开放初期讨论的重大理论问题。邓小平理论指出："计划经济不等于社会主义，资本主义也有计划；市场经济不等于资本主义，社会主义也有市场。计划和市

---

① 习近平：《在纪念毛泽东同志诞辰 120 周年座谈会上的讲话》，北京：人民出版社，2013 年，第 21—22 页。

②《习近平谈治国理政》（第 2 卷），北京：外文出版社，2017 年，第 39 页。

场都是经济手段。"①但是，市场毕竟是从西方资本主义国家学习来的，难免带有很多资本主义的特征。因此，建设社会主义市场经济，最重要的就是要经受住资本主义的考验。随着市场经济的发展，西方私有化的观念对中国社会主义经济造成了一定程度的冲击。西方的市场是以"个体独立性"为基础的，这种个体本位的市场观对中国构成了一种挑战。如果党员领导干部把市场中的"个人主义"的价值观带入党的工作中，就会破坏执政为民的价值观。尤其是，把不应该用来交换的东西，都按照市场原则来交换，形成"泛市场化"的现象，更容易破坏党的无产阶级先进性和纯洁性。比如，权钱交易等腐败行为的出现，都是受市场经济的影响，因而市场经济是对党员领导干部的巨大考验。

外部环境考验是指，当今世界面临"百年未有之大变局"，中国处在一种十分复杂的国际环境中，面临一些外部势力、分裂势力、反华势力的攻击。因此，这些势力构成了对党的执政能力的巨大考验。从国际关系的现实主义视角看，一个新崛起的大国必然要挑战现存大国，而现存大国也必然会回应这种威胁，这样一来，战争变得不可避免。此判断被称为"修昔底德陷阱"②。西方国家一直致力于意识形态的渗透，包括各种西方价值观的渗透，提出所谓的"普世价值"等，对党员领导干部的理想信念构成了严峻的挑战。还利用宗教势力境内外勾结，企图借助宣传宗教信仰来颠覆社会主义意识形态，破坏社会主义核心价值观。尤其是近年来"逆全球化"思潮、"单边主义"和"贸易保护主义"等的兴起，都充分表明资本主义始终对社会主义从事着破坏活动。这些都是党员领导干部面临的价值观上的考验。

五、新时代"执政为民"的政党价值观先导战略

在党的全部执政行动中，评价执政效能的主要标准是，执政是否是为了人民的利益，是否有利于人民当家作主，是否有利于提高人民的生活幸

---

① 《邓小平文选》（第 3 卷），北京：人民出版社，1993 年，第 373 页。

② 修昔底德，古希腊历史学家。他的《伯罗奔尼撒战争史》记录了公元前 5 世纪发生在斯巴达和雅典之间的战争。美国政治学家、哈佛大学肯尼迪政府学院的格拉汉姆·阿里森教授首先使用"修昔底德陷阱"一词，意指新兴大国与现存大国之间不可避免的战争。

福感。因此，执政为民应该成为党执政的价值观先导。在任何执政行为中，都应该把这一条价值观作为先行的指导原则。这就需要全面从严治党，加强党内政治文化建设，塑造充满生机的党内政治生态。所谓执政为民价值观先导是指，在执政中把执政为民的目标和宗旨贯穿于全部执政行为中，从而以此来引导和规范执政行为，提升党的执政效能。执政为民也彰显了人民的主体地位，是中国共产党人的行动指南。

1. "执政为民"对全面从严治党的价值观先导

党政军民学，东西南北中，党是领导一切的。所谓党是领导一切的，归根结底这里的"一切"是"人民"的一切。或者说，领导一切就是"一切为了人民""一切依靠人民"。党的领导是代表人民利益的领导，是以人民为中心的领导。除了人民的利益，党没有自己的特殊利益，这是无产阶级政党的本色。领导的权力本身也是由人民赋予的，因而"执政为民"是党的全部执政活动的根本价值观。加强党的建设，归根结底就是要把"执政为民"贯彻到全部党的建设中。

新时代加强党的建设是一项至关重要的工程。实现"伟大梦想"，就要进行中国特色社会主义建设的"伟大事业"；完成"伟大事业"，就要加强党的建设这一"伟大工程"；建设这一"伟大工程"，就要在新时代继续发扬"伟大斗争"的精神。因此，这里在逻辑上是环环相扣的，党的建设这一"伟大工程"在这里至关重要。正如习近平总书记在党的十九大报告中所指出的："伟大斗争，伟大工程，伟大事业，伟大梦想，紧密联系、相互贯通、相互作用，其中起决定性作用的是党的建设新的伟大工程。"[①]"伟大工程"就是指党自身的建设。习近平总书记多次强调"打铁还需自身硬"。由此我们可以得出这样的逻辑论证："办好中国的事情，关键在党。""党政军民学，东西南北中，党是领导一切的。"这些都表明，建设中国特色社会主义，实现中华民族伟大复兴的中国梦，都是由党领导的。因此，党是领导我们全部事业的核心。正是在这个意义上，如果作为领导的党自身没有强大的力量，就无法实现国家发展的宏伟目标。因此，党的建设是国家发展和人民幸福的关键。在这种情况下，建设"伟大工程"就成为重中之重。

---

① 习近平：《决胜全面建成小康社会 夺取新时代中国特色社会主义伟大胜利——在中国共产党第十九次全国代表大会上的报告》，北京：人民出版社，2017年，第17页。

　　全面从严治党顾名思义，是指在各个方面都要加强党的建设，包括政治建设、思想建设、组织建设、纪律建设、作风建设、制度建设、反腐倡廉建设等。在这些党的建设工作中，都应该贯穿"执政为民"这一价值观先导原则。政治建设中的执政为民就是要把"人民当家作主"、"以人民为中心"和"人民至上"作为执政的基本理念。思想建设就是要用马克思列宁主义、毛泽东思想、邓小平理论、"三个代表"重要思想、科学发展观、习近平新时代中国特色社会主义思想武装党员领导干部的头脑，同时要把马克思主义基本原理与中国实际相结合、与中华优秀传统文化相结合，不断开辟马克思主义中国化时代化新境界。组织建设就是要加强党组织的凝聚力，党的组织原则要把人民群众团结起来，发挥人民群众在国家建设中的主体作用。纪律建设就是要加强党员自觉遵守党规、党法的意识，这些规范是党员和党组织的行为规范，其中特别重要的是党员和党组织能否以人民为中心的行为规范。如果违背了这些规范，那么就意味着对人民的背叛。作风建设就是要时刻保持同人民群众之间的血肉联系，杜绝各种官僚主义、形式主义等背离人民中心的不良作风。制度建设是各项工作的客观保证，要注意发挥党的以人民为中心的制度优势，提高执政效能。反腐倡廉建设是人民群众最关心的大事，要时刻把人民利益放在首要位置，避免以权谋私等违背人民利益的行为。

　　上述党的建设，各方面都需要有"执政为民"这一价值观作为先导。也就是说，无论怎样加强党的建设，最终这些建设的内容和成效都要体现在是否有利于人民，是否能够加强人民当家作主的地位，是否能够充分调动广大人民群众投身于中国特色社会主义建设的伟大事业中，是否最终有利于人民群众生活水平的提高，这是党执政的目的。中国共产党是以实现共产主义为宗旨的党，而实现共产主义就是要把人民作为全部共产主义事业的核心，建立一个真正的人民当家作主的共同体。所以，马克思主义政党最终都要落实在广大人民的幸福生活上。这就需要党员领导干部提升思想境界，心怀对人民的敬畏，把"为人民服务"作为全部执政的追求。

2. "执政为民"对党内政治文化的价值观先导

　　作为无产阶级政党，执政为民是党内政治文化的题中应有之义，也是马克思主义政党一以贯之的执政理念。马克思、恩格斯指出，共产党和其他剥削阶级政党不同的地方是，"在无产阶级和资产阶级的斗争所经历的各个发展阶段上，共产党人始终代表整个运动的利益"①。列宁一直倡导执政要为"千千万万劳动人民"服务②。毛泽东指出在执政过程中要坚持"全心全意地为人民服务，一刻也不脱离群众；一切从人民的利益出发，而不是从个人或小集团的利益出发"③。

文化具有治理性，文化的重要作用是用价值观影响人类的进步④，进而实现社会治理的目的。

要加强党内的政治文化建设，这些政治文化建设也要把"执政为民"作为价值观先导。党内政治文化既包括中华优秀传统文化在当代的创造性转化和创新性发展，也包括中国革命时期形成的红色文化传统，还包括中国特色社会主义先进文化。这些文化应该构成党内政治文化的基础，归根结底都可以落实在"执政为民"这一根本的执政价值观中。

中华优秀传统文化中有很多表达了"执政为民"的要素，如"天下兴亡，匹夫有责"，这与党的"人民当家作主"的政治价值观存在相一致的地方。每个个体作为国家共同体的成员，都是国家的主人。因此，国家的兴亡是和每个个体的生活紧密相关的。建设社会主义国家是每一个社会主义公民的责任。人民当家作主就是要发挥每个公民在国家建设中的主体地位。"水能载舟，亦能覆舟"说的是如果统治者和人民站在同一立场上，其统治地位就是稳固的，人民会拥护统治者；相反，如果统治者违背人民的意愿，背离人民的利益，那么其统治地位就是危险的。同样道理，当代中国共产党要想巩固执政地位就需要依靠人民，把人民作为执政的重心，从人民的利益出发。执政为民就能加强党的领导地位。反过来，如果党员领导干部违背人民的利益，就失去了执政的合法性，进而无法领导广大人民群众建设社会主义。

中华优秀传统文化视野下的"无我"具有三重含义：第一，是自我修养的至高境界。先秦时期，儒家遵循的核心修养功夫是"克己复礼"，即约束自己，使每件事都归于"礼"，最终达到至仁、至善，以成就圣人人格。《论语·子罕》云："子绝四： 毋意、毋必、毋固、毋我。"朱熹在《二程集》中把"毋我"解释为"无我"，即不自以为是，这是圣人才能修

① 《马克思恩格斯文集》（第 2 卷），北京：人民出版社，2009 年，第 44 页。
② 《列宁选集》（第 1 卷），北京：人民出版社，2012 年，第 666 页。
③ 《毛泽东选集》（第 3 卷），北京：人民出版社，1991 年，第 1094—1095 页。
④ ［美］塞缪尔·亨廷顿、劳伦斯·哈里森主编：《文化的重要作用——价值观如何影响人类进步》，程克雄译，北京：新华出版社，2002 年，第 2 页。

炼到的境界。第二，是一种无私无欲的人生境界。"圣人无私无我，故功高天下，而无一介累其心。"还有老子讲的"无为"，并不是说不作为，而是"为而不恃，功成而弗居"①，即作育万物而不自恃己能，功业有成而不据为己。第三，是为天下苍生谋福祉的担当精神。孔子一直强调"修己以敬""修己以安人""修己以安百姓"，意为圣人、君子应该以为天下苍生谋福祉为人生追求，这是一种"为生民立命"的大气魄、大格局。"我将无我"这一重要论述，在继承了中华优秀传统文化中"无我"思想精华的基础上，突破了它的阶级局限，赋予了"无我"以最大公无私、最虚怀若谷的文化蕴含与时代精神。民本思想是中国传统政治思想中最富有特色的内容，要求为政者在治理国家的过程中能够重视人民的作用，做到施惠于民。"民本思想"萌芽于西周时期，形成和完善于春秋战国时期，在明清之际达到了顶峰。西周时期，随着生产力水平的不断发展，人们对长久以来顶礼膜拜的神逐渐产生了怀疑，出现了从重神向重民和保民的过渡，主张君主要"敬民"与"保民"。《尚书·洪范》云："天子作民父母，以为天下王"②，意思是天子应当像做臣民的父母一样做天下臣民的君王，要对民尽心，顺乎于民，还要体恤民情。春秋时期，生产力进一步发展，周王室式微，传统以宗族血缘为纽带的分封制逐渐瓦解，各诸侯国纷纷崛起，争抢各自的势力范围。越来越多的王公大臣看到民众对国家发展的重要性，提出了民为邦本的思想。《左传·哀公元年》中记载，"国之兴也，视民如伤，是其福也。其亡也，以民为土芥，是其祸也"③，认为只有把爱护体恤民众放在治国的首位，才能实现国家的繁荣兴盛。

当然，优秀传统文化作为党内政治文化的理论来源，需要与当代中国特色社会主义实践紧密结合，这就需要优秀传统文化的创造性转化和创新性发展。比如，中国传统文化中的"家国情怀"在党内文化中就体现为党员要立足于国家和人民的需要，把"小我"融入"大我"，就是要为国家富强和民族振兴做出自己的贡献，就是要为实现中华民族伟大复兴的中国梦贡献自己的力量。传统文化中的集体主义精神，在党内文化中就表现为"民主集中制"原则。要增强"四个意识"、坚定"四个自信"、做到"两个维护"，这些都是传统文化的集体主义精神在当代党内政治文化中的创

---

① 陈鼓应注译：《老子今注今译》，北京：商务印书馆，2003 年，第 80 页。
② 李民、王健：《尚书译注》，上海：上海古籍出版社，2004 年，第 222 页。
③ 李梦生：《左传译注》，上海：上海古籍出版社，1998 年，第 1287 页。

造性转化和创新性发展。

中国革命文化是在革命时期形成的，包括革命乐观主义精神、革命英雄主义情怀，还包括一系列具体的红色精神，如红船精神、井冈山精神、长征精神、延安精神、抗联精神等。这些红色精神在当代也构成了党内政治文化传统，一般被称为"红色基因"。中国共产党是在革命中建立起来和成长起来的，充满了共产主义的红色精神。这些红色精神在当代中国特色社会主义建设中，仍然发挥着重大的价值引领作用。和平年代应该把这些红色精神转化到社会主义建设中。今天建设中国特色社会主义，同样需要革命文化中的牺牲精神。比如，在改革开放中，也需要具有红色文化的理想信念，以避免市场经济的冲击，做到"不忘初心、牢记使命"。此外，在当代党内政治文化中，也应该传承"伟大斗争"的精神。革命时期，无产阶级革命胜利完成了一系列伟大斗争。这种斗争精神在当代仍然具有重要的现实意义。因此，无产阶级的政党要始终有勇敢的斗争精神，包括"自我革命""自我革新"，这都是新时代革命精神在当代的创造性转化和创新性发展。

最重要的是，党内政治文化要始终以马克思主义为指导。马克思主义是党内政治文化的核心和灵魂。无论是传统优秀文化，还是革命时期的红色文化，都应该在马克思主义的指导下完成创造性转化和创新性发展，并且要与当代中国实际相结合。"如果抛弃两个传统，数典忘祖，或忘记红船精神、井冈山精神、长征精神、西柏坡精神等，就无法理解社会主义时期先进人物的出现，无法理解在改革开放时期所呈现出的勃勃生机。"①因此，要立足于当代中国特色社会主义建设实践，以马克思主义文化价值观为先导，继承和发展优秀传统文化，继承和发展红色革命文化，进而建设以马克思主义为核心的党内政治文化。马克思主义理论的根本性质是消灭阶级，从而实现人类的自由和解放。但人类的自由和解放不是抽象的，而是要落实在具体的民族国家中。在社会主义国家中，人的自由和解放就是"人民"的自由和解放。因此，以马克思主义为指导就具体表现为"执政为民"对党内政治文化的价值观先导。传统文化是在中国自然经济和传统伦理社会基础上形成的文化，而马克思主义则是在对工业文明的商品经济和西方市民社会批判的基础上形成的文化价值观。而且，马克思主义的目的就是最终实现"产品经济"。如果用马克思的"三形态"说来理解，中国

---

① 陈先达：《文化自信中的传统与当代》，北京：北京师范大学出版社，2017年，第122页。

传统文化中的自然经济相当于马克思所说的"第一阶段",而马克思为人
类提供的"第三阶段"则是对"第一阶段"的否定之否定的升华,是人类
社会的螺旋式上升。因此,在这一辩证逻辑上就构成了马克思主义对传统
文化在当代实现创造性转化和创新性发展的辩证法原理。马克思主义政党
"执政为民"的价值观先导,实际上与中国传统文化中的"以民为本"具有
相通之处。

　　"一种意识形态一旦被人们接受之后便会以非凡的活力永久存在下去。
在这个国家里出生的人们会把他们的一些爱投向支持这个制度的各种象
征:共同的名称、共同的英雄、共同的使命、共同的需要。"①红色革命文
化不仅涵盖了革命历程中形成的共同的精神内涵,还包括铭记和传颂 20 世
纪中国共同的民族英雄,因而具有精神感召的力量,是克制历史虚无主义
思潮、"普世价值",增强社会主义意识形态话语权的一把利器。

　　就红色革命文化来说,它本身就是中国共产党政治文化的原初形态。
中国共产党是在近代中国革命的现实背景中产生的,因而从中国共产党的
诞生之日起就是革命文化的开始。当代在社会主义建设的和平时期,这种
红色"基因"仍然发挥着重要的作用。因此,革命文化的创造性转化和创
新性发展,在理论上比传统文化的创新和发展要更容易,因为其本身就是
中国共产党党内文化的原始"基因"。在社会主义建设时期,并非不需要
"革命"了,相反,仍然需要这种革命精神来支撑中国特色社会主义建设。
邓小平曾经指出,改革也是一场革命。今天的改革开放实际上也是一场深
刻的革命。这一革命的价值指向就是实现人民的自由和解放。新民主主义
革命建立了中华人民共和国,人民实现了当家作主,这也是中国共产党领
导新民主主义革命的根本价值旨归。这种从人民利益出发的价值观始终是
中国共产党的"初心"和"使命"。因此,"执政为民"仍然构成了改革
开放时期党内政治文化的价值观先导。

3. "执政为民"对党内政治生态的价值观先导

　　"党内政治生态"是一个形象的说法,是指党内的各种文化、制度、组
织、纪律都紧紧围绕党的奋斗目标,形成了一个"有机整体"。"生态"
原意是指自然界的各个构成要素之间相互协调,共同维持自然界内部的生

---

① [美]哈罗德·拉斯韦尔:《政治学:谁得到什么?何时和如何得到?》,杨昌裕译,北京:商务
印书馆,2009 年,第 155 页。

命秩序。"生态"的核心是"生命"。一个系统或组织中的各个要素,最高目的就是维护该生命体,使其得以延续。如果各个构成要素不能协调,就会导致生命体无法持续生存和繁衍下去。因此,"生态"不是各个要素的"简单相加",而是指各个要素之间"相互适应""相互协调"构成的有机整体。这一道理在党的建设方面就体现为党的"政治生态"。

党内政治生态的主体是"党",而其目的是党的"生命"。党内政治生态直接关涉党的生命力。当代中西方学者都提出了"生命政治"的概念,这一观点来自黑格尔。黑格尔曾经把国家视为"政治生命",在他看来,国家是一个生命有机体。他指出国家"是神的意志,也就是当前的、开展成为世界的现实形态和组织的地上的精神"①,因而是最高的伦理实体。这就意味着一个共同体的最高法则就是"生命"。在这一点上,虽然生命法则不同,但人类共同体和自然生命共同体也有相通之处,即都是"生命"。所以党内政治生态决定了党的政治生命,而这一"政治生态"是靠政治文化来塑造的。"执政为民"是党内政治生态的价值观导向,这就意味着,党的奋斗目标、党的组织纪律、党的法律法规、党的制度保障、党的运行机制等,这些党的构成要素只有以人民为中心,各个要素之间才能相互协调,并保证党的政治生命的可持续发展。也就是说,"执政为民"作为价值观先导,是把党内的全部构成要素有机地统一起来的内在价值。离开这一价值,各个要素之间就无法达成有机整体。因此,"执政为民"是党内政治生态的灵魂。

---

① [德]黑格尔:《法哲学原理》,范扬、张企泰译,北京:商务印书馆,2009年,第308页。

第八章 "爱国主义"的民族价值观先导

以爱国主义为核心的民族精神是社会主义核心价值观的重要组成部分。爱国主义和民族精神是紧密联系在一起的。中华人民共和国是由多个民族共同构成的以"中华民族"为基础的国家。中华民族精神集中体现在爱国主义中。对于国家共同体来说，爱国主义是首要的民族价值观。中华民族的爱国主义是和社会主义紧密结合在一起的，是对社会主义国家的热爱，也是对中华民族每一个成员的祖国的热爱。这种"爱"是一种精神，因而是一种民族价值观。中国特色社会主义国家共同体既包含着共产主义的真理精神，也体现在每个共同体成员对国家共同体的爱国精神之中。这种爱国精神作为价值观是国家共同体最基本的凝聚力。

一、"爱国主义"的民族价值观先导总论

中华人民共和国是由多个民族组成的国家共同体和民族共同体。"爱国主义"的民族价值观旨在强调，国家是最高的政治共同体，各个民族应该以国家共同利益为最高利益,进而建立以爱国主义为核心的民族共同体。西方资本主义利用民族问题、宗教问题等大搞分裂主义，制造我国国内的民族分裂，从而达到破坏中国国家共同体的目的。因此，对于各个民族来说，必须在尊重各个民族文化特殊性的基础上，寻求各个民族的文化统一性，特别是要以爱国主义为核心，铸牢中华民族共同体意识。因此，每个民族在传承、弘扬本民族文化传统的时候，应该以国家共同体为最高目标，形成强大的中华民族共同体的合力，为全面建设社会主义现代化国家和实现中华民族伟大复兴做出贡献。

1. "中华民族共同体意识"是爱国主义的文化基础

民族共同体是国家共同体的基础。因此，国家强调"铸牢中华民族共

同体意识"①。现在的问题是，每个民族文化的价值观当然应该被尊重，但是重要的是要以中华民族共同体为目的。这样，一个民族的文化价值观，只要不违背中华民族共同体的整体价值观，该民族的价值观便实现了与中华民族共同体普遍价值观的统一。正是在这个意义上，"铸牢中华民族共同体意识"就变成十分重要的内容。共同体可以在不同层次上被划分为不同类型，包括利益共同体、学术共同体、科学共同体等不同种类。但是，无论是哪种共同体，只要能够被称为真正的共同体，则该共同体首先应该是"观念共同体"。因为人是有理性的存在，所以是在观念上确立其生命意义的存在。但观念共同体是需要在"意识"中确立起来的，因此中华民族共同体的"意识"就成为各个民族相互认同的普遍意识。每个民族都应该从民族共同体的普遍意识出发来"承认"其他民族的文化，尽管文化是有差异的，但也应该给予尊重。不同民族之间的文化是彼此相互"承认"的，这种承认首先不是对其他民族文化价值观的认同，而是承认这一价值观对于其民族的存在权利，因此才能在各个民族文化存在差异的基础上，通过"承认"建立民族共同体。根据唯物辩证法原理，中华民族共同体意识不是要消除民族文化差异，相反是对各民族彼此之间文化差异的承认，这一点构成了中华民族共同体意识的基本前提。因此，中华民族共同体意识便构成了国家共同体的民族基础。

进一步来说，中华民族共同体意识的基本原理，显然是需要遵循"承认"的认识论基础。黑格尔曾经在国家之间的关系问题上提出了"承认"问题。他认为，各个国家之间如果能够和平相处，就必须做到彼此之间的"承认"。这一承认就包含对彼此差异性的承认。霍耐特也曾经在《为承认而斗争》中把马克思的无产阶级斗争理解为对普遍价值的承认而做出的斗争。②因此，"承认"问题是在一切类型的主体间交往中所应该遵循的认识论原理。这一原理对于处理国家内各个民族之间的关系问题同样适用。也就是说，在中华民族共同体中，这一共同体不是"抽象的同一性"，而是黑格尔意义上的"有差别的同一"。这意味着，不同民族的历史文化、风俗习惯等应该得到尊重，因此不能用一个民族的文化传统取代另一个民族的文化传统。相反，每个民族都应该对其他民族的文化给予承认，唯有如

---

① 卢黎歌主编：《新时代推进构建人类命运共同体研究》，北京：人民出版社，2019 年，第 87 页。

② 参见王凤才：《蔑视与反抗：霍耐特承认理论与法兰克福学派批判理论的"政治伦理转向"》，重庆：重庆出版社，2008 年，第 35 页。

此，各个民族才能在尊重彼此差异性的基础上建立民族共同体。因此，"承认"构成了铸牢中华民族共同体意识的基本认识论方法。所以中华民族共同体意识是和各民族特殊的文化传统相统一的。如果说中华民族共同体意识是"普遍性"的，那么每个民族独特的文化传统应该是有"特殊性"的。因此，应该在普遍性和特殊性的辩证统一的方法论原则上把握中华民族共同体意识。

　　现在，关于中华民族共同体意识的问题已经在理论上获得了学理性基础，需要进一步说明的是，如何把中华民族共同体意识上升到国家共同体意识，这就是"爱国主义"的民族价值观。民族共同体意识是以民族为单位而形成的共同体的普遍意识。但是，国家是由不同民族构成的，因此国家共同体就是政治共同体，这就需要把"国家共同体"视为整个中华民族的政治共同体，价值观上就必须在"爱国主义"的高度上来践行民族共同体意识。所要强调的是：民族的文化价值观只有在国家核心价值观的意义上才能获得普遍性，因此民族文化价值观无疑要把"爱国主义"作为根本的价值理想。否则，一个民族文化虽然是本民族的特有文化，但如果和国家价值观不相一致，则必然会对国家共同体产生负面影响。在这个意义上，国家共同体作为政治共同体具有最高的文化效力。也就是说，如果一个民族的价值观是和国家核心价值观相违背的，那么这一文化价值观就必然会违背普遍利益，甚至是对国家共同体产生负面影响。这种情况下坚持的某些独特的民族文化价值观就被称为"狭隘的民族主义"。所谓"狭隘的民族主义"就是指，因为固守某一民族的某一特殊文化价值观而排斥其他民族的价值观或国家核心价值观。"狭隘的民族主义"是以本民族价值观为核心而忽略国家共同体的核心价值观。因此，真正的民族价值观也是国家价值观的组成部分，要坚持不同民族之间交流互鉴、文化价值观相互融合，从而铸成中华民族共同体意识。概言之，民族和国家是一体化的，国家是由多个民族构成的，而国家价值观也是各民族价值观的普遍统一体。企图把民族价值观和国家核心价值观分裂开来的做法，是不允许的，而两者的统一就是"爱国主义"。

2. "爱国主义"对国家共同体的支撑

　　"爱国主义"是把国家作为最高共同体而对其产生的敬重之情。国家是个体和民族的尊严。中国传统文化被称为"家—国"文化，在中国传统文化中,国家乃是"大家",而个人的家庭则是"小家",但两者都被称为"家"。所以,"国家"这个概念本身就蕴含着中华传统文化的最高伦理境界,即把"国"视为"家"。这与西方文化不同,西方的政治共同体最初在古希腊被称为"城邦"(city-state),"城邦"是由具有独立意识的单个人构成的"state"。古希腊的"城邦"概念,也被称为市民社会的前身。市民社会是由诸多"原子式个体"结合起来的"联合体",而且彼此之间因为财产的独立性而具有了独立性。对此,恩格斯就指出,"以血族团体为基础的旧社会,由于新形成的各社会阶级的冲突而被炸毁;代之而起的是组成为国家的新社会"①。因此,马克思批判资本主义市民社会,认为市民社会是个人利益相互冲突的场域,在这个个体利益相互冲突的场域中,人恰恰成了异化的"非人"。因此,马克思在《关于费尔巴哈的提纲》中明确提出,"新唯物主义的立脚点则是人类社会或社会的人类"②。也就是说,西方资本主义国家是在"市民社会"意义上建立起来的国家,这与中国在伦理关系中建立起来的国家是完全不同的。可见,从中国和西方对"国家"的称谓中就能够发现两种国家共同体内涵上的差别。显然,如果把国家理解为"家",则意味着是在伦理意义上建立起的共同体,因此国家对于中国来说原初是作为最高的"伦理共同体"而存在的,只是在西方殖民入侵后才赋予国家一种新的含义,即"政治共同体",这显然是在和资本主义国家相对的社会主义国家的意义上被赋予的政治共同体含义。然而,即便如此,当代中国在对"国家"这一概念的理解中,从未消除传统文化赋予国家的伦理共同体含义。因此,对于中国来说,"国家"既是伦理共同体,也是政治共同体,因而是伦理和政治的统一。也正是因为这一点,中国的国家概念和西方的国家概念才具有根本的区别。由于"国家"概念内涵上的差别,"爱国主义"这一概念当然也与之相关联,被赋予了不同的内涵。因此,中国的"爱国主义"和西方的"爱国主义",两者并不具有完全相同的含义,因为"国家"这一概念的含义是不同的。

按照上述分析可知,西方资本主义国家爱国的有条件性和中国社会主义爱国的无条件性。这里"有条件"和"无条件"指的是逻辑上的必然性问题。我们把逻辑上的假言命题称为"有条件判断",而把直言命题称为"无条件判断"。在形式逻辑中,判断类型可以通过连接词或主谓关系加以

---

①《马克思恩格斯选集》(第 4 卷),北京:人民出版社,2012 年,第 13 页。
②《马克思恩格斯文集》(第 1 卷),北京:人民出版社,2009 年,第 502 页。

划分。"如果 A，那么 B"为假言判断的逻辑形式，而"A 是 B"为直言判断的逻辑形式。前者的意思是，如果获得 B，就必须有 A 作为条件；而后者则表明，A 直接就是 B，无需任何条件。这是从逻辑形式的意义上来划分两种不同的判断类型。现在，基于这种纯形式的分析，我们把内涵加到这两者的形式中来分析西方资本主义爱国的有条件性和中国社会主义爱国的无条件性。资本主义国家是资产阶级的国家。也就是说，国家是通过一部分人（资本家）占有生产资料来对另一部分人（工人）进行的统治，因此爱国的主体就被区分为资本家和工人。资本家对国家的爱乃是因为国家是代表他自己利益的"工具"，因此资本家对国家的爱，是出于国家的工具性而产生的爱，而不是把国家作为"共同体"而产生的爱。即便在资产阶级意识形态中会把国家视为至高无上的共同体，并把爱国"当作"对最高共同体的尊严，但本质上并非如此，因为资本家是从国家代表自己利益的角度而形成的对国家的爱，而且西方资本主义国家的爱国主义因为意识形态的虚假性而使爱国主义也具有虚假性。我们把这种情况转化为上述分析的逻辑形式就是，如果国家能够给作为统治阶级的资本家集团带来利益，那么资本家就会爱这个国家。这就是说，资本家对国家的爱是有条件的，即只有国家给资本家带来利益的时候，他们才会爱国。私有财产不可侵犯并且国家保护了自己的利益，因此才有资本家对国家的爱。但是工人是被剥削的阶级，而且由于国家仅仅代表资本家的利益，因此工人对这样的国家也不会产生真正的爱。正如马克思所说的，"工人没有祖国""无产阶级首先必须取得政治统治，上升为民族的阶级"[①]。可见，在西方资本主义国家中，爱国是有条件的。第一，只有资本家才可能是爱国的；第二，资本家爱国乃是因为国家是能够给其带来利益的工具，因此也是有条件的。此外，由于资本主义国家是原子式个体构成的"集合体"，因而在其价值观中是以个体为本位的，至于国家共同体在他们看来则是保护个体自由的工具。因此，国家仍然是作为"工具"而不是作为"目的"而存在的。以上种种情况都表明，西方资本主义国家的爱国主义，既是逻辑形式上的"有条件的爱国"，又是少数资本家的"有条件的爱国"，这与中国的爱国主义是完全不同的。依据的原理是：因为国家性质的不同，其公民对国家的爱也就不同。我们讨论爱国主义的民族价值观先导，就是要明确地认识到，中国的爱国主义和西方的爱国主义是具有不同含义的两种爱国主义。

---

① 《马克思恩格斯选集》（第 1 卷），北京：人民出版社，2012 年，第 419 页。

中国的爱国主义中包含两种元素，这两种元素决定了中国的爱国主义具有独特的内涵。一个元素是中华民族传统的"家国文化"，另一个是马克思主义的"社会主义国家文化"，这两者决定了中国的爱国主义具有"无条件性"。一般来说，"无条件性"在逻辑形式上是指"直言判断"，而在内涵上则是因为国家自身的精神本性。有条件是指物质条件，如前文提到资本家爱国是以"物质条件"为前提的，即国家是因为保护了资本家的物质利益，资本家才会爱国。但在中国，爱国不是出于"物质条件"。最为典型的例证是，在中国近代以来国家一穷二白甚至千疮百孔的情况下，仍然有无数英雄为国捐躯，在革命中捍卫自己国家的主权，从而实现了中国"站起来"的伟大功绩。这表明，中国国民不是因为国家提供了"物质利益"才爱国，而是因为国家是"无条件的伦理共同体"。中国传统的家国文化表明，国家是个体的"尊严"，因此国家具有伦理共同体的至高无上的精神品质，是和个体的精神生命直接相关联的。我们把这种作为"精神生命"的最高共同体称为"无条件的伦理共同体"。国家构成了个体生命的安身立命之本，因而不同于西方原子式个人的"集合体"。正是因为这一传统家国文化的特殊性，决定了中国的爱国是无条件的而非有条件的。明末清初思想家顾炎武曾提出"天下兴亡，匹夫有责"[①]的观念，这充分表达了个体生命和国家命运直接关联。个体把国家共同体视为至高无上的"真理"，因此才会出现"精忠报国"等爱国主义精神。这在逻辑形式上就表现为"应当爱国"这一直言判断，而不是西方的"如果国家给我带来物质利益，那么我就爱国"的假言判断。

除了上述中华民族传统的家国文化，还有马克思主义的社会主义国家文化也决定了中国国民的爱国具有无条件性。中国作为社会主义国家，乃是"过渡时期"的国家。自中华人民共和国成立、建立无产阶级专政的政权以后，阶级矛盾就已经不是社会主要矛盾了。中国通过社会主义改造，消灭了阶级对立，进入了人民当家作主的社会主义国家阶段。当然，不可否认的事实是，中国的社会主义还处在中国特色社会主义初级阶段，和发达资本主义国家相比，生产力还不够发达，人民生活水平还没有西方人民的生活水平高，特别是人均 GDP 还不如西方发达资本主义国家。因此，尽管消灭了阶级对立，广大人民群众成了国家的主人，但在经济发展水平和质量上与西方发达资本主义国家还存在一定的距离。正是因为这一点，在

① 转引自彭明：《五四运动史》（修订本），北京：人民出版社，1998 年，第 87 页。

国家基本经济制度方面，我国还不能完全实行公有制经济，还必须吸收非公有制经济作为补充，以便提高社会主义的生产力。也正是因为这一点，中国在建设社会主义市场经济中，吸收了西方市场经济的一些手段和方法。但是，需要强调的是，中国的市场经济是社会主义的市场经济，因此虽然中国也存在一部分非公有制的私营经济，但是这些经济成分都参与了社会主义建设。尽管都是市场经济的组成部分，但在本质上和西方存在不同，在社会主义市场经济下，市场经济具有社会主义的性质。这一点决定了中国的私营经济也不同于西方的私有制经济。中国特色社会主义的私营经济本质上也是社会主义建设的重要组成部分，是社会主义经济成分的有益补充。具体来说，这些私营经济的根本目的不完全是个体的发财致富，而是要把实现共同富裕作为目的。而且，即便是私营经济，也会通过国家财政的宏观调控的方式，纳入国家整体的经济增长的组成部分中，参与社会主义建设。也就是说，和西方资本主义市场经济相比，中西方各自的价值观是不同的。西方市场经济是建立在私有制基础之上，并且是在新自由主义的价值观的支配下运行的；而中国的市场经济则是建立在公有制基础之上，是在马克思主义价值观的支配下运行的。因此，中国的私营经济成分是中国特色社会主义基本经济成分的重要组成部分，也为社会主义建设做出了重大贡献。

正是因为上述中国社会主义国家的性质，决定了中国爱国主义的内涵不同于西方。社会主义国家是公有制为主体的真正的国家共同体，"人民当家做主是社会主义民主的本质要求"[①]，在经济上也被称为利益共同体，即都是社会主义国家经济的组成部分。这种利益共同体是以马克思主义提出的共产主义为目标的，因此共产主义构成了社会主义国家的远大理想和价值追求，爱国就进一步落实在了对共产主义的爱，对社会主义制度的爱上。因此，中国的爱国不是因为国家为广大人民提供了"物质基础"而产生的热爱，而是因为社会主义国家的终极价值是实现共产主义，是因为人类的自由和解放而产生的对社会主义国家的爱。在这个意义上，中国的爱国主义是无条件的爱而非有条件的爱。前文提到，中国特色社会主义国家是"过渡时期"的国家，因此这一过渡时期的国家虽然还存在着一定程度的私营经济成分，但并不构成对国家共同体的破坏。过渡时期的国家本质上是以"共产主义"为目的的，在这种情况下，对国家的爱就超越了物质

① 徐久刚、冯进成、刘润民：《中国民主政治研究》，北京：人民出版社，2006年，第10页。

利益，而上升到了对共产主义的爱。显然，共产主义作为远大理想，本身体现了社会主义国家的精神品质，而对社会主义和共产主义的爱就必然是一种无条件的爱。这样，无论是在前文提到的中华民族传统文化中的家国文化下，还是在马克思主义的社会主义国家文化下，国家的本质都是伦理共同体，因此国家本身是具有精神或理想品质的伦理共同体，而不同于西方的资本利益集团共同体。这一点决定了中国的爱国主义是无条件的，因而是具有必然性的爱国主义。

二、爱国主义民族价值观的基本内涵

爱国主义作为国家共同体建设的价值观先导，就是要激发每一个成员的"爱国"热情，从而保证国家共同体的精神同一性，形成具有强大凝聚力的共同体。在各种负面价值观的影响下，曾一度出现崇洋媚外的现象。一部分人对自己的国家和民族缺乏真正的认同，因而也缺乏对祖国的情感，这会破坏国家共同体的凝聚力。中国传统文化包含着爱国主义的悠久历史。在中国特色社会主义新时代弘扬传统的爱国主义精神，发挥爱国主义的价值观先导功能，对于实现中华民族伟大复兴的中国梦具有重大意义。

1. 民族和国家的关联

国家以民族为基础。民族是具有共同的自然血缘基础和历史文化传统的共同体。自国家出现以来，民族就构成了国家的基础。现代国家大多是以某一个或几个民族为基础建立起来的。这些民族也成了国家共同体成员的主体。但是，民族是一个"近自然"的概念。也就是说，民族这一概念表明的是一群人，他们在自然血缘和长期形成的文化传统中具有同一性。但是，"国家"则是一个政治概念。恩格斯在《家庭、私有制和国家的起源》中指出："国家是社会在一定发展阶段上的产物；国家是承认：这个社会陷入了不可解决的自我矛盾，分裂为不可调和的对立面而又无力摆脱这些对立面。而为了使这些对立面，这些经济利益互相冲突的阶级，不致在无谓的斗争中把自己和社会消灭，就需要有一种表面上凌驾于社会之上的力量，这种力量应当缓和冲突，把冲突保持在'秩序'的范围以内；这种从社会中产生但又自居于社会之上并且日益同社会相异化的力量，就是国家。"①这样，民族和国家实际上不是同一个概念，但是交织在一起。当代世界几乎没有独立于国家而单独存在的民族。所以，现代世界中国家作为政治组织形式，是人类的主导性生存形式。民族是在"近自然"的意义上结成的共同体，是带有情感性质的，正如桑德尔对罗尔斯的共同体观念的总结，"共同体一定程度上内在于主体，因为这种共同体融进了参与合作图式的人们的情感中"②。国家则不同，国家是在一种政治形式的意义上形成的共同体。因此，民族不是一个政治共同体，而是"近自然"的共同体，而国家则是政治共同体。国家比民族的形成要抽象。用列宁的说法，国家是为了保证人们不会因为无谓的冲突而消亡，依靠一种客观的强制力保证秩序的政治工具。但是，国家又主要是以一个或几个民族建立起来的。这样，民族和国家两者就总是结合在一起使用。从类型上划分，包括单一民族国家和多民族国家。

2. 爱国主义的政治哲学原理

国家意识形态，一般包含两个方面的内容。从客观方面看，是指国家的基本政治制度，即建设一个什么样的国家。国家意识形态的首要功能就是论证国家基本政治制度及其价值理念。中国特色社会主义国家，是以实现共产主义为价值指向的社会主义制度的国家。从主观方面看，爱国主义是基于主体对国家的爱国情感而形成的一种价值观。国家主体人民对国家的热爱，是一种在对国家认同的基础上产生的情感，因此也是国家统一性的基础。这样，爱国主义就构成了国家意识形态的重要组成部分。

爱国主义是个体扬弃其"个体性"而上升为"普遍性"的精神力量，因而爱国主义构成了国家共同体的"普遍法则"。所谓"个体性"是指，个体总是从自己的利益出发，这是个体最直接的存在方式。但是，如果每个个体都从自己的利益出发，就会破坏共同体。每个个体都必须在共同体中生活。因此，维护共同体的存在，是每个个体存在的"至高无上"的条件。也就是说，对于个体来说，他的首要事情，就是对自己生活于其中的共同体的"绝对无条件地承认"。这在西方契约论中对应的原理则是：个

---

① 《马克思恩格斯文集》（第 4 卷），北京：人民出版社，2009 年，第 189 页。

② ［美］桑德尔：《自由主义与正义的局限》，万俊人等译，南京：译林出版社，2001 年，第 180 页。

体只追求自己的利益，而不顾共同体的利益。这一行为法则是无论如何不能作为"普遍法则"而存在。这一法则之所以不成立，乃是因为其包含着内在的矛盾。如果每个个体都只把自己的利益放在第一位而不考虑共同体的利益，那么就会导致个体间的"冲突"，即霍布斯所说的"每一个人对每个人的战争"[①]。因此，就会出现这样的悖论：个体的目的是要生存下去，但是如果仅仅追求自己的利益而不顾及共同体的利益，那么就会出现个体间的"冲突"，以至于每个人都无法生存下去。因而最初为了生存下去这一目标，却导致了无法生存下去的结果。可见，上述行为法则，即"个体只追求自己的利益，而不顾共同体的利益"这一法则，是不成立的，它包含着内在的矛盾。

由此可见，从马克思主义对个人和共同体关系的观点——"对人的一种更为恰当的理解是把人视为共同体中的人，即把人看做主要地但又不完全是由其所属的共同体构成的，而且对他来说，与他人的关系是最重要的"[②]——出发，个体在共同体中生存的普遍法则应该这样表述：每个个体在追求自己利益的时候，必须同时不妨碍他人和共同体的利益，并且把共同体的利益放在至高无上的位置上，而使个体利益服从共同体的利益。如果这条法则能够成为个体行为的普遍性法则，即个体把该法则作为自己的行为法则的时候，个体就从"个体性"中超越出来，而上升到了"普遍性"。所谓上升到"普遍性"就是指，个体已经不再仅仅是一个"个体"，同时也是"共同体"的成员了。这是共同体在个体身上的表现。而且，"个体"必须把"共同体"视为个体的"真理"，这种状态下个体同时也是共同体。简言之，公民的概念可以界定为"个体即是共同体"。

3. 爱国主义是一种"形而上"的生命关怀

就个体的生命而言，爱国主义包括两个方面：一是个体的生命，二是共同体的生命。就个体生命而言，其形上关怀主要体现为对"祖先"的敬畏之情。这在中国传统文化中表现得十分明显。中国人最重要的一个节日就是"春节"，其中一个主要的内容就是祭奠祖先。这是由中国千百年来的"家伦理"的文化价值观所决定的。就共同体的生命而言，就体现为对

---

① [英]霍布斯：《利维坦》，黎思复、黎廷弼译，北京：商务印书馆，1985年，第94页。
② [美]小约翰·B. 科布：《后现代公共政策：重塑宗教、文化、教育、性、阶级、种族、政治和经济》，李际、张晨译，北京：社会科学文献出版社，2003年，第3页。

国家的形上关怀。为什么说是形上关怀呢？中国不是一个内生的宗教传统的国家。"形而上"的精神家园，就是以对"祖先"和"国家"的敬畏之情的形式存在的。因此，对于中国来说，共同体生命的最高对象就是"国家"。所以，对国家的爱就是对共同体的敬畏之情。这种因对国家的敬畏之情而产生的"爱"，不是建立在某种利益关系基础之上的。也就是说，不是因为国家为个体提供某些"利益"而使个体产生了对国家的爱。相反，对国家的"爱"变成了一种"信仰"。信仰的活动就是一种对神圣的、高尚的事物的"无条件的敬仰"。所谓"无条件"是指，不把是否能够满足个体的利益看作是对国家热爱的"条件"。因此，对国家的爱是"绝对"的爱。这种爱是出于对国家的敬畏，是个体对其生存于其中的共同体的至高无上的敬畏。因此，"爱国"实际上已经成为个体的"尊严"。正是在这个意义上，对国家的爱是一种无条件的爱，因而是"绝对的爱"，它来自人的尊严这一形上关怀。

形上关怀有多种形式，如对宗教的虔诚是形上关怀，对艺术的敬畏也是形上关怀，对美德的关怀还是形上关怀。但是，对于国家来说，这种形上关怀就落实在对国家的政治信仰中。国家因而具有神圣性。正如黑格尔所说，国家是"地上的精神"①。实际上，中国古代也形成了这种把共同体视为至高无上的形上关怀。比如，中国古代把皇帝称为"天子"，历代帝王有"祭天"的传统，这些都表达了对国家至高无上地位的敬仰之情。形上关怀是人的生命的"终极关怀"。也就是说，形上关怀是为个体提供"安身立命之本"的精神活动。人总是要为自己的生命活动确立一个"终极关怀"，而"终极关怀"一般来说都是对绝对事物的关怀，并把个体的生命最高价值托付给这一终极对象。由于这一关怀具有"形而上"的本性，即精神的本性，因此终极关怀就是以"形而上"的方式存在的。就终极关怀的特点来说，这些终极对象抽象地说就是"真善美"，因此也称这三个对象为"三终极"。这样，对于国家这一最高的对象来说，其应该是"真善美"的统一体。所以，对国家的爱就要求我们应该把国家视为"真善美"的统一体。

4. 爱国主义在美学意义上成就的是崇高之美

爱国主义是高尚的。这可以运用美学原理来加以分析。在康德的美学

---

① [德]黑格尔：《法哲学原理》，范扬、张企泰译，北京：商务印书馆，2009年，第308页。

中，他一般把美分为两种，一种是"优美"，另一种是"崇高"。"崇高"就是个体为他人或共同体所付出的不同程度的"牺牲"，而且这种牺牲是自愿的和自觉的。一切高尚行为的原理是，用个体的牺牲成就他人或共同体的利益。这是一切英雄所具有的本质规定。这在美学上就被称为"崇高之美"，也就是康德所说的"我们在我们的外面或是也在我们内里（例如某些情操）所称呼为崇高的，只是表象为一种心意的力量，通过道德的原则克制了感性界的某些一定的阻碍，并且由此成为有趣味的"①。黑格尔曾经指出："人应尊敬他自己，并应自视能配得上最高尚的东西。"②人的形上关怀就是对高尚的事物心怀敬畏。人作为人最重要的就是人格。因此，在中国古代哲学中，都把"君子"看作是做人的标准。君子就意味着其具有高尚性，其品德中有善的原则。在人格中，最高位阶的理想就是家国情怀。因此，中国古代有一批"先天下之忧而忧，后天下之乐而乐"的爱国主义仁人志士。爱国主义意味着为了国家利益而做出某种程度的"牺牲"，这在美学上就表现为个体通达至高无上的真理（正义）所实现的"崇高"。

美学是探讨如何用"情感"通达"真理"的学问。黑格尔提出："美就是理念的感性显现。"③因此，美学所探讨的就是如何在感性的活动中来建立"美"。这一"美"作为崇高，就会引起人们的"敬畏之情"。因而，从审美的角度看，"崇高"是令人心生"敬畏之情"的。情感和真理相统一的时候，就会产生"崇高感"。爱国主义实际上就是建立在美学意义的"崇高感"基础之上，因此爱国是一种超越功利的行为，这是和美学原理相一致的。按照美学原理，人的审美判断的"质的特征"之一，就是审美活动的"超功利性"，可以参见康德对审美判断性质的阐释。所以，爱国是一种"情感"活动，而这种情感活动的对象是国家，而结果就是产生了崇高感。一个人对国家和民族的爱，是通过情感的方式和国家的真理性统一起来的。所以，在爱国主义教育的意义上，经常采用文学艺术作品的方式进行。文学艺术作品负责提供审美对象，而这一审美对象和国家命运相关联，就产生了崇高的爱国主义题材的作品。

---

① [德]康德：《判断力批判》（上卷），宗白华译，北京：商务印书馆，2009年，第108页。
② [德]黑格尔：《小逻辑》，贺麟译，北京：商务印书馆，1980年，第35页。
③ [德]黑格尔：《美学》（第1卷），朱光潜译，北京：商务印书馆，2009年，第142页。

三、爱国主义具有历史性和时代性特征

按照马克思主义的国家观，社会主义国家是"过渡时期"的国家，共同体也尚未达到"自由人的联合体"阶段。在这一过渡时期，国家仍然存在。因此，爱国主义对于国家来说就具有十分重要的意义。在不同的历史时期，爱国主义的表现形式是不同的。在中国近代以来的革命时期，爱国主义集中表现在国民为了争取国家民族独立，战胜外敌侵略的革命精神中。在社会主义改革开放时期，爱国主义表现在积极投身于改革开放，以经济建设为中心，推动国家经济发展的社会主义建设中。不同时期，国家发展的主题不同，国家的任务和目标也不同。爱国主义随国家建设主题和发展目标的变化而变化。因此，爱国主义总是具有历史性和时代性特征。

1. 中国"家国情怀"的历史文化传统

中国传统文化中充满了爱国主义精神。"精忠报国""天下""社稷""天下兴亡，匹夫有责""家国情怀"等概念，都表达了中国传统文化中的爱国主义民族价值观。从个体的情感来说，爱国主义首先孕育在家庭中。因此，黑格尔也承认，"作为精神的直接实体性的家庭，以爱为其规定，而爱是精神对自身统一的感觉"[①]。这一点在中国传统文化中体现得十分明显。在家庭中，主要是以"爱"作为基础的。但实际上，中国历史上形成的"家庭"不同于当代的由一夫一妻组建的家庭。我们现在把一夫一妻组建的小家庭称为"小家"。中国古代则是"大家庭"，"大家庭"又形成了"家族"。这样，以血缘关系为纽带形成了家庭到家族的伦理共同体。如果再向前追溯，就追溯到了共同的"祖先"，而如果再进一步追溯，就达到了"王朝"，即古代的国家。因此，中国古代的国家，是从一个小家庭逐渐向前追溯，一直追溯到王朝的国家。个体的"家"是直接融入"国家"之中的。而且，从个体的家，到王朝的国家，都遵循共同的伦理秩序，即所谓的"君君臣臣父父子子"。因此，个体的"小家"，到"家族"，

---

① ［德］黑格尔：《法哲学原理》，范扬、张企泰译，北京：商务印书馆，2009年，第199页。

再到"国家"，是伦理共同体的三个环节。这明显不同于西方国家的组建原理。黑格尔在《法哲学原理》中，把伦理划分为"家庭"、"市民社会"和"国家"三个环节①。这和中国的国家形成机理是完全不同的，甚至可以说，在中国传统的伦理共同体中根本不存在所谓的"社会"。中国是"小家"到"家族"，再到"国家"，这三个环节构成的伦理共同体。

中国传统文化中国家被视为"家"，这实际上体现了个体生命的最高归属。"天下兴亡，匹夫有责"，充分表达的是个体对于国家共同体来说所应该承担的责任和义务。中国传统文化中塑造的是"集体主义"本位，而不同于西方的原子式个人本位。所以，"家"的概念对于中国人来说是最高的伦理实体，包括个体的家和"国家"两个维度。西方则把"上帝的国"看作是最高的伦理实体。因此，西方历来有把宗教凌驾于国家之上的传统，这在中世纪时期表现得十分明显。近代启蒙运动以后，西方才逐渐把国家作为最高的伦理实体。黑格尔因此明确提出，国家是地上的精神。这就确立了世俗生活中国家至高无上的地位，从而把爱国主义也提升到了理性的高度。

个体如果不能得到国家的认可，就失去了存在的最高价值。因此，古代的知识分子都把"为天地立心，为生民立命"作为其家国情怀的寄托。这实际上就是个体生命的最高价值所在。此外，"修身齐家治国平天下"也表达的是中国传统文化中的家国情怀。个体要从自己内在精神品德的修炼开始，逐渐把自己修炼成胸怀天下的普遍者。这与黑格尔所说的实体性存在②的道理相同。国家是超越于个体之上的伦理实体，而个体的道德仅仅是个体的普遍性，还不是真正的普遍性。只有当个体把自己的价值和国家普遍价值融为一体的时候，即把自己的生命与国家共同体的存在相统一的时候，个体才具有绝对的生命价值。这就是家国情怀的本体论意义。因为家国情怀作为一种普遍性，是个体上升为共同体一员的基本方式。个体生命总是要追求超越的，超越个体才能抵达最高的生命价值。所以，只有把个体的生命价值融入国家共同体的生命价值中，个体才能与国家共同体达成和解。这一点就超越了西方的市民社会的状态。具体来说，中国传统文化中，把君臣之间的关系看作是"天经地义"的伦理关系，这种关系中也体现了家国情怀。臣民对君王的敬畏也就是对君王所代表的国家的敬畏。

---

① [德]黑格尔：《法哲学原理》，范扬、张企泰译，北京：商务印书馆，2009 年，第 198 页。
② 参见[德]黑格尔：《精神现象学》，先刚译，北京：人民出版社，2013 年，第 276 页。

因此，这种爱国主义在传统社会中是以对君王的敬畏的形式表现出来的。爱国就要爱君王。

中国古代的王朝统治，主要来说是采取"德治"的方式进行的，这是和中国建立在农业自然经济上的生产方式相关联的。在这种自然经济而非"市场经济"的基础上，人与人的关系还没有被"物的关系"所支配，因而总体上来说，中国传统文化的爱国主义是一个伦理问题。这种伦理把国家作为"家"来看待，因此依靠伦理的秩序就可以实现国家治理，这就是"德治"。中国古代虽然也有以荀子、韩非子为代表的法家，但其思想并没有构成中国传统社会家国情怀的重要元素，而儒家思想的道德治理则一直被作为各个朝代治理国家的基本方式。所以，在中国古代，爱国主义是和伦理秩序结合在一起的。也就是说，爱国就体现在对伦理秩序的尊重上。

2. 爱国主义是具体的而不是抽象的

谈到爱国主义，可能人们首先想到的是革命英雄或者和平年代为国家事业献身的英雄。实际上，对国家的爱应该体现在每个人日常生活中的点点滴滴上，正如列宁所说："爱国主义就是千百年来固定下来的对自己的祖国的一种最深厚的感情。"[①]也就是说，爱国是和具体的每一个社会行为相关联的。在日常行为中，都包含着某种价值观在其中。这种价值观如果是和国家命运联系在一起的，是和共同体的秩序联系在一起的，并且是从国家共同体的利益出发，从国家共同体的"尊严"出发，那么这种行为就具有爱国主义的价值观，也应该被归属于爱国行为。正因为如此，才有必要对国民进行爱国主义教育，确立爱国主义价值观先导，从而以此价值观来规范和引导人们的行为。

爱国主义体现在日常生活中的每一处。比如，我们在饭店用餐后，向饭店索要发票。那么，索要发票这一行为是否就包含着爱国主义价值观在其中呢？索要发票的意义在于促使饭店向国家缴税。每一个企业都有向国家纳税的义务，这是义不容辞的。对企业来说，其应该承担这一对国家所应尽的义务。但是，从企业来说，其总是把自己的盈利看作是最为重要的。因此，就出现了纳税和盈利之间的矛盾。纳税意味着企业盈利的减少，而逃税则意味着企业盈利的增加。因此，一些企业总是存在"逃税"的心理。实际上，这就是个体与国家共同体之间的利益矛盾。在解决这一利益矛盾

[①]《列宁选集》（第3卷），北京：人民出版社，1972年，第608页。

的时候,爱国主义便出现了。把纳税作为企业最高的原则,是企业合法性的首要价值关怀。企业应该以自己作为国家共同体的成员向国家纳税而感到荣耀。因而,企业应自觉自愿地纳税,这是爱国主义的表现。相反,如果"逃税"则意味着企业对国家共同体利益的破坏,因而就失去了爱国主义精神。对于消费者来说也存在这一问题。消费者索要发票,是消费者作为公民所应尽的义务,否则等于帮助企业"逃税"。前者属于爱国行为,后者则不属于爱国行为。

再比如,对于教师来说,爱国主义就体现在教书育人这一具体的活动中。教师遵守师德师风,潜心问道,钻研学问,把真理和智慧传达给学生,这实际上是完成国家教育理念的神圣使命。在这里,爱国就体现在爱教书、爱学生、爱真理、爱智慧中。对国家和民族的爱,就是通过对具体的教育事业的热爱体现出来的。因此,对于教师来说,教书育人不只是教师个体谋生的手段,而且是代表国家承担的一项神圣的使命。一个国家的强大必须依靠强大的教育,只有强大的教育,才能培养出优秀的人才,才能为国家的发展提供社会主义建设者和接班人。正是在这个意义上,教师的爱国主义精神就体现在教书育人的伟大事业中。由此可见,即便是看起来很平常的生活行为,其背后也隐含着爱国主义的精神。

和平年代,爱国主义体现在每一个生活行为中,这些行为往往被看作是与国家无关的小事,实际上却都关乎对待国家的态度问题。因此,我们需要在日常生活中确立爱国主义精神,通过爱国主义的价值观先导,把这种爱国主义精神融入每一个行为中。和平年代的爱国行为不一定是以牺牲个体生命为代价,多是以牺牲较小的个体利益来维护国家利益的,这也是爱国主义的具体体现。因为爱国主义总是包含着某种程度不同的"牺牲",所以其就具有了一种美学意义上的"悲剧"色彩。黑格尔提出一个观点,认为真理是具体的,即"它必定是在自身中展开其自身,而且必定是联系在一起和保持在一起的统一体,换言之,真理就是全体"①。这就是说,爱国主义不是抽象的"理念",而是和具体的行为关联在一起的。因此,一切行为中都包含着爱国主义精神。黑格尔反对抽象的真理,认为真理就在每一个具体的环节中。这也是辩证法的一条基本原理。普遍性就存在于特殊性之中,离开具体的特殊性也就没有普遍性。

① [德]黑格尔:《小逻辑》,贺麟译,北京:商务印书馆,1980年,第55页。

3. 新时代爱国是投身于实现中华民族伟大复兴的中国梦

　　爱国主义在不同时代有着不同的特定内涵。当代中国的爱国主义集中落实在投身于实现中华民族伟大复兴的中国梦。历史进入21世纪后，马克思所开创的国际共产主义运动也进入了新的历史时代。20世纪末，东欧剧变，社会主义事业遭受了强烈的冲击。社会主义向何处去？怎样建设社会主义？这些成为摆在中国特色社会主义面前的重大问题。近代以来，中国推翻了"三座大山"，建立了新中国，建立了社会主义国家制度。经过改革开放40多年的努力，中国在经济方面获得了迅速发展，跃居世界第二大经济体，这些都归功于中国社会主义制度的优越性。历史进入新时代，党中央把实现中华民族伟大复兴的中国梦作为新时代的奋斗目标。习近平新时代中国特色社会主义思想是对马克思主义的创新和发展，确立了"两个一百年"奋斗目标。这一切都是为了实现中华民族伟大复兴的中国梦。

　　新时代的爱国主义就是要把实现中华民族伟大复兴的中国梦作为全部实践行动的总目标。是否有利于实现中华民族伟大复兴的中国梦，是衡量是否爱国的根本尺度。因此，爱国主义首先表现在对中华民族伟大复兴中国梦的思想意识的高度自觉上。这是新时代国家发展的宏观战略构想，每一位中国公民都应该胸怀中国梦的伟大梦想，自觉践行习近平新时代中国特色社会主义思想，认清中华民族伟大复兴中国梦这一国家命运与每一个个体之间的关系。把一切行动都统一到这一伟大目标上来，这就是爱国主义的新时代主题。中华民族伟大复兴是近代以来中国一代又一代人的梦想。正如习近平总书记所指出的："我们比历史上任何时期都更接近中华民族伟大复兴的目标，比历史上任何时期都更有信心、有能力实现这个目标。"[1]近代以来，中华民族先后实现了从"站起来"到"富起来"再到"强起来"的伟大进程。但"强起来"更需要有爱国主义作为精神动力。中华民族的伟大复兴不仅需要有经济上的"硬实力"的强大，更需要有"文化软实力"上的强大。爱国主义能够把中华民族每一个成员的精神凝聚到一起，充分发挥"集中力量办大事"的优势，这是实现中华民族伟大复兴最根本的精神动力。在日常生活中，我们很难把自己所从事的事业与中华民族伟大复兴的中国梦联系在一起，或者觉得中华民族伟大复兴的中国梦与我们个体的日常工作没有紧密的联系。这种观点就容易忽略爱国主义。前

---

[1]《习近平谈治国理政》（第2卷），北京：外文出版社，2017年，第57页。

文提到，爱国主义是具体的，因此中华民族伟大复兴的中国梦和每一个中国人都有直接的关系。中国梦并不在遥远的"彼岸"，而就在我们每天日常的工作中。每个人把自己所从事的工作做好，这就是为实现中华民族伟大复兴的中国梦贡献自己的力量，而爱国主义也恰恰就体现在其中。因此，从价值观先导的意义上看，我们应该把爱国主义的精神贯穿于全部工作中，而避免那种把中国梦看作是"国家"的事业而和自己无关的观点。价值观先导就是要克服这一将爱国主义与自己所从事的工作"分裂"开来的做法。通过爱国主义，我们把自己的工作与中华民族伟大复兴的中国梦联系起来，这是价值观先导的重大意义所在。

当今世界面临"百年未有之大变局"。在这一时期，更加需要爱国主义的伟大精神。世界资本逻辑仍然主导着世界秩序，资本主义出现了一系列的新变化。爱国主义就是要在世界历史的视野中，推进马克思主义的世界历史理论。爱国主义并不是狭隘的，而是在世界历史视野中的爱国主义。马克思主义的理论品格就是人类性的，是为人类的自由和解放而奋斗的理论。因此，新时代的爱国主义要立足于人类的视野，把爱国主义和马克思主义的共产主义事业紧密结合在一起。当今世界，资本主义仍然如马克思所批判的那样，给世界的和平与发展带来了诸多挑战。在世界百年未有之大变局的背景下，出现了一系列不确定性因素，包括贸易保护主义、单边主义、逆全球化等一系列思潮，这些都构成了对世界和平的威胁。因此，爱国主义就是要把国家和民族的命运与人类的命运联系在一起，推动构建人类命运共同体。这是新时代爱国主义在世界历史视野中所应该承担的历史使命。

四、爱国主义教育是个体上升为"普遍性"的德治工程

无论是古代还是当代，对国民进行爱国主义教育都是国家治理的一项重大工程，所以国家都要对国民进行爱国主义教育。前文指出由于需要为国家利益做出某种程度上的"牺牲"，因而爱国主义并不是完全自发形成的，而是需要国家对国民进行特意的"教育"。因此，在国家的教育体系中，尤其在人文通识课程中，都要包含爱国主义教育。在中国，这主要是通过"思想政治教育"这一"关键课程"实现的。正是在这个意义上，中

国教育体系中，从中小学一直到大学，都要开设思想政治理论课，而贯穿这些思想政治理论课的一个重要主题就是爱国主义教育。在不同学段都需要对学生进行爱国主义教育。所以，从国家治理的角度看，思想政治教育所承担的就是对国民进行"精神治理"。爱国主义作为一种和国家相关联的政治价值观，是公民政治意识的重要组成部分。我们通常所说的"铸魂育人"，主要涉及的就是培养什么人、为谁培养人和怎样培养人的问题。因此，这里包含着培养热爱自己祖国的人，培养社会主义的建设者和接班人，培养能够担当民族复兴大任的"时代新人"。爱国主义就是培养人的一个重要方向。所以，思想政治教育既包括培养人的道德素养，也包括培养国民的爱国主义情怀。在这个意义上，思想政治教育承担的是公民的"价值观治理"功能，因而承担着国家"德治"的重大使命。

1. 爱国主义教育在国家政治建设中的重大意义

中西方国家都有爱国主义教育。爱国主义教育就方法而言，包括两种。一种是通过感性的方式完成爱国主义教育。比如，升国旗、唱国歌，或者通过国家的重大节日和纪念活动激发国民的爱国之情。这种感性的方式，也可以通过对国家公民的"榜样"示范作用来加以引导。比如，对革命战争年代的英雄的悼念活动，追忆他们的革命往事，以激发国民的爱国主义情感。也可以对和平年代为国家捐躯的英雄事迹进行宣传报道。比如，在当代中国各次国家重大事件中涌现的英雄人物，如在 2008 年汶川地震、2020 年新冠疫情等重大事件中都涌现了一批英雄，这些英雄都可以作为爱国主义的典范和榜样加以宣传，进行爱国主义教育。另一种是爱国主义的理论教育。爱国主义教育的核心内容，就是要让个体知晓一个道理：个体为什么应该把国家共同体视为至高无上的对象并产生敬畏之情。这一道理需要通过前文提出的爱国主义的政治哲学原理使个体知晓。同时，我们还要论证国家共同体本身所具有的真理性。对于中国来说，就是论证共产主义的真理性。因为中国的国家政治制度和国家治理理念是把实现共产主义作为目标的，如果不了解共产主义的真理性，就无法了解国家的政治理想，因而也就无法产生对国家的认同。所以，对马克思的共产主义的教育就显得至关重要了。这也是马克思主义理论学科为什么首先需要对学生进行马克思主义基本原理教育的重大意义所在。除了论证国家政治制度本身的真理性，还要论证个体把共同体视为自己存在的真理性，以便让个体认同自己的共同体，进而形成对国家的爱。上升为"普遍性"的个体，黑格尔称其为实体性存在①。

黑格尔曾经把爱国主义称为"政治情绪"②。这种情绪对于国家共同体来说是必要的。黑格尔深切地认识到，爱国主义作为一种情感，不同于"抽象法"，国家共同体中抽象法固然重要，可以以法律的形式来实施国家治理，从而达到社会的正义。但是，政治情绪是以情感的方式存在于公民的内心世界，因而是法律无法触及的精神世界。这个精神世界是否对共同体认同，是无法被客观的行为规范加以约束的，因而只能诉诸"公民教育"。这也就是我们通常所说的"爱国主义教育"。实际上，爱国主义教育是国家治理中的重要组成部分。国家治理如果分为"硬实力治理"和"软实力治理"，那么爱国主义教育应该被归属到国家的软实力教育中，在中国则被称为"德治"。所以，我们经常讨论"德治"和"法治"的关系问题。"德治"的主要工作就是对国民进行爱国主义教育，使国民形成对国家的爱和认同。因此，在国家的精神治理中，一项重要内容就是对国民进行爱国主义教育，从而使国民形成对国家的爱，进而使国家共同体具有牢固的民意基础。

政治国家的一个最大目的就是维护共同体的安全和稳定。按照马克思理论的逻辑，"现实的个人"是在一定社会关系中生活着的具体的个人，"人的本质不是单个人所固有的抽象物，在其现实性上，它是一切社会关系的总和"③。只有处于现实的社会关系中，即附着于一定历史条件下所形成的生活方式，人才是"现实的历史的人"。政治就意味着把一个共同体很好地维护起来，从而为共同体的每一个个体的生活提供各方面保障。因此，对于一个共同体来说，能否形成价值观的统一性，就成为至关重要的国家治理行为。因为，如果每个个体在价值观上千差万别，那么就无法形成一个统一稳定的共同体。政治是要通过国家的公权力来保护共同体的稳定的，但是只依靠政权的力量来维护共同体的稳定还不够，还必须通过思想政治教育来引导共同体成员在价值观上达成共识。这其中，爱国主义就是价值观统一性的集中表现。爱国主义作为一种"政治情绪"已经参与到国家的政治生活中，并且是国家意识形态稳定的基础。这种"政治情绪"在全部政治哲学体系中，发挥着关键作用，它旨在使一个政治国家共同体形成统

---

① 参见[德]黑格尔：《精神现象学》，先刚译，北京：人民出版社，2013年，第276页。
② [德]黑格尔：《法哲学原理》，范扬、张企泰译，北京：商务印书馆，2009年，第303页。
③《马克思恩格斯文集》（第1卷），北京：人民出版社，2009年，第501页。

一的精神生命，并在爱国主义的政治情绪中确立个体对共同体的信仰关系。因此，爱国主义不是简单的爱国情感，其同时具有政治价值观作支撑，这种"爱"已经上升到国家意志和民族尊严了。

2. 爱国主义教育的艰难性

对国家的爱和对亲人朋友的爱不同，和两性之间"爱情"的爱更不同。虽然都是爱，但是爱的原理不同。对亲人的爱，主要是建立在血缘关系基础之上的爱，这种爱因为以血缘为基础，因此包含着"自然性"。包含自然性基础的爱，一般来说具有比较稳定的性质，正如马克思所说的，"亚细亚共同体"中血缘关系具有强大的凝聚力和规制力①，而且这种爱不需要"教育"就能够自然地产生。比如，对于父母的爱，不需要教育就能实现，是自然或天然形成的爱。"孝敬"作为一种美德，也应该包含在对父母的爱之中。但"孝敬"需要给予适当的教育，这是因为"孝敬"一方面出于血缘关系不需要教育，另一方面由于孝敬需要个体付出某种程度的"牺牲"，因而也需要教育。在中国传统文化中，"孝敬"是作为一种美德来被对待的，这就说明"孝敬"也并非容易做到的事，因而是需要加以教育的。

对朋友的爱，则主要是基于个体之间的"道义"而建立起来的。朋友之间没有血缘关系，朋友之间的爱是依靠共同的爱好、兴趣、价值观等，并且相互欣赏才建立起来的。这种爱主要体现在两个个体是通过"道义"结合在一起的，因而出于"道义"的相互敬重就成为朋友之间的本质性关系。这种道义关系当然是建立在两者之间的实质性交往上。因此，朋友之间总会通过一些往来，品鉴对方的人格。中国古代讲"君子之交淡如水"，实质就是说朋友之间是超越功利关系的，两者不是因为某种利益而结合在一起的。这就使"朋友"这一概念具有了高尚的含义。朋友之间的爱同样是高尚的。朋友之间的交往难免会出现具有功利性的东西，但是这种功利性的东西不体现朋友的本质关系，相反，这种功利性的东西是建立在双方的"道义"基础之上的。"道义"优先是朋友之间交往的根本原则。所以，朋友之间的爱也是有具体内容的。这种爱一般来说也不需要专门的教育，而是在实践中亲身感受，自然而然建立起来的。

两性之间的爱，更不需要教育就能够自然产生。因为两性之间的爱被称为"爱情"，爱情的情感是直接和生命联系在一起的，相爱双方虽然没

①《马克思恩格斯全集》（第30卷），北京：人民出版社，1995年，第468页。

有血缘关系，但却有"未来的"可能性的血缘关系。因此，爱情是指向"繁衍后代"的，这种爱也天然具有"自然性"，一般是以两性之间的繁衍欲望作为自然基础的。爱情虽然开始于两性之间的自然繁衍欲望，但同时又被提到了理性的高度。爱情本身虽然是情感活动，但是对于人来说，一切都要被提高到理性的高度才能成为属人的互动。因此，爱情就包含着人格、信守诺言、忠诚等一系列品质，超越了单纯的自然欲望和未来的血缘基础，而上升到了精神生命的永恒性。古往今来，人们歌颂爱情的伟大，就在于爱情意味着对生命的敬畏，而这种敬畏也出自两性之间的自然欲望，因此也是不需要教育就能够建立起来的情感。

以上分析了亲情、友情和爱情，这些爱一般来说不需要教育就能够建立起来，因为它们或多或少都和自然因素有关系，而且和自己的实际行为发生关联，因而容易被建立起来。但是，对国家和民族的爱，相比之下是较难产生的。因为国家和民族是一个看起来和个体并不直接发生关系的领域，或者是"高高在上"的领域。"匹夫有责"的意识并不容易被建立起来。因此，国家和民族似乎距离个体有些"抽象"和"遥远"，这两个对象不容易让人直接对其产生爱。这也是爱国主义为什么需要教育的原因所在。以土地使用为例，"我们滥用土地是因为我们把它视为属于我们的商品。当我们把土地看作是我们属于的共同体时，我们才会怀着敬爱去使用它"①。我们通过爱国的情感教育，使国民形成爱国主义情感，才能使国民"敬爱"地使用公共资源。爱国主义情感的根本特征是，能够使个体上升为共同体的成员，因而成为"普遍性"的存在。这样，"个体性"上升到"普遍性"就是通过爱国主义情感教育实现的。但是，对国家的爱如果不是建立在"自然性"和亲身体验的具体行为之上，那么怎么才能建立起对国家的爱呢？只有通过"反思"。因此，"反思"活动是建立爱国主义的主观机能。如果不反思国家和个体之间的关系，我们就无法把个体与国家直接地联系在一起，我们就会觉得"天塌下来"与我无关，或者说，对于国家来说的重大事情都与我无关。所以，只有通过"反思"才能建立起个体和国家之间的感情关系。但所谓"反思"并不是直接产生的，而是"间接"产生的。因此，黑格尔明确指出，"反思"是一种"中介"活动②。这就意

① [美] 约翰·贝拉米·福斯特：《生态危机与资本主义》，耿建新、宋兴无译，上海：上海译文出版社，2006 年，第 36 页。

② [德] 黑格尔：《逻辑学》（上卷），杨一之译，北京：商务印书馆，2011 年，第 122 页。

味着，爱国主义不是直接产生的，而是通过"反思"间接建立起来的。正是因为这一点，才需要对国民进行专门的爱国主义教育。这种对国家的爱因为缺乏直接性的自然基础，所以教育起来就充满了困难。

爱国主义教育的艰难性主要体现在前文指出的它所具有的"形上性"上。这种"形上性"导致国家作为爱的对象需要个体具有一种形上关怀。但对于大部分人来说，形上关怀不能直接显现出来，因为更多的时候人们只是凭借"感觉"来感受一个对象的存在。虽然我们会在爱国主义教育中，把国家发展取得的一系列巨大成就列出来，如经济增长的状况、科技发展的水平、人均 GDP 等，但是这些数字仿佛也和个体的利益没有直接的关联。因为从个体的角度来看，个体利益总是和自己的劳动创造分不开的，因而个体很少能够从中感受到国家对个体利益增长方面所做的贡献。所以爱国主义教育的困难也就在于，如何把个体的尊严感和国家的神圣性连接起来。人们凭借"感觉"所能够体会到的，都是和自己切身利益相关的事物，而国家是一个"高高在上"的抽象的"实体"，因此很难对国家产生一种"爱"。而且，国家作为具体的现实政治生活的组织形式，难免会存在不足。比如，中国特色社会主义初级阶段，还没有达到马克思所设想的共产主义的高级阶段，因而在生产关系中就仍然存在某种缺陷，以至于我们只能通过不断深入的改革来完善社会主义制度。正是因为存在这些不足，民众对国家的爱难以完全建立起来。这也使爱国主义教育变得艰难，因为在爱国主义中我们必须能够接受国家存在的某种不足，而不至于因为这一点破坏对国家的爱。正是在这个意义上，我们需要把爱国主义作为一种价值观先导，来克服国家的有限性，以此增进每个个体对国家的爱。

3. 爱国主义教育是国家价值观治理中的"德治"工程

"德治"和"法治"是相对应的范畴，两者都是国家治理的基本方式。中国传统社会的治理方式主要采取的是"德治"。西方自近代以来，"法治"的治理方式就成为国家治理的主流方式。这与西方资本主义制度有直接关系。因为资本主义制度下需要确立财产关系，而财产关系不同于伦理关系，财产关系是可以在"物权"的意义上以法律的形式固定下来。这样，马克思所说的资产阶级法权的观念，就成了西方采取"法治"的基础。

中国特色社会主义的国家治理方式，则坚持了"德法共治"的原则。这就涉及"道德"和"法律"两者的关系问题。"德治"当然是在"道德"

的意义上实施的国家治理行为，而"法治"则是在"法律"的意义上实施的国家治理行为。两者的共同性是都是对人们的行为提供符合"善"或"正义"的规范。因此，道德和法律都是与善的原则及由此衍生出来的正义原则相关联的。这样，道德和法律都包含"价值观"在其中。我们首先对道德和法律加以区别。

道德是建立在"良心"基础之上的，因此"良心"是道德的"立法者"。按照康德的道德学原理，快乐和幸福一般被看作是与道德法则相反的幸福原则①，而道德乃是纯粹理性的善良意志（良心）自己为自己颁布的法则，该法则不受感性幸福原则的限制，因而被归属于自由法则。所以道德行为的善的性质不是由行为的结果所规定的，而是由"良心"这一"立法者"所规定的。简言之，只要行为的动机是善的，出自善良的自由意志，那么即便这一行为的结果是不好的，也不影响该行为的善的本质。这被称为"形式主义"的道德观。但是，对于人来说，存在着一种破坏这种善良动机的可能性。动机是隐藏在人的内心当中的，它不能直接外显出来，而只能通过"行为"来表现。但是，"行为"和"良心"之间的"必然联系"也无法被显现出来。也就是说，我们无法在感性直观中把一个动机和一个行为结果的必然性关联直观地呈现出来。这样，"动机"和"行为结果"之间在客观上存在着"断裂"或"分裂"的可能性，而且事实上确实如此。这就导致我们通常所说的"跳进黄河也洗不清"，其实质是为了极力证明自己的良心。但事实上，即便这样表述了内心的善良动机，也无法在客观上把动机和行为结果直接关联起来。此外，除了上述动机和行为结果之间存在断裂的客观可能性之外，还存在着主观上的可能性，这种主观上的可能性也会导致动机和行为结果之间的断裂。这就是"欺骗"和"偶然"。因为人完全可以把一个出自恶意的动机在欺骗的意义上说成是"善良动机"而和行为结果联系起来，这种情况就是"伪善"。同样，也可以出自善良动机却在"偶然"的意义上在客观上产生不好的结果，这种情况就是"好心办坏事"。因为有"欺骗"和客观的"偶然"的存在，所以"动机"和"行为结果"之间的必然性关联在客观上就无法呈现出来。造成上述这两种分裂最根本的原因在于，"动机"无法被客观地显现出来，它总是隐藏在主观的内心世界之中。

"贬低道德中主观-个人因素的任何作法，都意味着使道德失去作用，

---

① ［德］康德：《实践理性批判》，邓晓芒译，北京：人民出版社，2003年，第26页。

变成软弱无力的空话。"①正是因为道德所具有的主观性，把"道德"作为国家治理的"硬标准"就成为不可能的事。因为我们无法看见一个人的真实动机，也就无法把道德作为评价一个行为好坏的标准。这就直接决定了道德无法作为国家治理的"硬件"。但是，我们又不可摆脱道德对于行为所发生的决定性作用，因此只能"退而求其次"，希望在"教育"中尽可能劝导人们的行为符合道德法则，但我们做不到对道德行为的客观判断。正是因为道德的这一缺陷，我们不得不将"法律"作为国家治理的"硬件"。法律是由国家机关制定并执行的规范共同体中人们行为的客观规范。注意是"客观规范"，这不同于道德的良心立法的"主观规范"，因此法律可以在"事实"的意义上确定人们的行为规范。正是因为法律具有客观性的特点，因此在国家治理中，能够被事实所检验的及可以被直观看到的行为，就可以纳入法律的规范之下来加以衡量。因此，公平正义的价值观就容易在法律的意义上被建立起来。这也是"依法治国"的原因之所在。当然，"法治"也存在缺陷，就是法律总是"抽象"的，而道德却是"具体"的，因此在"法治"的同时，为了避免其不足，必须同时配以"德治"。正是在这个意义上，中国特色社会主义的国家治理实施"德法共治"。

从上述道德与法律的区别中可以看出，"德治"和"法治"两者都存在缺陷，只有两者同时并用，才能相互克服对方的缺陷。一方的缺陷正是另一方的优点，一方的优点正是另一方的缺陷，因此两者结合才是全面的。因为道德隐藏在内心当中，并且人们容易以欺骗的方式或者以"道德的名义"来从事不道义的行为，所以必须对公民进行道德教育。爱国主义本身就是一种道德性质的情感。人们的爱国主义动机也不能在其行为中找到客观性，也就是说，人们存在以"爱国"的名义来从事破坏国家行为的可能性。这样，爱国主义教育就成为十分必要的教育工程。在这个意义上，我们把爱国主义教育看作是一项"德治工程"，它构成了国家价值观治理的重要内容。

五、爱国主义对中华民族伟大复兴的价值观先导

前文已经指出，当代的爱国主义作为价值观先导贯穿于实现中华民族

---

① ［苏］A. H. 季塔连科：《马克思主义伦理学》，黄其才等译，北京：中国人民大学出版社，1984年，第33页。

伟大复兴的中国梦之中。但是，作为价值观先导始终要落实到人们具体的
情感中。爱国是一种情感，但这一情感可以被进一步细化，最后落实到一
系列的情感之中。这其中，最重要的就是"使命感"、"尊严感"和"历
史感"。爱国主义作为民族复兴的价值观先导，主要就是在这三个方面发
挥价值引领的作用。

1. 爱国主义对民族复兴"使命感"的价值观先导

"使命"是绝对被给予的命令。中华民族伟大复兴是每一个中华儿女的
使命。作为"使命"，其所要求的是，对于这一伟大复兴的目标来说，我
们没有任何理由可以推卸。除非我们不认同自己的民族，而这是不可能的，
因为在自然基因的意义上，民族是我们存在的绝对条件。就如同不能选择
"祖先"一样，我们同样也不能选择自己的民族。因此，民族对于每一个成
员来说，是绝对被给予的。没有民族就没有我们每一个个体，民族是我们
个体存在的先决条件。正是在这个意义上，中华民族伟大复兴也就同样成
为我们每一个个体的"使命"。在"使命"的意义上，一种行为就不是我
们自愿选择的事情，而是义不容辞的事情。"义务"这一概念和"使命"
这一概念具有同样的含义，就是都具有不可选择性。比如，对于义务来说，
我们不能根据自己的好恶，愿意接受就接受，不愿意接受就逃避。"义务"
之所以称为"义务"，乃是因为其不以个体主观意志为转移。因此，"义
务"是共同体赋予每个个体的不可推卸的责任和使命。同样道理，"使命"
也是不容推卸的。这就表明，每个个体都要参与到实现中华民族伟大复兴
的事业中去，这是不能根据主观意愿去选择的行为。但这在通常情况下并
没有被个体自觉地意识到。因此，爱国主义的价值观先导，首先就是要确
立起实现中华民族伟大复兴的"使命感"。因为，如果不是在"使命感"
的意义上看待民族复兴，个体就没有足够力度的价值观作支撑，因而会把
民族复兴看作是和自己没有直接关系的事业。实际上，每个个体作为民族
共同体的成员，就天然地具有这一"使命"。这一"使命"是需要在价值
观先导的意义上被带入我们的意识和价值观中，并以此作为我们参与民族
复兴伟大实践的精神动力。

爱国主义价值观先导的第一个环节就是确立民族复兴的"使命感"。
前文指出，"使命感"是一种绝对被给予的，因此是一种义不容辞的责
任。这种使命感就是爱国主义的具体表现形态，实际上是把国家和民族

的复兴作为至高无上的义务。或者说，只有那至高无上的义务才能直接被给予。对于人来说，可以发生各种层面的行为，但是只有出于"使命感"的行为，才是最为自愿自觉的行为。这也恰好是由人的"自由"本性所决定的。我们不会把外部强加于我们的某种行为看作是"自由"，因为外部强加于我们的就是外在的，因而是依靠强制性来"迫使"我们"不得已而为之"的行为。"使命"则完全不同，"使命"是出于人的自由本性，而自愿接受至高无上的义务。这与爱国主义绝对被给予的价值观是一致的。

2. 爱国主义对民族复兴"尊严感"的价值观先导

对于个体来说，民族和国家是其最高的"尊严"。尊严所体现的就是人类所赖以存在的精神寓所。在人格的构成中，尊严是最为根本的。我们通常所说的"安身立命之本"，在伦理学的意义上指的就是"尊严"。正如马克思所认为的，"尊严是最能使人高尚、使他的活动和他的一切努力具有更加崇高品质的东西，是使他无可非议、受到众人钦佩并高出于众人之上的东西"[①]。对于人来说，我们是否是"存在的"、是否是"活着的"、是否是"挺立的"等，这些都是依靠"尊严"确立起来的。在尊严中，如果能做出划分，就包括个体的人格尊严、家庭的尊严和共同体的尊严。民族和国家就是在共同体意义上的尊严。就个体的人格尊严来说，人应该在自己的人格上成为"人"，这就是通常所说的"做人"。"做人"就是要确立自己的"尊严"。古人说过"不为五斗米折腰""宁为玉碎，不为瓦全""廉者不受嗟来之食"等，这些说的都是个体的人格尊严。尊严的实质就在于人是有理性的存在。如果人失去了理性就不存在尊严的问题了。比如，对于动物来说就不存在尊严的问题。家庭尊严是指个体要把家庭视为他自己人格尊严的延伸。因此，当个体的家庭遭受侮辱的时候，个体就失去了尊严。比如，妻子或丈夫出轨，被人侮辱祖先等，这些都是对家庭尊严的伤害。国家和民族的共同体尊严是指，每个个体都把他所生存于其中的共同体视为自己存在的根据。因而，如果有人破坏共同体或侮辱他所在的共同体，就是对个体国家和民族尊严的破坏。比如，对国旗和国徽的侮辱等，这都是对国家共同体尊严的破坏。尤其是，当遇到别国对自己国家和民族进行侵略的时候，这就是对国家和民族尊严的严峻挑战。因此，

---

① 《马克思恩格斯全集》（第 1 卷），北京：人民出版社，1995 年，第 458 页。

捍卫共同体的尊严就成为个体义不容辞的责任。

自鸦片战争以来，中华民族一直遭受西方资本主义国家的侵略，这是对中华民族尊严的挑战。无数革命英雄为争取国家和民族的独立，付出了巨大的代价，这是对国家和民族尊严的捍卫。当代是中华民族距离实现伟大复兴最近的时代。国家的强大和民族的复兴，是每一个个体民族尊严的根本保证。爱国主义价值观先导的第二个环节就是确立民族"尊严感"。个体生活于其中的国家和民族共同体的强大，会给个体带来"尊严感"。国家和民族的尊严是个体的最高尊严。尊严是一个民族"存在"的根据，民族如果失去了尊严就等于是不存在的。对于个体来说也是如此，个体如果失去了尊严，也等于是不存在的。正如臧克家的诗中所写的"有的人活着，他已经死了；有的人死了，他还活着"。这里"活着"指的就是有尊严地活着，否则，"活着"也等于"死了"。对于一个国家和民族来说也是如此，如果失去了国家和民族的尊严，等于国家和民族都失去了存在的根基，因而是"存在着的无"。

3. 爱国主义对民族复兴"历史感"的价值观先导

爱国主义具有历史性和时代性，民族复兴也是历史交给当代中华民族的重大使命。"历史"是不能选择的，正如民族不能选择、祖先不能选择一样。一个民族的发展和进步构成了一个民族的历史。按照历史唯物主义的观点，真理是历史的。[①]这表明，民族复兴是中华民族历史发展的必然要求。当代中华民族如果不能把实现中华民族伟大复兴作为当代的重大使命，就无法向历史交代。中国近代以来的历史，是一部中华民族不断追求自己民族复兴的历史。历史发展到今天，我们距离民族复兴的目标比任何一个时代都要近。完成这一伟大的历史使命，也需要爱国主义精神作为支撑。

历史的发展是由社会规律所决定的。爱国主义的第三个环节就是确立中华民族伟大复兴的"历史感"。因此，当代人应该把实现中华民族伟大复兴看作是中华民族历史长河中的一个重要环节。对当代人来说，民族复兴不仅仅是历史使命，也是当代人对中华民族以往全部历史的恩馈，以及对未来中华民族发展所做出的巨大贡献。因此，要把中华民族伟大复兴这一伟大事业放在中华民族的历史长河中加以审视。这样一个如此重大的历史事件当然也需要通过爱国主义的价值观先导，确立中华民族复兴的"历

---

① 参见[德]恩格斯：《反杜林论》，北京：人民出版社，2015年，第95页。

史感"。人是历史性的存在，每一代人都是带着厚重的历史进入生活的。因此，历史是客观的因而是不能选择的。历史不是事件的堆积，而是国家和民族延续的基本方式。民族复兴承载着中华民族历史的目的和价值，因此每个个体都建立起民族的"历史感"才能够使自己的精神厚重起来。我们经常引以自豪的是，"中华民族文明上下五千年"，中华民族是"文明没有中断"的民族，等等，这些表述充分体现了中华民族文明所拥有的巨大的"历史感"。我们对于民族的尊严感和使命感，客观上都依赖于这种"历史感"。正是因为中华文明有着悠久的历史，才使中华民族伟大复兴也具有了"历史感"的审视。

　　爱国主义包含着对民族历史的尊重和敬畏。一个没有"历史感"的民族是缺少存在论根基的。正是厚重的历史才使一个民族获得了它所应有的尊严。比如，我们把"九一八"等作为"国耻"来纪念，就是要唤醒每个中华民族儿女的"历史感"。当代流行一种历史虚无主义的思潮。所谓历史虚无主义就是对历史的"虚无化"。因为历史是为一个民族提供存在论根基的，也就是提供民族生命的价值支撑的，所以如果否定一个民族的历史，就等于否定一个民族存在的合法性。历史虚无主义的实质就是通过否定历史的进步意义，从而否定一个民族存在的真理性。因此，当代中华民族伟大复兴，需要爱国主义价值观先导，其中重要的一点就是要确立民族的"历史感"，批判历史虚无主义对民族和国家的否定。

第九章　"合作共赢"的和平价值观先导

人类世界有史以来就充满了战争，因而在群体上追求和平一直是人类的共同愿望，正如在个体上追求自由的本性一样。"人是生而自由的，但却无往不在枷锁之中。自以为是其他一切的主人的人，反而比其他一切更是奴隶。"①我们套用卢梭的这句话，可以这样描述人类之于和平的关切：人类生而向往和平，却无往不在战争中。无论是古代社会，还是近代社会，一直到今天的现代社会，一直都存在着诸多人类内部冲突到一定程度而引发战争的危险。近代爆发了两次世界大战，这是人类历史上发生过的大规模的世界性战争。这些战争给人类带来了巨大的灾难，其沉痛教训一直促使世界各国人民向往和平，并且探索走向"永久和平"的道路。

一、"合作共赢"的和平价值观先导总论

国家治理中"合作共赢"的和平价值观先导，主要解决的是在"世界百年未有之大变局"的情况下，特别是在西方资本主义发展遇到巨大困境，奉行"逆全球化""保守主义""单边主义""霸权主义"的背景下，如何处理好国际关系，进而推动构建人类命运共同体的问题。现在，国家治理的视野包括两个方面：一个是国内视野，另一个是国际视野。前者重点着眼于国内视野，对国家治理的价值观先导体系分别加以讨论。面向国际视野来说，其中一项重大任务就是把国际关系的处理纳入国家治理体系中，从而"统筹国内国际两个大局，牢牢把握服务民族复兴、促进人类进步这条主线"②。因此，国际关系处理中的价值观先导问题应该专门加以讨论。中国特色社会主义建设和国家治理，首先是秉承马克思主义所开创的科学

---

① [法]卢梭：《社会契约论》，何兆武译，北京：商务印书馆，2003年，第4页。
②《习近平谈治国理政》（第3卷），北京：外文出版社，2020年，第426页。

社会主义，"科学社会主义基本原则不能丢"①。而且，世界社会主义已经有五百多年的发展历史，中国特色社会主义是世界社会主义发展的重要组成部分，因此必须把中国特色社会主义建设放到世界社会主义发展的大视野中加以考虑。按照马克思的观点，世界历史是通往共产主义的人类自由和解放的历史。在人类自由和解放的主题中应该包含"世界和平"这一价值观，而且"世界和平"应该成为中国处理国际关系的重要主题。

1. 马克思"历史哲学"对人类永久和平的关怀

马克思的世界历史理论是通过对人类社会的总体性思考而形成的历史哲学。马克思完成了对前此以往世界历史理论的革命性变革。在马克思之前，西方早就有一批哲学家探讨了人类未来和世界历史发展趋势。中世纪的但丁、空想社会主义者托马斯·莫尔等，一直到 17—19 世纪西方出现了一批空想社会主义者，如欧文、圣西门和傅立叶等，他们都设想了人类未来的走向。但是无论所给出的方案如何，他们相一致的地方是都寄希望于人类实现"永久和平"。在德国古典哲学家康德和黑格尔时期，他们在各自的世界历史理论中也都深刻思考了人类永久和平的问题，如康德专门撰写了《论永久和平》，黑格尔在《法哲学原理》和《历史哲学》中探讨了世界历史的归宿问题。但是，凡此种种对世界历史发展趋势的思想观点，都可以看作是"唯心论"的观点，而马克思、恩格斯通过历史唯物主义的发现，创立了自己独特的世界历史理论，即以"科学社会主义"理论为标志的"世界历史理论"，实现了对世界历史发展趋势的科学把握。马克思也因此建立了对世界历史的全新的解释框架，实现了对前此以往世界历史理论的革命性变革。

马克思之前的世界历史理论中最为典型的当然是康德和黑格尔的理论。这两位哲学家的世界历史理论总体来说持"目的论"的立场。所谓目的论就是认为世界历史的发展趋势，有一个先行的"目的"作为逻辑起点，而由人类活动构成的世界历史运动，是这一最高的世界历史目的的"自我实现"过程。这是一种反思的态度，因为"目的"作为超感性的"形上对象"显然是不能在经验的感性直观中被给予，而只能在理性自身内部获得，这就是康德所说的理性的自然倾向。因此，世界历史的"目的"一定是在"反思"中被建立起来的。因为"反思以思想的本身为内容，力求思想自觉

---

① 《习近平谈治国理政》（第 3 卷），北京：外文出版社，2020 年，第 76 页。

其为思想"①。只有"反思"才是思想回到思想本身的活动。在这一目的论的思维下，世界历史的最高目的是黑格尔意义上的"神"或者康德意义上的"大自然"，世界历史仿佛是由最高的目的已经安排好了的"不以人的意志为转移"的客观历史进程，因而是理性的必然性。至于人类如何行为，都不会影响世界历史目的的最终实现。这显然是神学立场的宿命论的历史观。在康德看来，"人类的历史大体上可以看作是大自然的一项隐蔽计划的实现"②。在黑格尔看来，"世界历史无非是'自由'意识的进展"③，是"绝对精神"或"世界精神"返回其自身的过程。这样，仿佛人类自身的行动是被安排好了的，无论人类如何行动都不会改变世界历史进程。这显然是和马克思的观点相反的。

在马克思看来，"人们自己创造自己的历史"④，人类自身的能动性参与世界历史进程并发挥着主导作用。因此，世界历史是建立在历史唯物主义的客观规律基础之上的。马克思认为，世界历史的目的是实现人类的自由和解放，也就是实现共产主义。"全部历史是为了使'人'成为感性意识的对象和使'人作为人'的需要成为需要而作准备的历史（发展的历史）。"⑤因此，马克思认为世界历史是客观规律和客观目的的统一。共产主义具有世界历史的客观必然性，因此它作为目的也不是某个人的主观目的。恩格斯通过平行四边形理论，指出了世界历史合规律性与合目的性的统一问题，"历史是这样创造的：最终的结果总是从许多单个的意志的相互冲突中产生出来的，而其中每一个意志，又是由于许多特殊的生活条件，才成为它所成为的那样。这样就有无数互相交错的力量，有无数个力的平行四边形，由此就产生出一个合力，即历史结果"⑥。在具体的展开过程中，世界历史是由诸多个体的人、个体的民族国家共同参与的。但是，每个个体及每个民族国家，都具有主观目的。而且，马克思的世界观表明，世界是人的"实践的对象化原理"的结果，因此个体总是把自己的主观目的对象化到客观世界中。但对于世界历史来说，就是人类的主观目的的行动对象化到客观世界的过程，而不是目的论所说的是绝对精神的对象化结果。

---

① [德]黑格尔：《小逻辑》，贺麟译，北京：商务印书馆，1980年，第38页。
② [德]康德：《历史理性批判文集》，何兆武译，北京：商务印书馆，1990年，第15页。
③ [德]黑格尔：《历史哲学》，王造时译，上海：上海书店出版社，2001年，第19页。
④《马克思恩格斯文集》（第2卷），北京：人民出版社，2009年，第470页。
⑤《马克思恩格斯文集》（第1卷），北京：人民出版社，2009年，第194页。
⑥《马克思恩格斯文集》（第10卷），北京：人民出版社，2009年，第592页。

这样，马克思拯救了人类对于世界历史进程的主体地位，因此实现了对目的论的"颠倒"。马克思把世界历史的主体理解为人类及其实践活动，"整个所谓世界历史不外是人通过人的劳动而诞生的过程，是自然界对人来说的生成过程"①。按照恩格斯的说法，世界历史就变成了由个体的人或民族国家的主观目的参与其中，但其最终目的却不以个体或民族国家的主观目的为目的，由此形成了"不以人类主观目的为转移"的客观的世界历史目的。"所以到目前为止的历史总是像一种自然过程一样地进行，而且实质上也是服从于同一运动规律的。"②马克思进一步揭示了世界历史运动的客观规律，即社会形态的更替原理，也就是科学社会主义的科学规律。这样，马克思和恩格斯共同完成了对世界历史目的和规律的确立，完成了对德国唯心论哲学的"颠倒"。

马克思之所以要"颠倒"德国古典哲学的世界历史目的论，提出自己的世界历史目的论，最根本的在于他实现了对世界历史解释框架的彻底改变，即从神学立场转变为人学立场。马克思之所以要从人学立场出发，从唯物主义的立场出发，旨在确立人类自身对于世界历史发展进程的主体性，进而为人类"改变世界"提供哲学世界观的支撑，正如习近平总书记所说的"共同努力把人类前途命运掌握在自己手中"③。这一新的哲学世界观在《关于费尔巴哈的提纲》中就初步确立了，即恩格斯所说的"新世界观的天才萌芽"，而在《德意志意识形态》中正式确立。从此马克思开启了无产阶级革命，即改变旧世界发现新世界的伟大的科学社会主义运动。

在世界历史目的的本质规定问题上，马克思继承了康德的"永久和平论"的理想和观点。康德曾经把"永久和平"作为世界历史的终极价值，一切国家或民族也必须将其作为最高价值的价值导向。在这个意义上，"永久和平"则是每个国家和民族在世界历史进程中所应该持有的先导性价值观，并成为"价值观先导"的载体。破坏和平的，被直接视为反人类的，必须被排除在人类的共同体之外。因此，和平作为一种价值观是无条件的，仿佛是根植于大自然赐予人类这个物种的最高法则。康德指出，世界历史应该是"走向永久和平"④的过程。他在契约论的思维下，通过建立"世界公民宪法"，实现各个民族国家之间的"民族联盟"的形式，从而把人类

①《马克思恩格斯文集》（第 1 卷），北京：人民出版社，2009 年，第 196 页。

②《马克思恩格斯文集》（第 10 卷），北京：人民出版社，2009 年，第 593 页。

③《习近平谈治国理政》（第 3 卷），北京：外文出版社，2020 年，第 460 页。

④ ［德］康德：《历史理性批判文集》，何兆武译，北京：商务印书馆，1990 年，第 97 页。

带向永久和平。应该说，康德这一理想被马克思所继承。但是，马克思也开创了另外一条通向人类永久和平的道路，这不同于康德的契约论，而是主张在唯物史观的立场上，通过消灭私有制而实现永久和平。马克思认为，"至今一切社会的历史都是阶级斗争的历史"①。这意味着，人类必须永久性地消灭阶级斗争，才能进入永久和平。所以，马克思给出了一个基于改变生产关系而实现永久和平的方案，这就是共产主义方案。因此，在处理国际关系的问题上，当代中国仍然秉持着马克思所开创的永久和平的理想，坚持永久和平的价值观先导。

2. "人类文明新形态"对世界社会主义走向和平的贡献

中国特色社会主义是 21 世纪世界社会主义的重要组成部分。随着中国特色社会主义进入新时代取得了一系列重大历史性成就，世界社会主义运动的中心逐渐转移到了中国。这就意味着，中国特色社会主义不仅仅是"中国的"社会主义，也是对马克思、恩格斯所开创的科学社会主义的继承、创新和发展。马克思重点批判了资本主义私有制，指导无产阶级推翻资产阶级的革命。但是，"马克思、恩格斯没有遇到全面治理一个社会主义国家的实践，他们关于未来社会的原理很多是预测性的"②，对于在取得无产阶级专政、建立社会主义政权后如何建设社会主义的问题，他们并没有给予充分的论述。因此，如何建设社会主义的问题便成为马克思、恩格斯逝世以后遗留下来的重大课题。列宁曾经对如何建设社会主义的问题进行了深入探讨，提出了一系列方针政策。然而，由于苏联社会主义建设中存在一系列的重大困难，苏联的社会主义模式没有带领社会主义开创新的进步空间，反而在 20 世纪 90 年代发生了东欧剧变和苏联解体，如何建设社会主义的问题再一次陷入停滞。在这种情况下，中国在反思国内外各种社会主义建设中的经验教训的基础上，开创了中国特色社会主义建设的伟大事业。特别是邓小平理论的最终形成，为建设中国特色社会主义指出了新的方向，重新在理论上解决了一系列重大问题，对"什么是社会主义""怎样建设社会主义"的问题做出了新的与时俱进的回答，丰富和发展了马克思主义的社会主义建设理论。在实践层面上，实行改革开放，实行社会主义市场经济，加入世界贸易组织，这一系列重大举措使中国在 21 世纪成为

①《马克思恩格斯文集》（第 2 卷），北京：人民出版社，2009 年，第 31 页。
②《习近平谈治国理政》（第 1 卷），北京：外文出版社，2018 年，第 91 页。

世界第二大经济体。特别是在党的十九大以后，在习近平新时代中国特色社会主义思想的指导下，中国特色社会主义进入新时代，这"在中华人民共和国发展史上、中华民族发展史上具有重大意义，在世界社会主义发展史上、人类社会发展史上也具有重大意义"①。所有这一切表明，世界社会主义运动的中心已经转移到中国。

我们要站在世界历史的高度审视当今世界发展趋势和面临的重大问题②。从世界历史进程的高度审视中国特色社会主义，特别是从世界社会主义进程的高度审视中国特色社会主义，是中国处理国际关系的基本视野。我们需要一个什么样的世界，建设一个什么样的世界，怎样建设一个美好世界，等等，这些世界历史问题显然应该纳入中国的国家治理体系中。因此，明确"合作共赢"的和平价值观先导，是中国国家治理的世界历史维度的考量。在这一世界历史的高度上看，如何秉持人类的可持续生存和发展，在马克思的世界历史理论的基础上，开创 21 世纪世界历史的新征程，建构一个合理的世界政治经济秩序，就成为国家治理更为宏观的目标。

中国为世界历史贡献了"人类文明新形态"③。这种文明新形态首先是社会主义的文明新形态，是对西方资本主义文明形态的超越。马克思早已对西方资本主义文明形态进行了深刻批判，他在《共产党宣言》中明确指出：资本主义文明"使人和人之间除了赤裸裸的利害关系，除了冷酷无情的'现金交易'，就再也没有任何别的联系了。它把宗教虔诚、骑士热忱、小市民伤感这些情感的神圣发作，淹没在利己主义打算的冰水之中。它把人的尊严变成了交换价值，用一种没有良心的贸易自由代替了无数特许的和自力挣得的自由。总而言之，它用公开的、无耻的、直接的、露骨的剥削代替了由宗教幻想和政治幻想掩盖着的剥削"④。这种文明形态本质上是建立在私有制剥削基础之上的文明形态，因而是以"文明"的形式掩盖着的"野蛮的文明"。因此，这种文明形态本质上是制造人类内部阶级对立的文明形态，必然导致"文明的冲突"。人类要实现和平共处，首先要建立一个普遍文明形态，这个普遍文明形态能够在根本上消除由当代资本逻辑所导致的冲突。中国特色社会主义所创造的人类文明新形态，既是人类文明形态中的一种具有中国特色的文明形态，也是在马克思主义理论指导

---

① 《习近平谈治国理政》（第 3 卷），北京：外文出版社，2020 年，第 10 页。
② 习近平：《在纪念马克思诞辰 200 周年大会上的讲话》，北京：人民出版社，2018 年，第 22 页。
③ 习近平：《在庆祝中国共产党成立 100 周年大会上的讲话》，北京：人民出版社，2021 年，第 14 页。
④ 《马克思恩格斯文集》（第 2 卷），北京：人民出版社，2009 年，第 34 页。

下所创立的文明形态，还是"人类性"的文明形态，具有"世界历史的意义"①。按照马克思的辩证法原理，中国特色社会主义人类文明新形态是普遍性和特殊性的统一。这一文明新形态的普遍性在于，它把人类的永久和平作为终极价值，是在当前资本主义文明形态和社会主义文明形态并存的基础上，试图扬弃资本逻辑的弊端而建立的具有普遍意义的文明形态，因此是代表了世界历史进步方向的文明形态。普遍性的衡量标准就是马克思的世界历史观。在马克思看来，只有代表世界历史进步的文明形态，才是具有普遍意义的文明形态。这种文明形态主张扬弃不同民族国家的文明形态的特殊性，或者说在尊重不同民族国家文明形态的特殊性的基础上，同时实现人类文明形态的普遍性诉求。比如，人类的可持续生存发展、美丽的生态环境、消除战争和恐怖主义等，这些要素构成了文明形态的普遍性要素。因此，中国特色社会主义所创造的文明新形态为世界历史进入普遍文明形态提供了中国智慧和中国方案。但是，要实现永久和平，还要进一步以人类文明新形态为基础，实质性地构建人类命运共同体。

3. "全人类共同价值"的存在论基础

"推动构建人类命运共同体"②是当今世界历史发展的基本理念，也被写入了联合国文件。这是 21 世纪马克思主义为人类命运提供的新方案。在"世界百年未有之大变局"的背景下，人类命运何去何从便构成了时代之问，"世界怎么了、我们怎么办？这是整个世界都在思考的问题"③。特别是在2008 年世界金融危机之后，西方资本主义内在固有的矛盾日益暴露出来，西方自由资本主义遇到了前所未有的困境。因此出现了单边主义、霸权主义，试图以此来保护资本主义。然而，事实证明资本逻辑所遇到的问题在资本主义逻辑体系内部是无法解决的。因为资本主义坚持的是"零和博弈"的形而上学原则。在这一冷战思维之下，世界各个民族国家是处在彼此相互竞争而且是"你死我活"的竞争关系中的。这一思维方式无疑是资本主义丛林法则在今天的再版。在资本主义文明中，人类的整体命运从来没有被考虑进去，因此资本逻辑并不关心人类命运的未来，资本"从本质上来

---

① ［德］黑格尔：《法哲学原理》，范扬、张企泰译，北京：商务印书馆，2009 年，第 402 页。

② 习近平：《决胜全面建成小康社会 夺取新时代中国特色社会主义伟大胜利——在中国共产党第十九次全国代表大会上的报告》，北京：人民出版社，2017 年，第 57 页。

③《习近平谈治国理政》（第 2 卷），北京：外文出版社，2017 年，第 537 页。

说，就是推广以资本为基础的生产或与资本相适应的生产方式。创造世界市场的趋势已经直接包含在资本的概念本身中"①。特别是在文化意识形态领域，资本逻辑也持有西方中心论、文明冲突论、历史终结论等观点，从来没有建设性地对人类命运有所思考。马克思当初已经在历史转变为世界历史的背景下，颠覆了资本主义毁坏人类命运的做法，提出建立以生产资料公有制为基础的共产主义制度的主张，这实际上是为人类整体的命运指明方向。西方资本主义在现实中坚持的是资本逻辑的侵略扩张，而在理论上坚持的是形而上学的思维方式，在人类命运的终极关怀上则放弃了人类永久和平的做法，这些都是蕴含在资本主义文明形态内部的天然"顽疾"，因此天然是与人类命运共同体相违背的。在这个意义上，中国特色社会主义创造的人类文明新形态，以及由此为推动构建人类命运共同体所奠定的基础，是在继承马克思的世界历史理论的基础上提出的关于人类命运的新方案。这一新方案为实现人类未来的美好生活和世界各民族的和平相处做出了开创性贡献。

推动构建人类命运共同体的总体方法论体现了马克思的历史辩证法思想和中国传统文化中的辩证法观念。人类命运共同体的根本性质首先是社会主义及其所创立的人类文明新形态基础。因此，人类命运共同体总体上是 21 世纪马克思主义的世界历史观的主题。也正是前文提到的这一根本性质，决定了人类命运共同体在历史辩证法的方法论上才是可能的。马克思实现了对黑格尔"概念辩证法"的"颠倒"，从而建立了"历史辩证法"。这一辩证法在构建人类命运共同体问题上发挥着决定性的思维方式作用。习近平总书记提出，"构建以合作共赢为核心的新型国际关系，打造人类命运共同体"②。因此，"合作共赢"是构建人类命运共同体的基本原则。尽管世界各个民族国家在世界资本逻辑体系中都有自己民族国家的核心利益，但是还必须遵循一条基本法则，这就是：一个民族国家在追求自己核心利益的时候，不能破坏其他国家追求自己的核心利益。这一法则可以看作是历史辩证法原则在推动构建人类命运共同体问题上的具体应用。诚然，各个民族国家都有自己的生存权利，都有自己独特的历史文化传统，也因此具有自己独特的利益和价值观诉求。但是，作为人类命运共同体，必须坚持一种普遍文明的观念，从而在尊重各自文化、利益、传统的差异性基

①《马克思恩格斯文集》（第 8 卷），北京：人民出版社，2009 年，第 88 页。
②《习近平谈治国理政》（第 2 卷），北京：外文出版社，2017 年，第 522 页。

础上，"奉行双赢、多赢、共赢的新理念，扔掉我赢你输、赢者通吃的旧思维"①，实现"合作共赢"。"合作共赢"是指，打破西方的零和博弈的思维方式，坚持彼此利益共同发展的"互利共赢"原则。因此，这也体现了"求同存异"的历史辩证法原则。为了实现"求同存异"，就必须倡导一种具有人类性的、符合世界历史发展方向的马克思主义的共同价值，这就是习近平总书记提出的"全人类共同价值"。

全人类共同价值和西方资本主义所谓的"普世价值"是完全不同的，这是我们在世界历史意义上实现国家治国理政的根本的价值观先导应该注意的问题。长期以来，西方一直推行所谓的"普世价值"。西方自近代以来就明确提出了自由、民主、博爱等价值观。应该说，这些价值观作为抽象的"概念"，确实具有普遍性。每个民族和国家都会把追求自由、民主、公平、正义等作为普遍的价值观。应该说，这些概念是西方首先提出和使用的。虽然这一概念在中西方语言中相同，但这些概念在中西方却被赋予了不同的精神内涵。比如，同样是"自由"这一概念，西方政治哲学的"自由"含义和马克思主义意义上的"自由"含义却是不同的。这就意味着，虽然每个民族和国家都是把这些价值观作为共同体的基本理念加以追求，但这些抽象的价值观概念必然要与每个民族和国家具体的发展道路、政治制度、文化内容等结合起来，从而把抽象的概念"具体化"到民族的社会生活中。正如海德格尔所说的，"一切本质的和伟大的东西都只有从人有个家并且在一个传统中生了根中产生出来"②。在这个意义上，抽象的普遍价值观是通过具体的文化价值观所呈现出来的，即普遍就在特殊之中，也就是黑格尔所说的"抽象的普遍性"和"具体的普遍性"的统一，即"全体的自由性，与各个环节的必然性，只有通过对各环节加以区别和规定才有可能"③。在这一问题上，如果背离马克思的历史辩证法，就会出现西方的形而上学思维方式的错误，即把某个民族特殊的文化价值观"当作"普遍的价值观，并且向其他民族国家推广，从而出现"以特殊代替普遍"的现象，这便是"普世价值"的实质。

那么，西方推行"普世价值"的根本原因是什么呢？前文指出，西方是把其特殊的价值观"当作"普遍的价值观加以推广的。这在方法论原则

---

① 《习近平谈治国理政》（第 2 卷），北京：外文出版社，2017 年，第 523 页。
② ［德］海德格尔：《海德格尔选集》（下卷），孙周兴译，上海：上海三联书店，1996 年，第 1305 页。
③ ［德］黑格尔：《小逻辑》，贺麟译，北京：商务印书馆，1980 年，第 55 页。

上违背了历史辩证法。但是，这还不是推行"普世价值"的根本原因。从本质上来看，西方首先持有一种西方中心论的价值优越感，这是其进行"普世价值"渗透和扩张的心理前提。特别是对于非资本主义国家来说，资本主义国家因为其技术、科学及宗教等方面的特点，把其他民族和国家的文化视为相对低等的文化，因而使西方具有了文化上的强势地位。但这仍然不是根本原因。更为重要的是，西方资本主义制度的内在本性决定，资本必然要向全世界扩张，它"要使生产本身的每一个要素都从属于交换，要消灭直接的、不进入交换的使用价值的生产"①。最初是殖民扩张，而随着殖民地解放运动的完成，各个国家独立以后，资本主义国家的资本扩张便采取了其他形式，如金融资本、技术资本、贸易资本、产业资本等的扩张。这些新的资本形态进行扩张的时候，总要获得被扩张地区的民族和国家的文化认同。因为，只有在文化和意识形态上认同，才能够接受西方资本扩张的实际做法。这样，为了给资本扩张开辟市场空间，西方资本主义国家便把西方的文化作为"普世价值"加以渗透和传播，甚至在根本上摧毁其他民族国家的文化和意识形态，直到颠覆其政治的合理性从而颠覆其政权为止，这种情况通常被称为"颜色革命"。可见，资本主义追求利益最大化，向世界扩张其资本而获取剩余价值，是西方推行"普世价值"的根本原因。这也正如马克思所说的，"经济基础决定上层建筑"。正是因为资本主义的生产方式，才导致了"普世价值"的推广。

　　与西方"普世价值"不同，中国主张"和平、发展、公平、正义、民主、自由，是全人类的共同价值"②。这些全人类价值并不是要取代其他民族国家的价值观，而是说，在尊重彼此文化差异的基础上，追求人类共同具有的普遍价值。因此，是在"求同存异"的历史辩证法的基础上所确立的共同价值。上述这些价值观作为抽象的概念，实际上在西方也被普遍认同，但西方资本主义国家仅仅把这些共同价值作为"西方解释"来推向世界，因而变成了似乎只是西方创造出来的"普世价值"。实际上，对于每一个共同价值观的理解，都必须坚持历史辩证法的原则：既不能违背本民族的文化传统，又要在世界各民族国家之间达成普遍的认同。由于这一普遍认同的原则是在尊重各个民族国家文化价值观差异性基础上所获得的认同，因此认同包含着对其他民族文化价值观特殊性的"承认"。

---

①《马克思恩格斯文集》（第8卷），北京：人民出版社，2009年，第88页。

②《习近平谈治国理政》（第2卷），北京：外文出版社，2017年，第522页。

正如习近平总书记所说"文明相处需要和而不同的精神。只有在多样中相互尊重、彼此借鉴、和谐共存，这个世界才能丰富多彩、欣欣向荣"①。因此，一条普遍法则是：在坚持自己民族国家文化价值观的基础上，同时要承认其他民族国家文化价值观存在的合法性，只要其他国家民族文化价值观不是以破坏人类命运共同体的"反人类"为目的。这是历史辩证法在"全人类共同价值"上的根本原则，因此也构成了构建"合作共赢"的和平价值观的价值观先导。

二、"世界永久和平"是人类的共同价值

当今世界仍然存在诸多战争的风险，如何摆脱这些战争的风险，实现人类和平，应该是当代和平价值观的重大课题。人类命运共同体视域下的"合作共赢"，为实现当代世界和平提供了一个重要的方案。

1. 世界永久和平的政治哲学努力

古今中外，人类一直在探索实现人类永久和平的道路。这一努力构成了政治哲学的最高追求。在政治哲学体系中，一般把一个国家和民族内部的和平作为目标。所以，政治哲学最初是为了探讨个别国家和民族内部如何实现和平的政治组织形式及其形而上学的根据的。政治哲学一般把前阶级社会称为"自然社会"。从原始社会的氏族部落开始，人类逐渐产生了家庭和部落的概念，这是自然形成的共同体。恩格斯在《家庭、私有制和国家的起源》中，按照历史的逻辑分析了人类社会从原始氏族部落如何发展到国家的过程——"以血族团体为基础的旧社会，由于新形成的各社会阶级的冲突而被炸毁；代之而起的是组成为国家的新社会"②。

前阶级社会时期，人类内部矛盾还没有达到大规模破坏和平的程度，因而人类的内部矛盾也没有在政治哲学的意义上被给予关注。但凡是有多人共同生活的地方，就会形成各种不同类型的群体。这些群体之间一般会围绕着分工、争夺生活资料而发生各种类型的冲突。所以，西方政治哲学一般假定"自然状态"下人类内部是处在"冲突"状态中的。例如，霍布

①《习近平谈治国理政》（第2卷），北京：外文出版社，2017年，第524页。
②《马克思恩格斯文集》（第4卷），北京：人民出版社，2009年，第16页。

斯就认为这种状态必然导致"每一个人对每个人的战争"①，康德则认为"和平状态就必须是被建立起来的"②。但是，真正的人类内部的冲突，则是在阶级社会形成之后的事，即国家的出现使阶级斗争成为人类社会内部的主要矛盾。列宁认为，"国家是阶级矛盾不可调和的产物和表现"③。国家的出现，一方面看起来是为了消除阶级矛盾，维护国家内部的和平。另一方面按照列宁的分析，国家无法在本质上调和内部矛盾，而只能是使矛盾激化，从而产生革命。这种情况只能导致人类最终消灭国家，这就是马克思所说的共产主义社会。

但是，人类在进入阶级社会以来，政治哲学的目的就是探讨一种政治组织形式，并且如何在理论上寻求能够使人类走上和平的公平正义的道路。一般来说，政治哲学首先探讨的是一个国家或民族内部的和平问题。那么，如果想实现共同体内部的和平，就必须克服或消除共同体内部的矛盾和冲突。但马克思认为，阶级矛盾是不可调和的，除非消灭阶级。西方近代以来，资产阶级政治哲学家们并没有提出如此激进的策略，而是试图在保持阶级社会存在的前提下，探讨如何实现共同体的和平问题。也正是在这个意义上，马克思认为，这些政治哲学都不过是在"资产阶级法权"的范围内来探讨共同体的和谐问题，因而都无法建立起一个真正的能够保持永久和平的共同体。尽管如此，政治哲学还是致力于探讨国家内部实现和平的各种条件。其中，契约论在西方就成为人类实现和平的一种主要方式。共同体内部，个体之间达成契约，而后服从"公意"，进而保证国家共同体内部的和平。

然而，自柏拉图开始，哲学家们就已经把探讨人类和平的问题纳入更广泛的视野。一个国家内部的和平，必然要有一个"外部条件"。这一外部条件就是，另外的国家不能对该国有侵略行为。如果一个国家遭受另一个国家的侵略，那么即便这一国家内部是和平的，也无法保证国际的和平。因此，柏拉图提出，一个"理想国"的存在，除了"统治者"与"生产者"还必须有"护卫者"，以便敌国侵略的时候，"护卫者"能够保证该国的安全，"当生意人、辅助者和护国者这三种人在国家里各做各的事而不相互干扰时，便有了正义，从而也就使国家成为正义的国家了"④。由此可见，

---

① [英]霍布斯：《利维坦》，黎思复、黎廷弼译，北京：商务印书馆，1985年，第94页。

② [德]康德：《历史理性批判文集》，何兆武译，北京：商务印书馆，1990年，第104页。

③ 《列宁选集》（第3卷），北京：人民出版社，1972年，第175页。

④ [古希腊]柏拉图：《理想国》，郭斌和、张竹明译，北京：商务印书馆，2009年，第158页。

一个国家内部的和平还不能是最终的和平，一个国家的和平必须借助于各个国家之间的和平，这就上升到了"人类和平"的问题上。近代以来，康德明确提出了"人类永久和平"的问题，并且在契约论的框架下，提出了一个方案，即"各民族的联盟"①是实现人类永久和平的方案，而作为个体的每一个人，都需要把自己提升为"世界公民"，这样世界的和平才是可能的。西方从中世纪开始，就有一些关于人类和平的著作，描述和设想了人类的和平道路，如《太阳城》《乌托邦》《基督城》，一直到 18 世纪的空想社会主义。中国古代也曾提出"大道之行也，天下为公……是谓大同"②等世界和平理念。但是，直到近代资本主义制度确立以来，人类和平问题才第一次成为重大问题，尤其是两次世界大战以来，世界和平问题更成为政治哲学所关注的问题。

总而言之，中西方政治哲学都早已开始对人类永久和平问题的探索，并提出了种种方案。但是，人类至今尚未形成永久和平的现实世界，而这其中的根本原因在马克思看来，就是资本本性所决定的："资本主义一旦来到世界上，按资本必须不断增殖的本性，一定会把全世界人的消费需要看成它的市场，把整个地球的自然资源看成它增殖的材料，所以它进入了非欧洲民族，把整个非欧洲民族卷入到资本的运作中去。资本开创了真正的世界史，结束了各个民族孤立发展的历史。"③因此，如何消灭资本主义私有制，构成了马克思的关于人类永久和平的道路。关于这一点后文将进一步展开论述。

2. 世界永久和平的人类生命价值观

和平是和人类的生命价值相关联的，和平状态则一般是和战争冲突状态相对的。战争冲突把人类带入不安全的生命危险状态。所以，和平还应该是和生命本能联系在一起的。在动物界中，生命活动的冲突是在生命可持续的生存法则之下展开的冲突，不同于人类以国家、民族的形式发生的大规模冲突。因而，动物的生命能够在个体的生命冲突中得以保持下去而不至于威胁种群。这就意味着，动物世界的冲突并不会威胁到以种群为基础的类的生存，反倒是内在于生存法则的。相反，人类内部的冲突不是在

---

① [德]康德：《历史理性批判文集》，何兆武译，北京：商务印书馆，1990 年，第 110 页。
② 孔颖达：《十三经注疏·礼记正义》（中册），北京：北京大学出版社，1999 年，第 658—659 页。
③ 王德峰：《现代资本文明的来历和界限》，《文汇报》2014 年 3 月 19 日，第 12 版。

物种的生命法则之下进行的，这种战争规模可以巨大，直至最终毁灭人类本身。

在冷兵器时代，人类的战争规模和程度都受到兵器杀伤力的限制，因而尚不会发生人类被毁灭程度的战争。但是，在高科技的支持下，人类的武器不断升级，出现了核武器和生化武器，这些武器的使用对于人类来说是毁灭性的。因此，在今天，战争就更加需要与人类物种的生命直接相关。应该说，起源于人类内部的冲突，主要包括两个方面，一个是物质利益方面的原因引起的战争，另一个是因为捍卫正义而引起的战争。后者往往依附于前者。此外，还有其他战争爆发的原因，但不构成最根本的原因，如因为种族歧视、宗教歧视等。总体上来说，人类内部的战争和冲突，大多是因为争夺物质生活资料和实现公平正义而引发的。

按照康德的说法，似乎人类无法避免冲突和战争。在世界范围内，战争主要是国家与国家之间的军事冲突和对抗，是以攻击对方的有生力量和领土资源为目的的。人类本来应该是"既具有动物性又具有理性的"①，但是，在争夺物质利益方面，人类就很难保持理性。理性的原则就是公平正义，但在利益方面人类容易违背公平正义的原则而陷入冲突。尤其是在资本主义制度下，资本的扩张必然带来冲突，这集中体现在殖民地和宗主国之间的战争中。此外，因为争夺同一殖民地，不同的帝国主义国家之间也会产生战争。这些都背离了"人是有理性的存在者"这一预设。本来，人类可以通过"理性"来形成国家与国家之间的关系，类似于一个国家内部的契约关系。但是，在国家与国家之间的契约关系上，却无法找到一个"第三方"作为契约双方的"公意"的代表，因而在世界历史中，国家之间的契约关系总是松散的。比如，美国可以不服从国际组织立下的契约，而随意推出约定，却没有一个普遍的"公权力"对其加以制裁。这样，国家之间的对抗和冲突，就始终是一种不可消除的危险。

如果人类依靠自己的"理性"能够达成国家与国家之间的稳定的契约，世界永久和平就是可能的。但问题是，人类并没有达到在处理国家之间的争端时采取理性手段的程度，因而战争是不可避免的。康德指出，人类世界的冲突仿佛是"大自然的一项隐蔽计划"②。人类通过战争的方式，实现大自然的目的，但这一目的对于人类来说是不可知的"隐蔽计划"（康德

---

① 朱光潜：《西方美学史》（下卷），北京：人民文学出版社，1979年，第360页。
② ［德］康德：《历史理性批判文集》，何兆武译，北京：商务印书馆，1990年，第15页。

为不可知论者）。如果是这样的话，那么人类对和平的向往，就是和理性相一致的，而不仅仅是为了保护国家和个体的生命安全。就最高的目的来说，人类应该使自己持续地生存下去而不至于引发国家之间和种族之间的战争。但理性不仅没有限制国家与国家之间的行为，反而加剧了人类内部的冲突。人类原本应该和谐共处，但却没能够实现和平，反倒是把类似于动物界的生存法则引入国家与国家之间。这样，国家之间就形成了一种争夺财富的冲突关系。当这种冲突达到一定程度的时候，就不可避免地会走向战争。

战争和动物界的"优胜劣汰、适者生存"有本质的区别。因此，长期以来我们用"社会达尔文主义"或"丛林法则"这样的称谓来概括社会的本质特征与动物的相似性，实际上是存在问题的。因为严格来说，人类社会的丛林法则或社会达尔文主义，已经不同于动物界的自然法则，而是改变了这一法则的天然"界限"，因而本质上与动物界的自然法则存在不同。我们一向认为人类是比动物更加智慧的，但战争却使人类发生比动物的生存法则下更为严重的冲突，直到毁灭自身。如果从生物学看，动物界在生态平衡中，形成了一个稳定的生物圈。在生物圈中，每一种动物都有它的"天敌"。生物圈中各种科属动物之间相互制约，从而达到了生物圈的自我平衡。因此，动物界中动物之间的关系看起来是自然法则的"优胜劣汰、适者生存"的竞争关系，但实际上，就动物界整体来看，却维持着整个生物界天然"内在"的平衡，因而没有哪一个物种会遭到毁灭。"动物在天性上比人更完善，它一出自然之手就达到了完成"[1]，而人不具有先天的完整性，在这个意义上，显然动物的自然法则被纳入人类社会的时候，实际上并非完全意义上的生物学法则。比如，生物学法则中是不存在"囤积"的，但是人类因为有理性，所以有了"囤积"的欲望，而且这种欲望指向无限。生物学法则没有囤积的欲望，因此其自然法则对于欲望来说是有界限的。于是，当把生物学法则引入人类社会的时候，原本在生物学法则中有界限的东西就变成了无界限的东西。因而，人类之间仅仅保留了生物学法则中的竞争关系，即适者生存。而且，又把不在生物学法则内的无限扩大的欲望带入了竞争法则中，于是人类无节制的竞争就超出了生物学法则。正是因为这一点，当人类的理性突破了生物学"内在性"法则的时候，就无法保持人类这一物种的可持续生存，而必然指向战争。

---

① [德]M. 兰德曼：《哲学人类学》，阎嘉译，贵阳：贵州人民出版社，1988年，第228页。

3. 永久和平作为 "世界历史目的"

既然人类有一种倾向，把自然法则纳入人类社会中，却不能用理性节制欲望，因而必然陷入战争而无法实现永久和平。当然，在日常的多数情况下，这种冲突只是潜在存在的，还是在理性的节制范围内而不至于发生战争。一旦这种竞争超出了理性所能够节制的范围，则战争就是不可避免的了。那么，我们不禁要追问：人类先天的宿命就是必须要受战争的奴役而无法摆脱战争吗？如果是这样，人类的命运或许还不如动物好，因为动物在没有外力的作用下，在生物学法则中是不会使物种灭绝的（今天的物种灭绝，大概率与人类对自然的破坏有关，因而对于动物来说是一种外力导致了物种的灭绝）。人类则不然，作为比动物更富智慧的生物，反倒不可避免地陷入战争，以至于自我毁灭，这是有智慧物种和理性的类的存在者所应面临的宿命吗？

正是对上述问题的追问，哲学家们指出，人类的命运应该是通往 "永久和平" 的，而不是必然陷入自我毁灭的境地。但每个人、民族或国家都视自身为平等独立的 "实体"，实体是 "自因"， "一个实体不能为另一个实体所产生"①，那么这种和平又如何可能产生呢？按照哲学家们的观点，在理解人类和平的时候，就必须引入一个最高的 "目的"，这个目的赋予了人类生命持续生存的意义，从而才能为人类的生存提供一个终极价值。否则，如果说人类注定是自我毁灭的，那对于人类来说，生存就没有意义了。如果是这样的话，那么就是康德所认为的，人类的存在将是 "偶然的"，因而没有什么实质性的意义。或者说，人类对于自身来说没有存在的理由，对于大自然来说，也没有存在的理由。因为，大自然如果缺少人类这一物种，也仍然会存在下去。所以，人类的可持续生存，必须借助某种 "目的" 才是可能的。这就是康德和黑格尔为人类社会历史所设定的目的论结构。当然，这仅是主观或客观唯心主义意义上的。从马克思历史唯物主义的观点来看，人类历史与社会发展的客观规律也是 "通过各种偶然性来为自己开辟道路的必然性"②，具有 "铁的必然性"③（这种必然性即代表发展的某种规律和目的）。

在康德看来，世界历史是有目的的，这一目的就是人类应该通往 "永

---

① ［荷兰］斯宾诺莎：《伦理学》（第 2 版），贺麟译，北京：商务印书馆，1983 年，第 6 页。
② 《马克思恩格斯文集》（第 10 卷），北京：人民出版社，2009 年，第 669 页。
③ 《马克思恩格斯文集》（第 5 卷），北京：人民出版社，2009 年，第 8 页。

久和平"。因此，人类必须把"和平"作为自己生命价值的最高预设。如果这一生命最高价值是虚无的，那么人类陷入战争状态就是理所当然的了。另外，康德指出，提供（永久和平）这一担保的，"并非是什么微不足道的东西，而正好是大自然这位伟大的艺术家本身"①。因此，从自然的合目的性原理可以推断出，人类的永久和平是大自然赋予人类的最高目的。这样，有了这一价值的预设，一切出自不正义的战争就都将是反人类的。因此，对于世界来说，我们今天仍面临着战争的风险。人类要克服这一风险，就必须把"人类永久和平"作为价值观先导，从而引领每个国家都要把"人类和平"作为其国家行为的最高目的，而且不能违背人类的和平。比如，为了自己国家的利益而侵略其他国家，发动战争等，这实际上都违背了"人类永久和平"这一最高目的。也正是在这个意义上，国家与国家之间消除战争、消除侵略，都必须把"人类永久和平"作为基本的价值观先导。

人类会天然地从生命的本能出发，直接承认和平是人类共生的环境。尽管战争中涌现出一系列伟大的英雄，铸就了一系列人类历史上的高尚的精神和情怀，并且把这种为战争而牺牲的英雄所具有的精神作为一种民族精神来看待，但所有这些都不能回避：人类终究是不希望战争，而是希望和平的。因为战争是为了实现和平，正是在这个意义上，那些在战争中牺牲的英雄们，都是为和平而牺牲的，他们也被称赞为"永生"或"永垂不朽"。因此，战争和和平是一对逻辑相关的概念，或者叫作"反义词"。正因为和平是珍贵的，所以战争中牺牲的英雄才是高贵的。这样，康德从目的论出发认为，人类似乎只能通过战争的方式来实现和平，把战争视为实现和平的手段，并且认为是"大自然的隐蔽的计划"为人类安排了"战争"——"从它那机械的进程之中显然可以表明，合目的性就是通过人类的不和乃至违反人类的意志而使和谐一致得以呈现的"②。人类如果能够依靠其理性的力量在国家与国家之间建立起真正的契约，那么才能摆脱战争。但这种契约在马克思看来是无法建立起来的，因为资本主义私有制的存在，无法建立起真正的和平的契约，战争是不可避免的。因此，马克思改变了世界历史目的的宿命论解释，认为在根本上诉诸共产主义是实现人类永久和平的唯一道路。这也是共产主义价值观在世界历史意义上的先导意义之所在。

---

① [德]康德：《历史理性批判文集》，何兆武译，北京：商务印书馆，1990年，第118页。
② [德]康德：《历史理性批判文集》，何兆武译，北京：商务印书馆，1990年，第118页。

三、马克思为人类和平提供的共产主义方案

近代西方政治哲学提供了种种人类和平的方案，其中最为典型的是契约论方案。然而，在马克思看来，这一方案无法在实践中建立起真正的国家与国家之间的契约关系，相反，只能通过改变生产方式来实现人类的永久和平。原因是，契约关系仅仅是一种资产阶级抽象的法权，只是在"形式上"建立了契约，并没有在"实质上"建立起真正的契约，进而也就未能在实质上建立起真正的保证和平的人类共同体。所谓"实质上"在马克思看来，指的就是"生产方式"。因此，唯有建立一种消除人类冲突的生产方式，人类永久和平才是可能的。但如何消除引发人类冲突的生产方式呢？马克思的方案是在公有制的基础上建立起共产主义。这就从根本上突破了以黑格尔为集大成的资产阶级抽象法权所认为的"国家是神的意志，也就是当前的、开展成为世界的现实形态和组织的地上的精神"[①]。

1. 消灭"阶级"和"阶级斗争"是人类实现和平的唯一道路

马克思明确地洞见到，"全部历史都是阶级斗争的历史"[②]。之后，恩格斯提出了更加完善与科学的命题，即"人类的全部历史（从土地公有的原始氏族社会解体以来）都是阶级斗争的历史"[③]。因此，战争的总根源，就其直接性来看乃是因为有"阶级"的存在。阶级代表的是不同的利益集团，而且不同的阶级之间其利益是不同的。因此，人类社会内部因利益而形成的冲突和战争，就表现为阶级之间的冲突和战争。在马克思看来，只要人类还存在着阶级，并因阶级而被区分为不同的利益集团，这些阶级为了捍卫自己的利益，争取自己阶级利益的最大化，就会陷入与另外阶级的冲突中，直至发生战争。所以，人类永久和平只能通过消灭阶级和阶级斗争的方式才能实现。

人类历史上先后经历了不同的社会形态，阶级社会是从奴隶社会开始的。因此，这些社会形态尽管在生产方式上有所不同，但大同小异的是，

---

① ［德］黑格尔：《法哲学原理》，范扬、张企泰译，北京：商务印书馆，2009年，第308页。
②《马克思恩格斯选集》（第1卷），北京：人民出版社，2012年，第380页。
③《马克思恩格斯文集》（第2卷），北京：人民出版社，2009年，第14页。

这些社会形态都存在着阶级对立，如奴隶社会中奴隶阶级和奴隶主阶级的对立、封建社会中农奴或农民阶级和封建主阶级的对立、资本主义社会中无产阶级和资产阶级的对立。这些阶级是以往社会形态的构成阶级。因此，每一个社会形态的瓦解，都是由该社会形态内部的阶级斗争所实现的。正是这种阶级矛盾推动着社会形态的变革。但是，此前阶级社会的战争的性质决定，这些战争都不能最终消灭战争。只有马克思和恩格斯所倡导的无产阶级革命的战争，才是能最终消灭战争的战争。这也是无产阶级革命的合法性所在。抽象地说，一切战争都是不好的，因为战争意味着流血牺牲。但是，具体来说，并非所有的战争性质都相同。无产阶级发动的革命战争，乃是为了最终消灭战争，因而具有真理性和正义性。无产阶级代表着全人类的利益，而不是代表某一个特殊阶级的利益，因此无产阶级的战争是代表全人类的利益，并为了最终实现人类永久和平而进行的。马克思把人类解放与永久和平的实现寄托于无产阶级。他指出无产阶级"若不从其他一切社会领域解放出来从而解放其他一切社会领域就不能解放自己的领域"①。"被剥削被压迫的阶级（无产阶级），如果不同时使整个社会一劳永逸地摆脱一切剥削、压迫以及阶级差别和阶级斗争，就不能使自己从进行剥削和统治的那个阶级（资产阶级）的奴役下解放出来。"②即无产阶级只有解放全人类，它自己才能获得最后的解放。在这个意义上，无产阶级革命战争就具有了真理性。这样，我们就清楚为什么在抽象的意义上可以否定一切战争的意义，但在具体的意义上却应该承认无产阶级革命战争的积极意义。这里实际上包含着关于战争的辩证法问题。

在马克思看来，社会历史的发展是有"目的"的，这一点是和西方近代政治哲学一致的，如康德和黑格尔都承认世界历史是有目的的。但是，目的并不一样。马克思不是站在康德主观唯心主义与黑格尔客观唯心主义的目的论的立场上，而是基于科学的辩证唯物主义与历史唯物主义来说的。他认为社会历史发展的目的是"共产主义"，这一概念中天然包含着"人类永久和平"。所以，我们也可以把马克思的社会历史目的看作是实现人类的永久和平。在这个意义上，此前阶级斗争的社会经历过无数次战争，这些战争如果说还有积极意义的话，就在于它们都是人类通往和平的目的所必经的"环节"。这就是战争是为了消灭战争，因而战争是自我消灭的

---

① 《马克思恩格斯选集》（第 1 卷），北京：人民出版社，2012 年，第 15 页。
② 《马克思恩格斯选集》（第 1 卷），北京：人民出版社，2012 年，第 385 页。

过程。如果一种战争不能最终消灭战争，甚至会引起新的战争，那么这种战争就不是以和平为目的的，因此这种战争就是反人类的。比如，侵略性的战争就具有反人类性，因为这种战争是引起战争的战争。相反，反抗侵略的战争就具有了真理性和正义性，因为这种反抗侵略的战争是为了恢复人类的正义，因而是为了消灭战争而开展的战争。

严格来说，共产主义的直接内涵是人类的自由和解放，而不是人类的永久和平。人类的和平是在人类的自由和解放这两个概念中的"题中应有之义"。因为严格说来，"和平"仅仅是人类生存的"消极条件"，或者用近年流行的术语（主流话语体系）说，只是"底线思维"的产物。共产主义的积极条件是"自由和解放"。这就是说，人类的生存方式不仅仅是为了"和平"，还要实现"自由和解放"。因此，"自由"和"解放"这两个概念中天然包含着对和平的承诺。如果人类处在战争甚至自我毁灭的状态，就谈不上自由和解放。当然，我们在辩证法的意义上，可以说战争是为了实现和平，也是为了实现自由和解放。比如，对于个体来说，"生命诚宝贵，爱情价更高；若为自由故，二者皆可抛"①。但对于个体来说，牺牲虽然是自由的行为，但却是消极的自由，因为牺牲后个体的自由也不复存在了。所以，共产主义这一概念中，天然地包含着对人类和平的承诺。和平构成了共产主义的一个消极条件，而其积极条件是人类的自由和解放。这样，我们至少看见，和平是人类自由和解放的条件，在这个意义上，和平才被赋予了人类生命的终极价值。

2. 共产主义是人类和平的存在方式

共产主义就是阶级消亡后的社会形态。如果说人类社会的战争是因阶级对立而导致的，那么当阶级消亡之后，人类便进入了真正的和平状态。这种状态不同于"自然状态"，而是一个高度文明的状态。人类的和平是有条件的，即摆脱人类内部的冲突。共产主义作为人类和平的存在方式，具备以下和平的条件。

共产主义意味着阶级的消亡，因而使人类不再以阶级的方式形成彼此利益的冲突。人类内部的冲突主要是由利益上的冲突所导致，因此如何形成利益共同体是人类和平的首要条件。共产主义扬弃了私有制，进而扬弃

---

① 丁景唐、陈长歌编：《殷夫集》，杭州：浙江文艺出版社，1984 年，第 315 页；兴万生：《裴多菲评传》，上海：上海文艺出版社，1981 年，第 2 页。

了资本主义制度，这就使人类摆脱了最后一个阶级社会的形态。因此，人类冲突的阶级基础消亡了。当阶级消亡之后，就意味着人类之间的关系已经不再受利益的影响，即人摆脱了对物的依赖关系。共产主义建立了公有制，在这种制度下，人与人之间的关系不再受制于"物"，或者如马克思所说，个体从共同体中获得的财富的多少，已经不成为问题了。而且，个体获得财富的多少不再用"资产阶级法权"来加以评判和衡量，而是回到了主观的"需要"。但是，这一"需要"绝不是无节制的，而是有了某种理性的界限的需要。

这里必须引入理性的法则。马克思批判西方传统哲学的抽象的理性，主张在人类的现实生活中，即在对物质财富的占有问题上服从"具体的理性"。因此，必须澄清一个误解，即认为马克思是从"感性的现实的人"出发，从人的"物质生活资料需要"出发，来批判和否定传统哲学的"理性"。真正说来，共产主义是人类"感性"和"理性"的"和解"。马克思甚至这样论述，说感性生活有它的一种基础，科学理性有它的另一种基础——这根本就是谎言。①马克思主义是把理性法则从西方哲学家的抽象观念、本体界中解放出来的一种全新的科学。马克思把理性放置在人类社会的生产方式中，即让生产方式服从理性。由此必须澄清的一个重要问题是：当马克思说"按需分配"的时候，这绝不是一条感性的法则，仿佛人们的需要是无限多的。相反，马克思的"按需分配"恰恰是一条"理性的法则"，即只有那些符合理性法则的"需要"，才是可以"按需分配"的。用马克思的话说"理论需要是否会直接成为实践需要呢？光是思想力求成为现实是不够的，现实本身应当力求趋向思想"②。正是因为共产主义实现了"感性"和"理性"的和解，才为人类的和平创造了哲学基础。

人类的和平，从哲学的意义上看，不过就是人性的和谐。人性包括感性和理性两个维度，或者自然性和社会性两个维度。在共产主义社会，自然性是被社会性所改造了的自然性，因此不同于动物的自然性。动物的自然性不需要理性来加以节制，而是通过物种之间的相互制约来达到节制的。但是，人类的自然性如果不加入理性的节制，就会无限制地扩张，以至于毁灭自身。反过来，人类的理性必须被落实在自然性之后，离开自然性的

---

① 参见《马克思恩格斯文集》（第1卷），北京：人民出版社，2009年，第193页；[德]马克思：《1844年经济学哲学手稿》，中共中央马克思恩格斯列宁斯大林著作编译局编译，北京：人民出版社，2000年，第89页。

②《马克思恩格斯文集》（第1卷），北京：人民出版社，2009年，第13页。

理性都是抽象的理性。对于人类来说，冲突内在根源于自然性和社会性的冲突。自然性引导人类追求物质财富，而社会性要求同时不破坏他人追求财富。前者是无节制的，后者则是有节制的，因而两者经常处在冲突中。比如，现实中，当一个人违背理性法则去获得利益的时候，如果不择手段，那么就会引起冲突，而这实质是自然性和社会性的冲突。同样道理，对于人类整体来说也是如此，唯有当自然性和社会性和解的时候，冲突才会消失。正是在这个意义上，共产主义"作为完成了的自然主义，等于人道主义，而作为完成了的人道主义，等于自然主义。它是人和自然界之间、人和人之间的矛盾的真正解决，是存在和本质、对象化和自我确证、自由和必然、个体和类之间的斗争的真正解决"①。因而，共产主义为人类的和平提供了哲学原理。

由此可见，共产主义作为人类和平的存在方式，乃是因为这种社会形态在根本上完成了两件事：第一，扬弃了私有制，进而消灭了阶级和阶级对立，这为人类和平提供了生产方式的基础。第二，在更深层次上，共产主义实现了人类自然性与社会性的和解，为人类和平提供了哲学原理意义上的根据。这样，共产主义便为人类和平的价值观先导提供了哲学基础。

3. 21 世纪马克思主义的担当与使命

人类永久和平是马克思主义的终极关怀。自马克思主义诞生以来，国际共产主义运动便推动人类向着永久和平前进，并取得了重大成就。正是在马克思主义的指导下，国际共产主义运动伴随着资本的发展不断取得新的进展。自马克思主义诞生以来，世界范围内的资本主义和社会主义两种社会发展理念就始终相伴，一直到今天仍然在继续。第二次世界大战后两大阵营的对峙更是使资本主义的发展受到了重大的牵制，尽管资本不断在寻找新的扩张方式，但至少在社会主义的世界中遭到了巨大的阻碍。但东欧剧变在一定程度上使国际共产主义运动陷入了低谷，资本主义再一次以全球化的形式向世界扩张。这无疑又给世界的和平问题带来了新的挑战。

中国特色社会主义建设取得了显著成效。不同于苏联失败的修正主义路线，中国共产党是真正的马克思主义的坚定奉行者。中国特色社会主义不断把马克思主义与中国实际相结合，形成了中国化的马克思主义，指导着中国特色社会主义建设。中国特色社会主义的发展，是马克思所开辟的

---

①《马克思恩格斯文集》（第 1 卷），北京：人民出版社，2009 年，第 185 页。

共产主义事业的重要组成部分。今天作为社会主义国家的中国对世界的和平与发展做出了重大贡献，甚至为发展中国家提供了中国智慧和中国方案。世界和平来自社会主义对资本主义的制约。按照马克思的说法，资本主义是必然要导致战争的。资本要实现利益的最大化，就必须在世界上到处寻找市场，获取利润。当资本无法实现其利益最大化的时候，就会采取强硬的办法，如武力战争、经济制裁等各种措施，因而就必然会引起矛盾和冲突。对此，马克思一语道破："资本来到世间，从头到脚，每个毛孔都滴着血和肮脏的东西。"①资本总是以国家为单位来实现其扩张的，并且由于资本主义的生产方式，经济危机每隔一段时间必然会爆发，因为生产相对过剩是"危机的基本现象"②。资本主义国家存在的意义就在于，推动资本实现其利益最大化，并转嫁这种周期性的危机与矛盾，因为国家是资产阶级的国家，或者说国家就是资本家的国家。资本的本性决定，它会把经济发展的国家都看成是自己的竞争对手。例如，美国就采取了"零和博弈"的思维方式来看待其他国家的发展。在这种情况下，资本主义国家如果将其他国家视为自己的对手或认为其他国家阻碍了自己经济的发展，那么就会采取措施来限制其他国家的发展。这样就必然会产生资本主义国家和其他国家之间的矛盾，进而造成世界动荡，无法实现和平。

　　既然资本主义仍然主导着当代世界的经济秩序，那么社会主义国家就必须在马克思主义的指导下捍卫人类的和平。21世纪的马克思主义在捍卫人类和平方面承担着艰巨的使命。一方面，资本主义发展到了资本形态极端抽象化的阶段，即"金融资本"阶段，金融资本仅仅以某种特定的形式分割和获取产业资本榨取的剩余价值，因而无法保证资本利润的充分实现；另一方面，资本必须通过新的扩张形式来加剧世界各国的矛盾。在这种情况下，作为21世纪的马克思主义，如何推动构建人类命运共同体就构成了捍卫世界和平的主旋律。人类命运共同体超越了"零和博弈"狭隘的知性的形而上学思维方式，而是以共同命运为基础，引导世界资本秩序把和平作为首位价值，而后才是经济上的共同发展，即合作共赢。合作共赢的本质就是消解资本扩张的单边经济增长的思维方式，从而引导世界资本秩序把和平作为经济秩序的价值观先导，而不是把"对抗"作为价值观先导。这是21世纪马克思主义捍卫人类和平的艰巨使命。

---

　①《马克思恩格斯文集》（第5卷），北京：人民出版社，2009年，第871页。
　②《马克思恩格斯选集》（第2卷），北京：人民出版社，2012年，第816页。

四、当代世界和平面临的挑战

当代世界的主题是和平与发展，但当代世界并非处于风平浪静之中。世界各个国家之间、地区之间仍然面临着种种破坏和平的挑战。世界还存在着诸多不利于和平的因素。总体来说，第二次世界大战后确立的国际政治经济秩序，在当代正在发生着深刻的变革，各种制约和平的因素层出不穷，以至于出现了"百年未有之大变局"。就和平来说，一切冲突和矛盾都是破坏和平的因素。但概括起来，主要包括以下几个方面：第一，资本主义发展遇到了新的困境，使资本秩序难以顺利维系；第二，人类可利用的自然资源包括能源越来越稀缺，资源的有限性制约着各国之间的利益关系；第三，发达资本主义国家与发展中国家发展的不平衡仍然突出，导致经济秩序内部的冲突，包括"金融战""贸易战"等；第四，一些发达资本主义国家奉行霸权主义对发展中国家仍然存在着强权政治的压迫，使阶级对立国际化；第五，军事冲突在世界各地均有潜在的危险。正是这些因素的存在，构成了对当代世界和平的巨大挑战。

1. 资本发展到极端抽象形态后的不确定性

人类和平的最大制约因素是资本扩张给世界带来的动荡。资本是必然要扩张的，这是由资本的本性所决定的。扩张的目的就是获取更多的剩余价值。资本自产生以来，它的扩张形式就是多样的。最初资本的世界扩张是通过占领"殖民地"的形式展开的。欧洲航海的发展使欧洲传统资本主义国家的殖民扩张成为可能。18—19世纪，世界范围内的殖民体系基本形成。然而，在19世纪下半叶，殖民地独立解放运动和国际共产主义运动一同掀起了世界范围内的反抗资本主义的民族独立运动。这意味着以殖民地为基础的帝国主义的资本扩张宣告结束。然而，资本必须寻找新的扩张方式。直到20世纪末，资本寻找到了新的扩张方式，即"资本输出"、"技术输出"和"世界贸易"，这就是大规模的经济全球化的开始。以WTO为标志，资本向世界扩张采取了资本输出、技术输出、世界贸易等方式，一直持续到21世纪初。

随着产业资本的输出和世界贸易的发展，资本形成了巨大的垄断体系，这一资本垄断体系已经不再单纯在产业资本上实现其扩张的目的，而是在资本本身上形成了扩张路径，这即是全球"金融资本"的诞生。金融资本的全球化是目前最高的资本形态。金融资本的实质是通过对世界资本体系的操纵，给资本本身带来增值，或者金融资本通过对产业资本的垄断而实现自身对剩余价值的占有。显然，金融资本的形态已经超出了产业资本形态，在扩大资本利润方面，达到了最极端的抽象形态。与此同时，以美国为首的金融资本为基础，西方国家建立了布雷顿森林体系，这就是美元作为国际通用货币的诞生。这样，金融资本与国际货币的诞生，使整个20世纪至今的世界资本体系在它所能够达到的资本的极端抽象形态下，衍生出资本的剩余价值，维持着资本自身的扩张和发展。

上述资本扩张所采取的形态，已经从最初的"殖民扩张"，经过"资本输出""技术输出""世界贸易"等形态，进一步发展到了世界金融资本和国际货币体系的形态。此时，资本形态已经达到了它所能够达到的最高的抽象形态。一旦这一抽象形态无法再进一步满足资本获取剩余价值的目的，资本扩张将进入一个具有不确定性的阶段。今天出现的"逆全球化""单边主义""贸易保护主义"等，都在一定程度上表明，资本在达到它的极端抽象形态之后，想进一步获取资本剩余价值时受到了巨大的阻力，因而其扩张形态充满了不确定性。"这就需要我们加强对当代资本主义的研究，分析把握其出现的各种变化及其本质，深化对资本主义和国际政治经济关系深刻复杂变化的规律性认识。"[1]

也正是因为这种资本扩张形态的不确定性，给世界和平带来了巨大的挑战。因为当资本自身无法实现其扩张新形态的时候，资本扩张背后的力量便是军事。一旦采取军事手段为资本开拓新的扩张形态，那么世界和平便是不可能的了。由此可见，当今世界资本扩张形态的不确定性，隐含着巨大的军事战争的风险，这构成了当代影响世界和平的主要因素之一。因此，如何对待世界资本秩序的变革，应该以人类和平作为价值观先导。人类在和平和资本扩张之间，应该选择何者，这实质上是价值观的问题。马克思的"和平初心"在当代应对资本扩张的不确定性方面，应该成为构建新的世界经济秩序的价值观先导。

---

① 习近平：《深刻认识马克思主义时代意义和现实意义 继续推进马克思主义中国化时代化大众化》，人民网，2017-09-30，http://cpc.people.com.cn/n1/2017/0930/c64094-29568977.html。

2. 经济体多元化对传统世界经济秩序的冲击

尽管世界政治经济体系中以资本逻辑为主导，但世界各国仍坚持独立自主的发展道路，每个国家都有自己的发展权利。因此，一个以国家为单位的世界民主体系逐渐显现出来。资本独霸世界的世界单极化在过去半个多世纪里已经越来越受到挑战。每个国家的政治、经济、文化、制度、道路等都有自己的历史传统，每个国家根据自己的国情选择自己的发展道路，将成为世界国家间民主体系的基本原则。这一点在世界经济体系中明显得到了承认。按照资本的逻辑，世界乃是同一个资本逻辑体系构成的，因此不同的国家都在同一个资本体系中生存。但由于资本力量的制约，世界市场的分工和产业分配等，不是由某一个国家自己所能够掌控的，而是受到资本逻辑的强制力限制。然而，由于资本逻辑体系自身存在弊端，在资本运行薄弱的环节上，必然出现打破原有资本体系的新的力量，这就是世界新兴经济体的诞生所带来的世界经济效应。

在世界资本体系中，每个国家在各自的分工中都扮演着不同的角色。如果按照产业分工，就能形成包括"世界工厂""世界市场""世界能源库""世界劳动力市场"等不同角色构成的第一资本体系。按照资本自身的体系，就能形成"世界高科技垄断""世界货币垄断""世界贸易垄断""世界金融资本垄断"等第二资本体系。然而，就前者在资本体系中的分工而言，显然不同的分工在资本体系中的获益程度是不同的。第一个体系在整个世界资本体系中的资本收益相对较低，而第二个体系则收益较高。而且，第二个体系是被资本主义国家垄断的。作为第一个体系中的国家，一般来说都是"发展中国家"或"新兴经济体"。这些国家在资本体系中不断争取自己的生存空间，经过半个世纪的努力，其越来越获得自身的独立性。这就意味着，随着新兴经济体的诞生和越来越强大的独立性，原有的世界资本体系受到了冲击。因此，世界经济体系中的民主化进程也就越来越明显，甚至使资本逻辑体系主导者的资本主义国家意识到了某种"危机"。

在世界资本体系中，新兴经济体致力于摆脱资本逻辑整体的压制是当代资本世界普遍存在的新变化。这一方面是因为资本世界扩张的侵略本性依然维护着资本的剩余价值，另一方面是因为新兴经济体在争取资本体系中的独立性反抗和斗争。这些新兴经济体显然主张经济多元化，这大大推进了世界经济秩序的变化。经济体的多元化也意味着"合作共赢"将越来越取代"零和博弈"的思维方式。实际上，所谓的"零和博弈"是资本主义世界经济价值观的表现，是资本逻辑的固有特征，它坚持利益"非此即彼"。马克思早已给出"零和博弈"的本质：零和博弈是建立在"以物的依赖性为基础的人的独立性"①基础之上的，因此在"物"的问题上，人的独立性就表现为"非此即彼"。这完全不同于另外一种经济价值观，即"合作共赢"。只有在获取自己利益的同时不破坏他人获得自己的利益这条法则之下，共同体才是可能的。这一"合作共赢"原理，恰好在资本逻辑体系中被摧毁了。所以，新兴经济体主张经济多元化，主张合作共赢的经济价值观。这对于零和博弈的经济价值观是一种巨大的冲击，因而也构成了当代世界制约和平的一种力量。

但需要强调的是，新兴经济体的多元化合作共赢的主张，实际上是为了摆脱资本逻辑的奴役而寻求经济解放的努力，由此导致的对传统世界经济秩序的冲击，就价值观的站位来看是为了维护世界经济秩序的民主化进程，因而具有进步的历史意义。因此，尽管新兴经济体的民主化进程冲击传统经济体系导致了冲突，但其实质却是为了建立一个冲破资本奴役的新的世界经济秩序，而这无疑是有利于人类永久和平的。

3. 世界文化多元化带来的价值观冲突

就人类的冲突来看，除了资本这一根本原因，还有人类文化上的原因。但按照历史唯物主义的观点，这种文化上的原因本质上也可以归结为一种意识形态，因而又返回到了资本逻辑中。前文我们讨论了不同文化价值观的交融问题，提出了文化"多元化"和"多样性"的差别原则。多元化是指不同性质的文化之间的差别；多样性则是指同质文化的不同存在样态。按照马克思的观点，在阶级社会中，文化作为意识形态来说被赋予了鲜明的阶级性特征，因此我们可以将文化区分为资产阶级文化和无产阶级文化。这是在文化多元化意义上形成的异质性文化。所谓的文化多元化的冲突即是在这个意义上产生的。但在阶级社会消亡的意义上，人类的文化也随之消除了多元化，而仅仅呈现出"多样性"，使文化间的"交融互鉴"成为可能。但在阶级尚未消失的情况下，文化多元化的价值观冲突是不可避免的。

---

① 《马克思恩格斯文集》（第8卷），北京：人民出版社，2009年，第52页。

　　文化多元化的价值观冲突，首先表现为"文化霸权主义"。随着资本殖民扩张，文化成为殖民的重要手段，甚至是为资本殖民开创意识形态基础的活动。因此，"文化殖民"就成为资本侵略扩张的手段。在这个意义上，文化殖民就是要用资本逻辑的虚假的文化价值观掩饰资本的侵略性质，从而达到以文化的"幌子"来为资本殖民保驾护航的目的。当一个国家和民族在文化上失去了独立性，而且接受了资本逻辑下宣扬的虚假的文化价值观，就必然导致其对资本逻辑的接受。但这一殖民文化总会与原有民族文化发生冲突。因此，反抗资本殖民及文化殖民的倾向就会自然而然地产生。这样，文化多元化带来的价值观冲突，实质上是精神领域里发生的"自我认同"与"文化殖民"之间的冲突。当这种文化价值观的冲突达到尖锐化的程度，就必然破坏和平观念，形成马克思所说的"批判的武器当然不能代替武器的批判，物质力量只能用物质力量来摧毁"[①]的情况。同样需要强调的是，这种反抗文化殖民而带来的价值观冲突，其破坏和平的根源在于文化殖民本身，而不在于对文化殖民的反抗。因此，在和平遭到破坏的时候，捍卫和平也是以破坏和平的方式进行的。

　　最常见的文化殖民就是"意识形态渗透"。中国自改革开放以来，一直面对西方资本主义文化的意识形态渗透，先后出现过新自由主义、历史虚无主义、"普世价值"等思潮，还出现过对中国意识形态的诋毁。这种意识形态渗透隐含着对人类和平的破坏，导致人类在价值观上产生冲突。有学者指出，"中国共产党带领人民解决了不挨打、不挨饿的问题，正在努力赢得更多国际话语权，解决不挨骂的问题"[②]。因此，文化自信就构成了反抗西方意识形态渗透的精神力量。但意识形态渗透往往具有隐蔽性，人们常常把意识形态渗透称为"没有硝烟的战争"，这足以显示出意识形态渗透对人类和平的巨大破坏。这就提出了一个问题：面对意识形态渗透，不是仅靠"舆论战""意识形态战"就能够解决的。历史唯物主义原理表明，只有在资本体系被摧毁的时候，携带资本侵略的意识形态渗透才会消失。这无疑表明需要在批判资本逻辑的奴役中来争取和平才是可能的。

---

①《马克思恩格斯文集》（第1卷），北京：人民出版社，2009年，第11页。

② 于涛：《文化传播重在思想引领——关于"世界一流"的点滴思考》，《对外传播》2009年第11期，第7页。

五、人类命运共同体视域下的"合作共赢"价值观先导

人类命运共同体是 21 世纪马克思主义为人类社会走向和平提供的"中国方案"。我们需要澄清的是，"中国方案"一方面确实包含着中国特色社会主义自己的特殊性在其中，因而使人类命运共同体思想蕴含着中国传统文化的基因特质；另一方面作为 21 世纪的马克思主义，人类命运共同体的价值本体是马克思的共产主义原理。因此，我们可以把人类命运共同体视为当代国际共产主义运动新形态的理论自觉。对资本逻辑具有改造意义的"人类命运共同体"，是通向共产主义的"过渡阶段"。在这一框架之下，人类和平要建立"合作共赢"的价值观，以便实现人类的永久和平。"合作共赢"首先需要解决的是其中蕴含的一系列辩证法问题。如果这些辩证法问题没有弄清楚，就无法建立真正的合作共赢的价值观。在资本体系中存在着竞争关系，这一点没有疑问。但是，竞争同时也是一种"合作"，即承认对方的"竞争权利"：第一，允许对方作为自己的对手和自己处于竞争关系中，这就是一种"合作"；第二，在竞争中，学习对方的优势来补足自己的短板，这也是一种竞争中的"合作"；第三，竞争对手是以"否定性"力量的形式为自己带来"肯定性"力量的。

1. "人类命运共同体"作为 21 世纪马克思主义的新发展

不必回避，马克思的目的是要消灭资本主义。但是，消灭资本主义的方式却随着时代的发展和变化而具有不同的形式。19 世纪中叶到 20 世纪中叶，世界范围内的国际共产主义运动是以暴力革命的形式展开的。进入 21 世纪后，随着无产阶级和资产阶级双方的新变化，无产阶级的革命运动必然出现新的历史形态。首先，人类的战争随着核武器和各种高科技武器的发展，将是毁灭性的。今天的大规模战争将使人类自我毁灭。面对这种情况，无产阶级革命的方式应该有所调整。其次，在社会主义国家尚未建立的时候，武装夺取政权，建立无产阶级专政这一阶段，暴力革命是必要的。从马克思到列宁都坚定地坚持这一观点，反对任何革命中的妥协和所谓的"修正"。但今天社会主义国家政权已经建立，在这种情况下，无产阶级革命同样也应该有新的变革。最后，社会主义国家建设中实行的"资

本主义改造"的战略在国际上应该被赋予新的世界性含义。

"中国特色社会主义进入了新时代,做好新时代外交工作,首先要深刻领会党的十九大精神,正确认识当今时代潮流和国际大势。放眼世界,我们面对的是百年未有之大变局。"①这是官方首次明确指出"百年未有之大变局"。"人类命运共同体"正是在世界"百年未有之大变局"这一判断下提出来的。作为对马克思主义世界历史理论的新发展,这一概念是有其特定的理论内涵。总体来说,人类命运共同体思想是在探索社会主义和资本主义如何相处中,实现世界政治经济格局下"对资本主义的改造",最终使人类摆脱资本逻辑的奴役,而走向人类永久和平。

当今世界面临各种不安全因素,人类共同面对一系列风险和挑战,包括金融危机、经济危机、能源危机、环境危机、信息危机;也面对各种冲突,如"单边主义""贸易保护主义""经济霸权主义""民粹主义""恐怖主义""军事冲突"等各种矛盾冲突,这些危机和冲突给世界带来了诸多不确定性因素。因此,人类如何和平共处,如何推进人类社会的发展和进步,就构成了人类命运共同体的基本主张。习近平总书记在不同场合阐释人类命运共同体的思想时,多次强调"人类已经成为你中有我、我中有你的命运共同体,利益高度融合,彼此相互依存。每个国家都有发展权利,同时都应该在更加广阔的层面考虑自身利益,不能以损害其他国家利益为代价"②。

表面看来,世界充满了各种危机和冲突,但深究起来,所有这些矛盾和冲突基本都和既定的世界政治经济秩序有关。世界政治经济秩序仍然是由资本逻辑所主导的,因此,我们可以得出这样的结论:资本主义自身所固有的矛盾,是当今世界危及和平的主导性因素。上述一系列不确定性、危机和冲突,都需要集中到如何"改造资本主义"这一核心问题上来。正是在这个意义上,世界重新兴起了对马克思《资本论》的研究,兴起了"西方马克思主义"。这些理论都试图从马克思主义那里寻找到一种方案,从而实现对资本主义的改造,进而实现人类的永久和平。也正是在这个意义上,人类命运共同体继承了马克思主义的价值观,为 21 世纪如何实现人类和平提供了中国方案。中国方案提出了当代以"改造资本主义"为目的的

---

①《习近平接见 2017 年度驻外使节工作会议与会使节并发表重要讲话》,中央人民政府网,2017-12-28,http://www.gov.cn/xinwen/2017-12/28/content_5251251.htm。

②《习近平谈治国理政》(第 2 卷),北京:外文出版社,2017 年,第 481 页。

无产阶级革命的新形态。

首先，如果继续采取暴力革命的方法，人类将毁灭，因此就谈不上"自由和解放"了。如果暴力革命的结果是毁灭全人类，而不是消灭资本主义，那么这种暴力革命显然背离了马克思主义的初衷。前文提出了生命权利是"底线思维"的产物，因而比"自由和解放"更加具有基础性地位。在不能保证人类生存的情况下，自由和解放是不现实的。因此，当代军事能力的发展，应该仅仅作为保卫和平的"消极条件"或"威慑条件"，而不能作为保卫和平的"积极条件"。一旦使用"核武器"来保卫和平，人类将陷入毁灭。正是在这个意义上，当代针对资本主义的无产阶级革命显然不适合以高科技武器为支撑进行暴力革命。

其次，无产阶级革命取得了政权，建立了社会主义国家。这就意味着有了和资本主义抗衡的国家机器。如何采用政治、经济、文化的手段来实现对资本主义的革命，应该成为这一历史阶段的主题。在马克思的时代，没有社会主义国家政权，因而无法推行社会主义的生产方式，需要诉诸暴力革命来消灭资本主义政权。在这种情况下，如果放弃暴力革命采取改良的方法，就是"修正主义"。然而，在社会主义国家取得政权以后，有了政权作为基础，暴力革命就不是唯一的选择，通过政治力量、经济力量和文化力量来推动对资本主义的革命就成为可能。

最后，以社会主义国家政权为依托，对资本主义进行"改造"是马克思和列宁当年采取的一种革命策略。但是，最初这种对资本主义的改造（不同于原来意义上的"改良"）是在社会主义国家内部实现的。苏联和中国刚刚建立社会主义国家政权的时候，都曾经对资本主义经济因素实行过改造，使资本主义经济成分为社会主义服务。因此，在这一思路中，资本主义经济被看作是一种"手段"而不是"目的"，包括邓小平提出的"社会主义市场经济"的概念，这些都是把资本主义经济形式作为"手段"来理解的。邓小平还明确指出，"计划多一点还是市场多一点，不是社会主义与资本主义的本质区别。计划经济不等于社会主义，资本主义也有计划；市场经济不等于资本主义，社会主义也有市场。计划和市场都是经济手段"[①]。所以，当今世界，应该把这种"改造资本主义"的思想纳入世界历史理论中，即对当代世界的资本主义加以改造，使其为实现共产主义服务。因此，把"改造资本主义"的思想从社会主义国家内部转移到世

[①]《邓小平文选》（第3卷），北京：人民出版社，1993年，第373页。

界政治经济体系中的做法，应该成为当代批判资本主义的新形态。

2. "合作共赢"的辩证法思想内涵

"合作共赢"包含着丰富的辩证法智慧。在知性的形而上学思维方式中，资本世界充满竞争，因此合作似乎被放在次要的位置上。实际上，对资本主义的改造活动，需要用这种辩证法的思维方式来理解社会主义经济和资本主义经济的合作共赢关系。在这种方式下，通过对资本主义经济的改造，把资本主义经济看作是实现人类自由和解放的一个"手段"，来达到和社会主义经济的合作共赢。

第一，合作共赢应该承认竞争者的竞争权利。这是西方资本主义契约精神的内在要求。每个个体或国家都有自己发展经济的权利，因而都应该天然地具有在世界资本体系中存在的权利。但资本逻辑的特征之一就是竞争。每个国家都有参与国际经济发展的权利，这一点是必须给予承认的。这样，在"竞争"中首先是对对方作为竞争者的"肯定"。其次是对对方的否定，竞争当然是要超越对方，这无疑是对对方的"否定"，即用自己的"成功"来宣布对方的"失败"。在资本主义市场中，各个经济实体遭受"优胜劣汰、适者生存"这一法则，体现出竞争的本质。

第二，竞争就意味着优势比拼。因此，在竞争中各自都要寻找自己的优势，并用自己的优势战胜对方的劣势，以在竞争中获胜。但是，对方的竞争优势，通常是自己需要学习的对象，因此，通过对对方优势的学习，可以实现对自己劣势的克服。正因为有了竞争，才能够提升自己的竞争力。在资本体系中，竞争双方都存在各自的优势和劣势。一方的竞争优势可能恰好是另一方的竞争劣势，因此在健康的竞争关系中，应该不断学习对方的竞争优势，补足自己竞争的短板，从而提升自己的竞争力。在这个意义上，竞争双方构成了"帮助关系"而不是"敌我关系"。所以，任何一个国家或企业能够在资本体系中获得竞争优胜的时候，都应该感谢竞争对手给自己提供的"帮助"，这便是竞争中的合作。

第三，竞争是以"否定性"的力量来帮助自己提升竞争力的"肯定性"力量。前文在关于"社会达尔文主义"或"丛林法则"的分析中指出，对于人类社会来说，其和动物界的生存法则是不同的。原因是动物界的生存竞争是以不会危及物种的可持续生存为前提，是为了物种的可持续生存而展开的竞争。因此，动物生存竞争的结果是导致物种可持续生存。但对于人类来说，如果生存竞争（资本竞争）不引入"理性法则"，那么人类社会的生存竞争将会破坏人类这一物种的可持续生存，必然导致"零和博弈"。实际上，在竞争中对对方的"肯定"，就表现为对对方竞争权利的肯定。这一"竞争权利"就是理性的产物。因此，对于人类社会的生存竞争来说，就只能用辩证法的思维方式来理解，即"竞争"和"承认"的辩证统一。这一关于竞争的辩证法原理，是"合作共赢"的哲学基础。唯有建立在这一辩证法原理基础上，合作共赢才是可能的。否则，在知性的形而上学思维方式下，就无法建立合作共赢的价值观，而只能导致"零和博弈"的价值观。

3. "合作共赢"对构建人类命运共同体的价值观先导

合作共赢是对世界经济整体趋向于捍卫人类和平的价值观先导。世界经济在发展的过程中，虽然存在着不同性质的经济成分，但是必须以捍卫世界和平作为最高的价值观先导。合作共赢是这一价值观的具体形态。如果资本主义经济和社会主义经济在竞争中导致战争的爆发，甚至毁灭人类，那么就违背了人类和平的初衷。因此，无论怎样的竞争，都必须以人类的和平作为价值观前提。在这个意义上，就必须通过合作共赢来完成对资本主义经济的改造。

人类命运共同体，主要是由资本主义经济和社会主义经济构成的人类命运共同体。所以，这里强调的是社会主义经济和资本主义经济如何实现合作共赢的问题。人类命运共同体不是混淆两种经济成分的性质差别，而是说，应该扬弃资本主义经济的弊端和缺陷，如资本主义经济坚持的"霸权主义""单边主义"，甚至是"逆全球化"的思维方式，从而把资本主义经济改造成有利于人类和平的经济。而且，资本主义的上述思维方式是不利于人类和平的。因此，对资本主义经济的改造，就是要改造这种"霸权主义"、"单边主义"和"逆全球化"的性质。

按照马克思主义的观点，社会主义经济应该坚持每个国家在世界经济体系中的独立自主。马克思曾提出这样一个命题——"代替那存在着阶级和阶级对立的资产阶级旧社会，这个新社会将是这样一个联合体，在那里，每个人的自由发展是一切人的自由发展的条件"[①]。这一命题在国际经济关系中，就应该变成"每一个国家的经济发展是一切国家经济发展的前提"。

---

① 《马克思恩格斯文集》（第2卷），北京：人民出版社，2009年，第53页。

这是马克思为共产主义确立的一条基本的经济原则。只有坚持这一基本原则，世界经济体系才能有利于人类的永久和平。因此，对资本主义的改造，就是要确立每一个国家在国际竞争中的独立性，这就是经济体多元化的民主进程。这样，世界经济体系就变成了由每一个国家构成的"人类命运共同体"。如果资本主义不允许经济体的多元化，就意味着这种经济的性质仍然没有改变其资本主义的本质。所以，以"合作共赢"作为价值观先导的人类命运共同体，本质上是社会主义的经济性质。这种经济性质是对资本主义经济的改造。这样，在充分发挥资本主义经济的"肯定性"作用的同时，扬弃资本主义经济的弊端，从而为实现共产主义的经济奠定基础，这是以"合作共赢"为基础的人类命运共同体的马克思主义使命。

　　总之，当今世界充满了各种风险和挑战，这些都是对人类永久和平的阻碍。西方一些思想家，如海德格尔仍不愿将扬弃资本主义、摆脱和平困境的希望寄托于外部，他认为"转变需要求助于欧洲传统及其革新。思想只有通过具有同一渊源和使命的思想来改变"[①]。但我们则更相信马克思具有深远见地的提示：普遍交往"使每一民族都依赖于其他民族的变革"[②]。因此，如何建立一种新的世界政治经济新秩序，就需要以马克思主义的人类自由和解放思想为指导，以"合作共赢"为价值观先导，推动构建人类命运共同体，逐渐实现对资本主义经济的改造，进而捍卫人类和平和世界和平。这也为探索 21 世纪人类文明新形态提供了价值观先导。

---

① ［德］海德格尔：《海德格尔选集》（下卷），上海：上海三联书店，1996 年，第 1313 页。

②《马克思恩格斯文集》（第 1 卷），北京：人民出版社，2009 年，第 538 页；《马克思恩格斯选集》（第 1 卷），北京：人民出版社，2012 年，第 166 页。